KB180634

문법 가르치기
Teaching Grammar

문법 가르치기
Teaching Grammar

Hagemann, Julie Ann(줄리 앤 헤게만) 지음

이관규 · 김미미 · 김부연 · 신희성 · 이규범 · 이정현 · 정지현 옮김

역락

머리말

문법을 가르치느냐 마느냐는 그리 단순하거나 이분법적인 문제가 아니다. 문법의 어떤 측면이 학생들의 작문 능력을 고양하고 발전시킬 수 있는지, 언제 어떻게 그들을 가장 잘 가르칠 수 있는지가 문제이다. '글쓰기 맥락에서'라는 것이 잠정적인 결론이다. 교사로서 우리는 계속 더 많은 방법을 배워야만 한다.

　　　　 - 위버 외(2001), '문법을 가르치느냐 마느냐, 그것이 문제가 아니다'[1]

만약 당신이 이 책을 집어 들었다면, 당신은 나처럼 문법 교육에 대해서 더 잘 알고 싶어 하는 사람일 것이다. 당신은 예비 교사거나 노련한 교사거나 어쩌면 학부모일지도 모른다. 당신은 아마도 무엇을 가르칠지 또 어떻게 가르칠지 궁금해 하고, 궁극적으로 문법을 가르쳐야 하는지 마는지도 궁금해 할 것이다. 또한 읽기, 쓰기, 말하기, 듣기 등 여타 언어 영역과 문법의 관계에 대해서 궁금해 할 것이고, 학생의 글이나 성인의 글, 학문적인 글이나 비학문적인 글에서 매일 접하는 짜증스러운 문법 오류를 어떻게 처리해야 할지도 궁금해 할 것이다. 그리고 주류 영어 방언(표준 영어)을 사용하지 않는 화자 또는 영어를 모어로 하지 않는 화자를 어떻게 대해야 할지도 궁금할 것이다.

이 모든 질문은 내가 지난 20년 동안 대학교 수준의 ESL 또는 지방 학생들을 대상으로 작문을 가르치는 과정에서 고민해 온 것이며, 응용 언

---

1) [역주] 구체적인 서지사항은 다음과 같다.
C. Weaver, C. McNally, and S. Moerman(March 2001), *To Grammar or Not to Grammar: That Is Not the Question!*, Voices from the Middle.

어학이나 작문 이론, 문식성 연구 등을 공부하면서 다뤘던 주제이기도 하다. 또한 이들은 내 작문 방법 수업을 들은 예비 및 현직 언어 교사들이 제기하고 있는 고충이기도 하다.[2] 내가 앞서 언급한 이 문제들은 문법 교육에 대해 고민하는 사람들과 전문가들이 아래의 책을 통해 함께 논의하게 될 것들이다.

읽기자료와 워크북

제목을 통해 알 수 있듯이 이 책은 크게 두 부분으로 구성되어 있다. 첫째는 읽을거리를 모아둔 '읽기자료(reader)'이며 둘째는 학생들의 글을 모아 둔 '워크북(workbook)'이다. 읽기자료는 문법 교육의 중요한 주제를 환기시키는 것으로 선택되었으며 또한 교실에서의 연습과 교육과정 개발에 실용적인 조언을 해 줄 수 있다. 이들은 실제 경험과 중고등학교 교사들과 대학교 교수들의 전문 지식에 의한 것이다. 또한 기존 출간물에서 제기된 몇몇 주제를 설명하기 위해 학생들이 쓴 다양한 글을 선택하였다. 이는 학생들이 초등학교, 중학교, 고등학교, 대학교에 다닐 때 쓴 것이다. 이를 통해서 학생들이 나이를 먹어 감에 따라, 더 많은 경험을 함에 따라 어떻게 필자로서 성장해 가는지를 보여 주고 싶었다. 나의 학생들은 (교사가) 이 과정 전체를 이해하는 것이 얼마나 중요한 일인지 알려 주었다. 이에 대한 이해가 없으면 교사는 자신의 학생들이 어디에서 왔으며 어디로 가고 있는지 알 수 없기 때문이다.

그들은 또한 이 주제들을 추상적인 층위와 구체적인 층위 모두에서

---

2) [역주] 여기서 언어 교사는 우리로 치면 국어 교사를 뜻한다. 미국에서는 자국어 교과를 '영어 예술'(English language arts)이라고 부른다.

살펴보는 것이 중요하다는 것을 일깨워 줬으며, 이 같은 이유로 이 책이 크게 두 부분으로 나뉘게 되었다. 나의 학생들은 기존 출간물에서 제기된 다양한 생각을 받아들일 때 또 이런 생각을 작가 지망생들이 어떻게 받아들이는지를 볼 때 더욱 풍성한 논의를 이끌어 냈다. (게다가, 그들은 학생의 글을 평가할 때 필요한 별도의 훈련을 원했다. 이는 실습 교사와 예비 교사들 모두 학생의 글을 평가하는 것이 아주 힘든 일이라고 생각하기 때문이다). 여러분은 이 책을 구성하고 있는 두 부분 모두에서 그 가치를 발견하게 될 것이고, 또 필요에 따라 적절히 이 책을 사용하게 될 것이다.

각 장 구성 방식

각 장의 중심 초점은 문법 교육에 관한 이전의 출간물이다. 각 장의 도입 부분에는 읽을거리에서 제기된 교육적 문제들을 그와 관련된 논문이나 연구물의 주장과 함께 맥락화하여 제시하였다. 내 생각에 영향을 미친 전문가들에 대한 정보를 한데 모으고, 또한 문법에 관한 양질의 의견을 볼 수 있는 참고 문헌 목록을 만들어 내고자 했다.

적절한 시기에 나는 이 주제들을 현재 교실에서 쓰이고 있는 교육과정 및 교과서와 연계시킬 것이다. 이 논의들은 요즘의 교과서나 상업적인 프로그램에 친숙하지 않은 독자들에게 새로운 자료와 모델을 소개하는 동시에 다양한 접근 양상을 비판적으로 볼 수 있는 방법을 제공할 것이다. 또한 이러한 자료에 이미 친숙한 독자에게는 이를 새로운 관점에서 볼 수 있도록 할 것이다. 페터슨(Patterson, 2001)에서 지적했듯이, 무엇을 왜 어떻게 가르치는지를 비판적으로 이해하는 것은 매우 중요한 일이다. 주요 출판사에서 간행된 많은 영어 교과서를 검토하였으며, 그

중에서 특히 세 개의 교과서를 세밀하게 살폈다.

- ▸ 오델 외(2001), 『언어 요소들: 초급』, 홀트 풀판사
- ▸ 루에다 외(2001), 『영어』, 미프린 출판사
- ▸ 글렌코/맥그로 힐 출판사(2001), 『글쓴이의 선택: 문법과 작문』, 글렌코/맥그로 힐 출판사3)

이 세 교과서에 나타난 문법 및 글쓰기의 제시 방식이 꽤 전통적인 것에서부터 어느 정도 혁신적인 것까지 포함하고 있기 때문에 이것들을 선택하였다. 이 교과서들은 이 글을 쓸 당시 (내가 있었던) 지역 학교에서 검토하였던 것이다. 나는 또한 교과서 자료를 보충하거나 대치할 수 있는 것으로 네 개의 우수한 교육과정을 살폈다. 독자들은 이런 프로그램이 낯설겠지만 곧 이들이 유용한 것임을 알게 될 것이다.

논의거리

각 장은 네 부로 나뉘어 있다. 제1부에서는 전통 문법에 대한 논의를 소개한다. 이 부분에서 읽을거리들은 전통 문법의 교육과정에 대해 의문을 제기하며 왜 그와 같은 교육과정이 학생들의 글쓰기 능력을 발전시키려는 목적을 달성하지 못하는지 설명한다. 읽을거리는 학생들이 보

---

3) [역주] 이 세 권의 구체적인 서지사항은 다음과 같다.
- Odell, Vacca, Hobbs, and Irvin(2001). *Elements of Language: Introductory Course*, Holt, Rinehart and Winston.
- Rueda, Saldivar, Shapiro, Templeton, Terry, and Valentino (2001). *English*, Houghton Mifflin.
- Glencoe/McGraw-Hill(2001), *Glencoe Writer's choice: Grammar and Composition: Grade 6*. 2001.

다 넓은 맥락에서 학문적 글을 볼 수 있게끔 도울 수 있고, 글쓰기 능력을 발전시킬 수 있게 동기부여 할 수 있는 대체적인 교육과정을 제시해 준다.

1장에서는 다양한 문법의 정의와 그 함의를 검증하고 언어학과 사회언어학, 언어 습득의 주요 원리에 대해 살폈다. 여러분은 틀림없이 영어의 구조에 대해 배웠을 것이다. (모국어 화자라면 직관적으로 알고 있을 것임.) 또한 아이들이 모국어를 어떻게 배우고, 아이들과 성인이 제2 언어를 어떻게 배우고, 어떻게 그리고 어째서 영어 방언이 생겨나는지 배웠을 것이다. 그렇다면 다니엘(Daniels)의 '언어에 대한 9가지 생각'에 대해 잘 알고 있을 것이다. 문법 교육에 대해 연구하다 보면 이것을 계속 보게 될 것이기 때문에, 1장에서 이것들과 그 정의에 대해 살피고자 한다.

2장에서는 전통 문법 커리큘럼(7개 혹은 8개 품사나 4개의 문장 종류에 대한 고립된 학습)으로는 학생들의 글쓰기 능력을 발달시킬 수 없다고 주장하는 몇몇 연구물을 검토함으로써, 전통 문법 커리큘럼에 대해 의문을 제기하였다. 페터슨(Patterson)의 '분명한 사실: 문법 강의에 대한 연구와 이론'에서는 이 같은 연구물 5개를 요약해 두었다.

3장에서는 전통 문법에 대한 대안으로 '실제 언어 맥락에서의 문법(특히 글쓰기와 문학의 경우)'을 제시하였다. 위버 외(Weaver etc.)의 '문법을 가르치느냐 마느냐: 그것이 문제가 아니다!'에서는 학생들이 텍스트를 이해하고 생성하고 수정하고 교정하는 과정에서 문법적 지식을 어떻게 사용하는지 설명한 바 있다.

제2부에서는 수사적 판단에 대한 아이디어를 소개하였다. 이는 독자들의 기대를 충족시키면서 필자의 목적을 달성하기 위해 어떤 단어를 사용할 것인지에 대한 판단이다(Kolln, 1999). 수사적 판단은 모국어 화자

가 가진 언어 직관의 일부이다.

4장에서는 필자들이 자신의 수사적 판단력을 발달시키기 위해 사용하는 몇 가지 전략에 대해 살펴보았다. 그 중 핵심적인 것은 필자들로 하여금 독자가 원하는 것과 그 글에서 기대한 것을 표현해 낼 수 있도록 하는, 텍스트의 다양한 장르에 따른 주요 특징을 구별해 내는 능력이다. 또 다른 것은 글을 잘 수정할 수 있도록 글쓴이가 쓴 것과 읽는이가 예측한 것 사이의 두드러진 차이를 인지하는 능력이다. 교사는 학생 글을 평가한 몇 가지 코멘트(말이든 글이든)를 통해 학생이 그 특징과 차이를 알아채도록 도울 수 있다. 대부분의 교사는(나 자신을 포함해서) 글을 평가하는 일이 자신의 업무 가운데 가장 어렵고 걱정되는 부분이라고 말한다. 그렇기 때문에 어떻게 하면 사려 깊은 코멘트를 할 수 있는지에 대해서 다룬 "학생 글에 반응하는 방법"(Straub)이 있어서 다행이다.

5장에서는 학생 글에 나타난 문법적 및 문법 부호 "오류", 즉 종이 위에 실제로 적혀 있는 것과 독자가 예상했던 것 사이의 차이에 대해 살폈다. 로젠(Rosen)의 "학생 글의 정확성 높이기: 오류 교정 방법"에서는 학생들이 글을 쓸 때 오류를 저지르는 이유와 학생들이 스스로 오류를 인지하고 수정할 수 있도록 돕는 방법에 대해 논의하였다.

제3부에서는 모든 필자의 수사학적 지식에 포함되어야 할 문어 텍스트의 주요 특징에 대해 살폈다. 또한 여기서는 문법 설명을 보다 수사적으로 만들어 줄 수 있는 방법을 제안하기도 하였다. 이런 설명에는 (사회)언어학 이론과 학생들로 하여금 보다 효과적인 문장, 문단, 글을 쓸 수 있도록 만드는 수사학을 적절히 포함할 것이다. 이들은 언어적, 민족적, 사회경제적 배경에 상관없이 모든 필자들이 알아야 할 것들이다.

6장에서는 학생들 대부분이 편안하게 느낄 구어와 학생들 대부분이 명쾌하게 배울 필요가 있는 문어나 학술 언어 간의 차이에 대해 살폈다. 이 같은 차이는 학생들로 하여금 어떤 구어적 경험들이 작문으로 옮겨 지는지 문어 매체를 위해 특별히 배워야 할 것이 무엇인지 구분할 수 있도록 도와준다. 월프람 외(Wolfram etc.)의 "방언과 문어"에서는 비록 영 어를 모어로 하는 학생 필자에게 초점을 두고 있기는 하지만, 모든 학생 들이 학문적인 문식성을 갖추기 위해서 반드시 이해해야 하는 구어와 문어의 차이에 대해 논의한 바 있다.

7장에서는 학생들이 문장에 대한 감각을 발달시킬 수 있는 방법과 효 과적으로 구두법을 사용하는 방법에 대해 논의하였다. 구두법은 구어 영어에는 잘 대응되지 않는, 문어 영어의 한 특징이다. 그렇기 때문에 숙련된 필자들이 문장 구두법을 사용할 때 문장 내에서든 문장 경계에 서든 많은 실수를 한다. 노구치(Noguchi)는 "행을 바꾸지 않고 쓰는 것, 콤 마로 나누는 것, 그리고 모어 화자의 능력"에서 학생들이 왜 구두법 실 수를 범하게 되는지 고민하고 학생들이 구두법에 대해 잘 이해할 수 있 도록 하는 방법을 제안하고 있다.

8장에서는 필자들이 어떻게 문장을 더 길게, 밀집되게, 복잡하게 만들 어 가는지 명확히 이해하기 위해 문장 구조에 대한 연구(또 그로 인해 만들 어진 커리큘럼)를 검토하였다. 그 목적은 학생들이 자신들의 레퍼토리에 문장을 더할 수 있게 하는 것뿐 아니라 자신들의 질문에서 이 구조들을 언제 어떻게 효과적으로 사용할 것인지를 이해하도록 하는 것이다. 이 것은 콜른과 펑크(Kolln and Funk)가 수사학적 문법이라 언급한 것이며『수 사학적 문법』이란 책에서 논의한 것이다.

제4부에서는 비주류 언어 집단의 글쓴이를 다루는 방법을 제안하였 다. 이들은 표준 영어를 가정 언어로 하지 않기 때문에 글쓰기에서 어려

움을 겪는다. 이런 글쓴이들은 영어의 토착 방언 화자이거나 영어를 배우는 과정에 있는 외국인 화자일 것이다. 이 부분의 읽을거리들은 비주류 언어 집단의 글쓴이에게 초점을 두고 있는데, 이는 이들이 학술 영어 학습에서 특별한 관심을 필요로 할 가능성이 높은 까닭이다. 그들은 6장에서 8장에 걸쳐 논의된 내용을 학습하는 것에 더해서, 표준 영어에 대해 배울 필요가 있다. 이는 다른 학생들이 대수롭지 않게 여기지 않고 쉽게 이행할 수 있는 것들을 그들은 추가적으로 배워야 함을 의미한다.

9장에서는 영어의 토착 방언을 일상 언어로 하는 학생들을 다루는 전략에 대해 논의하였다. 이 장에서 우리는 토착 영어에 대한 경험이 이행할 수 있는 것과 그럴 수 없는 것을 구분하는 법을 학생들에게 알려 주는 것이 얼마나 중요한가를 보게 될 것이다. 헤게만(Hagemann)은 "가정과 학교를 잇는 다리: 노동자 계층의 학생들이 학교 문식성을 획득하도록 돕기"에서 교사들이 가정 언어와 학교 언어를 보다 쉽게 분류할 수 있도록 적극적으로 대조할 수 있는 방법을 소개한 바 있다.

10장에서는 영어 이외의 언어를 가정 언어로 하는 학생들을 다루는 전략에 대해 논의하였다. 대다수 교사는 영어 학습자를 가르치기에 준비가 덜 되었다고 느낀다. 하지만 이 장에서는 그들이 이미 자신들의 레퍼토리에서 -최소한 어느 정도는- 몇 가지 전략을 사용하고 있음을 보였다. 또한 이 장에서는 ELL들이 그들의 글쓰기 능력을 어떻게 발전시키는지와 어째서 오류를 범하게 되는지를 설명하였다. 페리스(Ferris)는 "학생이 스스로 교정할 수 있도록 가르치기"에서 학생들이 자신의 오류를 해결할 수 있도록 돕는 구체적인 제안을 내놓은 바 있다.

만약 이 읽을거리에서 살핀 문법적 주제들을 능숙한 필자가 어떻게 다루는지 보고 싶다면 제5부에 실린 학생이 쓴 16개 글을 보길 바란다.

초등학교 4학년에서 대학교 상급생에 이르기까지 학생들이 이야기에서 문학적 분석까지 다양한 장르의 글을 썼다. 몇몇은 초고이고 몇몇은 완성된 원고이다. 또 몇몇 필자는 다수의 원고를 내기도 하였다. 이것들은 분명 놀라운 생생한 자료들이다.

감사 말씀

집필 과정에서 내게 많은 도움을 주었던 편집자 마르티네즈(Martinez)와 그녀의 조교 슬래터(Slater)에게 감사의 말씀을 드린다. 그들이 없었더라면 이 책을 쓸 수 없었을 것이다. 또한 다음의 감수자들에게도 감사드린다. 블리스(Bliss, Boulder Colorado 대학), 캐롤(Carroll, Florida 주립대학), 펀크(Funk, Eastern Illinois 대학), 굿손(Goodson, Kansas 주립대학), 존슨(Johnson, Texas Tech 대학), 맥크랙큰(McCracken, Youngstown 주립대학), 윌호이트(Wilhoit, Dayton 대학), 위닝거(Winninger, DePauw 대학). 그들이 주의 깊게 읽고 날카롭게 지적해 준 덕분에 내가 기대한 것 이상의 책이 나올 수 있었다.

나는 또한 글쓰기 및 문법 수업과 기초 글쓰기 수업을 들었던 학생들에게도 감사한다. 그리고 나의 동료인 고든(Gordon), 위닝거(Wininger), 릴리(Riley), 플래너리(Flannery), 크롤(Kroll), 투맨(Tuman), 오스틴(Austin), 클리랜드(Cleland), 버든(Burdan), 보이아스키(Boiarsky)와 프로젝트팀(Northwest Indiana Writing Project), 르윈스키(Lewinski), 댄리(Danley), 로페즈-콜론(Lopez- Colon)에게도 감사한다. 이런 감사는 여러분이 나에게 언어와 문식성, 학습에 대해 알려 줬던 것에 비하면 매우 작은 것이다.

그리고 이 프로젝트에 관심을 가지고 도움을 준 드빌리(DeVry) 대학의 프리드버그(Friedberg), 그라함(Graham), 그래디(Grady)에게도 감사를 드린다.

비록 그들이 작문을 통해 이를 충분하게 배웠다고 할 수는 없지만, 그들 자신의 것으로 받아들이게 되었다.

마지막으로 웨손(Wesson), 캐롤(Carroll), 도넬리(Donelli), 캔트렐(Cantrell), 라마르(Lamar), 눈(Noone), 창(Chang), 팔라마탐(Palamattam)을 비롯하여 각종 읽을거리와 학생들의 글을 출판할 수 있도록 도움을 준 여러 사람들께도 감사를 드린다.

그 중에서도 특히 흔들림 없이 나를 믿어 준 싱(Singh)과 나의 가족에 깊은 감사를 드린다.

헤게만(J. A. H.)

옮긴이의 글

이 번역서의 원본은 미국 데브리대학(Devry University)에 있는 헤게만(Julie Ann Hapemann)이 2002년에 쓴 *Teaching Grammar: A Reader and Workbook*이다. 그녀는 수십 년간 초중고대학에서 글쓰기 교육을 실시해 왔다. 그녀는 특히 학교 현장에서 문법 교육이 필요하다는 것을 밝히기 위해 국가 혹은 주 차원의 여러 연구를 오랫동안 현장 교사들과 함께 해 왔다. 이 책은 수십 년간의 그런 경험을 통해서 나온 결과물이다.

이 책에서는 학생들이 직접 쓴 글을 자료로 하여 교사와 학생이 여러 차례 지도와 교정을 겪는 과정을 적나라하게 보여 주고 있다. 실천적 방법뿐만이 아니라 이론적으로도 문법 교육 혹은 글쓰기와 관련된 주요 연구물들을 하나하나 소개해 주고 있다.

이 책은 문법을 가르치느냐 마느냐라는 고전적인 물음에 대해 문법은 가르칠 수밖에 없는 것이라 답하고 있다. 다만 학습자들이 실제로 쓴 글을 갖고서 혹은 그것을 대상으로 하여 문법 교육을 시행할 때에 비로소 학생들의 글쓰기 능력이 신장된다고 강조하고 있다.

최근의 문법 교육은 문법학 혹은 국어학 자체의 가치를 인정하면서 그것을 어떻게 학습자들에서 가르칠 것인가에 초점을 맞추고 있다. 전자만을 강조하면 옛날 암기식 주입식 교육과 무엇이 다르냐 하고 비판을 하곤 한다. 그리하여 후자, 곧 문법을 가르치는 방법에 초점을 두는 것이 대부분이다. 사실 방법만이 아니라 목적, 내용, 평가 분야에서도 문법 교육 연구가 활발히 이루어져야 한다. 내용 이해만을 교육의 목적으로 해서는 그리 환영받지 못한다. 결국 문법 교육은 실제 속에서 빛을 발할 것이기 때문이다.

이 책은 현직 교사와 예비 교사들에게 큰 도움이 될 것이다. 본래 미국에서 나온 책이니 영어 교사를 위한 것이겠으나 문법 교육 혹은 글쓰기 교육에 관심 있는 국어 교사들에게도 큰 도움이 되리라 확신한다. 글쓰기 능력 신장과 문법 능력 신장이 별개가 될 수 없기 때문이다. 학생들에게 어떻게 문법을 가르치고 학생 글을 어떻게 평가할 것인지, 또한 사회언어학이나 수사학 이론이 문법 교육학에 어떤 영향을 끼치는지, 나아가 소수 언어 집단에 대한 문법 및 글쓰기 교육을 어떻게 하면 좋은지 등 다양한 이론적 및 실천적 방법을 보여 주고 있다.

옮긴이들은 원서를 갖고 여러 차례 교수 학습을 하면서 우리말로 번역할 필요를 느끼게 되었다. 그건 문법 교육의 이론과 실제를 모두 보여 주는 책을 찾기 어려웠기 때문이다. 특히 모든 이들이 관심 갖고 실천해야 하는 글쓰기를 다루기 때문이기도 하다. 이 책은 공교육은 물론이고 사교육에서 글쓰기 지도를 하는 모든 이들에게 큰 도움이 될 것으로 믿어 의심치 않는다.

2017. 7. 17.

옮긴이 일동

차례

문법 교육과정에 대한 논쟁 I

문법 과목에는 많은 논란이 얽혀 있다. 그 논란에는 언어 교사, 학생, 언어학자, 수사학자, 일반 대중 등 많은 이해 당사자들이 존재한다. 이와 같은 문법 과목과 관련된 논쟁에 대해서 제1장부터 제3장에서 살펴볼 것이다. 각 장에서 다루고 있는 내용은 아래의 질문들과 관련되어 있다.

- '문법'은 어떻게 정의할 수 있는가? 각각의 이해 당사자들은 '문법'이라는 용어를 사용할 때 어떤 의미로 사용하는가?
- 문법을 어떻게 가르칠 것인가? 전통적인 문법 교수는 형식적 접근법을 취한다. 이것이 최상의 접근법일까? 그렇지 않다면, 그 외에 어떠한 접근법이 있으며 그것들 중 어떤 것이 최상인가? 왜 그러한가?

제1장 문법 정의하기

영어 교과 표준안(NCTE, 1996b)과 유치원생에서 고등학생까지(Pre-K~12)를 위한 제2 언어로서의 영어 표준안(TESOL, 1997)에서 공통되는 목표를 도출하면 다음과 같다. 그것은 "학생들이 자기 자신의 목적을 성취하고 다양한 언어 공동체에 제대로 참여하도록 하기 위해, 음성 언어, 문자 언어, 시각 언어를 지적으로, 반성적으로, 창조적으로, 비판적으로 사용하도록" 가르치는 것이다.[1)]

학생들이 이 목표를 달성하도록 도울 수 있는 이상적인 교사상(象) 또한 존재한다. 이상적인 교사는 학생들이 가지고 있는 다양한 언어적·의사소통적 능력에 대해 탐색하고 평가하고 그 수준을 끌어 올려 주는 교사, 언어와 문식성이 학생들의 삶에서 작용하는 필수적인 부분임을 알

---

1) [역주] 본문에서는 NCTE(1996b)와 TESOL(1997)의 목표 기술에서 교육 대상 언어에 음성 언어와 문자 언어뿐만 아니라 시각 언어(visual language)까지 포함하고 있다. 이는 최미숙 외(2016: 392-393)에서 기술하고 있는 바와 같이 "최근 영국, 미국, 호주 등 영어권 국가들에서는 문자 언어와 음성 언어의 문법에 국한해 연구했던 언어학의 전통에서 과감히 벗어나, 다양한 의미화 양식들을 아우르는 매체의 소통 원리와 새로운 기술 매체를 활용한 소통 능력을 문식성의 중심에 두는 연구가 '복합문식성(mulitiliteracies)', '새로운 문식성(new literacies)' 등의 이름하에 활발히 이루어지고 있는" 경향이 반영된 것이라고 볼 수 있다. 국내 국어 교육에서도 김대행(1998)에 의해 미디어 교육 수용을 목적으로 '매체 언어'란 용어가 도입되고 텍스트의 의미 작용에 개입하는 음성, 문자, 그림, 영상 등의 다양한 양식(mode)들에 대해 논의되고 있다. 문식성의 변화와 기호학적 관점을 반영하여 국어 교육과정을 만들어야 한다는 정혜승(2008)과 같은 연구 또한 존재한다.

고 있는 교사, 자기 자신과 학생들이 성장할 기회를 만들어 내는 데 능숙한 교사이다. 이와 같이 예로 든 목록은 영어 교사 준비를 위한 지침서(NCTE, 1996a)에 기술되어 있다.

그런데 이와 같은 목표를 달성하는 교육과정과 관련해서는 많은 논쟁이 있다. 다음과 같은 내용이 논쟁의 주제가 되어 왔다.

- 총체적 언어 교육과 발음 중심 언어 교육
- 쓰기 과정과 쓰기 결과물
- 표준 영어와 흑인영어
- 이중 언어 교육과 영어 몰입교육

이와 같이, 영어과 교육과정은 다른 과목들과 달리 공적 영역에서 격렬한 논쟁을 경험해 왔다.

영어과 교육과정에 대한 논쟁에서 문법 과목의 비중은 높은 편이다. 문법은 평생에 걸쳐 독자와 필자의 목표에 어떻게 기여하는가? 우리는 문법을 가르쳐야 하는가? 가르쳐야 한다면, 무엇을, 왜 가르쳐야 하는가? 등과 같은 주제들이 있다. 심지어 우리는 문법이 무엇인지에 대해서도 합의하기가 쉽지 않다. 이 논쟁의 이해 당사자인 영어 교사, 언어학자, 일반 대중은 해당 집단 내부에서도 집단 간에서도 합의를 이끌어 내고 있지 못한 상태이다.

1.1 문법 정의하기

문법에 대한 논쟁은 기본적인 정의의 수준에서 시작된다. 언어학자,

영어 교사, 일반 대중의 각 집단은 '문법'이라는 용어를 사용할 때 서로 다른 개념으로 사용하는 경향이 있다. 설상가상으로, 같은 집단에 속한 구성원들조차도 서로 다른 의미로 '문법'이라는 용어를 사용한다. 이와 같이 서로 다른 정의들은 이제는 고전이 된 하트웰(Hartwell, 1985)의 「문법, 문법들, 그리고 문법 교수」에서 정리된 바 있다.[2]

하트웰(1985)은 문법에 대한 정의 중 가장 넓은 의미로 보이는 것을 맨 처음에 두었다. 이를 문법 1이라고 부르고 있는데, 이는 '해당 언어를 사용하는 화자들에 의해 공유되는 내적인 언어 규칙'으로 정의된다. 일반적으로 아동은 그들이 소속된 언어 공동체로부터 이 규칙을 습득한다. 이 규칙은 음절을 발음하는 법인 음운론, 단어를 형성하는 법인 형태론, 문장을 구성하는 법인 통사론, 주어진 맥락에서 사용할 언어 양식이 무엇인지 선택하는 법인 화용론을 포함한다. 해당 언어의 모국어 화자들에게는 이 규칙들이 직관적이다. 그래서 그들에게는 이 규칙에 대해 명시적으로 표현하는 것도 자신들이 이 규칙을 사용하고 있다는 사실을 아는 것도 모두 어려운 일이다. 당신이 어떤 말을 들었을 때, 무언가가 '웃기게' 또는 '이상하게' 또는 '틀리게' 들려서 그것이 비문법적이라는 것은 알지만 왜 그런지는 말할 수 없는 상황에 처한 적이 있을 것이다. 문법적인 판단을 할 수는 있지만 그 판단이 기반으로 하고 있는 규칙을 분명히 표현할 수는 없었을 것이다. 또한, 여러분은 영어 문법을 영어 수업에서보다 외국어 수업에서 더 많이 배우는 것처럼 느낄 수도 있다. 이는 대부분의 청소년과 성인들이 제2 언어를 규칙의 사용을 통해서 의식적으로 배우기 때문이다. 우리는 다른 언어의 규칙을 배울 때 제1 언어의 규칙에 대해 더 의식적으로 알게 된다.

---

2) [역주] Hartwell, P. (1985). Grammar, grammars, and the teaching of grammar. *College English* 47(2). pp.105-127.

하트웰(1985)은 문법 2를 '모어 화자가 직관적으로 알고 있는 규칙들을 명시적으로 표현하기 위해 행하는 의식적인 시도'라고 정의한다. 언어학 분야는 모어 화자가 실제로 말하는 것을 명시적으로 설명하기 위해서 영어를 체계적이고 과학적으로 기술하려는 전문가들을 통하여 이루어진다. 어떤 측면에서는 이 정의가 첫 번째 정의보다 좁은 편이라고 할 수 있다. 한 개인은 언어가 어떻게 운용되고 그것이 왜 그런지에 대해 언어학자가 말로 표현할 수 있는 것보다 훨씬 더 많이 알고 있기 때문이다. 다른 측면에서는, 두 번째 정의가 첫 번째 정의보다 훨씬 더 넓다고 할 수도 있다. 언어학 분야 전체는 언어에 대해 어떤 한 개인이 알고 있는 것보다 훨씬 더 많이 알고 있기 때문이다.

언어학에서, 언어학자들이 사용하는 체계는 결과적인 언어학 기술에 영향을 주게 된다. 언어학자들은 다양한 이론을 만들어 냈고 그 중 어떤 것들은 전통 문법에 대해 도전하는 이론이었다. 구조주의와 변형 생성 문법이 그랬고 사회언어학 또한 마찬가지였다.

전통 문법의 목표는 여러 세기를 지나면서 진화했다. 처음에는, 전통 문법은 주로 학생들이 중세와 르네상스 시기 대학에서 교육 언어로 사용되던 라틴어를 공부하도록 하기 위해 활용되었다. 이후에는 국가적이고 국제적으로 영향력 있는 언어를 표준화하도록 지원하기 위해 사용되었다. 영어의 규칙을 결정하기 위해서, 학자들은 문식성 전문가와 고전적 문법학자들의 작업을 참고하였다. 이를 통해 형식적 표준 영어로 글을 쓰기 위한 규범이 발달하였다.

반면에 구조주의 언어학과 변형 생성 문법은 20세기에 전통 문법에 도전하면서 발달하였다. 두 체계 모두 완전히 기술적이고 영어 규칙을 결정하기 위해서 일반인들의 말하기를 관찰한다는 공통점이 있다. 구조주의자들은 영어 구조에 대해 더 정확한 서술을 하는 데 초점을 맞추는 반면 변형 생성 문법학자들은 언어를 배우는 인간의 생물학적 능력에 대한 이해에 관심이 있다. 결국 이를 통해 모국어 화자가 어떻게 영어를 말하는가에 대한 기술이 발달하게 되었다.

사회언어학자들은 그 기술에 사회언어학적 차원을 덧붙인다(Spolsky, 1998). 사회언어학은 30년 전부터 언어 사용과 언어 사용자가 사는 사회와의 관계를 탐구해 왔다. 이 학문은 모국어 화자들이 영어의 다양한 방언들이 사용되는 다양한 맥락에서 어떤 방식으로 말하는지에 대해 연구한다.

영어 교과의 이론적 토대를 세우는 데에 문법 2의 기여는 지대하지만 학교 교육과정에서의 기여에 대해서는 의견이 엇갈린다. 전통 문법은 그 교육적 초점 때문에 학교에서 확고하게 자리 잡았다. 하지만 구조주의 언어학과 변형 생성 문법은 명백히 교육적 초점을 가지지는 않기 때문에 두 분야 모두 학교에 큰 영향을 주지 않았다. 사회언어학자들은 학생 언어와 학교에서의 성공의 정도에 영향을 끼치는 사회언어학적 요인들에 대해 관심을 가지고 있기 때문에 구조주의 언어학이나 변형 생성 문법보다는 사회언어학의 기여가 더 클 것이다(3장, 9장, 10장 참고).

그럼에도 불구하고, 문법에 대한 좁은 관점은 여전히 학교에서 흔히 볼 수 있다. 이는 하트웰(1985)의 문법 4이고 이는 보통 대중이 문법이라는 용어를 들었을 때 떠올리게 되는 것이다. 우리들 대부분에게는 문법은 7품사(혹은 8품사)와 네 개의 문장 유형에 대한 탈맥락화된 연구로 인식되어 왔다. 여러분은 중학교에서 밑줄 표시된 명사들과 동그라미 표시된 동사들이 있었던 종이로 공부했던 것을 기억할 것이다. 또한 문장을 나누고 도식화하기도 했을 것이다. 사람들은 보통 이런 종류의 공부에 대해 강한 애증 관계를 가지고 있다. 사람들이 이러한 방식의 학습에 대해 애정이 있었던 것으로 기억하는 일은 거의 없다. 문법 용어는 이해가 안 되고, 수업은 지루하고, 도식들은 헷갈리고, 학습 내용은 평범한 언어 사용과 매우 다르다고 생각하게 된다. 그런데 그렇게 학습한 사람들은 자주 그 다음 세대가 이러한 수업을 받아야 한다고 주장한다. 그들은 이러한 수업이 학생들이 말하고 쓰는 능력을 향상시키는 데 도움을 줄 것이라고 믿는다.

문법 4와 자주 나란히 가르쳐지는 것은 '용법'이라고도 불리는 문법 3이다. 문법 4가 분석적인 반면 문법 3은 처방적이다.[3] 전자는 영어의 구성소를 구별하고 거기에 이름을 붙이는 것에 초점을 맞추고 있고 후자는 사람들이 '적절한 영어'를 말하기 위해 제시해야 하는 것을 결정하는 데 초점을 맞춘다. 후자의 경우는 이 언어적 에티켓을 따르는 것에 실패하는 사람은 (타인에게) 존중 받을 가능성이 낮다는 의미를 함축하고 있다.

그런데 문법 3과 문법 4는 학교에서 확고하게 자리를 잡았음에도 불구하고 풀어야 할 과제가 있다. 몇 십 년 동안 영어 과목 교사들은 전통 문법 교육이 학생들의 쓰기와 말하기 능력에 거의 영향을 주지 않는 것으로 알고 있었다(Braddock, Lloyd-Jones, & Schoer, 1963; Weaver, 1996). 최근에 밝혀진 것은, 전통 문법 교육은 영어 방언 화자가 표준 영어를 배우는 데 적극적인 동기 부여도 하지 않는다는 것이다(Wolfram, Adger & Christian, 1999). 그럼에도 불구하고, 어떤 종류의 교육과정이 전통 문법을 대체해야 하는지에 합의할 수 없다는 이유로 전통 문법 교육을 지속하고 있다(Lester, 2001a)(전통 문법에 대한 도전에 관련된 더 자세한 사항은 2장, 3장 참고).

점진적으로 영향력이 증가하고 있는 교사와 응용(사회) 언어학자들은 언어와 쓰기에 대한 메타언어적 논의를 위한 용어로서 '문법'을 이용한

---

3) [역주] '처방적'은 prescriptive를 번역한 표현이다. 흔히 '규범적'이라는 표현으로 번역되곤 한다. 그래서 prescriptive grammar를 규범 문법이라고 부르곤 한다. prescriptive에 상대적인 영어 표현은 descriptive인데, '기술적'이라고 번역되며, descriptive grammar를 기술 문법이라고 한다.

다(Kolln, 1996; Weaver, 1996). 이것이 하트웰(1985)의 문법 5이다. 이 교사와
학자 집단에게는 문법이 필자에게 목표, 독자, 문체에 대해 이야기하기
위한 방법이다. 문법은 내용을 생성하고, 문단을 수정하고, 문장을 편집
하기 위해 사용될 수 있다. 문법 5는 필자의 직관인 문법 1과 언어학의
통찰인 문법 2를 참조 문법으로 사용한다. 문법 5는 다양한 장르, 문체,
방언을 가치 있게 생각한다(4-10장에서 필자를 발달시키는 관점으로부터 온 문
법에 대한 논의 참고).

하트웰(1985)의 문법에 대한 다섯 가지 정의는 그림 1.1에 정리된 바와
같다.4)

그림 1.1 이론적 기반: 하트웰(1985)의 5가지 문법 정의

하트웰(1985)에서는 학교에서 어떤 언어 구조와 관습을 가르치는지에 대한 논의
에서 사용된 문법에 대한 다섯 가지 서로 다른 정의를 제시한다.

- 문법 1: 모국어 화자가 직관적으로 알고 있는 언어 규칙이다. 이는 '모국어 화자의
  문법 능력'이라고 말할 수 있다.
- 문법 2: '문법 1'을 기술하려고 하는 과학적이고 체계적인 시도이다. 이는 학문 영
  역인 '언어학'에서 실행된다.
- 문법 3: '보통은 표준 영어의 규칙과 방언의 규칙이 일치하지 않는 요소들에 대한'
  개별 규칙들에 대한 강조이다. 교사들은 이를 보통 '용법'이라고 부른다. 대중은 표
  준 영어를 '옳은' 또는 '적절한' 것으로, 방언은 '틀린', '저속한', '교양 없는' 것으로
  생각한다. 언어학자들은 종종 이를 '언어적 에티켓'이라고 조롱한다.5)6)

---

4) [역주] Hartwell(1985)의 문법에 대한 5가지 정의 중 처음의 세 가지는 Francis(1954)의 문법 정의
를 그대로 따른 것이다. Francis(1954)의 '문법 2'를 보다 더 확장시켜 '문법 4'의 개념을 파생시켰
고 Martha Kolln과 같은 학자들의 논의를 반영하여 '문법 5'의 정의를 제시하였다.
5) [역주] 해당 원문에서는 grammar 3을 'school grammar' 차원의 의미로, grammar 4를 'usage' 차원
의 의미로 다루고 있다. 그러나 본래 Hartwell(1985)에서는 순서가 그 반대이다. grammar 3이
'usage' 차원이고 grammar 4가 'school grammar' 차원이다. 번역문에서는 원문과 달리 Hartwell
(1985)의 순서를 직접 따라 그 내용을 수정하여 반영하였다.
6) [역주] 문법 3에 대해 사람들이 언어적 에티켓(linguistic etiquette)이라고 칭한다는 것은 Francis
(1954)에서 제시된 것이다. Hartwell은 "Francis의 문법 3은 당연히 전혀 문법이 아니고 단지 용법일

- 문법 4: 학교에서 가르치는 언어 규칙이다. 영어의 경우, 이 규칙들은 대개 전문적으로 집필된 문학 작품들에서 도출되기 때문에 영어의 격식적이고 문어적이며 표준적인 버전을 반영하는 경향이 있다.
- 문법 5: 문장 구조를 구분하기 위해 사용되는 용어들이다. 이 용어들은 종종 글과 그 글이 독자에게 끼치는 심미적이고 설득적인 효과에 대해 이야기하기 위한 공통 어휘를 만드는 데 사용된다. 이를 보통 '문체'라고 부른다.

이 장에서는 문법 논쟁에서 다양한 이익 집단들이 취하고 있는 입장과 문법의 다양한 정의에 대해서 모두 탐구한다. 첫째, 이 장의 읽기 자료에서 하비 대니얼스는 언어가 무엇인지, 그것이 어떻게 운용되는지, 아이들이 어떻게 그것을 배우는지에 대해서 언어학자들이 가지고 있는 근본적인 신념에 대해 소개한다. 둘째, 당신은 문법과 언어 태도에 대해 성찰하도록 질문을 받게 될 것인데 이러한 조사를 통해 (예비) 교육 전문가가 가지고 있는 신념에 대해 통찰을 얻게 될 것이다(2장과 3장에서는 영어 교사들이 취하고 있는 입장을 더 깊이 탐색할 것이다.). 이 조사는 당신이 대중의 통념에 대해 이해하는 것을 도울 것이다. 셋째, 이 장의 마지막에서는 당신에게 보수, 진보 양측의 칼럼니스트가 주장하는 견해에 대해 인터넷을 통해 조사하도록 요구할 것인데 이 또한 언어에 대해 대중이 가지고 있는 의미에 대해 알게 해 줄 것이다. 현재는 전통 문법이 일반적이기 때문에 조사된 견해는 각각 명시적이거나 암시적으로 전통 문법에 대한 입장을 포함하고 있다.

뿐이라고(Frncis' Grammar 3 is, of course, not grammar at all, but usage)(p.110)" 지적하면서 문법 논의에 용법 문제가 끼어들면 적절한 논의가 방해 받기 때문에 간단하게만 다루겠다고 언급하였다.

1.2. 언어 경험 탐구하기

1. 읽기 자료를 읽기 전에, 5분 정도 아래의 질문에 대해 개인적으로 답변을 작성해 보시오.

   a. 문법 교수에 대해 이미 알고 있는 것은 무엇인가? 이 지식을 어디에서 획득했는가?

   b. 언어학과 쓰기에 대한 연구가 어떻게 더 나은 문법 교사가 되도록 도울 수 있는가?

2. 교육과정에 대한 신념은 주제에 대한 태도를 반영하는 경향이 있어서 우리의 신념이 무엇인지에 대해 자각하는 것이 중요하다. 그림 1.2는 문법에 대한 몇 가지 진술을 보여준다. 각 질문에 대해 동의하는 정도에 따라 등급을 매기라. 그러고 나서 다음의 질문에 답하라. 전반적으로, 문법에 대한 당신의 의견은 어떠한가? 이것이 중요한 주제라고 생각하는가? 왜 그렇게 생각하는가? 문법을 바로잡는 것이 영어 교사들의 중요한 업무라고 생각하는가?

그림 1.2 조사: 문법과 문법 교수에 대한 신념 조사

문법과 문법 교수에 대한 당신의 신념에 대한 아래의 설문 문항을 완성해 주십시오. 당신의 응답은 익명으로 처리됩니다. 이는 영어 교사가 되기 위해 공부하는 학생들이 문법에 대한 일반 대중들의 생각을 파악할 때 사용될 것입니다. 몇 가지 개인 정보를 묻는 문항 또한 포함하고 있습니다. 참여해 주셔서 감사합니다.

- 나이:
- 성별:
- 어떤 언어를 사용하는가?:
- 학교 교육을 얼마나 받아 왔는가?
- 언어학 수업을 수강한 적이 있는가?
- 있다면 기간은?

- 문법과 작문 기능에 얼마나 자신이 있는가?
- 당신의 문법 지식에 가장 많이 기여한 것이 무엇이라고 생각하는가?

1. 아이들은 학교에서 문법을 배워야만 한다. 그것이 말하기/쓰기를 정확하게 하는 법을 배우는 방법이기 때문이다.

매우
그렇다 ___|___|___|___|___ 매우
그렇지 않다
- 의견:

2. 학교에서 사용되는 유형의 영어(예: 표준 영어)는 유일하게 올바른 영어 방언이 다. 다른 유형의 영어는 '나쁜 문법'을 사용한다. 그것들은 속어이거나, 부정확하 고 비문법적이다.

매우
그렇다 ___|___|___|___|___ 매우
그렇지 않다
- 의견:

3. 이와 같은 영어의 하위 유형은 교실에서 허락되지 말아야 한다.

매우
그렇다 ___|___|___|___|___ 매우
그렇지 않다
- 의견:

4. 말하고 쓰는 것에 올바른 방법이 있고 사전, 안내서, 문법책 등을 참고해서 그것 이 무엇인지를 알 수 있다.

매우
그렇다 ___|___|___|___|___ 매우
그렇지 않다
- 의견:

5. 영어는 쇠퇴하고 있다. 오늘날 젊은 사람들은 이전 세대가 그랬던 것처럼 문법적 으로 말하고 쓰지는 않는다.

매우
그렇다 ___|___|___|___|___ 매우
그렇지 않다
- 의견:

6. 학생들에게 정확한 영어를 가르치는 것은 영어 교사들이 할 일이다.

매우
그렇다 ___|___|___|___|___ 매우
그렇지 않다
- 의견:

7. 교사는 가정에서 나쁜 문법을 배운 학생을 바로 잡아 주어야만 한다.

매우
그렇다 _____|_____|_____|_____|_____ 매우
　　　　　　　　　　　　　　　　　　　　　　　그렇지 않다
　● 의견:

8. 문법은 무엇인가?

9. '좋은' 문법과 '나쁜' 문법의 예를 제시해 보라.

10. 좋은 작문의 특징은 무엇인가? 좋은 문법과 좋은 작문 간의 관련성은 무엇인가?

11. 사람들이 알아야 하는 평균 문법은 어느 정도인가?

12. 학교에서 문법을 가르쳐야 하는가? 왜 그래야 하는가? 모든 학생들에게 필수 과목이어야 하는가?

---

3. 최소한 네 명의 서로 다른 사람에게 조사를 부탁해 보라. 넓은 범위의 응답자를 목표로 하여 노력해 보라. 당신의 조사에 기초한다면, 문법에 대한 일반 대중의 태도에 대해 어떤 결론을 추출할 수 있는가?

↘ 「언어에 대한 아홉 가지 생각」[7]

대니얼스

「언어에 대한 아홉 가지 생각」에서 하비 대니얼스는 현대 언어학자들이 일반적으로 동의하는 언어에 대한 아홉 가지 기본적인 생각을 제시했다.

---

7) Daniels, H. (1983). *Famous last words: The American language crisis reconsidered.* Southern Illinois University Press.
「Nine ideas about Language」는 Daniels(1983)의 3장이다.

*이것을 제시하는 목적은 일반 대중이 믿고 있는 언어에 대한 신화를 떨쳐
내게 하는 것이다. 이 읽기 자료는 대니얼스의 저서 『유명한 마지막 단어
들: 재고되어야 할 미국 영어의 위기』에서 채택되었다.*

영어가 실제로 이전 장에서 논의했던 모든 암담한 예측보다 더 오래
존속했다는 것에 우리가 동의한다면[8) 영어의 종말에 대한 최근의 보고
가 이전과 마찬가지의 방식으로 과장되었다는 것을 인식해야 한다. 물
론 현재의 위기를 관리하는 이들은 동의하지 않고 학교에서 1920년대에
사용된 언어학 충성선서를 다시 사용하게 할 수도 있다. 그 충성선서는
이를 테면 "분리 부정사를 사용하지 않는 좋은 미국 영어를 사용할 것
이다"와 같은 것이다.[9) 그러나 이를 통해 큰 변화가 일어나지는 않을 것
이다. 영어는 우리가 그 성장을 돌보고 양육하고 가지치기를 해주든지
아니면 혼자 남겨두든지, 그와 관계없이 지속적으로 유용할 것이고 살
아있을 것이다.

오늘날 언어 비평가들은 언어가 변화하고 있다는 것, 사람들이 수많
은 특수용어를 사용한다는 것, 지속적으로 표준 방언을 말하는 사람들
이 거의 없다는 것, 우리 사회에서 행해지는 수많은 글쓰기가 효과적이
지 않다는 것 등을 인식하고 있다. 그렇지만 그들에게는 불안해하면서
이 현상을 지켜보는 것 외에는 다른 방도가 없다. 하지만 비평가들을 걱
정시키는 용법 대부분은 두렵지 않은 방향으로 설명되고 이해될 수 있
다. 과거 75년 동안 언어학자들은 그러한 설명을 제공해 왔다.

언어 위기에 대한 오류와 와전에 대해 이해하기 위해서 역사뿐만 아

---

8) [역주] "Nine Ideas about Language"는 대니얼스(1983)의 4장인데 바로 앞 장은 "Something New
and Ominous"라는 제목의 장으로 현재의 언어 위기에 대해 논의하고 있다.

9) [역주] 분리 부정사는 'She seems to really like it.'에서처럼 to부정사의 to와 동사 사이에 부사가
들어가 있는 형태이다. 이런 방식은 영어를 제대로 쓴 것이 아니라고 보는 사람들도 있다.

니라 "사실"을 조사할 필요가 있다고 이미 말한 바 있다. 물론 언어에 대한 사실들은 어느 정도는 규정하기 힘든 면이 있다. 또한 이 놀랍도록 복잡한 행위에 대해서 완벽하게 파악할 수는 없다. 하지만 언어학자들은 이번 세기 동안 인류 언어에 대한 몇 가지 기본적인 자질, 구조, 운용을 기술하기 위한 의미 있는 출발점에 서게 되었다. 이 장에서는 정확한 사실의 목록까지는 아니더라도 최소한 대다수 언어학자들의 일치된 의견이라고 볼 수 있는 9가지 기본적인 생각을 제시하겠다.

[1] 아이들은 교육 없이도 모어를 신속하게, 효율적으로, 충분히 배운다.

언어는 인간이라는 종(種) 특유의 특성이다. 모든 아이들은 지능 발달이 심하게 늦거나 말하기에 노출될 기회를 완전히 박탈당하지 않는다면 걷는 것만큼 자연스럽게 구어를 습득할 것이다. 많은 언어학자들이 인간의 두뇌가 언어에 맞게 미리 짜여 있는 것이라고 주장하기까지 하고 어떤 학자들은 모든 언어에 공통되는 기저의 언어 자질이 태어날 때부터 두뇌에 존재한다고 상정하기도 했다. 이 후자의 이론은 모든 언어는 일반적으로 진술·질문·명령의 방식, 과거 지시의 방식, 부정하는 능력에서 특정 절차를 가진다는 발견으로부터 온 것이다. 그렇기는 하지만, 모든 언어의 근본적인 유사성에도 불구하고, 아이들은 우크라이나어이든, 스와힐리어이든, 광둥어이든, 애팔래치아 지방의 미국 영어이든, 자기 주위에서 듣는 언어를 습득한다는 것을 기억하는 것이 중요하다.

부모에 대한 통념에도 불구하고, 부모들은 아이들에게 말하도록 '가르치지' 않는다. 아이들은 말하기를 *학습*하는데, 이때 부모, 형제자매, 친구, 그리고 다른 사람의 언어를 자료로, 사례로 사용하고 다른 화자를 언어에 대해 떠오르는 생각을 시험하는 장치로 이용한다. 우리가 무제한의 새롭고 유의미한 발화를 생성해 내는 능력을 가지고서는 성인 말하기의 복잡성에 대해 인식할 때, 이런 기능이 간단히 지도해서 나오는 최종 결과물일 수는 분명 없다. 부모들은 아이에게 영어에서 일반적으로 형용사가 명사에 선행한다는 것에 대해 설명하지도 않고 과거 분사의 형성을 지배하는 규칙에 대해 강의하지도 않는다. 부모들은 아이가 때때로 하게 되는 몇 가지 실수에 대해 정정해 주지만 언어를 형성하는 기저 규칙을 발견하는 것은 아이들의 몫이다.

우리가 아는 바에 의하면 아이들이 언어를 배우는 것은 부분적으로 모방에 의해 이루어지는 듯 보이지만 그보다는 가설-검증에 의해 배우는 부분이 많다. 막 과거 시제를 형성하기 시작하는 아동에 대해 생각해 보자. 이 아동은 초기의 시도에서 '*I walked to Grandma's*'와 같은 과거 시제의 관습을 따라 '*I goed to the store*' 또는 '*I seed a dog*'라는 부정확하고 들을 수 없는 형태를 생산해내기 쉽다. 이 과정은 그 아동이 동사에 '-ed'를 더하는 과거 시제 형성에 대한 일반적인 규칙을 배웠지만 아직 예외나 불규칙 같은 다른 규칙들까지 완전히 배우지는 않았음을 보여준다. 아이들이 이전에 들어 보지 못한 형태를 생산하는 것은 모방이 언어 습득에서 가장 중심적인 것이 아니며 언어 습득의 주 전략은 언어 입력으로부터 기저 규칙을 연역해 내는 가설 세우기와 그에 대한 시험적인 사용임을 입증하는 것이다.

지금은 두 살 반인 내 아들은, 막 '-ed'의 문제를 겪고 있다. 최근까지, 그는 '*Daddy go work?*(*Did Daddy go to work?*의 의미로)', '*We take a bath today?*(*Will we take a bath today?*의 의미로)'와 같이 현재 시제 동사 형태를 모든 상황에 사용했다.10) 놀라운 과거 시제 표시를 발견하자마자, 생각해 낼 수 있는 모든 동사에 열정적으로 붙이고 *goed, eated, flied*와 같은 과거 시제 형성에

---

10) [역주] '*Did Daddy go to work?*'는 '아빠 일하러 갔어?'로, '*Will we take a bath today?*'는 '우리 오늘 목욕할 거야?'로 번역할 수 있다. '*Daddy go work*'와 '*We take a bath today*'는 비문이다.

대한 초기 가설 규칙의 과잉 일반화를 다수 만들어 냈다.[11] 물론 이와 같은 양상은 충분히 예상 가능했다. 실제로 그는 새로운 발견에 매우 흥분해서 'Dad, I swallow-ed the cookie'와 같이 자주 과거 표지에 대한 추가적인 강조를 하곤 했다.[12] 니키(Nicky)는 곧 더 많은 언어를 들음으로써 또 내적인 언어 규칙을 수정하고 확장함으로써, 모든 불규칙 과거 시제 형태를 완전히 알게 될 뿐만 아니라 '-ed'를 덜 강조하는 것을 배우게 될 것이다.

때때로 언어학자와 교육자들은 성인의 형태를 기준으로 할 때 연령대별로 몇 퍼센트 정도 학습되는지에 대해 논쟁한다. 일반적인 추산에 의하면, 아동이 7세가 되면 성인 구조의 90%를 습득한다. 그러한 복잡한 과정에 비율을 붙인다는 것이 분명히 꽤 어려운 일이지만 핵심 포인트는 분명하다. 초등학교 연령대의 학생들은 이미 모국어를 지배하는 규칙을 매우 많이 학습했고 모국어가 허가하는 거의 모든 종류의 문장을 생산할 수 있다. 해가 지나면서 모든 아이들은 몇 가지 부가적인 능력을 더할 것이지만, 앞으로는 새로운 규칙을 학습한다기보다는 규칙들을 새로이 조합해서 보다 정교한 생각을 표현할 수 있을 것이며, 점점 다양한 사회 상황 속에서 언어를 효과적으로 사용하는 방법을 배우게 될 것이다.

우리가 여기에서 아동의 모국어 습득에 대해 이야기하고 있다는 것을 반복하는 것은 중요하다. 아동은 표준 영어, 표준 프랑스어, 표준 우르두어 화자들의 공동체에서 혹은 비표준 영어, 비표준 프랑스어, 비표준 우르두어 화자들의 공동체에서 태어났을 수 있다.[13] 어쨌든 간에 아동

---

11) [역주] go의 과거형은 went, eat의 과거형은 ate, fly의 과거형은 flew이다. goed, eated, flied는 모두 'ed'가 과잉 일반화된 비적격형이다.

12) [역주] 'Dad, I swallow-ed the cookie'는 '아빠, 내가 그 과자를 삼켰어'의 의미이다.

13) 우르두(Urdu)어는 인도유럽어족에 속한 언어로서 파키스탄과 인도에서 1억 이상이 사용하고 있다.[네이버 지식 백과(http://terms.naver.com/)]

의 가정과 공동체 언어는 모국어인데 아동이 전혀 혹은 거의 노출된 적이 없는 언어를 말하게 되는 것은 불가능할 것이다.

[2] 언어는 규칙에 의해 운용된다.

'-ed' 사건이 암시하는 것과 같이 아동은 모국어를 배우기 시작했을 때 일반적으로 잠재의식적인 규칙의 거대한 체계를 습득한다. 이 체계는 아동이 의미 있는 발화, 점점 더 복잡해지는 발화를 만드는 것을 가능하게 한다. 이러한 규칙은 말소리, 단어, 단어의 배열, 말하기의 사회적 행위의 제 양상 등에 영향을 미친다. 분명하게 서로 다른 종류의 언어로 말하기 능력의 성장을 경험하고 있는 아동들은 일반적으로 서로 다른 규칙들을 습득할 것이다. 이 사실은 우리에게 인간 언어는 중요한 의미에서 자의적이라는 것을 상기시켜 준다.

*bang, hiss, grunt*와 같은 소수의 의성어를 제외하면 말소리의 특정 조합에 대한 의미의 할당은 자의적이다. 우리 영어 화자는 의자를 *glotz* 또는 *blurg*라고 부를 수도 있는데, 이는 우리 모두가 이들 말소리의 조합이 의자*chair*를 의미한다고 하는 것에 동의하는 조건 하에서 가능하다. 사실 단어뿐만 아니라 영어에서 사용되는 개별적인 말소리들도 인간의 발음 기관이 생산 가능한 말소리의 매우 방대한 목록으로부터 자의적으로 선택된다. 악음(樂音)과 흡착음을 사용하는 아프리카 언어를 생각해 보면, 영어에서 사용되는 40개의 음소가 수백 개 사용 가능한 말소리 가운데 자의적으로 선택한 것이라는 사실을 알 수 있다. 문법 역시 자의적이다. 우리는 영어에서 *'the blue chair'*와 같이 대부분의 형용사가 그것들이 수식하는 명사 앞에 놓인다는 규칙을 가지고 있다. 프랑스어에서는 *la chaise bleue*와 같이 통사론은 반대가 되고 라틴어와 같은 몇몇 언어에서는 두

순서가 모두 허락된다.

어떤 언어든 말소리, 단어, 문장에 대하여 자의적으로 선택한 복잡한 집합을 필요로 한다는 것을 고려하면 언어의 기초는 어떤 '자연적인' 의미 혹은 그 자질들의 적절성에 놓여 있는 것이 아니라 규칙들의 체계에 놓여 있는 것이 분명하다. '규칙들의 체계'는 특정 소리들을 지속적으로 사용할 것임을 의미하고 소리의 특정 조합은 반복해서 동일한 것을 의미할 것이며 메시지를 전달하기 위해 특정 문법적 패턴을 지킬 것이라는 화자들 사이의 암묵적인 동의를 의미한다. 하나의 언어를 구성하는 데에는 이러한 규칙 수천 개가 필요하다. 많은 언어학자는 우리 각각이 어린 아이였을 때 셀 수 없이 많은 규칙을 학습했으며 이때 삶에서 가장 복잡한 인지적 과제를 수행한 것이라고 믿고 있다.

물론 언어의 규칙에 대한 우리의 합의는 단지 일반적인 수준의 것이다. 한 언어를 사용하는 모든 화자들은 유일무이하다. 누구도 자신이 아닌 다른 사람과 정확하게 똑같이 소리 내지는 않는다. 언어는 지역과 지역 간에, 사회적이고 직업적이고 민족적인 집단 간에, 심지어 한 말하기 상황과 그 다음 상황 간에, 서로 다르다. 이 변이형들은 실수 혹은 기본적인 언어에서의 일탈이 아니고 단지 어떤 언어를 구성하는 규칙지배적인 교체형이다. 여전히 미국에서는 영어에 대한 여러 가지 변이형이 대개 상호 이해 가능한데 이는 우리가 어떤 집단에 속해 있든지 어떤 상황에 놓여 있든지 대부분의 언어 규칙이 공통된다는 사실을 반영한다.

[3] 모든 언어는 세 개의 주요 구성요소를 가지고 있다.
─ 말소리 체계, 어휘, 문법 체계

어떤 화자든 해당 언어의 다른 화자들이 공유하고 있는 내재화된 규칙의 체계를 따르는 말소리, 단어, 어순을 다룸으로써 의미를 구성하게 된다. 이는 이미 언급되었던 내용을 강조하는 차원에서 말한 것이다.

언어의 말소리 체계인 음운론은 음성적 소리의 목록이고, 그 언어에서 사용하는 소리들의 조합이다. 아이들은 언어의 다른 요소를 배울 때와 같은 방법으로 자신이 사용하는 언어가 가지고 있는 말소리를 배운다. 그 방법은 듣고, 가설을 세우고, 검증하고, 다시 듣는 것이다. 말소리를 가장 먼저 배우고 그 다음 단어를 배우고 그 다음 문법을 배우는 것이 가장 논리적으로 보이기는 하지만 실제로는 그렇게 하지 않는다. 예를 들어 내 아들은 8, 10, 혹은 14개 단어로 구성된 문장들로 필요 있는 거의 모든 것을 말할 수 있지만 자신의 생명을 구하기 위해 th 소리를 낼 수 없었다.

한 언어의 어휘 또는 어휘부는 개인의 단어 저장소이다. 분명히, 어린 아이들은 어휘 목록을 확장하는 데에 가장 큰 노력을 기울이고 있다. 두 살 혹은 세 살의 아이들은 자식을 가장 애지중지하는 부모조차 참아내기 어려울 정도로 "그게 뭐야?"라고 묻는 것으로 악명이 높다. 아이들은 지속적이고 자발적으로 어휘를 풍부하게 하기 위해 노력할 뿐만 아니라 범주를 만들고, 단어의 부류들을 설정하고, 함축적 의미를 추가하고, 학습하고 있는 단어의 의미론적 속성에 대한 자기들의 감각을 연마하고 정제하기 위해 항상 노력한다. 이 중 가장 마지막 과정은 몇 달 전 여행을 마치고 집으로 돌아오는 길에 있었는데, 니키가 시골 풍경을 보며 다양한 대상들의 이름을 배우는 데 기뻐했던 모습을 보고 나는 무척 기뻤다. 우리가 시카고의 스카이라인을 지나며 가고 있을 때, 니키는 고층 건물들을 보고 "이 곡식 저장고를 봐요. 아빠!"[14]라고 말했다. 나는 니키에게 저 시어스 타워(Sears Tower) 안에 무엇이 있을 것 같은지 생각해 보라고 했았다. 그러자 그는 자신 있게 대답했다. "동물 먹이(Animal food)!"

---

14) [역주] Look at those silos, Dad!

이때 니키는 부모의 웃음을 통해 높고 좁은 구조물은 곡식 저장고라고 생각했던 자신의 어휘적 가설을 재평가하기 시작했을 것이다.

언어를 규범적으로보다는 기술적으로 살피는 언어학자들은 문법을 다르게 정의하는데 불행히도 그 정의는 하나가 아니고 둘이다. 첫째는, 내가 사용하고 있는 정의인데 문법을 단어들을 의미 있는 영어 문장으로 배열하기 위해 사용하고 있는 규칙들의 체계라고 본다. 예를 들어 어휘부와 음운부는 단어를 말하기 위한 말소리의 적절한 조합을 제공할 것이다. 하지만 'eat four yesterday cat crocodile the.'와 같은 것을 올바른 문장으로 배열하도록 하는 것이 내가 가지고 있는 문법 지식이다. 내가 가지고 있는 문법은 'Yesterday the crocodile ate four cats.'와 같이 이 요소들을 의미 있는 순서로 정렬하도록 할 뿐만 아니라 복수, 시제, 어순을 위해 필요한 표지들을 제공한다. 내가 이 문장을 구성할 때 잠재의식적으로 사용했던 일련의 규칙들을 설명하는 것은 이 의미에서 나의 '문법' 일부를 기술하는 것이다.

언어학자들이 사용하는, 문법에 대한 두 번째 정의는 언어를 구성하는 전체 규칙 체계를 지시한다. 이는 어순과 문장 내에 있는 요소들을 적절하게 표시하는 것에 대한 규칙일 뿐만 아니라 한 언어가 사용하는 모든 어휘적, 음운적, 통사적 패턴을 말한다. 이 의미에서 내가 언어에 대해 알고 있는 모든 것, 말하거나 들을 때 내가 수행할 수 있는 의식적이고 무의식적인 운용은 나의 문법을 구성한다. 언어학자들이 문법에 관하여 언어를 기술할 때 주목하는 것이 이 두 번째 정의이다.

[4] 모든 사람들은 방언으로 말한다.

'방언'이라는 용어는 일반인들이 사용할 때 보통 경멸조의 암시적 의미를 가지곤 한다. 언어학자들은 그런 의미 없이 단순히 다른 방언들과 구별되는 특정 어휘, 음운, 문법 규칙을 갖는 다양한 개별 언어를 지칭하기 위해 '방언'이라는 용어를 사용한다. 미국에서 방언에 대한 가장 친숙한 정의는 지리적인 개념에 의한 것이다. 예를 들면, 우리는 뉴잉글랜드 언어의 r의 탈락이나[15] 분수식 식수대를 'drinking fountain'이 아니라 'bubbler'라고 칭하는 것과 같은 어떤 자질들이 이 지역의 말투를 구별 짓는다는 것을 인식한다. 물론 이 보스턴 영어 화자는 실수를 하고 있는 것이 아니다. 그는 단지 다른 지역과는 다른 방식으로 체계적인 규칙을 지키는 것이다.

　한 언어의 서로 다른 변이형은 어디로부터 오고 어떻게 유지되는 것인가? 근본적인 요소는 고립과 언어 변화이다. 지속적으로 함께 살고, 일하며, 이야기하는 집단의 사람들을 상상해 보라. 그들 사이에는 그 언어를 상대적으로 동일하게 유지하려는 자연적인 압력이 존재한다. 하지만 만약 그 집단의 일부가 멀리 떨어진 지역으로 이동하고 더 이상 서로 접촉하지 않는다면 그 두 집단의 언어는 점차 분화될 것이다. 이 분화는 서로 다른 환경과 서로 다른 요구가 원인이 되어 발생할 뿐만 아니라, 불가피하고 제멋대로인 언어 변화의 과정 자체 때문에 만들어지기도 한다. 즉, 이 두 집단의 언어가 비록 초기에는 동일했을지라도 지금도 같은 경로로 변화할 가능성은 존재하지 않는다. 극단적으로 이 고립이 너무 길고 완전하다면 이 두 가설 집단은 아마도 각각 독립적이고 상호 의사소통할 수 없는 언어를 발달시킬 것이다. 이 고립이 부분적인 것이고 두 집단 간에 다시 교류가 시작된다면 그리고 예를 들어 미국인과 영국인처럼 의사소통을 지속할 필요가 있다면 분화는 감소될 것이다.

　이와 같은 고립의 원리는 덜 극적인 방법으로 다시 현재의 미국 방언에 적용된다. 뉴잉글랜드 화자는 부분적으로 남부의 화자와 떨어져 있

---

15) [역주] pahk the cah in Hahvahd yahd

고 그래서 이 두 방언 간의 몇 가지 차이는 유지된다. 여행이나 방송과 같은 다른 요소들은 이 방언들 간의 접촉을 하게 하고 극적인 분화를 억제하는 경향이 있다. 하지만 언어 차이를 생성하고 지속시키는 요인인 '고립'은 지리적인 요건에 의한 것만은 아니다. 많은 미국의 도시에서 우리는 몇 마일 혹은 심지어 몇 블록 안에 살면서 현저하게 다르고 꽤 오래 지속되는 방언을 사용하는 사람들이 있다는 것을 알고 있다. 흑인 영어와 중서부 영어가 그 예이다. 여기에서 고립은 부분적으로만 공간적이고 그보다 더 중요하게는 사회, 경제, 직업, 교육, 정책적이다. 그리고 발화 공동체에서 이 구분이 효력을 발휘하는 동안은 그 방언의 차이 또한 여전히 존재할 것이다.

많은 세계 언어들은 '표준' 방언을 가지고 있다. 어떤 나라에서는 '표준'이라는 용어가 토착 방언이 아니라 공통어를 가리킨다. 예를 들어 나이지리아에서는 대부분 의사소통이 불가능한 150개 이상의 언어와 방언이 존재하는데 영어가 공식적인 표준어로 선택되었다. 미국에서 우리는 우리 중 대다수가 영어로 의사소통 가능한 방언으로 말하고 있기 때문에 이러한 종류의 국가적 표준화를 즐긴다. 하지만 우리는 또한 표준 영어가 단순한 공통어가 아닌 권위 있는 방언 혹은 선호되는 방언이라고 볼 수 있다는 생각도 가지고 있다. 유사하게 영국 영어는 표준 발음을, 독일어는 고지 독일어를,[16] 프랑스어는 "표준 프랑스어"를 가지고 있다. 이 언어들은 전형적으로 사회에서 상위 계층 혹은 최소 교육을 받은 계층의 발화로, 문어 의사소통에서 지배적인 방언으로, 일반적으로 학교에

---

16) [역주] 5~6기경 제2차 음운추이에 의해 저지(低地) 독일어에서 분리된 독일어이다. 주로 독일의 남부와 중부지방에서 사용한다. 다른 사투리를 문화적으로 압도하는 독일어인데, 관청 용어· 루터의 성서 번역· 인쇄용어 등을 통해서 독일어의 주류가 되어 현대 독일 표준어의 기초가 되었다. 문법은 영어보다도 한층 더 복잡하고, 명사는 수(數)· 성(性)· 격(格)을 가지며 동사는 인칭·수·시법(時法)에 따라 변한다.[네이버 지식 백과(http://terms.naver.com/)]

서 학생들이 배우는 언어로 정의된다. 과거에 이 권위 있는 방언들은 일반 서민들과 지배 계층을 편리하게 구분할 수 있는 표지였다 만다린 중국어의 경우나 중세에 영국 귀족들이 노르만 프랑스어를 사용했던 경우가 그 예라고 할 수 있다. 하지만 대부분의 현대 사회에서 표준어는 특정한 지위가 부여된 상호 의사소통 가능한 국가 공통어일 뿐이다.

표준어가 같은 언어의 다른 방언들보다 *본질적*으로 우월한 것이라고 말할 수는 없다. 하지만 그 방언의 가치에 대한 압도적인 태도 때문에 표준어는 그 사용자들에게 상당한 사회적, 정치적, 경제적 영향력을 부여할 것이다.

최근에 미국의 언어학자들은 영어의 표준어가 아닌 어떤 방언들을 기술하는 작업을 해 오고 있고, 현재는 이 방언들에 대한 기술이 표준어에 대한 미약한 기술보다 더 나은 것처럼 보인다. 흑인 영어는 여기에 딱 들어맞는 사례이다. 이 모든 연구에서 가장 중요하게 발견된 것은 그것이 보통 백인 화자들에 의해 왠지 열등하고, 기형적이고 한정된 것으로 관찰되었다는 사실에도 불구하고 흑인 영어가 다른 영어 방언들처럼 '논리적'이고 '정연'하다는 것이다.

[5] 모든 언어의 화자들은 다양한 문체와 방언 또는 특수용어를 사용한다.

우리 모두가 방언을 말하고 있다는 것을 인식하자마자, 여러 가지를 좀 더 복잡하게 생각해야 한다. 우리는 우리가 어떤 언어 공동체에 속해 있다는 것을 인식할 수 있지만 (아마도 이를 방언이라고 말하는 것을 좋아하지는 않겠지만) 우리의 발화 패턴이 일상적 언어 생활에서 매우 다양하게 나타난다는 것은 잊는 경우가 많다. 아침에 집에서 배우자와 나누는 의사소통은 다음과 같이 개인적 웅얼거림이 있곤 하다.

Uhhh./Yeah./More?/Um-hmm./You gonna…?/Yeah, if…/'Kay

하지만, 30분 후에 우리는 회의에 참석해서 꽤 다른 방식으로 말하고 있을 것이다:

"The cost-effectiveness curve of the Peoria facility has declined to the point at which management is compelled to consider terminating production."
(피오리아 공장의 비용 대비 효율성 곡선은 경영진이 생산 종료를 고려할 정도로 곤두박질 쳤다.)

이 두 가지 언어 예시는 우리가 형식적인 어투와 비형식적인 어투 사이를 끊임없이 배회하고 있다는 것을 보여 준다. 모든 언어에서 화자들은 시시각각으로 이러한 '조정'을 하고 있다. 우리에게 어떤 종류의 어투가 서로 다른 사회적 상황에서 적합한지를 말해 주는 사회 언어적 규칙을 배우는 것은 /b/ 혹은 /t/ 소리를 만들어내는 방법을 배우는 것만큼 언어 습득에서 많은 부분을 차지한다. 낯선 사람에게 말하는 방식과 익숙한 사람에게 말하는 방식이 다르고, 직원에게 말하는 방식과 상사에게 말하는 방식이 다르고, 어른에게 말하는 방식과 아이에게 말하는 방식이 다르다. 우리는 라켓볼 코트에서 특정 방식으로 말하고 법정에서는 그것과 다른 방식으로 말한다. 우리는 남자 승무원과 여자 승무원에게 서로 다른 방식으로 말할 것이다.

언어 형식을 사회적 맥락에 맞추는 능력은 우리가 어린아이였을 때 소리, 단어, 통사에 따라서 습득되었다. 다시 말해서, 그저 말하는 것만을 배운 것이 아니라 어떻게, 언제, 누구에게 말하는 것인지를 배운 것이다. 예를 들어, 아이들에게는 대부분 언어의 목적이 의미를 의사소통하는 것인 반면 (만약 그렇지 않았다면 절대로 언어를 배울 수 없었을 것이다.) 우리는 때때로 'Hi, How are you doing? Fine. Bye'와 같이 그저 인사하기 위해서 말을 하기도 한다는 것을 알게 된다. 청소년들은 또한 'Miss Jones, May I please feed the hamster today?'에서의 'Miss'와 같이, 원하는 것을 얻기 위해서는 상대방과 맺고 있는 사회적 관계에 의한 호칭으로 불러야만 한다는 것을 배우게 된다. 그리고 물론, 아이들은 어떤 상황에서는 특정 단어들을 전혀 사용해서는 안 된다 것을 배운다. 하지만 레스토랑에서 "I hafta go toilet!"이라고 크게 소리치는 자식의 부모들에겐 이 학습이 지독히도 느린 것처럼 느껴지기도 한다.

흥미롭게도, 이러한 사회 언어적 규칙들은 꽤 늦게 학습된다. 예를 들어, 아동은 7세 혹은 8세 무렵에 문장 유형들을 매우 정교하게 배열할 수 있는 한편, 언어 사용을 지배하는 사회적 규정에 대해서는 여전히 배울 것들이 많이 남아 있다. 이것은 아동들이 언어를 대부분 듣기와 경험하기에 의해 배운다는 것을 고려하면 논리적으로 이해된다. 확장된 범위의 사회적 관계와 역할을 마주하기에 충분할 정도의 나이가 되었을 때, 아이들은 비로소 언어의 사회언어적 차원을 발견하도록 도와주는 데 필요한 경험을 하게 될 것이다.

모든 화자들이 배우는 언어의 서로 다른 문체 혹은 사용역을 기술하는 많은 방법이 존재하지만 그것들을 격식성의 수준과 관련하여 생각해 보는 것이 유용하다. 그러한 도식의 잘 알려진 예 중 하나는 마틴 주스(Martin Joos)에 의해 발달되었는데, 그는 다섯 가지 기본 문체를 상정하였다. 친밀체, 일상체, 자문체, 격식체, 의고체가 그것들이다(Joos, 1962).[17]

---

17) [역주] 격식성의 각 단계에 해당하는 국어의 예는 다음과 같다(장태진, 1988 참고).
   친밀체(Intimate): 철수는 앉아라.
   일상체(Casual): 자리에 앉으세요.
   자문체(Consultative): 손님께서는 (저희들에 의하여) 단 위의 자리에 앉으십시오.
   격식체(Formal): 내빈께서는 (저희들에 의하여) 단상의 의자에 착석하십시오.
   의고체(Frozen): 내빈 여러분께서는 (저희들에 의하여) 단상에 마련된 의자에 착석하시기 바랍니다.

주스의 모형은 어투의 범위에 대한 등급을 찾으려고 했던 여러 시도 중 하나일 뿐이다. 이는 이 주제에 대한 최종적인 결론은 물론 아니지만, 매일 행해지는 언어 변이의 방식을 설명해 준다. 주스의 모형 가운데 가장 낮은 단계는 친밀체(intimate style)인데, 이는 "두 개의 분리된 인격을 융합시키는" 종류의 언어이고 오직 친밀한 개인적 관계에서만 발생할 수 있다. 예를 들어 남편과 아내는 때때로 서로에게 그들만이 이해할 수 있는 부분적이고 단축된 부호로 이야기할 수 있다. 그러한 발화는 '추출'에 의해 특징지어진다. 잠재적으로 완전한 문장에서 일부를 추출하여 사용하는 것은 복잡하고 개인적이고 공유된 사적인 기호 체계에 의해 가능해진다. 요컨대, 이 친밀 문체는 개인적이고 단편적이고 암시적이다.

일상체(casual style) 또한 사회적 관계로 인해 사용된다. 사람들은 친밀체라고 불리기에는 충분하지 않은 정도의 이해와 의미를 공유할 때 일상체를 사용하는 경향이 있다. 이 패턴의 특징은 생략과 은어이다. 생략은 공유된 의미에 대한 것은 제거하는 것이고 은어는 종종 그 의미를 그 집단에서 정의하는 방식으로 표현하고 다른 사람들을 배제하는 것이다. 일상체는 친구와 내부자, 혹은 우리가 친구와 내부자로 만들려고 하는 사람들과의 사이에서 사용된다. 자문체(consultative style)는 "통합이 아닌 협동을 생성해 내는데, 통합의 결여에서 이득을 얻게 된다(Joos, 1962: 40)." 이 문체에서는, 화자들이 더 명시적인 배경 정보를 제공하게 되는데 이는 추가적인 설명 없이는 청자가 이해하지 못할 것이기 때문이다. 이 어투는 문제 해결을 위해 함께 일하고 있는 동료, 점원으로부터 구매를 하는 고객 등과 같이 일상의 상호작용에서 만나는 친밀하지 않은 사람에게 사용하는 문체이다. 이 문체에서는 'Yeah, Uh-huh' 또는 'I see' 같은 감탄 표현을 사용하여 이해하고 있다는 것을 나타내는 청자의 참여가 중요한 자질이 된다.

격식체(formal style)에서는 청자의 참여 요소가 사라진다. 이 모드의 말하기는 화자가 사전에 발화를 면밀하게 계획할 기회가 있다는 점과 청자의 참여가 결여되어 있다는 점이 특징이다. 격식체는 연설, 강의, 설교, TV 뉴스 등에서 자주 발견된다. 의고체(frozen style)는 인쇄물에서, 특히 문학 작품에서 사용된다. 이 문체는 밀도 있게 채워지고 '화자'에 의한 의미로 덧입혀진다. 그리고 그것은 읽히고 '청자'에 의해 재해석될 수 있다. 참여자 간의 상호작용의 신속성은 영속성, 정밀함, 정확함에 대한 관심 속에서 희생된다.

우리가 형식성에서의 서로 다른 단계적 차이를 분류하기 위해서 주스(Joos, 1962)의 도식을 받아들이든 그렇지 않든 간에, 우리는 기본적인 전제에 대해 감지할 수 있다. 우리가 말하기에서 말하고 있는 사회적 상황에 대응하여 대개 무의식적으로 그러한 조정을 행하고 있다는 것이다. 우리는 때때로 어떤 문체도 그것이 사용되고 있는 맥락과 분리된 채로는 이것이 다른 것보다 좋거나 나쁘다고 판단할 수 없다는 것을 잊곤 한다. 우리는 격식체와 의고체를 숭배하고 있지만, 그것들은 특정 환경에서는 완전히 문제가 있을 수 있다. 내가 집사람에게 "데님 바지의 구매 가능성에 대해 생각해 보기 위해ㄹ서 우리 자동차를 시카고의 중심 상업 지구까지 몰고 갈 가능성에 대해 고려해 봅시다."라고[18] 이야기한다면 그녀는 분명히 내 말하기 방식이 이상하다고 생각할 것이다. 우리 모두는 매일 친밀체, 일상체, 자문체 사이를 이동할 필요가 있는데, 이들 중 하나가 말하기에 더 좋은 방식이어서가 아니라 각각이 특정 맥락에서 요구되기 때문이다. 우리는 또한 우리 직업에서 요구하는 말하기와 쓰기 방식으로 인해 격식체에 능숙해질 필요도 있다. 하지만 주스가

---

18) [역주] Let us consider the possibility of driving our automobile into the central business district of chicago in order to contemplate the possible purchase of denim trousers

지적한 것처럼 우리 중에서 실제로 주로 문학 작품을 위해 사용되는 의고체를 사용할 필요가 있는 사람은 거의 없다(Joos, 1962: 39-67).

개별 화자는 다양한 어투를 가지는 것뿐만 아니라, 특정 집단에 속해 있기 때문에 수많은 특수용어를 사용하기도 한다. 그 중 가장 친근한 것은 직업적인 것이다. 의사, 변호사, 회계사, 농부, 전기 기술자, 배관공, 트럭 운전기사, 사회 복지사들은 각각 상황이 요구할 때 직업 관련 특수용어를 사용한다. 때때로 이 특별한 언어는 외부인들에게 재미 또는 실망의 근원이지만, 그 외부인 또한 (보통 인식하지는 못하겠지만) 자신의 영역에서는 특수용어를 사용하여 말하고 있다. 특수용어는 또한 다른 종류의 소속에 기반을 둘 것이다. 10대들은 자신들만의 언어를 가지고 있는데 때로는 이러한 말들을 잘 이해하지 못할 부모들에게 사용하기도 한다. 다른 연령대 집단도 동일한 방식으로 언어를 사용한다. 청소년들의 게임과 구호 중 일부는 일종의 어린 시절 방언을 보여주고, 훨씬 나이든 사람들은 역시 노화, 병, 재정에 대한 관심을 나타내는 자신의 특수용어를 가질 것이다. 스포츠팬들은 다양한 종류의 난해한 육상 용어들을 사용하고 이해한다. 우리가 생각할 수 있는 모든 인간의 산업에는 아마도 거기에 따르는 특수용어가 존재할 것이다.

하지만 모든 화자가 다양한 문체와 일련의 특수용어들을 사용하고 있다는 것만으로는 설명에 부족함이 있다. 우리가 말하는 매 순간, 우리는 사회적 맥락에 속해 있는 것만이 아니고 개개인의 특정한 목적을 가지게 된다. 예를 들어 방언 연구자들과 이야기할 때, 나는 언어학 특수용어를 사용할 것인데 단순히 정보 공유를 가능하게 하기 위한 것일 수도 있고 상대방에게 내가 이미 기술적인 언어학에 대해 논할 정도로 충분히 알고 있다는 확신을 주기 위한 것일 수도 있다. 또는 둘 다일 수도 있겠다. 다시 말하면, 나의 목적은 내가 말하는 방식에 영향을 끼친다.

영국의 언어학자 할리데이(Halliday, 1981)는 사람들의 다양한 목적이 말하기에 끼치는 영향에 대해 알기 위해 아동을 연구했다. 성인의 발화는 대개는 목적이 복잡하고 복합되어 있어서 개별적인 목적으로 독립시키기가 극도로 어려웠기 때문에 할리데이는 아동을 연구할 수밖에 없었다. 상대적으로 더 단순한 아동의 언어를 조사함으로써 말하기를 위한 '도구적, 조절적, 상호작용적, 개인적, 탐구적, 창조적, 표현적'의 7개의 '사용/기능/목적'을 발견할 수 있었다.[19]

도구적 기능은 일을 행하게 하기 위한 것이다. 이것은 *'I want'* 기능이다. 화자 주위에 있는 다른 사람들의 행위를 조정하기 위해 노력하는 것은 조절적 기능에 가깝다. 상호작용적 기능은 집단과 관계에 대해 규정하고 그들과 잘 지내기 위해서 사용된다. 개인적 기능은 사람들이 그들이 무엇이고 그들이 어떻게 느끼는지를 표현하도록 허락한다. 할리데이는 이것을 *'here I come'* 기능이라고 부른다. 탐구적 기능은 화자가 질문하고 가설을 검증하면서 학습하기 위한 언어를 사용하고 있을 때 작동한다. 창조적 기능에서 화자는 언어를 자신이 원하는 모습 그대로의 세계를 창조하기 위해 사용할 것이고 소리와 단어의 재미있는 조합을 사용해서 그것을 장난감처럼 사용할 것이다. 표현적 기능에서 화자는 명제를 표현하고 정보를 제공하고 주제에 대해 의사소통하기 위해서 언어를 사용한다.

할리데이의 기능 목록에서 부재하는 것은 흥미롭게도 인간 언어의 가장 일반적이고 영원한 목적 중 하나인 '거짓말하기'이다. 아마도 거짓말하기는 사람이 더 마음에 맞는 친구가 되기 위해 상대방을 속일 수 있

---

19) [역주] 각각의 원어는 다음과 같다.
    도구적(instrumental), 조절적(regulatory), 상호작용적(interactional), 개인적(personal), 탐구적(heuristic), 창조적(imaginative), 표현적(representational).

다는 의미에서 표현 기능 또는 상호작용 기능에 포함될 수 있을 것이다. 그것이 아니라면, 할리데이의 일곱 가지 기능 각각이 그 반대 버전에 할당될 수도 있다. 어쨌든 상식, 역사 경험은 우리에게 '거짓말하기'가 언어가 놓여 있는 주요 지점 중 하나임을 시사한다.

우리는 문체, 특수용어, 기능의 세 가지 형태의 언어 변이를 살펴보면서 언어의 경악스러운 복잡성에 놀랐을 것이다. 모든 화자들이 모국어의 복잡한 말소리, 어휘, 문법 패턴을 완전히 숙지할 뿐만 아니라 무수한 언어 지식을 다양한 상황과 요구에 적용시키는 체계적인 대안들을 학습한다. 요컨대, 언어가 그것을 사용하는 창조물만큼 아름다울 정도로 다양하고, 환상적이라는 것을 다시 한 번 알게 된다.

[6] 언어 변화는 정상적이다

이 사실에 대해 현대 영어 비평가들이 인식하기는 하지만 그들이 이를 충분히 이해하거나 쉽게 수용하지는 않는다. 'astronaut(우주비행사), transistor(트랜지스터), jet lag(시차증)'와 같은 순수한 신조어가 언어에 유입되는 것은 충분히 환영할 만하다. 이 용어들은 어떤 사회 변화에 대응하여 나타난 것으로 실제로 이 용어들을 필요로 하는 분명한 요구에 부응한다. 하지만 언어는 그렇게 논리적이거나 필연적으로 보이지 않는 많은 방법으로도 변화한다. '*hopefully*(*바라건대*)'는 요즘은 '*I hope*'라는 의미를 가지고 문장 앞부분에 오는데, 이는 '*full of hope*'라는 함축을 사라지게 하고 있는 것으로 보인다.[20] 스태퍼드가 강력하게 지적했듯이 *relevant*(*관련 있는*)라는 단어는 거의 모든 일종의 'with-it-ness(함께함)[21]'를 의미하는 것

---

20) [역주] 원문의 필자는 요즈음의 영어 문장에서 I hope 대신 hopefully를 사용하게 되면서, I hope 을 사용할 때는 존재했던 '화자가 뒤에 있는 내용이 일어날 것이라는 희망을 가지고 충분히 기대 하고 있는 상태'라는 함축이 사라지고 있음을 서술하고 있다.

21) [역주] 본래 '~with it'은 '그것과 함께~'라는 뜻인데, 주로 relevant라는 단어와 함께 쓰인다.

으로 확장되었다. 하지만 이런 종류의 어휘 변화는 새로운 것이 아니다. 이는 단순히 예로부터 전해 내려오는 과정이 현재에도 존재함을 입증할 뿐이다. 예를 들면, *dog*라는 단어는(실제로는 *dogge*) 개의 특정 품종을 가리키곤 했는데, 지금은 동물의 꽤 다양한 과(科)를 위한 일반적인 용어로 사용한다. 아마도 유사하게, *dialogue*는 현재 화자끼리의 의견 교환을 포함하는 것으로 확장되었다. *deer*라는 단어가 사냥감이 되는 여러 동물을 가리키는 것에서 단지 하나의 특정 종류를 가리키는 것으로 축소된 것과 같이 단어 의미는 시간이 흐름에 따라 좁아질 수도 있다.

어휘보다 더 느리고 덜 주목할 만한 방법을 통해서이기는 하지만 언어의 말소리 또한 변화한다. 아마도 50년 전에는 다수의 미국 화자들은 *latter*(후자)와 *ladder*(사다리) 중간에 있는 자음의 소리를 구분될 정도로 다르게 발음했을 것이다. 오늘날 대부분의 젊은 사람들과 성인들은 두 단어를 마치 동일한 것처럼 발음한다. 현재 진행 중인 말소리 변화는 *dawn*(새벽)과 *don*(교수) 또는 *hawk*(매)와 *hock*(무릎) 사이의 구분이 약화되는 것이다. 물론 시간적으로 확장된 관점을 취하면 현대의 발음은 몇 세기의 점진적인 말소리 변화의 결과물이라는 것을 깨닫게 된다.

문법에서의 이동은 때때로 갑작스러운 어휘 변화의 과정보다는 말소리 변화의 느린 과정과 더 비교 가능하다. 오늘날 우리는 '*shall/will*' 구분이 여전히 영국 상류 계층에서는 유지되고 있지만 미국 구어 영어에서 실질적으로 사라졌다는 것을 알게 되었다. 유사한 운명이 더 적은 사람들에 의해 유지되는 '*who/whom*' 구분에서도 기다리고 있는 것처럼 보인다. 대명사는 사실상 우리의 문법에서 꽤 곤혹스러운 부분이다. 교사의 노력, 교과서, 문체 매뉴얼, 수학 능력 시험에도 불구하고 대부분의 미국인 화자들은 '*Everyone should bring their books to class*(모두가 교실에 책을 가져가야

'with-it-ness'로 표기된 이유는 명사형태로 표현하기 위함이다.

한다)' 또는 심지어 '*John and me went to the Cubs game(존과 나는 컵스 경기에 갔다)*'에서 잘못된 것을 전혀 발견하지 못한다.[22] 그리고 심지어 재미없는 낡은 이중 부정 요소조차 느리기는 하지만 지속적으로 만들어지고 있는 것으로 보인다. 한 세대 혹은 두 세대가 지나면 우리가 셰익스피어를 인용해 "*I will not budge for no man's pleasure(다른 사람 좋으라고 움직일 생각은 추호도 없소).*"라고 다시 말하게 될 날이 올 수도 있다.

언어가 불가항력적으로 변화한다는 것을 인식할 수는 있지만 개별 변화의 원인이 무엇이고 그 변화의 순서가 어떻게 되는지에 대해서는 설명할 수 없는 경우가 많다. 어떤 변화들은 모음 차이를 없애는 것과 같이 단순화하는 방향으로 이동한다. 그런데 한편으로는 '*medium/media*'의 경우처럼 단어들을 라틴어가 아닌 것처럼 사용할 때, '*dreamt, burnt*'를 사용하지 않고 규칙형 '*dreamed, burned*'를 사용할 때와 같이 언어를 규칙적으로 만드는 경향도 존재한다. 신조어들은 새로운 관습, 생각, 사건을 나타내려고 하는 요구를 반영할 것이다. 그 예들은 다음과 같다.

quark,[23] simulcast,[24] pulsar,[25] stagflation[26]

하지만 자발적이고 우발적으로 분명한 목적 없이 나타난 것처럼 보이는 언어 변화도 많이 있다. 왜 *irregardless*가 같은 의미인 *regardless(상관없이)*를 대체해야만 하는가? 왜 *imply(암시하다)*와 *infer(암시하다)* 사이의 유용한

---

22) [역주] 'everyone'이라는 단어는 '모두'라는 복수의 뜻을 담고 있지만, 해당되는 사람들을 통틀어 한 집단으로 보기에 단수로 취급한다. 따라서 'their books'가 아닌, 'his/her books'라고 쓰여야 한다. 또한 'John and me went to the Cubs game'에서는 목적격형인 me가 아닌 주격형인 I가 쓰여야 한다. 여기서 Cubs game은 미국 프로야구 시카고 컵스팀의 야구경기를 가리킨다.
23) [역주] (물리) 쿼크(양성자, 중성자와 같은 소립자를 구성하고 있다고 여겨지는 기본적인 입자)
24) [역주] (라디오와 텔레비전으로 또는 AM과 FM 라디오로) 동시 방송하다
25) [역주] (천문) 펄서(눈에 보이지는 않지만 주기적으로 빠른 전파나 방사선을 방출하는 천체)
26) [역주] 스태그플레이션(경기 불황 중에도 물가는 계속 오르는 현상)

차이가 사라져야만 하는가? 하지만 이러한 미스터리한 변화의 이유를 절대 설명할 수 없음에도 불구하고, 혹은 설명할 수 없기 때문에, 우리는 언어가 변화한다는 사실을 받아들여야만 한다. 오늘날은 *cattle*(소)을 *kine*(소)이라고 부르고 *saw*(톱)[sɔ:]를 *saux*로 발음한다거나, "thy[27] health(당신의 건강)"라고 표현하는 것을 분명히 이상하다고 생각하겠지만 그러한 언어는 몇 세기 전에는 평범한 것이었다. 물론 더 최근의 변화와 특히 진행 중에 있는 변화들이 우리를 가장 불편하게 한다.

그도 그럴 것이 언어 변화의 속도에 대한 우리의 감각은 자주 과장된다. 많은 언어 비평가들이 그러는 것처럼 *gay*라는 단어에 새로운 지시체를 갑자기 재할당하는 것을 망설일 때[28] 우리는 여전히 셰익스피어를 읽을 수 있다는 것을 잊는 경향이 있다. 즉 다수의 눈에 잘 띄는 (그리고 거의 예외 없이 어휘적인) 변화가 진행 중에 있다고 하더라도 이것이 언어 전체가 급속하고 거대한 변형을 겪고 있는 것을 의미하는 것은 아니다. 하지만 언어 변화를 관찰하기 시작하면 그러한 변화가 모든 곳에 있는 것처럼 보이게 되고 그 변화의 중요성에 대해 과대평가하도록 유혹을 받게 된다. 때때로 우리는 전혀 변화가 아닌 변화를 발견하기까지 한다. 다양한 언어 비평가들은 매우 새롭고 특히 서서히 퍼지는 신조어가 우리에게 넘칠 정도로 제공되고 있다는 것을 제기하였다. 여기에 가장 악명 높은 것들 중 몇 가지를 제시하겠다. 현재 새롭고 위험한 것으로 보이는 의미에 대하여 옥스퍼드 영어 사전에서 그것의 최고(最古)의 용례를 찾아 연도를 병기하였다.[29]

---

27) [역주] (옛글 투) 당신[그대]의(=your)
28) [역주] gay의 오래된 의미에는 '명랑한, 즐거운, 화려한' 등이 있고 새로운 의미에는 '(특히 남자) 동성애자'가 있다.
29) Jim Quinn에게서, 그리고 그의 저서 Quinn(1981)에서 많은 도움을 받았다.

you know(1350), *anxious for eager*(1742), *between you and I*(1640), *super* for *good*(1850), *decimate* for *diminish* by other than one-tenth(1663), *inoperative* for nonmechanical phenomena(1631), *near-perfect* for *nearly perfect*(1635), *host* as in to *host a gathering*(1485), *gifted,* as in *He gifted his associates*(1600), *aggravate* for *annoy*(1611)

이런 오래된 신조어들에 대해서 화가 나거나 짜증내고 있다면 우리는 이 문제에 대한 위로가 되는 논의인 모빌 석유 주식회사의 광고에 대해 생각해 볼 수 있다. 공공서비스 잡지 광고에서 모빌은 다음과 같이 말하였다. "변화는 사람들을 화나게 한다. 항상 그렇다. 일상생활 패턴과 습관들에 지장을 주고, 지속적인 적응을 요구한다. 하지만 변화는 불가피한 것이다. 그리고 필수적인 것이다. 변화가 불가능하다는 것은 치명적이다"[30] 그런데, 모빌 석유 주식회사의 광고에서는 의식하지는 못했겠지만 최근에 진행 중인 언어 변화 하나를 보여 준다. 그것은 '공식적인 문어 영어에서의 "문장 조각" 사용의 증가'이다.

[7] 언어는 이를 사용하는 사회, 그리고 개인과 밀접하게 관련된다.

인간의 모든 언어는 '화자의 필요'에 의해서 형성되었고 이에 부합하기 위해 변화한다. 이 제한된 의미 안에서 '모든 인간 언어는 동등하고 완벽하다'라고 말할 수 있다.

하지만 이것이 어떤 언어든 간에 그 언어가 '완전하게' 운용된다거나 비교-문화적 배경을 가진 다른 언어와 '동일하다'는 것을 의미하지는 않는다.

언어들 사이의 차이에 관련된 문제가 있다. 많은 언어학자들이 모국

---

30) [역주] "Business Is Bound to Change," Mobil Oil advertisement, Chicago Tribune, January 5, 1977.

어가 우리의 사고 과정에 영향을 미치는 정도를 알아내고자 했다. 언어의 유사성에 대한 대부분의 논의 가운데서도 언어들 사이의 꽤 주목할 만한 차이에 대한 논의 또한 존재한다. 예를 들면 사피어와 워프가 미국 인디언 언어에 대한 연구를 하면서 호피족 화자들은 영어 화자들과 같은 방식으로 시간을 개념화하지 않는다고 주장했다(Sapir, 1949). 호피족에게 시간은 연속된 과정이고 사용되기 위해 혹은 '낭비되기' 위해 덩어리로 분절될 수 없는 대상이다. 호피족 언어의 단어와 구조는 이러한 지각을 반영한다. 이와 유사하게 어떤 언어들은 영어 화자들이 일반적인 물리적 현상이라고 생각하는 것과 동일한 방식으로 색 스펙트럼을 표현하지 않는다. 이들 중 어떤 것은 색 이름이 오직 두 개뿐이고 다른 것은 세 개뿐인 것도 있다. 그러면 우리는 자라면서 접하게 된 언어의 제약에 절망적으로 갇혀 있는 것인가? 세계에 대한 우리의 관념은 우리의 언어에 의해 결정되는가? 그렇다면 우리의 현실은 객관적이고 실증적으로 존재하는 것이라기보다는 우리가 말하는 것에 의해 결정된 것이라고 해야 하는가?

이 문제는 특히 언어의 비교-문화적 차이가 사회적, 경제적, 정치적 결정을 하는 근거가 될 때 중요해진다. 우리는 인디언어가 '시간 의미가 없'고 따라서 종업원이 시간을 엄수하는 것을 절대 기대하지 말아야 한다는 것을 알지만 그들을 그렇게 훈련시키려고 시도한다. 또는 에스키모인들의 발화 패턴이 현대 산업 사회의 언어에 부합하지 않아서 이 사람들은 우리 환경에 참여하는 것을 절대 기대할 수 없다고 주장할 것이다. 이 주제에 대해서 언어학자들이 하는 최선의 판단은 다음과 같다. "우리는 사용하고 있는 언어에 의해 어느 정도 길들여져 있고 언어는 우리에게 세계를 바라보는 관습적인 방식에 대해 가르치고 있다." 하지만 한편으로는 인간의 적응력은 인간이 언어의 한계를 초월하여 새로운 방식으로 세계를 바라보고 새로운 개념으로 표현하게 한다. 어떤 관념들은 특정 언어에서 더 쉽게 소통된다는 명제는 아마도 사실이겠지만 언어와 화자는 새로운 요구를 충족시키면서 변화할 수 있다. 언어가 가지고 있는 통제력은 확고하지만 인간을 옭아매고 있지는 않다. 언어가 인간을 만드는 것 이상으로 인간이 언어를 만든다.

언어가 한 문화 혹은 한 집단의 자산일 뿐만 아니라 개인의 자산이기도 하다는 사실을 깨닫는 것은 중요하다. 모국어는 우리의 부모, 형제, 친구, 공동체의 말이다. 그것은 인생에서 가장 강력하고 친숙한 경험을 소통하기 위해 사용하는 부호이다. 그것은 인격의 핵심적인 부분이고, 우리가 누구이고, 또 누구이고 싶어 하는지에 대한 표현이고 거울이다. 언어는 신체와 두뇌처럼 각각에게 개인적이고 필수적이다. 그리고 우리 모두는 자신만의 독특한 방법으로 언어를 대단히 소중히 여긴다. 우리 모두는 솔직히 우리가 이야기하는 방식에 대한 비판이 인신 공격적으로 느껴진다는 것을 인정해야 한다. 이 반응은 전혀 부끄러운 것이 아니다. 이것은 모든 개인에게 해당되는 자연적이고 심오한 언어의 중요성을 보여주는 현상일 뿐이다.

[8] 서로 다른 언어 혹은 방언에 대한 가치 판단은 취향의 문제이다.

다른 언어의 가치에 대한 판단은 모어의 영향으로 발생한 것이다. 세계의 주요 언어들에 대해 생각해 본다면, 우리가 그것에 대해 어떤 생각(일반적으로는 편견 혹은 고정관념)을 가지고 있다는 것을 발견하게 될 것이다. 프랑스어는 달콤한 사랑 노래 같다. 독일어는 강하고, 싸우는 것 같고, 고압적이다. 스페인어는 열정적이고 로맨틱하다. 남아메리카의 스페인어는 이상하고 교육받지 못한 것 같다. 스칸디나비아어는 머펫 쇼의 스웨덴 요리사가 매주 증명하는 것처럼 우스운 리듬을 가지고 있다. 영국 영어는 교양 있고 지적이다. 뉴욕 방언은 상스럽고 시끄럽다. 대부분의 미국 남부 화자들은 (특히 시골 보안관은) 지독히 교활하거나 확실한 벙어리이다. 동양의 언어는 우습고 높은 톤으로 노래하는 것 같은 소리를 가지고 있다. 그리고 흑인 영어에 대해서는 이미 언급한 바 있다. 다른 언어와 방언에 대한 이와 같은 개념들 중 어떤 것도 언어가 모어 공동체 내에서 기능하는 방식에 대해 말해 주지 않는다. 언어의 생물학적이고 사회적인 체제에 의해서 언어는 효율적으로 기능한다. 각각은 충분히 완성되었고 논리적이고 규칙지배적인 인간 발화의 변이형이다.

모든 언어가 그들 자신의 사용 영역에서는 동등하고 효율적이라고 주장하기는 쉽다. 하지만 우리 중 대부분은 실제로 이러한 생각을 신념으로 가지고 있지는 않으며, 혹 가진다 하더라도 그러한 신념에 기반하여 행동하지는 않는다. 우리는 끊임없이 다른 사람과 다른 국가에 대해 그들이 사용하는 언어를 근거로 판단한다.

특히 우리가 상호 의사소통 가능한 미국 방언 문제를 생각할 때 우리는 언어 차이에 대한 대부분의 견해가 순수하게 취향의 문제라는 것을 알 수 있다. 남부인들과 북부인들, 캘리포니아 사람과 뉴욕 사람, 흑인과 백인, 애팔래치아 사람들은 최소한의 노력만으로도 의사소통을 할 수 있다. 하지만 서로를 경험한 역사로 인해서, 또는 그저 괴팍한 마음으로, 다른 사람들의 언어에 대해 편견을 쌓아 왔고 그것은 때때로 우리의 행동에 영향을 주었다. 그러한 편견은 아무리 비논리적이더라도 자신들 고유의 언어보다 공용어를 사용하도록 억압 받는 방언의 화자들에게 압력을 발생시키게 된다. 언어학자 하우겐(Haugen, 1974: 41)은 다음과 같이 경고한다.

그럼에도 불구하고, 언어적 대량 학살을 효율성이라는 이름으로 부르고 있는 우리는 누구인가? 비록 언어가 의사소통을 위한 수단이나 도구에 불과하지만, 그것이 언어의 전부는 아니라는 것을 상기해 보자. 한 언어는 누군가의 인격의 한 부분이고 우리의 초기 경험에 뿌리를 둔 행동의 한 형태이다. 언어는 그것이 소위 지역 방언 혹은 빈민가 방언이라고 불리든지 혹은 무식한 언어라고 불리든지 '원시적인' 언어라고 불리든지 간에, 가장 진보한 문화의 언어가 하는 것과 동일하게 같은 필요를 충족시키고 화자의 일상생활에서 동일한 지원을 수행한다. 모든 언어, 방언, 비표준어(patois)[31], 특정 집단이 쓰는 용어(lingo)는[32] 사용자가 경험할 수 있는 감정 또는 사고의 모든 것을 쏟아 낼 수 있는 구조적으로 완성된 틀이다. 특정 시간 또는 장소와 관련하여서 어휘와 통사적 측면에서 부족한 것이 있다 할지라도 이는 짧은 기간 내에 다른 언어로부터의 차용과 모방에 의해 충족될 수 있다. 어떤 다른 언어에 대한 경멸은 그것을 사용하고 있는 사람들에 대한 경멸이고, 우리가 보통 사회적 차별이라고 말하는 것과 동일하다.

하우겐은 공식적으로 사용되는 언어 형식을 능숙하게 사용하는 것이 미국에서의 사회적 지위 보장과 경제적 성공과 연결될 수 있다는 것을 부정하고자 하는 것이 아니다. 나도 마찬가지이다. 하지만 우리 모두는 이러한 공식적으로 사용하는 언어에 대한 요구가 오직 지배적인 언어 공동체에서의 편견으로부터 발생하는 것이고 비표준 미국 방언의 내재적인 결핍에 의한 것이 아니라는 점에 대해 각성해야 한다.

---

31) [역주] patois는 비표준어라고 여겨지는 언어인데, 이 용어가 언어학에서 공식적으로 정의되지는 않았다. 피진어, 크레올어, 방언 그리고 토박이 말 또는 지방의 말의 다른 형태를 나타낼 수 있지만 일반적으로 특수용어나 은어를 가리키지는 않는다.
32) [역주] lingo는 language의 축약형인데 보통 특정 집단의 사람들이 말하는 방식을 가리킨다.

[9] 글은 말로부터 파생된다.

문어 체계는 그 필요성에 의해 먼저 발달하는 구어 체계를 기반으로 하고 있다. 사람들은 최소한 오십 만년 동안 음성 언어로 소통해 왔지만 최초로 알려진 문자 체계는 5,000년 전 이내로 보인다. 모든 세계 언어에서 오직 5%만이 토착의 문자 체계를 발달시켰다. 다시 말하면 인간이 있는 곳이라면 어디든 항상 언어를 발견하게 되지만 항상 문자를 발견하지는 못한다는 것이다. 언어는 실제로 생물학적으로 프로그램화 된 종(種)의 특성이지만 문자는 표준적인 장치의 일부처럼 보이지는 않는다.

영어의 문자 체계는 기본적으로 음소적인데, (이는 언어의 소리를 글자의 형태로 나타내고자 하는 시도였다.) 악명 높게 불규칙적이고 혼란스럽다. 체코어, 핀란드어, 스페인어와 같은 언어들은 소리-기호 대응이 완벽에 가깝다. 문자 체계에서 각 글자는 하나의 소리를 대표한다. 영어는 불행하게도 2,000개의 글자와 글자의 조합을 사용해서 40개 혹은 별도의 소리를 나타낸다. 이것은 문제를 발생시킨다. 예를 들어, '*Did he believe that Caesar could see the people seize the seas?*(시저가 그 사람들에게 그 바다를 볼 수 있게 한다고 그는 믿는가?)'라는 문장에는, 모음 소리 /e/를 위한 서로 다른 7개의 철자가 있다. '*The silly amoeba stole the key to the machin*'이라는 문장은 같은 모음 소리에 대하여 서로 다른 4개의 철자가 가능함을 보여 준다. 쇼 (Shaw)는[33] 전에 'fish[fɪʃ]'라는 단어에 대한 합리적인 철자는 '*ghoti*'일 수 있다고 주장했다. '*enough[ɪnʌf]*'의 *gh*, '*women[wímin]*'의 *o*, '*nation[|neɪʃn]*'의 *ti*를 사용한 것이다. 하지만 그 불규칙성에도 불구하고, 영어 철자 체계는 '*mimsy*' 혹은 '*proat*'와 같은 의미 없는 단어들을 쉽게 읽고 발음하는 능력이 입증하는 것처럼 음소적이다.

---

33) [역주] George Bernard Shaw.

글 또한 말처럼 전 영역에 걸쳐 자주 중복되어 사용될 수 있다. 그리고 격식성의 수준에서 이동은 말하기에서와 같이 쓰기에서도 발생한다. 필자는 화자처럼 자신의 메시지 문체를 독자와 상황에 맞춰야 한다. 예를 들면, 한 여자가 학술적인 논문을 쓸 때는 남편에게 냉장고에 메모를 남겨놓을 때와는 체계적으로 다른 언어적 선택을 한다. 화자와 필자 모두는 (좋은 사람조차도) 그들이 말을 하고 있는 사람들에게 편안하고 편리한 것처럼 보이는 다양한 특수 용어 또는 특수 어휘를 사용한다. 규칙들은 말과 글에서 모두 시간이 지나면 변화한다. 확실하게 말 습관에서의 변화는 글에 반영된다. 오늘날 우리는 십년 전 혹은 백년 전에는 만들어지지 조차 않았던 단어들을 쉽게 쓴다. 그리고 말에서 버려진 이후 글에서 강화되었던 몇몇 규칙들조차 결국에는 사라진다. 예를 들면, 오늘날 분리 부정사와 문장 조각들이 글에서 점점 더 사용되곤 한다.

글에 대한 우리의 신념은 또한 우리의 문학적 전통과 밀접하게 관련되어 있다. 우리는 몇 세기 동안 대대로 이어지는 독자들에 의해 '시간의 시험'을 통과한 어떤 문학 작품 혹은 해설을 숭배하게 된다. 이 명작들은 주스가 격식체 그리고 의고체라고 불렀던 것을 사용하는 경향이 있다. 그것들은 그러한 언어로 저술되는데, 물론 이는 그 작가들이 주제, 독자, 목표에 부응해야만 하기 때문이다. 소네트와 독립선언문을 창작하는 것은 일반적으로 상당한 언어적 격식성을 요구한다. 고전에 대한 우리의 애정을 보았을 때 우리는 내용뿐만 아니라 형식 또한 존경하고 있다. 우리는 우리가 오직 19세기 혹은 16세기에서만 작가들이 '정확하고 아름답게 그 언어를 사용할' 수 있다는 느낌을 가지고 있음을 발견한다. 우리는 이 관념을 학교에서 가르치는데, 그러면서 학생들이 문학 작품의 언어를 영어의 오직 하나의 참되고 정확한 문체라고 알도록 동기부여하고 있다. 우리는 학생들에게 형식적인 문학의 문체를 그들의 작문에서 흉내 내도록 할 뿐만 아니라 그것의 특정 자질을 말하기에서까지 변형해서 사용하도록 요구하고 있다. 두 경우 모두에서 *학생*들의 주제, 독자, 목표에 대해서는 참고하지 않는다. 이 모든 것들은 문학 작품의 권위를 손상하거나 10대들의 문학 작품 감상 능력 함양에 대해 비하하고자 하는 것이 아니다. 어떻게 단순히 쓰기와 문학 작품에서의 체계만이 언어에 보수적인 영향을 끼칠 수 있는지에 대해 다시 생각해 보자는 것이다. 오래되고 격식적인 언어 형태에 대한 학습은 언어의 한 문체가 항상 그리고 진실로 최고라는 잘못된 신념을 강화시킬 뿐만 아니라 현재 진행되고 있는 언어 변화를 지연시킬 수 있다.

여기에서 제시한 언어에 대한 아홉 가지 견해들은 전적으로 새로운 것은 아니다. 이들 중 많은 부분이 과거 몇 세기에 걸쳐 주장되어 왔다. 하지만 이런 생각들이 언어가 어떻게 운용되는지에 대한 응집적인 그림을 형성한 것은 겨우 최근 7-8년 동안의 일이며 이는 기술언어학자들과 역사언어학자들의 작업의 기여에 의해 시작되었다. 여기에서 개괄적으로 요약한 것은 바로 그들의 연구이다.

과거 위기의 역사에 대한 관찰을 통해서 우리는 현재의 언어 공황상태에 대해 이해할 수 있다. 불안, 편견과 같은 발작적인 반응은 인간의 연대기에서 규칙적이고 순환적인 것이고, 언어의 실제 변화로부터 온 것이라기보다는 사회적이고 정치적인 긴장 상태로부터 온 것임을 보여준다. 이것은 우리에게 우리의 언어가 사람들이 언어로 말하는 동안은 '죽을' 수 없고, 이 언어 변화는 건강하고 필수적인 과정이며, 모든 인간의 언어는 규칙 지배적이고 정연하고 논리적이며, 다른 화자 집단 사이의 변이는 정상적이고 예측가능하며, 모든 화자들은 사회적 배경이 변화하는 것에 반응하여 다양한 언어 형식과 문체를 사용하며, 언어에 대한 우리의 태도 대부분은 언어적인 판단이라기보다는 사회적인 판단에 기초한다는 것을 보여준다.

또한, 우리가 역사적이고 언어적인 연구의 증거를 믿는다면 우리의 최근 언어 위기는 기이한 일이다. 이는 결정적인 것이 아니고 실제로는 위험을 가져 오지 않는다. 이 지점에서, 다음과 같이 질문하는 것이 마땅한 것 같다.—뭐가 문제죠?

1.3. 토론을 위한 질문

1. 대니얼스는 언어에 대한 일반 대중의 '오류와 오해'를 떨쳐 버리기 위해 썼고, 그럼에도 불구하고 이 신화가 무엇인지에 대해 명확하게 말하지는 않았다. 대니얼스가 고심한 신화에 대하여 당신이 추론할 수 있는 만큼 찾아보라. 문법에 대한 태도에 대하여 당신의 학급 조사에서의 발견 목록을 비교해 보라. 대니얼스의 목록은 당신의 것과 비교하면 어느 정도까지인가?

2. 대니얼스는 "문법"을 어떻게 정의하는가? 대니얼스의 정의를 당신 자신의 정의와, 당신이 수행한 조사에서 수집한 정의와, 하트웰의 정의와 비교해 보라. 문법이 어떻게 정의되는지는 어느 정도의 문제인가? 왜 그런가?

3. 당신과 대화한 사람들의 대답을 학급 친구 및 그들과 대화한 사람들의 대답과 비교해 보자. 의견 일치가 어느 정도인가? 입장과 특정 변인, 예컨대 나이, 성, 학교급, 언어 배경 같은 것들은 관계가 없는가?

4. 여러분 지역의 주요 신문사의 기록 보관소, 특히 편집부를 참고하라. 신문의 편집자와 칼럼니스트 (지역적인 것과 국가적으로 통합된 것 모두), 독자 투고란은 문법, 영어과 교육과정, 표준화된 시험, 흑인 영어와 같은 문제에 대해서 어떤 입장을 취하는가?

제2장 전통 문법에 도전하기

레스터(Lester, 2001)는 『교실에서의 문법과 용법』이라는 저서에서[1] 미국 초·중등 교육의 문법 교육이 1960년대 이후 혼란에 빠져 있다고 말했다. 당시 상당한 영향력을 가졌던 한 보고서에서도 문법 교육과정의[2] 가치에 대해 의문을 제기했다. 많은 교사가 그 보고서에 따라 기존의 교육과정을 포기하려 했지만, 이를 대체할 만한 교육과정이 마련돼 있지 않았다.

전통 문법, 즉 품사와 문장 종류에 대한 체계적인 연구는 수 세기 전부터 있었고 수백 년 동안 크게 변하지 않았다. 위버(Weaver, 1996)의 다음과 같은 말을 보면 내가 어릴 적 받았던 문법 수업이 떠오른다.

> "사람들이 '문법 교육'에 대해 이야기할 때 … 이는 문법을 글쓰기나 문학 수업에서 분리하여 독립된 체계로서 직접적이고 체계적으로 가르치는 것을 뜻한다. 이는 품사 자체와 품사가 문장에서 갖는 기능, 다양한 유형의 구와 절, 그리고 다양한 문장 유형 등을 배우는 것을 뜻한다. 이는 문장 도해와 함께 병행되며 대개 주어-동사 일치나 대명사 지시 등의 학습보다 먼저 이루어진다."(p.7)

---

1) [역주] 이 보고서의 서지사항은 아래와 같다. 여기에서의 문법에 대해서, 원문에서는 '하트웰의 문법3'이라고 하였으나 실제로는 '하트웰의 문법4'에 해당하는 개념이다.
   Lester, M. (2001). *Grammar and Usage in the Classroom* (2nd ed.). Boston: Allyn & Bacon.
2) [역주] 현재는 '전통 문법'이나 '형식적 문법'이라고 알려져 있다고 덧붙이고 있다.

하지만 1960년대에 들어 언어학과 영어 교과에서 전통 문법에 대한 의문이 제기됐다. 1963년 미국영어교사협회가[3] 발행한 브래독 외(Braddock, et al.)는 다음과 같이 주장했다.

> "다양한 학생과 교사를 대상으로 한 실태 조사 연구에 따른 결과: 형식적 문법 교육은 무시해도 될 만하거나, 심지어 실제적인 작문 수업 및 연습 시간을 빼앗기 때문에 쓰기 능력 향상에 해롭다.(pp.37-38)"

다른 보고서들과 달리 이 보고서는 교사들에게 약간의 영향을 미쳤다. 30년 전 미국영어교사협회의 교육과정 위원회는 "실제 문장 사용을 배제한 모든 문법 교육은 중단되어야 한다. … 문법 지식이 유용하다는 것을 증명하려는 과학적 시도는 모두 실패했다."라고 말했다(위버, 1996: 9). 그럼에도 불구하고 전통 문법이 계속되면서 사실상 그 보고서는 무시되었다.

2.1. 전통 문법

브래독 보고서는 언어학에서 전통 문법을 비판하던 때에 발표되었기 때문에 상당한 영향력을 가질 수 있었다. 케임브리지 영어백과사전에 따르면, 전통 문법이 오랜 시간 동안 언어학자들을 고민에 빠지게 한 데에는 두 가지 이유가 있다.

- 전통 문법은 라틴어에 근거한 규칙을 통해 영어 문장을 분석한다.
  → 영어는 게르만어이기 때문에 그 규칙들이 항상 들어맞지는 않는다.

---

3) [역주] 'National Council of Teachers of English'이며 줄여서 'NCTE'라고 부르기도 한다.

- 전통 문법은 오직 몇몇 스타일(형식적, 문어적, 문학적 표준 영어)만 연구할 가치가 있다고 주장한다. → 이는 영어가 사용되는 수많은 맥락을 배제했다. 즉 토착 방언에서 일상적으로, 비공식적으로 사용된 영어를 배제한 것이다.

하지만 전통 문법은 현대 언어학자들이 지적한 이러한 이유들 때문에 생겨났다. 전통 문법은 15세기에서 18세기까지 언어를 고정화하고 표준화하기 위해 발달되었다(Finegan, 1992; Smith, 1992). 영어는 정치적, 사회적, 문학적 언어라는 평가를 받아 왔다. 게다가 인쇄술의 발달로 인해 많은 책을 소유하는 것이 가능해지면서, 영어를 읽고자 하는 대중의 열망이 강해졌다. 인쇄업자와 독자 모두가 일정한 철자, 구두법, 문법을 원했기 때문에 표준 문법을 규정하는 일이 중요해졌다. 만약 영어 방언이 너무 다양해서 같은 단어에 대한 다양한 발음이 존재할 경우 인쇄업자는 어떤 철자를 사용해야 할까? 어떤 부류의 화자들에게는 친숙한 소리와 철자의 대응이 다른 화자들에게는 낯설 수도 있을 것이다. 문장 구두법은 어떻게 사용해야 할까? 인쇄업자들은 어떤 문법 규칙을 사용해야 할까? 사람들은 이 질문에 대한 답을 문법가들이 찾아내기를 원했고, 문법가들은 사람들이 어떻게 말해야 하는가를 규정하기 위해 영어와 라틴어 문학 대가들에게 눈을 돌렸다.

한편 전통 문법은 학생들이 라틴어를 공부할 수 있도록 준비시키는 교육적 목적도 가졌다(Lester, 1990). 정부 기관, 학교, 대학, 교회 등에서 영어 사용이 증가했지만, 그 언어는 여전히 라틴어였다. 어린 소년·소녀들은 영어를 읽고 쓰기 위해서 소위 문법 학교에 다녔지만, 고등학교와 대학에 가서도 다시 문법을 배워야 했다. 영어 문법을 다 배운 뒤에는 라틴어를 배울 준비가 된 것이라 여겨졌다.

문법가들이 라틴어 문학 대가들을 모델로 삼은 것은 일리가 있다. 문어 텍스트만이 라틴어 화자들과 연결된 유일한 끈이었기 때문이다. 중세 시대에 고전 라틴어는 다양한 로망스어로 진화하였고 그 언어에 대한 모국어 화자는 더 이상 없다. 이른 시기의 영어 문법가들이 영어 문법을 위해 라틴어의 어휘나 구조를 빌려 온 것도 일리가 있다. 사람들은 보통 이미 존재하는 기술에 대한 유추를 통해 새로운 기술을 이해한다. 예를 들어, 선박과 관련된 용어에서 빌려온 선장, 일등 항해사, 사무장과 같은 단어들이 여전히 비행기를 지휘하는 사람을 가리키는 말로 사용되고 있으며, 자동차 모터는 마력이라는 용어로 기술된다. 그렇기 때문에 초기 문법가들이 영어 문법을 만드는 과정에서 라틴 문법의 어휘를 사용한 것은 자연스러운 것이다. 학자들은 그 용어들에 이미 익숙해져 있고 영어는 그 유사성에 의해 특권을 얻게 되었다. 게다가 라틴어를 이해하려는 목적도 있었기 때문에, 영어 문법가들은 영어와 라틴어의 유사성에 초점을 두었다. 비슷하지 않은 측면은 무시하거나 라틴어에 대한 유추를 만들어 냄으로써 조정하였다(Lester, 1990).

전통 문법 교육과 문법 교재는 수세기 동안 크게 바뀌지 않았다. 예를 들어 19세기 말에 출판된 교재와 21세기 초에 출판된 교재를 비교해 보자. 전자는 1898년에 처음 발행된 네스필드(Nesfield)의 『영문법의 과거와 현재』인데[4] 이 책은 브래독 보고서가 나올 때 25번째 판이 나와 있을 정도로 인기가 많았다. 다음은 그 첫 번째 판의 목차이다(Crystal, 1995 인용).

1. 분석적 틀; 일반적 정의들
2. 명사
3. 형용사

---

4) [역주] Nesfield, J. (1898). *English Grammar Past and Present*. London: MacMillan.

4. 대명사

5. 동사

6. 부사

7. 전치사

8. 접속사

9. 감탄사

10. 문장 분석

11. 서로 다른 품사로 사용된 동일한 단어

12. 통사

13. 구두법 또는 점[마침표]의 올바른 사용

네스필드(1898)의 목차와 2001년에 발행된 초등학교 교과서의 목차를 비교해 보면 전통 문법이 여전히 우리에게 영향을 미치고 있음을 쉽게 알 수 있다. 예를 들어, 맥그로-힐(McGraw-Hill) 출판사에서 나온 『필자의 선택: 문법과 작문(6학년)』은[5] 작문에 대한 7개의 장으로 시작되는데, 그 다음 장에 문법에 대한 부분이 나온다.

8. 주어, 서술어, 문장

9. 명사

10. 동사

11. 대명사

12. 형용사

13. 부사

---

5) [역주] Glencoe/McGraw-Hill. (2001). *Writer's Choice: Grammar and Composition: Grade 6.* Columbus, OH: Glencoe/McGrow-Hill.

14. 전치사, 접속사, 감탄사
15. 주어-동사 일치
16. 특수 용법 문제에 대한 주석
17. 문장 도해
18. 대문자화
19. 구두법
20. 문장 결합

비록 여기에서는 맥그로-힐의 것만 보았지만, 다른 대부분의 교과서도 크게 다르지 않았다. 이와 약간 다르게 장을 제시하기도 하지만 근본적으로는 네스필드의 것과 유사하다.

문법 교육을 위한 교재로는 교과서 외에 상업적인 프로그램도 있다. 한 가지 유명한 프로그램으로 '셜리 교수법'이 있는데, 이는 전통 문법 교육과정의 가장 좋은 본보기이다. '셜리 교수법'은 전직 교사인 셜리(Shurley)와 웻셀(Wetsell)이 만든 것인데 작문의 기초로서 품사를 구분하는 것과 문장 구조를 배우는 것을 강조하였다. 문장 구조를 이해하기 위해서 학생들은 문장을 분석하는 것(품사와 각 단어들의 기능)을 배운다. 「셜리 교수법: 영어가 쉬워진다」라는[6] 제목의 홍보용 팸플릿에는 "강력한 문법 기반의 접근은 학생들이 전체 문장 속에서 문장의 부분을 배우도록 한다. 이를 통해 학생들은 전체적이고 정확한 문장을 어떻게 쓰는지, 문법과 작문을 어떻게 관련지을 것인지에 대해 배울 수 있다(p.8)."라는 주장이 실려 있다.

문장 분석에는 문장 속 단어에 대한 구체적인 질문으로 이루어진 문

---

6) [역주] Shurly, B. el al. (n. d.). *The Shurley Method: English Made Easy* [Promational Information Packet]. Cabot, AR: Shurley Instructional Materials.

답이 사용된다. 다음의 문장이 어떻게 분석되는지 살펴보자.

```
A    Adj   SN    V    Adv   Prep A  Adj   Adj   OP
The  weary traveler/ slept fitfully (in the cramped airplane seat). D
```

1. 비좁은 비행기 좌석에서 잠을 설친 것은 누구인가? Traveler(주어 명사)
2. 여행자에 대해 말하고 있는 것은 무엇인가? Traveler slept(동사)
3. 어떻게 잤는가? Fitfully(부사)
4. In(전치사)
5. 무엇의 안인가? Seat(전치사의 목적어)
6. 어떤 종류의 좌석인가? Cramped(형용사)
7. 어떤 종류의 좌석인가? Airplane(형용사)
8. The(관사 형용사)
9. 어떤 여행자인가? Weary(형용사)
10. The(관사 형용사)
11. 주어 명사 동사 - 패턴1(자동사 문장)
12. In the cramped airplane seat(전치사구)
13. 마침표(진술, 평서문)
14. 동사로 돌아가라. 완전한 주어를 완전한 서술어로부터 분리하라.

셜리와 웻셀은 이러한 접근 역시 학생의 학습을 돕기 위해 학생 참여 (함께 낭독하는 형식), 재미(학생들이 품사를 기억할 수 있도록 돕는 노래 형식), 반복을 사용한다는 사실을 강조하였다. 품사를 배우고 오류가 있는 문장을 고치는 과정에서 학생들은 대문자화와 구두법을 익히게 된다.

2.2. 구조주의자와 변형 생성 문법

현대 영어 교과서가 한 세기 전의 내용을 그대로 유지하는 이유는 무

엇일까? 전통 문법적 틀의 영향력이 큰 이유는 무엇일까? 구조주의와
변형 생성 문법의 틀은 왜 초중등 교육과정으로 발전하지 못한 것일까?
언어학자들은 왜 브래독 보고서를 활용하지 않고, 보다 "과학적인" 교육
과정을 소개하지 않았을까? 많은 교사들이 달라질 준비가 된 것처럼 보
였지만 왜 달라지지 않았을까? 레스터(2001a)는 당시 언어학자들이 영문
법을 기술할 최상의 방법에 대해 동의하지 못했기 때문이라고 말한다.
1960년대에는 언어학 영역 자체가 끊임없이 변화하고 있었다.

변형 생성 문법은 영어의 구조를 이해하는 데 있어서 구조주의 문법
보다 훨씬 강력한 수단으로 떠오르고 있었다. 두 체계는 영어에 대한 자
연적인 규칙을 사용하여 영어 화자들이 실제로 말하는 것을 기술하고자
했다. 이들은 전통적인 학교 문법이 너무 처방적인 데다가 라틴 문법을
부정확하게 받아들이고 있다고 비판하였다. 구조주의는 19세기에 만연
해 있던 역사적 연구로부터 벗어나 1920~30년대에 발달하였다. 문학적
대가들을 모델로 삼았던 전통 문법가들과 달리 구조주의자들은 모국어
화자의 발화를 수집하고 전사하는 "과학적인" 조사를 실행했다. 구조주
의자들은 라틴어에 대한 유추를 사용하기보다는 데이터에서 나타나는
규칙을 찾아냈다. 그들은 구조주의자라는 이름처럼 영어의 구조에 큰
비중을 두었다. 특히 문장 내 단어 순서에 초점을 두었다. 영어에서 어
순은 각 단어가 문장 내에서 수행하는 역할과 그 품사를 결정한다. 그렇
기 때문에 통사론과 문장 구조는 구조주의 문법의 핵심을 이룬다.

브래독 보고서와 거의 동시에 촘스키(Chomsky)가 이끄는 언어학파는
구조주의 언어학과 인간의 언어 학습에 대한 기저 가설을 비판하고 나
섰다. 구조주의 학자들은 대개 행동주의자들이었고 어린이의 언어 학습
은 모방을 통해 이루어진다고 믿었다. 촘스키는 그것이 사실이라면 어
린이가 자신이 전에 들어 보지 못한 문법적 문장을 어떻게 만들어 내는

지 의문을 제기했다. 또한 구조주의 언어학자들은 구조적으로 닮지 않은 두 개의 문장이[7] 서로 관련되어 있다는 것과 구조적으로 유사한 두 개의 문장이[8] 서로 관련되지 않는다는 것에 모국어 화자들이 동의하는 이유를 설명하지 못했다. 촘스키는 모국어 화자들이 아이디어를 생성하고 문체적으로 그것을 변형시키는 과정에서 언어적 직관을 어떻게 사용하는지 설명하고자 했다. 보기 2.1에 세 가지 문법이 정리되어 있다.

| 보기 2.1 | 이론적 토대: 3가지 문법 학파의 특징 정리 |

1장에서 언급했던 것처럼, 문법에 대한 한 가지 정의는 하트웰이 문법 2라고 했던 "한 언어의 규칙에 대한 언어학적 기술"이다. 다양한 기술들은 서로 다른 결과를 낳게 된다. 초점을 두는 부분도 서로 다르고, 더 나은 설명력을 가지는 부분도 서로 다르다. 아래에 20세기에 존재했던 세 가지의 서로 다른 영어 문법을 간략하게 기술하였다(Lester, 1990).

	전통적 학교 문법	구조주의 문법	변형 생성 문법
기술	• 학자들에 의해 15세기에서 18세기에 발달함. • 라틴어 문법을 모델로 함. • 훌륭한 작가의 문어 텍스트를 기반으로 함. • 라틴어를 공부하기 위해 문법과 어휘를 가르치고자 함. • 영어를 표준화하고 화자들의 발화를 "고정"하고자 함.	• 역사 비교 언어학자들에 의해 19세기 말에서 20세기 초에 발달함. • 모국어 화자의 발화를 기반으로 함.	• 노암 촘스키와 그 학파에 의해 1950년대 후반부터 지금까지 발달함. • 구조와 모국어 화자의 직관을 기반으로 함. • 단문에 대한 규칙들과 그것을 변형하는 방식.
장점	• 학자들과 학생들에게 이미 친숙한 용어와 체계를 기반으로 함.	• 처방적인 것이 아니며, 기술적임. • 과학적인 기준-오직 객관	• 처방적인 것이 아니며, 기술적임. • 보편 문법에 초점을 둠-

---

7) [역주] 'Shakespeare wrote Hamlet and Hamlet was written by Shakespeare(셰익스피어가 햄릿을 썼다/햄릿은 셰익스피어에 의해 쓰였다)'와 같은 것을 말한다.
8) [역주] 'John is eager to please. and John is easy to please(존은 도움이 되기를 간절히 원한다/존은 쉽게 기뻐한다)'와 같은 것을 말한다.

	전통적 학교 문법	구조주의 문법	변형 생성 문법
	• 라틴어의 권위를 영어로 전이시킴. • 화자들이 사회적 · 경제적 상승 욕구를 성취하도록 도움.	적인 데이터에서 얻을 수 있는 것만을 기반으로 함. • 개인적 선호가 반영되지 않음. • 영어 그 자체에서 파생된 구조이기 때문에 보다 적합함.	모국어 화자가 어떻게 발화를 하는지와 문법적인 문장에만 관심을 가짐. • 모국어 화자에게 큰 신뢰를 줌. • 학생들에게 문체를 가르치는 데 유용함.
단점	• 게르만어인 영어에 라틴어의 체계가 잘 들어맞지 않음. • 기술적이지 않고 처방적임. • 독립적으로 가르칠 경우, 학생의 작문이나 화법 기술을 발전시키는 데 도움이 되지 않음.	• 구조와 객관적인 데이터를 너무 강조하여 때때로 모국어 화자의 직관을 고려하지 않음.	• 학교에 미치는 영향이 더딤. • 생물학적인 것을 너무 강조하여 언어 학습의 문화적 요소에 대한 고려가 불충분함.

언어학 영역 자체가 패러다임의 변화 한가운데 있었기 때문에, 교육 문제에서 전통 문법보다 나은 대안을 제시할 준비가 되어 있지 않았다. 게다가 구조주의자와 변형 생성 문법가 모두 영어를 처방하기보다는 기술하는 것을 선호했기 때문에 교육적인 관심을 가지지 않았다. 대중은 브래독 보고서나 "과학적" 언어학의 흐름에 친숙하지 않았기 때문에, 이들은 모두 대안이 되지 못했다. 그 결과 레스터(2001a)가 지적하였듯 문법 교육은 유동적 상태에 놓이게 되었다.

결국 구조주의와 변형 생성 문법은 영어 교과서에서 문법을 제시하는 방식에 별로 영향을 미치지 못했던 것이다. 구조주의자들은 품사보다는 문장 구조에 초점을 두고 있기 때문에, 요즘의 교과서들은 네스필드의 교과서에 비해 문장에 관심을 더 기울이고 있다. 예를 들어, 맥그로-힐 출판사 교과서의 글은 문장과 문법 단위를 다룬 장으로 시작된다. 그리고 변형 생성 문법은 모국어 화자들이 문장을 어떻게 복잡한 통사적 구조로 생성하고, 끼워 넣고, 변형하는지에 관심을 가졌기 때문에, 대부분의 연습들이 문장 결합이나 문장 변형에 관한 것이었다. 맥그로-힐 교과서의 글에서 문장 결합에 대해 다룬 장을 주목해야 한다. 하지만 무엇보다도 구조주의와 변형 생성 문법은 모두 대학 수준의 언어학 수업으로 한정되어 있다.

전통적인 학교 문법에 대한 뚜렷한 대안도 없이 영어 교사들은 분투하고 있다. 모든 교사들이 형식적 문법에 대한 적극적인 지식(좋은 문어, 형식적인 텍스트를 생산하는 능력)이 중요하다고 말하겠지만, 학생들이 그 지식을 어떻게 습득할 것이며 문법을 어떻게 가르쳐야 하는가에 대해서는 의견이 분분하다. 1993년에 행해진 초등 교사들을 위한 『영어 저널』의 여론 조사에 따르면, 약 60퍼센트의 교사들은 전통적인 학교 문법을 반드시 익혀야 한다고 주장하였다(Warner, 1993). 나머지 40퍼센트는 문법에 대한 학습과 작문이 별 관련성을 갖지 않는다고 답했다. 그들은 언어학적으로 파생된 문법 체계가 영어를 보다 잘 나타내며, 문법 수업이 작문 과정의 일부로서 가르쳐질 때 더 생산적일 수 있다고 생각했다. 이런 교사들은 전통 문법의 체계가 확실히 무너졌으며, 더 이상 수정될 수 없다고 느꼈기 때문에 전통 문법을 포기했다.

2.3. 언어 경험 탐구하기

1. 아래 글을 읽기 전에 다음에 대해서 5분 간 생각해 보거나 글을 써 보라.

   a. 학교에서 문법을 배웠던 경험을 떠올려 보자. 얼마나 많은 문법을 공부했는가? 몇 학년에 배웠는가? 독립적으로 배웠는가? 아니면 문학이나 작문과 통합적으로 배웠는가?

   b. 제시된 자료는 어떠했는가? 그것에 대한 시험은 어떻게 치렀는가? 만약 발달 정도를 측정하거나 졸업 여부를 결정하는 주(州) 차원의 표준화된 시험을 본 경험이 있다면, 그 시험은 표준 영어 문법에 대해 묻는 것이었는가? 만약 그렇다면 그 질문들은 어떻게 짜여 있었나?

   c. 만약 학교 교육을 받았다면, 다른 곳에서 배운 문법의 양만큼 문법을 배웠겠는가?[9] 왜 그런가? 왜 그러지 않나?

   d. 교사들이 문법을 가르치는 한 가지 이유는 문법이 학생들로 하여금 보다 효과적으로 읽고 쓸 수 있게 만들 수 있다고 믿기 때문이다. 문법에 대한 학습이 어느 정도 당신을 보다 더 나은 독자 혹은 필자로 만들어 주었는가? 왜인가?

   e. 문법에 대한 학습은 또 다른/추가적인 가치를 갖고 있는가? 만약 그렇다면 어떤 가치인가? 왜인가?

---

9) [역주] 미국의 교육은 크게 학교에서 이루어지는 공교육과 홈스쿨링(home schooling), 과외 등의 사교육으로 구분되어 있다.

↘ 분명한 사실: 문법 수업에 대한 조사와 이론[10]

패터슨

*미시간주의 포틀랜드에서 중학교 교사로 근무한 패터슨은 「분명한 사실:
문법 수업에 대한 조사와 이론」에서 전통 문법 교수에 도전하고 작문의 맥
락에서 문법을 가르치는 것을 장려하기 위해 중학교 교사들에게 학문적 정
보를 제공하였다. 그녀는 전통 문법을 배우는 것이 학생의 작문 실력을 향상
시키지 않는다는 몇몇 연구를 인용하고, 또한 몇 가지 대안적인 접근법을 제
공하였다. 이 논문은 '문법 맥락화하기'가 특별 주제였던 『중학교 현장의 목
소리』의[11] 2001년 3월호에 처음 발표되었다.*

━━ ━ ━━ ━━ ━━

여러분은 이제 막 교사가 되었고, 여러분이 교육 방법론 수업에서 익
혔던 구조주의 기반의 이론을 수행할 의욕에 차 있다. (하지만) 다른 영어
교사들을 처음 만났을 때, 여러분은 전통 문법을 가르칠 것이라고 말한
다. 대학 수업을 통해 이것이 최상의 접근이 아님을 알고 있지만, 이 베
테랑 교사들에게 어떤 말을 해야 할지 모른다.

혹은 교장이나 부장이 영어과에서 치러진 최근의 표준화 시험 점수를
비난하며, 기본으로 돌아가야 함을 선언한다. 즉 모두 전통 문법을 가르
쳐야 한다고 말한 것이다. 여러분은 '기본으로 돌아가다' 같은 미사여구
가 문제라는 것을 알지만, 어떻게 말해야 할지 확신이 없다.

혹은 여러분이 한 지역의 영어 교과 교육과정 회의에 갔는데, 어떤 고

---

10) [역주] Patterson, N. G. (2001). Just the Facts: Research and Theory about Grammar Instruction. *Voices from the Middle*. 8(3). pp.50-55.

11) [역주] 미국 영어 교사 협회(National Council of Teachers of Englich)에서 발행하는 학술지인 '중학교 현장의 목소리(Voices from the Middle)'는 중학교 수준에서의 문식성 학습에 관한 주제를 다룬다.

등학교 교사가 학생들 중 일부만이 명사가 무엇인지 안다는 것과 그들 중 누구도 문장을 도식화할 수 없다는 것을 안타까워한다. 여러분은 각 부분들에 이름을 붙이고 문장을 도식화하는 능력이 학생의 작문 능력에 별 도움이 되지 않음을 알고 있지만 이 교사를 어떻게 설득해야 할지 확신이 없다.

혹은 어떤 학부모가 학부모-교사 회의에서 자신이 학교에 다닐 때에는 문법을 배웠으며, 자신의 아들 역시 그와 같이 영어 수업에서 문법을 배웠으면 좋겠다고 말한다. 여러분은 그 문제가 보다 복잡한 것임을 알고 있지만 이 학부모가 제기한 문제에 대해 어떻게 이야기해야 할지 모른다.

여러분이라면 어떻게 하겠는가?

[1] 관련 연구

문법을 어떻게 가르쳐야 할 것인지에 대해 교사들이 주의해야 함을 보여 주는 중요한 연구들이 있다. 논의의 시작은 문법이 언어 수업에서 제 역할을 하고 있음을 보이는 것이어야 할 것이다. 사실 이 논쟁은 문법을 가르쳐야 하는지 아닌지에 관한 것이 아니라 문법을 어떻게 가르칠 것인지에 관한 것이어야 한다.

몇몇 연구는 문법을 어떻게 가르쳐야 하고 어떻게 가르치면 안 되는지를 보여 준다. 이제 그 가운데 몇 가지를 살펴보도록 하자.

[2] 해리스의 연구

1962년 해리스(Harris)는 영국 런던의 중학교 문법 수업에 대해 조사하였다. 해리스는 전통적 학교 문법(형식적 문법)을 과다하게 배운 학생 집단과 언어 사용 맥락에서 문법적 개념을 학습한 학생 집단을 비교하였다. 두 번째 집단은 말하기와 쓰기 같은 보통의 언어 사용 상황에서 그 개념들을 배웠다. "형식적 문법" 집단은 작문의 맥락에서 문법을 가르쳤지만 학생들의 글을 기반으로 하지 않았으며 학생들이 확장된 글을 쓰도록 하는 체계도 없었다. 학생들의 글은 짧았고 해당 수업에서 배운 문법적 개념을 무엇이든 설명하였다. 위버(1996)에 따르면 이 집단은 전통적인 전문 용어를 통해서 문법을 배웠다. 다른 집단의 학생들은 보다 긴 글을 쓸 수 있었고 오류를 통해 자신이 생각하는 방식을 드러냈다. 즉 전문 용어가 아닌 의미가 문법 수업의 기본이 된 것이다. 해리스의 연구와 엘리 외(Elley, et al., 1975)의 결론은 다음과 같다.

> "2년이 지나고, 형식적인 문법을 배웠던 다섯 개 학급의 고등학생들은 문장 복잡도에 대한 몇몇 객관적인 기준과 글에서 발견되는 오류의 수 측면에서 문법을 배우지 않은 다섯 개 학급의 학생들보다 훨씬 낮은 수행 수준을 보였다."(p.6)

즉 해리스의 연구는 문법에 대한 형식적 교수가 실제로 학생의 작문 능력에 역효과를 불러일으킨다는 사실을 밝힌 것이다.

[3] 브래독·로이드 존스·숄의 연구

다른 연구들처럼 해리스의 연구도 브래독 외의 연구를 지지한다. 이 연구에서는 그들의 메타-연구, 이전 조사 연구들에 대한 검증에서 학교 문법의 독립적 교수는 교사가 기대했던 결과를 가져오지 않는다는 것을 밝혔다. NCTE에 의해 수행된 『글쓰기에 대한 조사』라는[12] 1963년 보고서에 있는 다음 부분은 종종 인용되곤 한다.

---

12) [역주] Braddock, R., el al. (1963). *Research in written composition*. Urbana, IL: National Council of Teacher of English.

"많은 학생과 교사들에 대한 연구라는 점에서, 그 결과는 강력하고 완전무결한 것이라 할 수 있다. 형식적 문법 교수는 무시해도 될 만하거나, 심지어 실제적인 작문 수업 및 연습 시간을 빼앗기 때문에, 작문 능력 발달에 해로운 영향을 미친다는 것이다."(pp.37-38)

[4] 엘리·바르함·램·와일리의 연구

교사들이 주목해야 할 만한 또 다른 중요한 연구는 뉴질랜드 교육 연구 자문 위원회의[13) 회원인 엘리(Elley)와 아오레레(Aorere) 대학의 바르함(Barham), 램(Lamb), 와일리(Wyllie)에 의해 이루어진 것이다. 이 연구는 1975년 5월 『영어 교수에 대한 조사』로[14) NCTE에서 발행되었다. 이 연구는 여덟 개 학급의 평균 수준인 248명의 학생들을 대상으로 3년 간 진행되었다. 학생들은 세 가지의 서로 다른 언어 교과 과정으로 나뉘었다. 한 그룹에서는 변형 문법과 수사학, 문학을 배웠다. 이 과정의 학생들은 모국어 화자가 언어를 사용하는 것처럼 문법 규칙을 설명할 수 있도록 배웠다. 그들은 구 구조 및 변형 규칙과 더불어 심층 구조, 문장 부분, 수식어 등을 배웠다. 그들은 작문과 관련된 내용, 구조, 문체도 학습하였다. 게다가 그들은 형태 지식 및 시점과 더불어 문학에서의 핵심 개념에 대한 감각을 발달시키는 데 집중하였다. 이를 달성하기 위해 수많은 문학책과 실화 및 드라마 모음집을 활용하였다.

또 다른 그룹에서는 수사학과 문학을 배웠는데 학생들은 약 40%의 시간은 자유 읽기에 쓰고, 나머지 40%의 시간은 교과서 읽기에 쓰고, 그 나머지 시간은 창의적 글쓰기에 썼다. 학생들은 형식적인 것이나 변형 문법이나 규칙에 대한 수업을 듣지 않았다. 필요할 때마다 철자와 작문

---

13) [역주] 'New Zealand's Council for Educational Research'이며 줄여서 'NZCER'이라고 부르기도 한다.
14) [역주] Filley, W. B., el al. (1975). The role of grammar in a secondary English curriculum. *Research in the Teaching of English*, 10, pp.5-21.

관습에 대해 배웠을 뿐, 품사나 문장 분석에 대해서는 그 무엇도 배우지 않았다.

세 번째 그룹에서는 전통 문법을 집중적으로 배웠다. 이 그룹의 학생들은 주어, 동사, 사용 규칙, 품사, 절 구조, 구두점 등에 대해서 배웠다. 학생들은 교과서의 연습 문제를 풀며 미리 선정된 소설과 함께 문학 선집을 읽기도 했다. 이 과정에서 교사들은 학생들이 적절한 요소에 초점을 두고 있다는 확신을 주기 위해 수시로 학생들과 상담을 했다. 각 그룹의 학생들은 연말에 평가를 받았다.

엘리 외(1975)의 본래 목적은 변형 문법에 대한 학습이 학생의 언어 성장에 얼마나 영향을 미치는지 확인하는 것이었다. 연구자들은 그런 학습이 학생들의 성장에 특별한 영향을 미치지 않음을 발견했지만 문법에 대한 전통적 학습 역시 학생들의 성장에 별 영향을 미치지 않거나 전혀 영향을 미치지 않음도 발견하였다.

다시 말하자면 이 연구는 전통 문법에 대한 독립적인 교수와 품사 분류 및 사용 규칙이 학생들의 작문 능력에 거의 또는 전혀 영향을 미치지 않는다는 결론을 내린 것이다.

[5] 힐록스의 연구

또 다른 중요한 메타-연구로 역시 NCTE에 의해 수행된 힐록스(Hillocks, 1986)가 있다. 이에서는 문법 교수가 작문을 발달시킨다는 증거가 없다고 결론을 내렸다. 그의 『작문에 대한 연구』[15] 역시 독립적인 문법 수업은 학생의 작문에 부정적인 효과를 미친다고 결론지었다. 힐록스는 다음과 같이 썼다.

---

15) [역주] Hillocks, G., Jr. (1986). *Research on written composition: New directions for teaching*. Urbana, IL: National Council of Teachers of English.

"전통적 학교 문법에 대한 학습은16) 학생 작문의 질을 높이는 데 효과가 없
다. 이 연구에서 검증된 또 다른 요소들이 더 강력하다. 특정한 방식으로 문법
을 가르칠 때, 문법과 기제에 대한 것은 학생의 작문에 악영향을 미친다. 몇몇
연구에서 정서법과 용법에 대한 과도한 강조는 글의 전반적인 질에 매우 나쁜
영향을 끼쳤다."(p.248)

언어 수업에서 문법을 가르치는 것을 살핀 많은 연구들을 분석한 후
에도 역시 독립적인 문법 학습이 학생의 작문 실력을 발달시킨다는 증
거는 찾을 수 없었다.

[6] 쇼네시의 연구

쇼네시(Shaughnessy)의 1977년 책『오류와 기대』는17) 성인의 기본 글쓰기
에 초점을 두고 있기 때문에 중학생의 글쓰기와는 직접적으로 관련이
없는 것처럼 보인다. 하지만 그 연구는 여전히 중학교 교사들에게 얼마
간의 통찰을 제공한다. 쇼네시의 글은 학생 작문에서 발생하는 오류의
원인을 살핀 것이다. 학생의 오류에는 대개 패턴이 존재하며 이 패턴은
오개념과 논리적인 문제에 대한 것임이 드러났다. 쇼네시의 연구는 교
사들이 주어진 학생의 글을 검토하고 학생과 함께 그 글에 대한 이야기
를 함으로써 학생이 가진 문법적인 문제를 판단할 수 있다고 말한다. 또
한 학생들이 보다 정교한 종류의 글쓰기에 집중할 때, 그들이 이전에는
보이지 않았던 실수를 저지르는 경향이 있음을 지적했다. 그녀는 "사람
들이 보다 나아지기 전에 더 '좋지 않은' 기술을 얻게 되는 것처럼 글쓴
이들이 보다 많은 모험을 감행함에 따라 더 많은 실수를 범하는 것은

---

16) [역주] 품사에 대한 정의, 문장 쪼개기 등과 같은 것을 말한다.
17) [역주] Shaughnessy, M.(1977). *Errors and expectations: A guide for the teacher of basic writing*. New
   York: Oxford University Press.

자연스러운 일이다."(p.119)라고 하였다.

쇼네시의 연구에서 또 흥미로운 것은 그녀가 문법적 이해와 정확성을 구분했다는 것이다. 그녀는 문법 학습의 목표가 "궁극적으로 어떤 개별적인 문법 규칙을 익히는 것보다 중요한 개념으로 이동" 해야 함을 지적하였다(p.129). 쇼네시에게 정답을 찾아내는 것은 그 답을 넘어선 논리보다 중요하지 않다. 글로버 외(Glover, et al)는 쇼네시의 글에 대해 이야기하면서 "문법적 이해의 발달은 학생으로 하여금 언어를 통해 세계를 보고 그 안에서 행동할 수 있게 함으로써, 학생이 다양한 맥락에서 적용할 수 있는 패러다임을 정립하도록 한다. 더 나아가 문법을 사고하는 방식, 탐구하는 양식, 세상을 보는 방식으로 간주하는 것은 청중과 목적이라는 더 큰 맥락에서 문법적 질문에 접근하는 것을 의미한다."고 지적하였다(p.131).

이에서 우리는 문법이 정확성보다는 의미에 초점을 둔 영역이라는 사실과 위험의 감수 및 실험은 학생이 언어적 제어를 가능하게 할 기반이 된다는 사실을 알 수 있다. 문법이 규칙 기반이라기보다 의미 기반이라는 생각은 그리스인에 의해 행해졌던 것처럼 고전적인 문법 관점으로 되돌아가는 일일 것이다.

대다수의 이론가들은 문법의 역사를 수사학, 논리학, 문법이라는 삼학 가운데 문법 부분을 만든 고대 그리스인까지로 거슬러 간다. 글렌(Glenn, 1995)는 그리스 삼학에 있어서 문법의 역할을 정확성의 규칙이라기보다는 문체의 하나로 해석하였다. 글렌은 문법의 이 같은 역할이-"풍성한, 유연한, 살아 있는, 항상 변화하는, 감정적인, 아름다운, 세련된, 우아한 언어 수행"-(p.10) 곧 문법 수업의 목표라고 보았다.

[7] 이론에 초점 두기

이 연구에 따르면 언어 교과 교실에서 문법 학습에 어떻게 접근해야 하는가에 대한 문제에 영향을 미친 이론이 매우 많다. 교실에서의 문법과 그 역할에 관한 최고의 글 중 하나는 1985년에 출판된 하트웰의 『문법, 문법들, 문법 교수』이다.[18] 하트웰은 또한 문법 교수에 대해서 "마법적인 생각"의 좋은 예이며 이는 학생들이 오직 교사가 가르친 것만을 배우고, 교사가 가르쳤기 때문에 배울 것이라고 교사가 믿을 때 그들이 빠지게 되는 생각이라고 한(p.105) 에미그(Emig)를 인용하여 브래독의 의견에 동의하였다. 하지만 하트웰은 문법의 종류를 문법 1, 2, 3, 4로 다양하게 구분하였다. 문법 1은 의미를 전달하는 패턴에서의 형식적 단어 배열이다. 이는 우리 모두가 가지고 다니는 "머릿속에 있는 문법"이다. 우리가 질문하고 싶을 때, 그 질문을 명확하게 전달하도록 말하거나 쓰기 위해 특정한 순서로 단어를 배열하는 것에 대한 것이다. 문법 2는 언어학자가 몰두해 있는 기술적 분석이다. 이는 실제에 대한 형식적인 언어 분석이며 하트웰은 이것이 문법 1에 대한 개인의 사용에 아무런 영향을 미치지 않는다고 경고하였다. 문법 3은 영어 교사와 학생들을 사로잡고 있는 듯해 보이는 정확성의 규칙인 "언어적 에티켓"으로 하트웰이 지적한 것은 실제 문법이 아니라 용법이다. 문법 4는 학교 문법을 말하는 것으로 하트웰이 경고한 것은 언어학자들의 문법 2와 관련성이 별로 없다는 것이다.

다양한 문법에 대한 하트웰의 구분은 교사들에게 도움이 된다. 예를 들어 문법 1에 대한 고려는 교사들로 하여금 학생들이 사용하는 다양한 가정 방언을 구분하도록 도와주고, 가정 방언이 비록 힘 있는 언어는 아

---

18) [역주] Hartwell, P. (1985). Grammar, grammars, and the teaching of grammar. *College English*, 47, pp.105-127.

닐지라도 정당한 언어 사용임을 깨닫도록 해 준다.

하트웰은 문법 4인 학교 문법이 규칙의 암기에 너무 초점을 두고 있으며 의미와 목적을 전달하는 언어에 관해서는 불충분하다고 결론 내렸다. 하트웰은 문법 5를 발전시켜야만 한다고 주장했다. 이는 문체 문법으로서 학생들로 하여금 그들의 상위언어지식, 문법1에 대한 의식적인 지식을 의미와 목적을 전달하는 데 사용할 수 있도록 도와준다. 이 같은 문법은 학생들이 언어를 "모형화되고, 관찰되고, 모양이 만들어지고, 다듬어지고, 무엇보다도 즐겨지는 말로 된 찰흙"처럼 언어를 사용할 수 있도록 도와준다(p.126).

하지만 학생들만이 그들의 상위언어적 지식을 사용할 필요가 있는 것은 아니다. 교사 역시 그것을 사용해야 하는데, 특히 다른 방언을 사용하는 학생과 관련된 교육과정에 대해 결정을 내릴 때 이 지식을 사용해야 한다. 스미서먼(Smitherman)의 훌륭한 저서인『말하고 증명하기: 흑인의 언어』(1977)에서는[19] 비록 특권을 갖지 않는 방언이라 하더라도 우리가 표준 영어라고 부르는 방언과 같이 규칙으로 결합되어 있음을 보여 주었다. 예를 들어, 스미서먼은 몇몇 방언에 있어서, 특히 그녀가 흑인 영어 변이라고 부르는 것의 경우, 3인칭에서 "s"를 삭제하는 것이 표준적임을 지적했다. 표준 영어 방언에서 "The boy needs more money"라는[20] 문장의 "needs"는 "s"를 필요로 한다. 흑인 영어 변이에서 이 "s"는 삭제된다. 만약 어떤 학생이 "The boy need more money"라고 쓴다면 교사는 그 학생이 주어-동사 일치에 문제가 있다고 결론 내릴지도 모른다. 하지만 그 결론은 최적의 것은 아닐 것이다. 스미서먼은 교사들이 "흑인 언어를

19) [역주] Smitherman, G. (1977). *Talkin' and testifyin': The language of black America.* Detroit, MI: Wayne State University Press.
20) [역주] 그 소년은 더 많은 돈이 필요하다.

알고 이해할" 필요가 있음을 강조하였다(p.223). 그리고 더 나아가 학생들
이 사용하는 다른 언어에 대해서도 이해하여 학생들이 방언들 사이에
서, 문어와 구어 사이에서, 그들의 선택대로 왔다갔다 할 수 있도록 도
와야 한다고 했다. 일단 교사들이 다른 방언들을 지배하고 있는 규칙을
인지하게 되면 그들은 학생들이 자신이 가진 선택지에 대해 알 수 있게
끔 도울 수 있을 것이다.

이때 스미서만이 학생들이 단순히 자신의 방언으로 말하고 쓰도록 허
락되는 것을 제안한 것이 아니라 그들의 언어를 다른 방언으로 "번역"
하는 방법을 배워서는 안 된다고 했음을 짚고 넘어가야 한다.

> … 의사소통 능력에 대한 강조가 있다. 의사소통 능력은 간단히 말하면 효
> 과적으로 의사소통하는 능력을 의미한다. 하지만 이 점에서 모든 단순성은 끝
> 나 버린다. 힘 있는 말하기와 글쓰기를 한다는 것은 언어적 선택과 대안의 모
> 든 것을 포함하고 있는 매우 복잡한 일이다. 이런 화자와 필자는 상황과 청중
> 에 알맞은 언어를 사용해야만 한다(p.229).

스미서만은 계속해서 논리, 언어 선택, 메시지와 내용, 독창성, 표현을
포함한 의사소통 측면의 중요성을 이야기한다. 그녀가 강조하는 이것들
은 언어에 있어서 힘의 요소이다. 그리고 그녀는 "교사들이 종종 그와
같은 잘못된[정확성의 문법 개념] 기반에 의해 학생의 언어를 정정하려
하지만 무언가를 정확하게 말하고, 그것을 잘 말하는 것은 완전히 다른
것이다"라고 지적하였다(p.229).

문법 논의에 대한 보다 더 최근의 논의로 노구치(Noguchi)의 것이 있다.
그의 책 『문법과 작문 교수』에서[21] 노구치는 교사들이 학생의 글에 나

---

21) [역주] Noguchi, R. (1991). *Grammar and the teaching of writing of writing: Limits and possibilities*.
Urbana, IL: National Council of Teacher of English.

타난 빈번한 오류(특히 학업적인 것이나 회사의 인사권과 같은 힘을 가진 사람들을 화나게 하는 것들)에 신경을 쓴다고 주장했다. 노구치는 1988년 코너 외 (Connors, et al.)에 의해 수행됐던 연구를 부분적으로 이용하여 자신의 주장을 뒷받침했다. 그들의 연구는 대학생들이 작문에서 저지르는 실수의 10개 중 5개는 구두점에 관한 것을 포함한다고 결론 내렸다. 코너스 외의 연구는 대학 교수들을 대상으로 그들이 학생의 글에서 가장 많이 보게 되는 오류들을 분류해 달라고 요청하였다. 대학 교수들이 가장 많이 인지한 실수는 무휴지문,[22] 쉼표 오용, 조각문, 절 사이의 경계였다. 그리고 노구치는 교수들이 이 같은 항목들을 정확성의 관점에서뿐 아니라 문체의 관점에서도 언급했음을 주장하였다.

노구치가 자신의 의견을 지지하기 위해 사용한 또 다른 연구는 1981년에 비지니스 업무와 전문직에 종사하는 사람들을 대상으로 행해진 헤어스톤(Hairston)의 연구이다. 헤어스톤의 연구에 따르면 많은 사람들을 괴롭히는 오류는 주어-동사 일치, 문장 조각, 무종지문을 포함하고 있었다. 참여자들에게 덜 부정적으로 느껴졌던 오류는 구두점이나 단어 선택에[23] 관한 것이었다.

헤어스톤의 연구는 나이나 성 편견에 의한 몇몇 문제를 야기했으며 경제적 계층에 관한 것은 언급하지 않았지만 노구치는 그의 연구와 코너스·런스포드의 연구로부터 교사들이 학생의 언어 사용에서 나타나는 몇몇 주요 문법 문제에 대해 초점을 두어야만 한다는 결론을 내렸다.

비록 스미서만과 위버가 특히 우리에게 언어와 힘이 매우 근접하게 놓여 있음을 상기시킨다고 할지라도, 그런 문법적인 문제를 고려할 때에는 조심할 필요가 있다. 위버는 노구치의 주장을 반영하여 "나는 코너

---

22) [역주] 무휴지문(run-on sentence)은 2개 이상의 주절을 접속사 없이 쉼표로 이은 문장을 의미한다.
23) [역주] its/it's, different from/different than 등과 같은 것이다.

스 외의 연구에서 종종 발생한 몇 안 되는 오류들과 헤어스톤의 연구에서 나타난 몇 안 되는 [경제적] 지위를 표시하는 … 오류를 제거하기 위해서는 일반적으로 문법적 개념에 대한 이해가 필요하며 이를 가르쳐야 한다고 제안했다. 그리고 이런 몇몇 오류는 몇 안 되는 문법적 개념을 이해함으로써 이해될 수 있다"고 썼다(p.115).

노구치는 교사들이 그가 "필자의 문법"이라고 부르는 것을 채택하도록 강조한다. 이는 학생이 이미 알고 있는 것과 그들이 가장 빈번한 것, 진중한 문법, 용법 오류에 대해 배운 것을 "내용과 조직이라는, [전통적] 문법에서 사실상 버려두었던, 두 가지 중요한 영역"과 통합하는 것이다 (p.120).

[8] 결론

이 모든 것이 의미하는 바는 문법 교수가 반드시 보다 큰 수업의 맥락에서, 문어와 구어에 대한 경험과 더불어 일어나야 한다는 사실이다. 이는 영어 교사가 문법을 규칙의 집합이나 정확성의 척도로 간주하는 것을 넘어서야만 하고, 문법 용어에 대한 이해가능한 지식과 규칙이 어떻게든 언어적 구조에 대한 지식이나 글을 잘 쓰는 능력으로 전이될 것이라는 생각을 재고해야 함을 의미한다. 그 대신 교사들은 글로버 외에서 "발견의 문법"이라고 했던 것으로 나아갈 필요가 있으며 읽기, 쓰기, 듣기, 말하기의 맥락과 함께 문법을 포함하는 수업을 지향해야 한다. 문법은 학생들이 그들 자신에 대해서, 그들의 교과서에 대해서, 자신의 주변 세계에 대해서 보다 잘 배울 수 있는 도구가 되어야 한다.

2.4. 참고문헌

Braddock, R., Lloyod-Jones. R., & Schoer, I. (1963). *Research in written composition*. Urbana, IL: National Council of Teacher of English.

Filley, W. B., Barham, I. H., Lamb, H. & Wyllie, M. (1975). The role of grammar in a secondary English curriculum. *Research in the Teaching of English*, 10, 5-21.

Glenn, C. (1995). When grammar was a language art. In S. Hunter & R. Wallace (Eds.), *The role of grammar in writing instruction, past, present, future* (pp.9-29). Portsmouth, NH: Boynton/Cook.

Glover, G. W., & Stay, B. L. (1995). Grammar in the writing center: Opportunities for discovery and change. In S. Hunter & R. Wallace (Eds.), *The role of grammar in writing instruction, past, present, future* (pp.129-135). Portsmouth, NH: Boynton/ Cook.

Hartwell, P. (1985). Grammar, grammars, and the teaching of grammar. *College English*, 47, 105-127.

Hillocks, G., Jr. (1986). *Research on written composition: New directions for teaching*. Urbana, IL: National Council of Teachers of English.

Noguchi, R. (1991). *Grammar and the teaching of writing of writing: Limits and possibilities*. Urbana, IL: National Council of Teacher of English.

Shaughnessy, M. (1977). *Errors and expectations: A guide for the teacher of basic writing*. New York: Oxford University Press.

Smitherman, G. (1977). *Talkin' and testifyin': The language of black America*. Detroit, MI: Wayne State University Press.

Weaver, C. (1996). *Teaching grammar in context*. Portsmouth, NH: Boynton/Cook.

2.5. 토론을 위한 질문

1. 전통 문법이 학생들의 작문 능력을 발달시킬 것이라는 기대에 부
   응하지 못한다는 증거로 패터슨이 제시한 것은 무엇인가? 그 증거
   는 얼마나 믿을 만한 것인가? 왜인가?

2. 패터슨이 전통 문법 대신 제시한 교육과정은 어떤 것인가? 왜인가? 그 교육과정이 더 나음을 증명하기 위해 그녀가 인용한 자료는 어떤 것인가? 그 자료는 얼마나 믿을 만한 것인가? 왜인가?

3. 셜리 교수법에 대한 웹사이트[www.shurley.com] 검토를 비롯하여 그 방식에 대해 조사해 보라.

   a. 홍보 자료에서는 "학생들에게 문어의 구조와 설계를 가르쳐야 한다"(n.d., p.8)라고 주장하고 있다. 학생들이 언어를 배우는 방식에 대해서 다니엘스(1장)가 무엇이라고 말하는지 다시 살펴보자. 그의 입장에서는 이 주장에 대해 어떻게 말할 수 있겠는가?

   b. 이 방식의 장점과 단점은 무엇인가? 작가들은 어떤 종류의 자격증을 가지고 있는가? 그들의 방식이 타당하다는 것을 지지하기 위해 어떤 증거를 제시하고 있는가? 그 증거는 얼마나 믿을 만한 것인가? 왜인가?

4. 위버가 정의한 전통 문법은 여태껏 어느 정도로 가르쳐지고 있는가? 구조주의자와 변형 생성 문법 아이디어가 교육과정에 미친 영향은 어느 정도인가? 어떤 종류의 교육과정이 당신의 주에서 공식적으로 지지되고 있는지를 다음 자료를 통해 검토해 보라.

   a. 주 교육과정에 대한 공식적인 안내서에 요구된/추천된 것은 어떤 종류의 문법 강의인가? 주에서 제시하는 표준을 알아보기 위해 주 교육부나 주에 있는 공공 기관을 확인해 보라. (안내서는 위원회의 웹사이트에서 이용할 수 있거나, 당신의 학교 혹은 공공 도서관에서 출력된 복사본을 가지고 있거나, 지역 학교의 사무처 또는 PTA[24] 등을 통해 복사본을 얻을 수 있을 것임.) 검토의 일환으로 다음에 대한 정보도 조사해 보라.

---

24) [역주] 'Parent-Teacher Association'의 약자로 '학부모회'를 의미한다.

- 출판 정보(제목, 발행 일자, 학년 수준 등)
- 문법이 논의되는 방식에 대해 제시한 2~3쪽 정도에 대한 출력/복사(그리고 그것을 학급 친구들과 공유하기)
- 학생들이 왜 문법을 배워야만 하는지에 대한 이유가 제시되어 있다면 무엇인지 확인하기
- 교사들이 왜 문법을 가르쳐야만 하는지에 대한 이유가 제시되어 있다면 무엇인지 확인하기

b. 초·중등학교의 최신 교과서에 제시되어 있는 문법 강의는 어떤 종류의 것인가? 당신의 지역 학교에서 사용되고 있는 몇몇 상업적 출판물을 확인해 보라. (당신의 가족이나 지역 학교, PTA, 직장을 통해 자료에 접근할 수 있을 것임; 또는 당신의 학교나 공공 도서관에서도 복사본을 가지고 있을 것임) 검토의 일환으로 다음에 대한 정보도 조사해 보라.

- 출판 정보(제목, 발행인, 발행 일자, 학년 수준, [만약 적합하다면] 문법이 제시된 특정 부분, 등)
- 문법이 논의되는 방식에 대해 제시한 2~3쪽 정도에 대한 복사(그리고 그것을 학급 친구들과 공유하기)
- 학생들이 왜 문법을 배워야만 하는지에 대한 이유가 제시되어 있다면 무엇인지 확인하기
- 교사들이 왜 문법을 가르쳐야만 하는지에 대한 이유가 제시되어 있다면 무엇인지 확인하기

c. 언어 소수 집단 학생들을 위해 지지되고 있는 문법 강의는 어떤 종류의 것인가? 만약 당신의 지역 학교에서 이중언어 사용자, ESL, 또는 언어 소수 집단 학생, 위기에 처한 학생, 등을 위한 특별한 프로그램을 가지고 있다면, 그 프로그램에서 문법 교육과

정을 어떻게 다루고 있는지 알아보라. 검토하게 될 각각의 프로
그램에 대해서 다음의 정보를 조사해 보라.

- 해당 프로그램에 대한 기술(목표, 이용할 수 있는 학생의 수, 등).●
- 출판 정보(제목, 발행자, 발행 일자, 학년 수준, [만약 적합하다면] 문법
  이 제시된 특정 부분, 등)
- 문법이 논의되는 방식에 대해 제시한 2~3쪽 정도에 대한 복
  사(그리고 그것을 학급 친구들과 공유하기)
- 학생들이 왜 문법을 배워야만 하는지에 대한 이유가 제시되어
  있다면 무엇인지 확인하기
- 교사들이 왜 문법을 가르쳐야만 하는지에 대한 이유가 제시되
  어 있다면 무엇인지 확인하기

d. 당신의 주에서는 초·중등학생들의 교육적 발달을 결정할 수 있는
   평가를 위임하였는가? 만약 그렇다면 어떤 종류의 평가인가? 그 평
   가에는 작문에 대한 지식이 포함되어 있는가? 표준 영어 문법에 대
   한 지식은 포함되어 있는가? 질문은 어떤 형식으로 제시되어 있는
   가? (예. 문법 오류에 대한 객관식 문제, 작문 채점표의 문법과 구두법 비율,
   등) 시험에 대해 생각해 낼 수 있는 것들을 생각해 보라(시험에 대한
   기술은 주 교육위원회의 웹사이트에서 이용할 수 있을 것임; 당신의 학교나
   공공 도서관에서도 복사본을 가지고 있을 것임; 또는 당신의 지역 학교 사무
   처나 PTA, 등을 통해 복사본을 얻을 수 있을 것임). 해당 평가에서는 문
   법에 대한 어떤 정의(예. 하트웰의 문법5 [p.5])를 사용하고 있는 것 같
   은가? 당신의 분석을 지지할 수 있는 어떤 근거가 있는가?

e. 교육과정 안내서, 교과서와 프로그램, 위임된 평가 등에 대한 검
   토를 기반으로 했을 때, 당신의 지역에서 사용하고 있는 최근의
   문법 교육과정은 어떠하다고 결론지을 수 있는가?

제3장 문법 맥락화하기

제2장에서 살펴본 바와 같이 전통적인 학교 문법의 주된 비판점은 문법을 분리해서 가르쳤다는 데 있다. 곧, 학생의 읽기 및 쓰기 맥락과 문법을 분리하여 가르쳤다는 것이다. 연구 결과에 따르자면 그 이유는 학생들이 문법 학습지를 완성할 때 하는 활동과 에세이를 쓸 때 하는 활동 사이에 연관성이 거의 없기 때문에 분리하여 가르쳤다는 것이다. 많은 사람들이 맥락화한 문법은 중요하므로 문법 교육과정의 개선이 필요하다고 보고 있다. 그런데 제2장에서 살펴본 바와 같이 맥락화한 문법으로 교육과정을 개선하는 데 다음과 같은 물음을 제기한다.

- 어떤 맥락에서 문법을 가르쳐야 하는가?
- 어떤 문법, 또는 문법의 어떤 측면을 맥락에서 가르쳐야 하는가?

이러한 물음에 대해 최소한 두 가지 주요 입장이 있을 것이다. 서로 공존할 수도 있겠지만 각각의 입장은 다소 다른 맥락을 갖는다. 이는 다시 언어 교과의 서로 다른 양상을 강조하는 결과를 가져왔다. 아마도 가장 환영 받는 입장은 쓰기와 읽기 과정에서 문법을 가르치자는 입장일 것이다. 위버(Weaver, 1996)는 이러한 입장을 가장 강조하는 사람이다. 그러나 형식적 언어 교육을 지지하는 자들에게는 적절한 맥락이 곧 언어 학습이다. 예를 들어 콜른(Kolln, 1996), 앤드루스(Andrews, 1995, 1998), 그리고 볼프람(Wolfram, 1998)이 주장하는 전반적인 목표는 언어가 - 구어이든 문어이든 - 어떻게 "작용"하는지 학생들이 잘 인식할 수 있도록 도와야 한다는 것이다.

3.1. 언어 학습의 맥락에서

콜른(1996)과 앤드루스(1995, 1998), 그리고 볼프람(1998)은 각각 자신의 언어 학습이나 언어 인식에 대해 나름의 교육과정을 주장하면서도 특정 주요 내용에 대해서는 의견 일치를 보인다. 콜른은 이러한 주제를 밝히기 위해 언어 학습에 대한 1994년 미국영어교사협회(NCTE)[1] 계획을 인용하였다.

언어 인식은 사회적·문화적 상황의 범위에 따라 언어가 어떻게 변화하는지에 대한 연구가 포함된다. 사람들의 태도가 문화, 계층, 성별, 세대를 거치면서 어떻게 변화하는지에 대한 연구, 구어와 문어가 청자와 독자에게 미치는 영향 연구, 언어에서 "정확성"이 어떻게 사회·정치·경제적 가치를 반영하는지에 대한 연구, 언어의 구조가 기술적인 관점에서 어떻게 작동하는지에 대한 연구, 그리고 제1언어와 제2언어가 어떻게 습득되는지에 대한 연구이다(Kolln, 1996: 30).

보다 구체적으로 볼프람(1998: 80)에서는 언어 교사들과 학생들에게 "순수언어학 및 사회언어학적 요구"라고 명세화하였다.

---

1) [역주] National Council of Teachers of English

- *기술적(있는 것) 문법 연구 전통과 규범적(해야 할 것) 문법 연구 전통의 차이에 대한 이해.* (서로 다른 학파에 대한 간략한 설명은 2장을 참조하라). 볼프람은 다음과 같이 보고 있다. 기술적 문법 연구에서는 언어를 인간 지식을 나타내는 유일한 형식으로 보고 있으며, 또한 언어 변이에 가치를 인정하고 있다. 그것은 또한 언어적 문법성(체계적 패턴과 규칙)과 사회적 용인성(표준에 대한 사회적 판단 근거)의 차이를 알 수 있게 한다.

- *다양한 언어들에 대한 언어학적 온전성에 대한 이해.* 다양한 방언들의 규칙을 연구함으로써 이것이 가능하다고 볼프람은 주장한다. 이러한 연구를 통해 모든 방언에서 발견되는 복잡한 패턴을 이해할 수 있고(하트웰의 문법 1[29쪽]), 언어의 과학적 연구가 가능해진다(하트웰의 문법 2).

- *언어 변화는 자연스럽고 필연적이라는 사실에 대한 이해.* 영어의 역사를 살핌으로서 언어 변화 연구는 '언어가 변한다는 것은 언어 사용에서 쇠퇴를 상징하는 것이 아니라는 것'을 깨닫는 데 도움을 준다. 또한 그것은 변화의 한 원인을 보여주기도 한다. -어떤 화자들은 변하고 또 어떤 화자들은 변하지 않는다. 예를 들어, 초서(Chaucer) 시대[2] 이후에 사용했을 것으로 보이는 이중 부정은 지역 방언으로 보존되어 있다. 반면, 표준 방언 화자는 18세기에 이중 부정의 수용에 대해 개념을 변화시켰다.

- *언어의 여러 다른 부문에 대한 이해.* 음운론, 문법론(형태론과 통사론), 의미론, 화용론. (1장 참조).

---

2) Geoffrey Chaucer는 1343년경부터 1400년에 살던 영국의 대표적인 시인으로 The Canterbury Tales를 쓴 작가로 유명하다.

볼프람은 언어 학습의 목표가 언어에 대한 본질을 습득하는 것보다 언어에 관한 관용적인 태도를 발전시키는 것이어야 한다고 보았다. 그러나 그는 "언어 구조의 연구를 정당화하는 어떤 실용적인 동기 없이, 과학적·사회 역사적·인도주의적 이유가 있다."라고 주장했다(p.81).

콜른(1996), 앤드루스(1995, 1998), 볼프람(1998)에서는 언어 인식 프로그램의 장점에 대해서도 대체로 입장을 같이한다. 접근 방식은 다음과 같다.

- *중·고등학생들의 언어 능력을 발전시키기 위해 지원하라.* 앤드루스(1998)에서는 청소년의 언어는 발전 중임을 지적했다.
- *의미 있는 맥락에서 형식적인, 문어 문법 연구를 마련하라.*
- *지역-방언 화자인 학생들이 표준 영어 관습을 익히도록 동기화하라.* 앤드루스(1998)에서는 다음과 같이 주장한다.

학생들이 자신이나 다른 화자 및 필자가 무의식적으로 혹은 의도적으로 언어 요소, 패턴 및 구조를 사용하는 방법에 대한 중요한 통찰력을 획득하기 전에, 또는 그들이 이러한 주제에 관심을 기울여야 하는 이유를 알기 전에, 그들은 무엇보다도 전반적으로 언어를 더 깊이 인식해야 하고, 그들의 세계에서 언어가 어떻게 다양화하고, 변화하며, '작용'하는지를 알아야 한다. (p.6; 원문에 강조)

- *표준 방언 화자 학생들이 비주류 방언을 가치 있게 여기고 언어적 차별을 줄일 수 있도록 장려하라.* 볼프람(1998)에서는 다음과 같이 언급하였다.

언어 변이의 복잡성에 대한 이해를 증진시키는 가장 효과적인 방법은 사회적으로 선호되지 않은 형태를 지배하는 몇 가지 실제 언어 패턴에 포함하는 것이다. 이러한 인식은 언어 교과 교사들뿐 아니라 학생들이 다른 학생들과 자신에 대한 인식에도 영향을 준다. 곧, 사회적으로 선호되는 변이

형을 사용하는 학생들은 방언을 사용하는 다른 동료들에 대해 언어 능력이
부족하다는 시각을 가질 수 있다. 게다가 사회적으로 선호되지 않는 변이형
을 사용하는 화자는 동료들의 그러한 시각을 그대로 수용할지도 모른다. 따
라서 교사뿐 아니라 학생들에게 방언의 차이는 내재된 언어적 차이, 혹은
인지적 차이가 아니라는 것을 이해시킬 필요가 있다(pp.91-92).

언어 연구 프로그램에서 가장 발전된 형태는 앤드루스(1995, 1998)에 의
해 주장된 언어 탐구와 인식(LEA) 접근 방식일 것이다. 활동의 다양성을
통한 LEA 접근 방식은 학생들이 사용하고 있는 언어가 어떻게 "작동"하
는지에 대해 탐구할 수 있도록 장려한다. 그리고 역사적·사회적인 관점
에서 영어를 학습하도록 만든다. 이러한 관점은 학생들이 전통 문법 연
구의 중추인 표준 영어로 알려진 방언이 오늘날 힘과 명성을 갖게 된
이유를 이해하는 데 도움을 준다. 또한 이것은 그들의 가정에서 어떻게
사용하는지(표준 영어이거나 지역 방언이거나), 그리고 언제, 어디서 명성을
누리는지를 이해하는 데 도움을 준다. 보기 3.1은 앤드루스가 제시한 언
어 탐구 활동의 예이다.

보기 3.1 교육과정에서 주목할 점: 언어 탐구와 인식

저 자: 앤드루스
저자약력: 네브래스카-링컨 대학교3)에서 교육과정 및 교수 학습 센터의 문식성
         연구 프로그램 교수로 재직
출 판 사: 로랜스 얼범 협회4)
상세정보: 언어의 탐구와 인식: 교사 수업용 책(재판)5)

---

3) [역주] 네브래스카-링컨 대학교(University of Nebraska-Lincoln)는 미국 네브래스카 주의 링컨이라
   는 도시에 위치하고 있다. 1869년 개교하여 1909년부터 미국 대학 협회(AAU)의 회원 대학으로,
   네브래스카 대학교 여러 캠퍼스 중 가장 큰 캠퍼스를 가진 학교로서 본교라고 할 수 있다(위키피
   디아 참조 <https://ko.wikipedia.org/wiki>).
4) [역주] Lawrence Erlaum Association
5) [역주] *Language Exploration and Awareness : A Resource Book for Teachers*, 2nd edition.

LEA 접근 방식은 초등학교, 중학교, 고등학교 학생들의 언어 능력이 지속적으로 성장하고 있음을 인식하는 데 발전적인 관점을 갖는다. LEA 활동은 의미를 강조하고, 순수한 사회적 상황에 있는 정통 언어를 사용하며, 학생 중심 및 탐구 중심이며, 언어의 여러 측면에 대한 인식을 발전시킨다. 이에 대한 주요 내용은 다음과 같다.

- 의사소통과 언어의 특성
- 단어와 사전 편찬
- 일상적 담화와 사회적 관습
- 지역적, 사회적, 역사적 변이
- 의미와 일반 의미론
- 편협하고 차별적인 언어
- 광고의 언어
- 문법, 철자, 좋은 영어

앤드루스는 이 책에서 초등학생 이상 중학교, 고등학교 학생을 위해 100가지가 넘는 LEA 활동을 제공한다. 그 가운데 세 가지 예를 제시하면 다음과 같다.

◉ 단어와 사전 편찬

탐구 활동: 초콜릿 **무스**(Chocolate **Moose**)[6]

지시 사항: 동음이의어는 'boar'과 'bore', 'hall'과 'haul'과 같이 다른 철자이지만 동일하게 발음되는 단어이다. 그윈(Gwynne)은 『저녁 식사 후식 초콜릿 무스[7]』라는 책에서 동음이의어를 사용했다. 후식으로 초콜릿 무스를

---

6) [역주] 원문에서는 '무스'를 'Mousse'가 아닌 'Moose'로 표기하고 있다. 문맥 상 디저트인 '크림을 차게 하여 만든 케이크'의 'mousse'가 되어야 옳은데 동음이의어의 예로써 발음이 같은, '큰 사슴'을 뜻하는 'moose'를 가져온 것이다.

7) [역주] *A chocolate Moose for Dinner*

즐기기 전에 여러분이 먹고 싶은 고기는 무엇인가? **스테이크(stake)**?[8]

1. 동음이의어를 사용하여 완성된 메뉴를 만들어낼 수 있는가?
2. 대화에 사용된 동음이의어를 들었을 때, 여러분은 화자가 어떤 단어를 사용한 것인지 어떻게 아는가? 이는 언어에 대해 무엇을 말해주는가?

● 지역적, 사회적, 역사적 변이

탐구 활동: 좋은가? 나쁜가? 아니면 불쾌한가?

지시 사항: 오늘날의 언어 방식에서 관찰되는 변화에 대해 조부모님, 또는 조부모
님처럼 연세가 드신 분들과 이야기를 나누어 보라. 그분들은 변화가 발
전의 예가 된다고 생각하는가? 아니면 쇠퇴의 예가 된다고 생각하는가?
여러분은 아래 사항에 대해 그분들과 이야기를 나눌 수 있을 것이다.

1. '금기'시 된 단어들은 무엇인가? 이 단어들은 오늘날 TV 속의 대화에서 더 일상적으로 사용되고 있다. 이것을 받아들일 수 있는가?
2. *fireman* 대신에 *fireperson*과 같은 중성 단어에서[9] 강조하는 것은 무엇인가?
3. 남성용과 여성용으로 "개인 용품"이란 표현이 공개적으로 광고된다. 이것은 좋은 생각인가?
4. 받은 답변은 언어 변화에 대해 여러분에게 무엇을 말해주는가?

● 의미와 일반 의미론

탐구 활동: 단어 무지개

지시 사항: 광고 메일, 일요 신문, 카탈로그에서 색깔이 들어간 광고지를 이용하
자. 각각의 그림이나 물건을 설명한 글에 사용된 다른 색깔들의 이름
을 가능한 한 많이 찾아보자.

1. 각각의 색깔 이름을 '같은 종류'끼리 분류해 보자. (예, '연한 파란색'은 '파란색'에 속한다.)
2. '살구색', '올리브색', '탕헤르 오렌지색', '사과색'과 같이 음식 이름에서 비롯된

---

8) [역주] "여러분이 먹고 싶은 고기는 무엇인가?"에 대한 대답으로 'stake?'라 하였다. 원문의 'meat'
로 미루어 보아 'steak'라고 답해야 할 것이다. 그러나 이 역시 동음이의어를 보여 주기 위한 예로
'steak'와 발음이 같은, '말뚝'을 뜻하는 'stake'를 제시한 것이다.
9) [역주] 오늘날 영어에서는 법률에 따라 'man'이나 'woman'이 들어간 단어는 중성으로 바꾸어 사
용하고 있다. 단수 명사일 때는 'person'이, 복수 명사일 때는 'people'을 사용하는데 대표적인 예
로 '소방관'을 뜻하는 'fireman'이 'fireperson'으로, '대변인'을 뜻하는 'spokesmen'이 'spokespeople'
등으로 사용되고 있다.

특이한 색깔 이름은 몇 개나 되는가? '하늘색', '황혼색'과 같이 자연에서 유래
한 색깔 이름은 몇 개나 되는가?
3. 여러분 생각에 색깔 이름의 선택이 구매자들에게 상품의 이미지를 증진시켜 줄
   것 같은가?
4. 선택된 이름과 언급되는 물건 사이에 *논리적인* 관련이 있는가?

언어 학습의 양상은 내가 조사한 언어 교과의 교과서에 어느 정도 포
함되어 있었다. 예를 들어 미플린 출판사에서 펴낸 『영어』(루에다 외,
2001)에서는 비형식적·형식적인 언어를 대조하는 토론 부분에서 문법
학습에 대한 명시적 근거를 학생들에게 제공하고 있었다.

여러분이 가족이나 친구들과 이야기할 때 표준 영어의 규칙을 따르지 않
는 비형식적 언어를 사용할 수도 있다. 그런데 중요한 것은 그것을 모든 사
람들이 서로 이해한다는 것이다. 마찬가지로 여러분이 일지 항목, 메모, 또
는 기타 개인적인 글을 작성할 때 단어나 문장 부호의 정확성 여부는 중요
하지 않다. 그러나 수업 시간이나 많은 일상생활에서 형식적 영어는 자주
기대된다. - 예를 들어 취업 원서를 쓸 때, 직장에서 사람들과 이야기할 때,
독자를 위해 글을 쓸 때. 교과서의 이 부분은 여러분의 필요에 따른 형식적
언어 사용 능력을 개발하는 데 도움이 될 것이다(p.30).

"도구와 비법"이라는[10] 부분은 '어휘력 신장하기'의 장에 구성되어 있
다. 여기에는 단어의 뿌리, 차용어, 단어의 역사, 지역 문화 어휘에 대한
토론 주제를 다루고 있다.

마찬가지로『언어의 요소들』(오델 외, 2001)에서는 영어의 역사에 대한
짧은 장에 "빠른 참조 안내서"라는 부분을 포함하고 있다. 이 장은 영어
의 기원과 사용(의미, 발음, 철자의 변화; 차용어와 고유 명사에서 만들어진 단어),

---

10) [역주] Tools and Tips

그리고 미국 영어의 방언(민족 방언, 그리고 지역 방언; 표준 영어; 형식적 언어, 그리고 속어와 구어체와 같은 비형식적 언어)에 대해 논의하고 있다. 이 장에서는 "모든 사람은 방언을 사용하며, 어떤 방언도 더 좋거나 나쁘다고 할 수 없다."라고 지적하였다(p.692).

맥그로 힐 출판사의 『글쓴이의 선택』(글렌코, 2001)에서는 이론적 설명 없이 곧바로 문법 부분을 탐구하도록 하는 듯 보이지만, "문법 가르치기와 사용"에서 전문적인 글의 형태로 교사들에게 논리적 근거를 제공하고 있다(Lester, 2001b). 레스터의 논리적 근거는 두 가지 입장에서 비롯된다. 곧, 문법은 언어 학습, 그리고 쓰기의 맥락에서 학습되어야 한다고 주장한다. 레스터는 "학교에서의 문법 학습은 학생들에게 언어의 매개물에 대해 이야기하고 생각하는 데 필요한 개념과 용어를 제공하는 것이다. 문법 개념과 용어에 대한 지식은 학생들이 다른 사람들의 언어 사용과 자신의 언어 사용을 비교하고 대조하는 데에, 그리고 자신의 생각을 효과적으로 표현하는 방법을 탐구하기 위해 필요하다."라고 말한다. 이어서 "문법 용어를 이해하려면 우선 학생들은 용어의 기본 개념을 파악하기 위한 수많은 사례와 집중적인 연습 기간이 필요하다."라고 말한다. 그리고 "좋은 문법 프로그램은 지속적으로 학생들의 글쓰기에서 사용의 문제로 문법을 연결시켜 준다."라고 지적한다. 그는 학생들의 과제물에서 오류의 예를 수집하여 오류가 무엇이고, 그것이 어떻게 수정될 수 있으며, 활동으로 수정을 강화할 수 있는지의 관점에서 오류를 논의하라고 권장한다.(pp.T28-T29; 원문에 강조됨.)

3.2. 문식성의 맥락에서

콜른(1996)과 앤드루스(1995, 1998), 그리고 볼프람(1998) 등은 언어 학습의 맥락에서 문법을 가르치고, 문법을 언어 능력으로 광범위하게 정의하기를 원하는 사람들로 대표된다(하트웰의 문법 1). 반면, 위버와 그녀의 동료들(2001)은 일반적인 입장을 대변하는데, 읽기와 쓰기 맥락에서의 문법을 옹호하지만 좁은 개념의 문법을 강조한다. 그들은 언어 학습에 반대하지는 않지만 학생들의 글쓰기에 대해 이야기할 수 있는 어휘를 발전시키는 데에 주력하였다(하트웰의 문법 5[30쪽]). 언어 학습과 글쓰기에 대한 입장은 서로 반대되지 않지만 전통 문법은 그렇지 않다.

위버가 구상한 쓰기 기반 문법 교육과정은 수많은 쓰기와 읽기에 학생들을 참여시키기 위하여 시작되었다. 그녀는 모든 과정에서 다양한 장르를 사용하여 격식 있는 수준으로 매일 쓰기와 읽기를 권장하였다. 한마디로 학생들은 가능한 한 넓은 범위에서 다양한 유형의 쓰기와 읽기를 경험해야 한다는 것이다. 이러한 문식성 상황의 맥락에서 그녀는 교사들에게 학생들이 그들의 문장을 수정하고 편집하는 데에 도움이 되는 문법을 강조하도록 권장한다. 게다가 위버는 문법 규칙은 학생들이 필요로 하는 경우에만, 그리고 학생들이 그것을 알고 있지 않은 경우에만 가르쳐야 한다고 주장한다. 문법 용어를 최소화하는 탐구 중심의 활동을 지향해야 한다는 것이다.

전통 문법에서는 학생들이 문법 용어에 대한 광범위한 어휘를 배울 것이라 기대하지만, 위버(1996)는 다만 가장 필수적인 문법 개념과 용어를 최소한으로 가르쳐야 한다고 주장한다.

● 주어와 동사(또는 서술어)

- 독립적인 절(주절)과 의존적인 절(종속절)
- 수식어(한정적, 필수적)와 자유 수식어(비한정적, 불필요한)

더불어 학생들은 다음 오류들을 수정할 전략을 갖추어야 한다.

- 모호한 대명사 지시
- 소유격 아포스트로피(') 오류
- 불필요한 시제 이동 또는 인칭 이동
- 대명사 일치 오류
- 애매한, 또는 잘못 놓인 수식어
- 비효과적인 조각문과11) 쉼표 오용12)
- 맥락에 따른 잘못된 동음이의어

---

11) [역주] 'fragment'을 '조각문'이라 번역한다. 'Sentence fragment'이란 문장에 독립절(Independent clause)이 없이 접속사가 들어가 완전한 문장을 이루지 못한 경우나, 문장에 주어나 동사가 빠져 완전한 문장이 될 수 없는 경우를 말한다. 곧 문장의 단편(斷片)으로 음조(音調)상으로는 문장의 특징을 갖고 있지만, 구조상으로는 문장의 특징을 갖지 못하는 언어 형식이다. 'I got. Had enough? Okay' 등이 조각문의 일반적인 예로 알려져 있다. 한편, "An odd friendship in certain respects, she being an outdoor enthusiast and he a dedicated bookworm."의 문장에는 동사가 빠져서 완전한 문장이 될 수 없으므로'Sentence Fragment'가 되었다. 올바른 문장이 되기 위해서는 'Odd friendship'의 주체인 주어 'Theirs'와 동사 'are'가 필요하다. 따라서 이를 올바른 문장으로 고치면 "Theirs are an odd friendship, she being an outdoor enthusiast and he a dedicated bookworm."이 된다.   (네이버 영어사전 참조 <http://dic.naver.com>)

12) [역주] 어학사전에서는 '쉼표 오용(comma splice)'을 'comma fault'와 동의어로 보고 있다. 쉼표 오용은 두 개 이상의 문장이 쉼표 하나로 이어져 있는 문장에 주로 나타난다.

> The trip was terrible, the car broke down twice and we had to have it towed.

위 예문에서 밑줄 친 'terrible, the car'는 서로 붙어있으면 안 된다. 아래와 같이 완벽한 두 개의 문장이므로 하나의 문장으로 표현하려면 두 문장을 이어줄 매개체가 필요하다.

> The trip was terrible. The car broke down twice.
> The trip was terrible; the car broke down twice.
> The trip was terrible because the car broke down twice.

              (네이버 영어사전 참조 <http://dic.naver.com>)

위버는 교사들이 미니레슨[13]에서 문법적 용어를 사용할 수 있지만, 교사들은 학생들에게 그 용어를 학습하도록 책임 지우는 일은 지양해야 한다고 말한다. 그녀는 글쓴이, 곧 학생들이 그것을 명명할 수 없는 경우라 할지라도 구조를 사용할 수 있다고 지적한다. 위버, 맥닐리, 모에르만에 의한 이 장의 읽기 자료는 교사들이 쓰기의 맥락에서 가르칠 수 있는 방법에 관해 자세히 설명하고 있다.

위버(1996)는 전통 문법과 맥락화한 문법 교수 사이에 나타나는 몇 가지 차이점을 지적했다. 보기 3.2에 이러한 차이점이 요약되어 있고, 맥락화한 문법의 장점이 설명되어 있다.

보기 3.2   이론적 기초: 전통 문법과 맥락화한 문법 비교

위버(1996)는 문법을 읽기와 쓰기의 맥락에서 가르쳐야 한다고 주장한다. 그녀는 맥락화한 접근 방식이 전통 문법의 것과 어떻게 다른지 설명하고, 이러한 접근 방식의 장점에 대해 다음과 같이 주장한다.

전통 문법	맥락화한 문법
분석과 숙달 강조	탐구와 발견 강조. 과정에 대한 접근 방식은 학생들이 더 잘 배울 수 있도록 도움.
문법 용어의 학습과 적용 강조	문법적 용어 사용의 최소화와 예시 사용의 최대화. 학생들은 어려운 용어 때문이라 변명하지 않음. 학생들은 그것을 명명할 수 없는 경우에도 구조를 사용하는 방법을 이해함.
문장 분석 강조	문장의 생산 강조. 학생들을 글쓰기로 쓰기(작문)를 배움. 그들이 (직접) 쓰기 때문에 배움에 대한 진정한 필요를 느낌.

13) [역주] 미니레슨(mini-lesson)은 학생들에게 필요한 쓰기 전략과 기능이나 개념 등에 대해 가르치는 것으로서 5분에서 15분 정도로 이루어진다. 짧은 시간 안에 이루어지는 만큼 미니레슨의 내용은 학생들이 쉽게 이해할 수 있는 것이어야 한다. 일반적으로 반 전체를 대상으로 하지만, 경우에 따라서는 특정 부문에 지도가 더 필요한 소집단 학생들이나 개별 학생을 대상으로 시행할 수도 있다.

전통 문법	맥락화한 문법
'정확한' 구두법 교수	출판한 기성 작가가 사용하는 것과 같이 "정확한" 구두법뿐만 아니라 "효과적인" 구두법을 가르침. 학생들은 구두법의 수사적 효과를 탐구함.
표준 영어만 학습	표준 영어(넓은 의사소통의 언어)뿐만 아니라 다른 민족 공동체의 방언을 탐구함. 학생들은 서로 다른 맥락이 또 다른 언어를 요구하고, 다양한 맥락에서 의사소통을 할 수 있는 다른 선택의 범위가 필요함을 알게 됨.
자주 언급되는 목표가 쓰기를 향상시키는 것인데도 문법학자의 관점에서 문법을 접근함. 초점은 필자들이 알아야 할 사항이 아니라 체계에 있음.	필자의 관점에서 문법을 접근함. 목표는 학생들이 수사(학)적 판단과 편집 기술의 감각을 습득하는 데 있음.
하향식. 모든 학생이 동시에 같은 문법을 학습함. 문법이 원어민 화자에게 얼마나 직관적으로 분명한 것인지 중요하지 않음. 각 부분은 차례로 학습됨.	상향식. 모든 학생들이 동일한 문법 문제를 가지고 있는 것은 아니므로 교사는 개별 지도를 함.

맥락화한 문법의 가장 큰 비판점은 전통 문법 교육과정의 체계적 특성을 사용하는 교사들에게 그것이 산만해 보인다는 것이다. 전통 문법에서는 학생들이 품사와 구, 절 종류의 각 부분을 차례로 배운다. 반면, 맥락화한 문법에서는 학생들에게 무엇이든 순서와 상관없이 배울 수 있다고 설명한다. 어떤 한 수업에서 다른 수업에 이르기까지 주요 주제는 구두점 찍기에서부터 동음이의어 올바로 쓰기, 짧고 고르지 못한 여러 문장을 올바르게 결합하기가 이루어진다. 설령 그렇다 해도 여러 가지 측면에서 문법을 쓰기의 맥락에서 가르친다는 것은 혼란스러워 보인다. 그러나 연구 결과에 따르면 장기적인 관점에서 더욱 생산적임을 제안하고 있다. 학생들이 표현하고 싶은 것에 대해 즉각적이고 관련 있는 문법

에 집중할 때 그들은 더 많은 관심을 기울이게 된다. 그것은 학생들에게 중요한 것이 되고 그것을 배우기 위해 노력한다(Calkins, 1980).

내가 검토한 현행 언어 교과서들은 위버가 구상한 것보다 더 많은 문법을 담고 있지만, 일반적으로 쓰기와 문법을 통합하는 방향으로 옮겨져 있는 것 같다. 『영어』(루에다 외, 2001)에서는 쓰기와 문법 양쪽 영역에서 둘을 적극적으로 연결시킨다. 『영어』는 글쓰기 과정을 간략히 개관한 뒤에 "문법, 용법, 기제"의 각 절로 나누어 시작한다. 그런데 이 절의 학습 활동은 연습 문제 분석하기뿐 아니라 고쳐쓰기까지 포함한다. 각 절마다 구성된 "결론쓰기"에서는 학생들에게 주제와 장르를 제시해 주고 스스로 작성하도록 하였다. 『영어』에서의 쓰기 부문은 장르별로, 그리고 글쓰기 과정이 각 장으로 구성되는데 각각의 장에는 고쳐쓰기와 편집하기가[14] 모두 포함되어 있다.

『영어』(루에다 외, 2001)을 비롯하여 맥그로 힐 출판사의 『글쓴이의 선택』(글렌코, 2001)은 특별히 전통적인 모습을 보인다. 문법을 쓰기 맥락에서 가르친다면 문법이라는 것이 확실해 보이지 않는다. 사실, 문법 학습의 맥락에서 쓰기를 가르치는 것 또한 그러하다. 그러나 문학에서는 약간의 연관성이 있다. 문법 연습 활동은 전통적인 방식에 따라 정의와 분류로 되어 있다. 예를 들면, "주어, 서술어, 그리고 문장"이라는 장에서 학습 활동과 연습 문제를 통해 다양한 종류의 문장과 문장 성분을 분석하도록 되어 있다. 이 장의 마지막 부분은 글쓰기를 적용하도록 되어 있

---

14) [역주] 원문의 'revising'과 'editing'을 각각 '고쳐쓰기'와 '편집하기'라 번역한다. 우선 '편집하기(editing)'는 글쓰기 과정에서 가장 최종적인 단계에서 글을 훑어보면서 단어가 정확하며 잘 선택되었는지, 문장의 각 부분이 맞춤법에 맞게 쓰였는지, 문장이 명확하고 효과적인지, 구두점이 올바르게 표시되었는지, 요구되는 쓰기 양식에 맞게 되었는지 등을 살핀다. '편집하기'가 철자, 문장 부호 등 기계적인 부분을 교정하고 다듬는 것이라면, '고쳐쓰기(revising)'는 글의 목적, 주제, 독자, 구조, 근거 등을 고려하여 글의 내용 및 전반적 구조 측면에서 글을 고치는 것을 말한다. 쓰기의 과정으로 본다면 내용 및 의미를 주로 조정하는 '고쳐쓰기' 단계 이후에 '편집하기' 단계가 뒤따른다.

는데, 학생들이 텍스트를 생성하고 자신의 생각을 자유롭게 표현하도록 하기보다는 이미 제공된 아이디어들을 연습해 보는 활동이다. 여기서 문학이 역할을 하게 된다. "관심과 조화"라는[15] 주어진 글쓰기 수업의 일환으로, 소설을 발췌하여 단순한 문장을 복합적인 문장으로, 혹은 복합 서술어를 지닌 문장으로 결합하여 작성하도록 되어 있다. 이에 따라 학생들은 문장 결합 연습을 하게 된다. 학생들이 글을 쓰는 데에 유일한 조언은 "글을 쓰거나 수정을 할 때 [저자의] 글쓰기 기술을 적용하도록 노력하라."라는 것이다(p.317).

『언어 요소들』(오델 외, 2001)은 앞서 두 가지 교재 사이에 해당한다. 이를테면 다양한 장르의 글쓰기 장에서는 문법을 연계하면서 더불어 출판하기와 검토하기까지를 포함하고 있다. 그렇지만 "효과적인 문장쓰기"라는 장은 주로 분석적인 연습 활동으로 구성되어 있다. 이 장의 마지막 부분에 있는 "쓰기 응용프로그램"에서는 학생들에게 지정한 주제에 대해 새로운 작품 쓰기를 요구한다. 여기서 흥미로운 점은 학생들이 예비쓰기, 초고쓰기, 고쳐쓰기, 그리고 출판하기 단계를 모두 거치는 활동을 한다는 것이다.[16]

3.3. 표준 영어의 위상

'어떤 맥락에서 문법을 가르쳐야 하는가?'와 상관없이 개선에 대한 노력은 많은 성과를 가져왔다. 그 가운데 한 가지는 문어 표준 영어가 더 이상 전통적 학교 교육과정에서 지위를 갖지 못한다는 것이다. 전통 문법에

---

15) [역주] interest and texture
16) [역주] 예비쓰기는 prewriting, 초고쓰기는 writing, 고쳐쓰기는 revising, 출판하기는 publishing을 번역한 것이다. 또한 편집하기는 editing, 검토하기는 proofreading을 번역한 것이다.

서 표준 영어의 규칙은 적절하고, 정확하며 학습의 가치로 유일하게 고려되고 있다. 암묵적으로, 명시적인 진술이 없으면 영어의 다른 방언 규칙은 '잘못되거나', '비문법적인' 것으로 간주된다. 그러나 대니얼스(1장 참조)는 「언어에 대한 9가지 생각」에서 표준 영어는 다른 방언보다 언어적으로 뛰어나지 않다고 다음과 같이 지적하였다.; 단지 정치적인 이유로 더 큰 가치를 부여하고 있을 뿐이다. 언어는 끊임없이 변화하기 때문에 본질적으로 지리적 위치, 사회적 계층, 역사적 시대에 따라 달라진다. 하나의 변이형은 다른 것보다 언어적으로 더 좋거나 나쁘지 않다. 그러므로 영어의 모든 방언은 학습할 가치가 있고 긍정할 본연의 가치가 있다. 이것은 학교 교육과정에 반영되어 있지 않는 소수 언어 학생에게 특별히 중요하다. 왜냐하면 자신의 가정에서 사용하는 언어가 표준 영어가 아니기 때문이다. (방언과 지역 방언 화자에 대한 자세한 논의는 6장과 9장 참조)

더불어 이러한 새로운 시각에서 "좋은" 영어의 정의는 변화한다. 대니얼스가 지적했던 것처럼 우리는 모두 자연스럽게, 대개 무의식적으로 문체, 단어, 그리고 세부 수준을 의사소통 상황에 맞게 조절한다. - 사회 언어학에서 말하는 화용론(Yule, 1996). 우리가 학교에 다니기 전부터 화용론적 개념이 발달하기 시작했다 할지라도 그것은 우리가 배우는 언어의 마지막 구성 요소이다. 화자들의 아주 다양한 문체를 가지고 우리가 사용하는 문체의 다양성을 지속적으로 개발한다. 그 다음에 이러한 문체의 다양성에 대하여 형식적 종결 규칙을 학습하기 때문에 전통 문법은 공부할 가치가 있다고 말할 수 있다. 그렇다고 해서 형식적인 영어가 항상 의사소통을 위한 "올바른" 혹은 "정확한" 방법이라고 말할 수는 없다. 주스(Joos, 1961)에서 여러 번 지적한 바와 같이 화용론은 우리가 비형식적이고 자유로운 문체를 사용하는 데 필요한 것이다(6장 참조). 따라서 "올바른" 방법이란 언어가-형식적 혹은 비형식적, 문어 혹은 구어, 표준 또는 비표준-

무엇이든지 간에 상황에 맞게 적절하게 사용하는 것이라 할 수 있다.

이 장에서는 전통적 문법의 전형인 분리된 활동에 대해 좀 더 생산적인 대안을 탐구해 본다.

3.4. 언어 경험 탐구하기

1. 이 장을 읽기 전, 다음 사항에 대해 5분 동안 생각해 보고 간단한 글을 써 보자.

    a. 대니얼스에 따르면 "우리의 발화 패턴은 일상적 언어생활에서 매우 다양하게 나타난다."라고 하였다(44쪽). 여러분의 일상 언어생활을 생각해 보자: 여러분이 사용하는 발화 패턴은 무엇인가? 누구와, 어떤 상황에서 사용하는가?

    b. 언어학자들은 방언, 단어 형성 과정, 사전 편찬, 사회적 관습 등의 주제를 탐구하는 교육과정을 요구한다. 여러분은 학교에서 언어의 이러한 양상에 대해 어느 정도까지 공부했는가? 예를 들어, 문학 수업에서 초기 작가의 작품을 읽을 때 여러분은 영어의 역사에 대해 어떤 것을 배웠는가(예. 초서와 셰익스피어)? 여러분은 등장인물이 방언으로 말하는 이야기를 읽을 때 방언에 대해 토론해 본 경험이 있는가(예. ≪허클베리 핀≫)? 여러분은 어휘 수업에서 그리스어와 라틴어 단어의 뿌리에 대해 공부해 보았는가?

2. 2장의 내용을 떠올려 보자. 여러분은 읽기와 쓰기의 맥락에서 문법을 어느 정도까지 공부하였는가?

↘ 문법을 가르치느냐 마느냐: 그것이 문제가 아니다!

위버, 맥널리, 모만[17]

이 논문은 2001년 3월『중등학교의 목소리』에서[18] "맥락화한 문법"이라
는 특집 주제로 처음 발표되었다. 이 논문에서 위버, 맥널리, 그리고 모에르
만은 쓰기 기반 문법 교육에 대해 각각 주장을 펼쳤다. 그들은 문법을 초고
쓰기 하는 동안에 세부 내용을 생성하기 위한 수단으로뿐 아니라, 고쳐쓰기
하는 동안에 문장의 효과를 판단하기 위한 수단으로도 가르쳐야 한다고 믿
는다.

───────

"문법을 가르쳐야 하는가 말아야 하는가?" 이는 종종 명백한 양자택
일의 문제로, 질문을 하는 교사들조차 문법 교수를 위한 명확한 교육 목
표를 갖고 있지 않다; 그들은 그저 *가르쳐야만 한다*고 생각할지도 모른
다. 그럼에도 불구하고 문법을 가르쳐야 한다는 생각에 대해 때로는 다
른 이유가 있다.; 학부모, 일반 대중, 정치가들로부터 핸드북이나 CD 등
으로 전통 문법을 가르침으로써 학생들의 글쓰기 능력, 또는 최소한 "오
류"를 피하는 능력을 어떻게든 향상시킬 것이라는 기대 때문에 문법을
가르쳐야 한다는 것을 알게 된다.

그런데 대개의 경우 그렇지 않다.

그렇다. 어떤 학생들은 핸드북으로 문법, 용법, 구두법의 관습을 배운

---

17) [역주] Constance Weaver, Carol McNally, and Sharon Moerman
18) [역주]「Voices from the Middle」은 NCTE(전국 영어 교사 협의회)에서 발간하는 저널이다. 훈육, 교
수학습 및 학생에게 초점을 둔 주제에 대한 응답으로 중등학교 교사, 학생, 사범 대학 교수 및 연구
원 등이 기고 한 글을 게재한다. 이 저널은 중등학교 교사에게 교실 수업에 사용될 수 있도록 최근
연구에 기반을 둔 혁신적이고 실용적인 아이디어를 제공한다.; 이것은 선생님들에 의한 선생님을 위
한 저널이다(매년 9월, 12월, 3월, 5월 발행). NCTE 홈페이지 참조 <http://www.ncte.org/journals>.

다. 그리고 학생들은 최소한 한 번에 하나의 개념에 대한 기술 및 연습 활동을 하고, 시험을 칠 때 이러한 관습을 공부하는 것 같다. 하지만 학생들은 글쓰기를 할 때 실제로 이러한 관습들을 기억하고 적용할까? 이 부분에서 기대했던 성과가 심각하게 감소한다.

"왜 문법을 가르치는가?"에 대한 일반적인 문제는 대부분의 사람들이 알고 있는 것보다 더 심각하다. 첫째로, 우리는 근원적이고 내재적인, 크게 잘못된 학습 이론을 가지고 논쟁해야 한다.; 만약 교사들이 무언가를 잘 가르친다면 학생들은 그것을 잘 배울 것이고, 그것을 잘 적용할 것이다. 오늘날 인지 심리학으로부터 알게 된 점은 "문장"과 "문장이 아닌 것" 등의 개념과 같이 학생들은 개념을 발달시키기 위한 지도를 필요로 한다는 것이다. 게다가 학생들이 이러한 개념을 적용하는 데 얼마나 동기화되었는가와 상관없이 -예를 들어, 그들의 글쓰기에서 무휴지문[19] 및 조각문을 피하거나 없애기 위해- 학생들은 여전히 실제 상황에서 이러한 개념들을 적용하는 데 자주 도움을 필요로 한다. 이러한 도움

---

19) [역주] 원문의 'run-on'을 '무휴지문'이라 번역한다. 'run-on'에 대해 사전에서는 행의 끝에 휴지 없이 다음 행으로 이어지거나 행을 바꾸지 않고 계속하는 문장이라 풀이하고 있다. 일반적으로 두 개 이상의 절이 적당한 접속사(conjunction)나 구두점(punctuation) 없이 연결되어 마치 완전한 하나의 문장처럼 보이지만 올바른 문장이 아닌 경우를 말한다. 예를 들어 "Tom's family went to Roma they emigrated to Paris."와 같은 문장이 그러하다. 문장이 두 개 이상의 절(clause)로 이루어지면 이러한 절들은 마침표(.)나 쌍반점(;), 그리고 등위 접속사(and, but, or 등), 종속 접속사(since, if 등)를 사용하여 절과 절을 연결해야 올바른 문장이 될 수 있다. 따라서 이 예문을 올바른 문장으로 바꾸면 아래와 같다.
ㄱ 마침표(.)를 사용한 문장
  Tom's family went to Rome. Then they emigated to Paris.
ㄴ 쌍반점(;)을 사용한 문장
  Tom's family went to Rome; then they emigated to Paris.
ㄷ 등위 접속사(Coordinating conjunction)를 사용한 문장
  Tom's family went to Rome and then they emigated to Paris.
ㄹ 종속 접속사(Subordinating conjunction)를 사용한 문장
  Tom's family went to Rome before they emigated to Paris.
(네이버 영어사전 참조 <http://dic.naver.com>)

은 아마도 자신의 학업에 자부심을 갖고 있고, 자료 분석을 좋아하는 학생들에게 필요할 것이다.

우리가 문법이라는 이름으로 가르치고자 하는 것은 품사와 그 기능에 대해 식별하기 또는 문장의 종류 구별하기에 해당하지만, 학생들은 영문을 고쳐 쓰는 관습을 배우는 데 이것을 거의 필요로 하지 않는다. 대부분의 학생들에게 문장 분석과 같은 문법 가르치기는 왜 문법이 학생 글쓰기로 전환되지 않는가에 대한 또 다른 이유가 된다.

우리가 '주어-동사' 일치와 같은 것들을 이야기할 때 '명사'와 '동사', 그리고 '주어', '서술어' 등의 용어를 언급하는 것이 편리하다. 그런데 약간의 문법은 학생들의 글쓰기에서 표준 관습을 사용하여 그들의 글을 편집할 때 어느 정도 도움이 된다. 그리고 이러한 개념들은 문학 작품과 학생 자신의 글에 대해 토론할 때 가르칠 수 있다.

그러나 문법 가르치기를 위한 요구에 동반되는 또 다른 주요 문제는 "문법"에 대한 관심사를 단지 관습의 문제, 혹은 소위 "정확성"에 국한시키는 경향에서 나타난다. 교사들조차도 동격, 분사구, 또는 절대구 등에 대해 뒷받침하는 세부 사항으로써 간결한 문장 만들기와 같은 문법적 기제들에 주의를 기울인 나머지, 정작 학생들이 효과적으로 글을 쓸 수 있도록 하는 데 주력해야 한다는 사실을 잊곤 한다. 우리는 학생들에게 이러한 구를 사용하여 세부 사항을 *추가*하는 방법을 알 수 있도록 가르치는 동안, 실지로 학생들이 내용을 생성할 수 있도록 돕고 있다. 또 다른 문법적 쟁점은 수식어의 배열, 문장의 종류, 그리고 문장 구조 등에서 찾아볼 수 있다. 이러한 문법적 기제들의 배열과 선택은 글 안에서 독특한 문체와 표현을 만들어내는 단어 사용과 그 외의 다른 특성들과 결합한다. 따라서 문장 확대 및 고쳐쓰기에서 학생들을 안내하는 것은 단지 더욱 *정확하게의 문제뿐 아니라* 작가처럼 더욱 *효과적으로*가 될 수 있도록 하는 데 결정적인 도움이 된다. 그 예로 노덴(Noden, 1999)의 『이미지 문법』을[20] 참조하라.

문법 가르치기에서 사실상 우리의 목적이 학생들의 글쓰기 향상을 돕는 것이라면, 우리 개인의 교수 경험과 연구 조사의 결과는 대부분의 학생들이 글쓰기와 분리된 문법 학습으로부터 도움을 얻지 못했다는 결론을 뒷받침한다(예. Hillocks et al., 1991). 요컨대 분리된 전통 문법을 가르치는 것은 대단히 실질적이지 못한 행위이다.

그런데 우리가 실질적이라고 *찾았던* 것은 효과적인 문장과 단락의 모델을 위해 문학을 따라하면서 가장 유용한 문법적 개념(전문 용어가 아님은 말할 것도 없고)만을 쓰기 교수에 통합하는 것이다. 이것은 학생들이 세부 내용, 문체, 표현, 그리고 편집된 미국 영어 관습의 사용 기술을 알기 위해 배우는 동안 학생들의 문장력이 향상될 수 있도록 돕는다. 우리가 학생들에게 이러한 활동들을 해보게 할 때 -예를 들어 특정한 문법적 구조 사용하기 연습 활동으로 짧은 글을 써 보게 하는 것이다.- 이는 일반적으로 다른 작품을 쓰기 위한 준비에 해당되는데, 우리는 학생들이 배운 문법적 선택들을 스스로 적용할 수 있도록 격려할 뿐이다. 우리가 글쓰기를 회귀적인 과정이라고 생각한다면 문법적 선택과 통사적 효율성을 가르치는 것은 초고쓰기와 고쳐쓰기 단계에 가장 적절하다. 반면에 쓰기 관습을 가르치는 것은 편집하기 단계에 가장 유용하다. 문법적 효과에 따른 고쳐쓰기와 관습에 따른 편집하기는 미니레슨에 의해 가속화될 수 있다. 그러나 궁극적으로 우리는 개인적인 협의가 절대적으로 필수불가결하다는 사실을 알게 되었다.

문법 가르치기에 관한 NCTE 결의안에 친숙한 교사들은 글쓰기를 위

---

20) [역주] Noden, H. (1999). *Image grammar: Using grammatical structures to teach writing*. Portsmouth, NH: Boynton/Cook.

한 문법 가르치기가 NCTE 결의안과 긴밀히 연관되어 있는 반면, 분리된 문법 가르치기는 그렇지 않다는 것을 알게 될 것이다. 맥락에서 문법 가르치기 역시 영어 교과를 위한 NCTE 성취 기준, 특히 성취 기준 6과 밀접한 관련이 있다(NCTE, 1996).:

> 학생들은 언어 구조, 언어 관습(예. 철자법과 구두법), 매체 기술, 비유적 언어, 장르에 대한 지식을 인쇄물과 인쇄물이 아닌 텍스트로 창조하고, 비평하고, 토론하는 데 적용한다(p.36).

NCTE 성취 기준에는 분리된 과목으로서 문법 가르치기에 관한-그밖에 또 다른 무엇도- 언급이 없다. 오히려 언어 교과는 해당 교육과정 전반에 탐구와 학습이 스며들어 있는 하나의 단위 정도로 간주된다.

그런데 이것은 놀라운 일이 아니다. 우리의 교수 경험뿐 아니라 전문적인 읽기 자료는 학생들이 문법적 선택과 관습을 보다 효과적으로 사용하고 평가할 수 있도록 그들의 사용 맥락에서 제한된 수의 문법적 개념을 가르치는 것이 분리된 문법 학습에서보다 훨씬 낫다는 것을 확신시켜준다. 노구치(Noguchi, 1991)의 말을 인용하자면 "적은 것이 많은 것이다."(p.121)

본고에서 제시된 코니(Connie)의 절은 미니레슨과 쓰기 연습을 언급하는 것으로 시작하여 그 후로는 7학년 학생들의 쓰기를 통해 본 바와 같이 "문법 드러내기"에 초점을 두고 있다. 이러한 예들은 우리에게 학생들의 글쓰기에서 세부 내용과 문법적 다양성을 최고로 향상시킬 수 있는 방법을 제고하도록 권장한다. 이어지는 절에서 캐롤(Carol)은 학생들이 긴 문장, 더 재미있는 문장을 인식하고 사용하는 데, 그리고 통사적 선택의 폭넓은 레퍼토리를 따라하는 데 도움이 되는 몇 가지 활동에 대해 논의한다. 곧이어 단락에서 문장 고쳐쓰기에 대한 절로 이어진다. 마지막으로, 샤론(Sharon)은 자신의 글을 편집하는 방법을 배워야 하는 학생들을 도와야 할 것이지만, 긴 안목에서 쓰기 관습의 문제를 다루는 것의 중요성에 대해 논의한다.

우리에게 "문법을 가르치느냐 마느냐?"와 같이 단순한 이분법적인 질문은 옳지 않다. 그 질문은 오히려 "학생들의 글쓰기를 강화하고 향상시키기 위해 우리는 문법의 어떤 측면을 가르쳐야 하는가? 그리고 언제 어떻게 해야 그것들을 가장 잘 가르칠 수 있는가?"가 되어야 한다. 이에 대해 "쓰기의 맥락에서"가 우리의 간명한 대답일 테지만, 우리는 교사로서 위험을 감수하더라도 더 많은 방법을 끊임없이 배워야 한다.

[1] 코니(Connie): 예비쓰기와 "문법 드러내기"

수십 년 전, 작가이자 교사인 나는 『새로운 수사학을 향해 주목하라』(1967)라는[21] 작은 책에서 깊은 감명을 받았다. 이 책에서 크리스텐센(Christensen)은 "문법은 가능성을 계획하는 것이다. 수사학은 바람직하거나 효과적으로 그 가능성의 범위를 좁힌다."라고 하였다(p.39). 문장 결합과 관련하여(이것은 아직 전성기를 보지 못했다.) 크리스텐센은 다음과 같이 기술했다. "우리는 단문들의 아이디어를 결합하는 것보다 더 많은 일을 할 수 있는 문장의 수사학이 필요하다. 우리는 아이디어를 생성할 수 있는 그것이 필요하다."(p.26)

전문가뿐만 아니라 학생의 글에서 얻은 크리스텐센의 폭넓은 예들을 통해 나는 특정한 문법적 형태에 집중하는 것이야말로 학생들이 세부 내용과 이미지를 생성하는 데에 도움이 되는 최상의 방법이라 확신하게 되었다. 일반적으로 기성 작가들에게는 사용되지만 12학년 학생들에게

---

21) [역주] Christensen, F. (1967). *Notes toward a new rhetoric: Six essays for teachers*. New York: Harper & Row.

는 거의 사용되지 않는 문장 구조의 종류에 대해 크리스텐센의 연구에
서 언급한 세 가지 가운데 두 가지, 즉 분사구와 절대구에 나는 집중하
였다. 그 후 신입생들의 글쓰기 수업에서 문장 결합하기를 연습함으로
써(그렇다, 문장 생성하기가 아닌 문장 결합하기) 이 두 가지 구조에 대해 실습
을 하게 되었다. 나는 학생들에게 브래드버리(Bradbury)가 쓴 「무적(霧笛)」
의22) 결말을 제외한 나머지 부분을 모두 읽어 주었다. 그런 다음 그들에
게 이야기와 묘사적인 세부 내용을 꾸릴 수 있도록 분사구와 절대구를
반드시 포함하여 각자 결말을 써 보도록 했다.

아래에 학생들이 이야기 결말에서 쓴 문장 몇 개가 제시되어 있다. 필
요한 부분은 이탤릭체로 표시하였다.

> 분사구 → The monster lunged forward, *leaving a trail of slime,*
> 절대구 → *his eyes fixed on the red, white, red, white of the revolving light,*
> 절대구 → *his mournful voice echoing the sound of the foghorn.*

분사구는 (보통) 분사로 시작하는데 *-ing*로 끝나는 것은 현재 분사,
*broken, frightened, sung*과 같은 것들은 과거 분사이다(이 문장이 시작되는 구
는 다음과 같다.: *Frightened by the foghorn, the monster lunged forward*). 절대구는 위
의 예에서와 같이 일반적으로 *am, is, are, was, were*를 더해줌으로써 완전
한 문장으로 복원할 수 있는 구문이다. 카메라의 줌 렌즈를 당긴 것처럼
세부 사항을 제공하는 분사구와 절대구에 초점을 둠으로써 학생들은 직
접 만들어낸 이야기에 이미지와 감각적인 세부 사항을 불어넣을 수 있
다는 사실을 알게 되었다. 또한 학생들은 그것들로 인해 세부 사항을 상

---

22) [역주] 'foghorn'은 무적(霧笛)으로 번역되는데, 항해 중인 배에게 안개를 조심하라는 뜻에서 부는
고동을 뜻한다.
Bradbury, R. (1990). The foghorn. In *The golden apples of the sun* (pp.1-9). New York: Avon.
(Original work published 1952, Curtis.)

세히 설명하고 설득력 있게 쓸 수 있다는 점을 스스로 알게 되었다. 결과적으로 학생들의 글쓰기 실력은 놀라울 정도로 향상되었다.

요즈음 나는 문장 모방 활동과 문장 생성 활동을 이용해서 실제 작품 쓰기를 하고 있다. 예술 작품을 감상하고, 좋은 문학 작품을 읽고 토론하는 등 글을 쓰기 위한 충분한 준비를 통하여 문법과 세부 내용이 어떻게 드러나는지를 배웠다.

[2] 예비쓰기 활동을 통한 문법 드러내기

우리는 7학년 교사인 사라(Sarah)로부터 가치 있는 교훈을 얻을 수 있다(Woltjer, 1998; Weaver, 1996b).

이전에 사라는 7학년 학생들을 대상으로 형용사와 부사를 사용한 글쓰기 실험 수업을 진행한 바 있다. 학생들의 "묘사적인" 시나 단락들에서 그것을 생생하게 만들어주는 묘사와 세부 내용이 거의 포함되어 있지 않다는 점을 종종 발견하였다. 이러한 점은 개선하기 위해 가을에 대한 "오감(五感)" 시 쓰기를 수업할 때, 사라는 학생들에게 형용사와 부사를 사용하도록 하되 두 가지 서로 다른 방법을 가지고 실험해 보기로 결심했다. 첫 번째로, 그녀는 학생들에게 가을에 대해 쓰라고 지시하면서 "반드시 형용사와 부사를 사용해서 상세하게 표현하라!"라는 지침 외에는 지시 사항을 거의 제공해주지 않았다. 학생들은 수업 후 작성한 글을 제출했다.

2주 후, 사라는 학생들에게 두 번째 가을 시로 "감각"이라는 시 쓰기를 지도하였다. 그녀는 다음과 같이 기술한다.

지난 월요일, 나는 학생들에게 각자 낙엽 한두 개를 가져오라 하고 수요일쯤 그것들을 커다란 바구니에 담았다. 수요일 글을 쓰기 전, 우리는 수업 시간에 모여 예비쓰기 연습을 했다. 학생들은 무척 좋아했다! 우리는 바구니에 있는 나뭇잎을 공중에 뿌리고 다른 방향으로 떨어지는 나뭇잎들을 살펴보았다. 그런 다음 학생들은 열풍 조절 장치 위에 나뭇잎들을 번갈아 놓고 그것들이 천장을 향해 날아가는 것을 살펴보았다. 이후에 학생들은 교실을 돌아다니며 좋아하는 가을의 기억이나 추수감사절의 전통을 공유했다. 이러한 도입과 더불어 마지막으로 나는 오감(五感) 사용하기라는 글쓰기 과제를 설명했고 학생들은 쓰기 시작했다. 가을 시 쓰기 첫 과제에 어려움을 겪었던 학생들은 이제 오감에 대한 글쓰기 이전 활동을 통해 내용 생성하기를 위한 사전 지식과 아이디어를 갖게 되었다. 학생들의 글쓰기에 나타난 차이는 놀라웠다.

보기 1은 두 명의 학생이 쓴 시의 "전과 후"를 보여준다. 한 가지 주목해야 할 점은 "후"의 시에서 묘사적인 단어들 대부분이 반드시 형용사나 부사는 아니라는 것이다. 톰(Tom)의 시에서처럼 명사("razor blades")이거나, 동사("mulched")이다. 또 한 가지 중요한 점은 "전"의 시는 약간의 형용사 및/또는 부사를 사용한 반면, "후"의 시는 형용사적 기능(명사를 수식하기 위한)이나 부사적 기능(동사나 전체 절을 수식하기 위한)을 하는 훨씬 더 다양한 구문을 사용했다는 것이다. 그러한 분사와 분사구의 예들은 톰과 에이미(Amy)의 "후" 시에 나타난다.

보기 1　*사라의 7학년 학생들의 시 "전"과 "후"*

톰의 시	에이미의 시
전	전
It is fall you rake the leaves crustily over a pile "o" mud It is nearly ear shattering when you rake the flames on the ground. How chilling it be, no one knows. It (fall) is so unpredictable.[23]	Fall is the leaves changing colors; they can be green, yellow or red. Fall is the cold and the freezing at night. Fall is when your backyard is covered with leaves.[24]
후	후

톰의 시	에이미의 시
Smells like destruction when burned.	I can smell the apple pie *baking in the oven*.
Clogging your lungs.	I can smell the *burning* leaves in the
Tastes like the dirt of the earth, *destroying*	neighbor's yard.
your taste bud.	I hear the leaves *cracking under my feet as I*
See the leaves on the trees fall effortlessly to	*trudge through the yard*.
the ground,	I hear children *yelling as they jump in a pile*
Where they will be raked, mulched, and	*of leaves*.
burned.	I see blended colors on the leaves like
Touch them-they feel like razor blades, when	someone painted them.
you jump on them.	I touch the leaves and I feel the veins.
Hear them? You can't!	I touch the leaves and sometimes they break
But if you can't hear them, do they really	in my hands.
fall?[25]	I taste the turkey as the grease runs down
	my throat.
	I taste the pumpkin pie and I know it is
	fall![26]

23) [역주] 가을은 당신이 'O' 모양의 진흙더미 위에 나뭇잎들을 신경질적으로 긁어모은다.
　　　　당신이 땅 위의 불꽃들을 긁어모을 때 귀가 거의 찢어질 것 같다.
　　　　얼마나 싸늘할지는 아무도 모른다. 그것은 예측할 수 없다.
24) [역주] 가을은 나뭇잎들 색이 초록, 노랑, 빨강으로 변할 수 있습니다.
　　　　가을은 밤이 차갑고 춥습니다.
　　　　가을은 당신의 뒷마당이 낙엽으로 뒤덮이는 때입니다.
25) [역주] 파멸과 같은 탄내는 *당신의 폐를 막는다.*
　　　　지구의 먼지 같은 맛으로 당신의 미뢰를 파괴하면서.
　　　　힘없이 땅으로 떨어지는 나뭇잎들을 보라.
　　　　긁어모아지고, 피복되고, 타버릴 그들은.
　　　　만지면 그들한테 튀어 오르는 면도날처럼 느껴져.
　　　　넌 들을 수 있니? 넌 그러지 못해!
　　　　그러나 들을 수 없다 해도, 정말로 그들은 떨어지려나?
26) [역주] *오븐 안에서 구워지는* 사과파이의 향을 맡을 수 있습니다.
　　　　옆집 마당에서 *태워지는* 낙엽의 향을 맡을 수 있습니다.
　　　　마당에서 낙엽을 터덜터덜 *밟을 때 내 발 밑에서 갈라지는* 소리를 듣습니다.
　　　　낙엽 더미 위에 *뛰어드는 아이들의 함성소리를* 듣습니다.
　　　　누군가 색칠해 놓은 듯한 낙엽의 혼합된 색을 봅니다.
　　　　낙엽들을 만지고 잎맥을 느낍니다.
　　　　낙엽들을 만지고 가끔 내 손 안에서 부서지기도 합니다.

여러분은 사라의 경험으로부터 무엇을 배웠는가? 다음과 같은 사항들을 생각해 볼 수 있다(Weaver, 1996b).

1. 글쓰기 이전의 다양한 경험은 학생들의 글쓰기 질을 대폭 향상시킨다. 사라는 이러한 점들을 이미 알고 일반적으로 실행했던 것이다.
2. 학생들에게 문법보다는 세부 내용에 대한 경험을 중점적으로 지도받을 때 형용사적이고 부사적인 구문이 다양하게 드러날 수 있다.
3. 학생들에게 "형용사"와 "부사"에 초점을 두도록 요구하는 것은 그것들을 자연스럽게 사용하기보다 더 복잡한 구조를 사용하는 데 제약을 가져온다.

마지막 두 가지 교훈은 사라가 알게 된 중요한 사실이다. -그리고 내가 생각하기에, 교사로서 많은 것을 배울 수 있다는 점은 중요하다(사라의 실험 수업 전반에 대해 Woltjer(1998) 참조).

문법은 우리에게 아이디어를 생성할 수 있게 도와준다. 그러나 그 반대의 경우도 발생한다. 문법은 아이디어를 생성할 뿐 아니라 아이디어가 문법을 생성하기도 한다. 이 두 가지는 상호보완적이다.

사라의 경험뿐 아니라 나의 경험에서도 글쓰기에서 복잡한 문법적 구조를 반드시 사용하도록 가르칠 필요가 없음을 확인할 수 있었다. 그것은 글쓰기 아이디어에 주력함으로써 생성되기도 하고, 우수한 문학 작품에서 제공된 예들을 통해서 생성되기도 한다. 하지만 다음 절의 캐롤(Carol)이 기술한 바와 같이 다른 학생들을 위한 모방과 문장 생성의 명시적 사용은 글쓰기에서 돌파구를 만들어 낼 수도 있을 것이다.

기름이 내 목구멍으로 흘러내리면서 칠면조를 맛봅니다.
호박파이를 맛보면 지금이 가을인 것을 압니다!

[3] 캐롤(Carol): 『기부자』와[27] 문법 배우기

학생들이 읽은 현대 문학 작품에서 눈에 띄는 명확한 문법적 구조는 학생들의 초고쓰기와 고쳐쓰기에 통합할 수 있는 문체적 글쓰기 기제를 가르치는 데 잠재적인 발판이 된다. 좋은 책의 맥락에서 읽을 때, 전문 작가에 의해 사용된 문법 구조는 학생들이 글쓰기에 사용할 수 있는 통사적 기제로서 본보기가 된다.

연구에 따르면, 위버는 문장 결합이 "보다 통사적으로 세련되고 수사학적으로 효과적인 문장을 쓰기 위해 그들의 통사적 레퍼토리를 확장하도록" 학생들을 돕는다고 말한다(1996: 142). 확실히 중학생 필자에게 보이는 가장 일반적인 경향 중의 하나는 짧거나 고르지 못한 문장들이 -구문과 같은 것 모두- 높은 빈도로 나타난다는 것이다.

7학년 학생들이 쓴 짧거나 고르지 못한 문장들을 담고 있는 문학 작품을 고치기 위해 무엇을 할 수 있는가? 이것을 보여 주기 위해 로우리 (Lowry)가 멋지게 쓴 『기부자』의 9장에 있는 일부 구절을 가져왔다. 그리고 글쓰기 회귀 과정을 통해 그 부분을 어느 중학생들이 썼을 법한 작품으로 바꾸어 놓았다.

> His training had not yet begun. He left the auditorium. he felt apartness. He made his way through the crowd. He was holding the folder she had given him. He was looking for his family unit. He was also looking for Asher. People moves aside for him. They watched him. He thought he could hear whispers.[28]

---

27) [역주] Lowry, L.. (1993). *The giver*. Evanston, IL: McDougal Littell Literature Connections.
28) [역주] 그의 훈련은 아직 시작되지 않았다. 그는 강당을 나섰다. 그는 동떨어짐을 느꼈다. 그는 사람들을 헤집고 다녔다. 그는 그녀가 준 폴더를 들고 있었다. 그는 그의 가족을 찾고 있었다. 그는 또한 아셀(Asher)을 찾고 있었다. 사람들이 그를 위해 길을 피해 주었다. 그들은 그를 쳐다봤다. 그는 귓속말을 들을 수 있는 것 같았다.

나는 학생들에게 로우리의 글에서 이처럼 바뀐 부분을 읽게 하고, 어떻게 생각하는지 논의하게 했다. 내가 예상했던 바대로 학생들은 너무나도 산만하다고 생각했으며, 심지어 그것이 실제로 그들이 최근에 읽은 책에서 가져온 것이 맞는지 질문하기도 했다. 그것은 로우리의 문체와 격심한 차이를 보였기 때문이다. 나는 학생들에게 우리가 며칠 뒤에 읽게 될 장(章)에서 실제로 가져온 것이라고 그들을 확신시켰다. 다만 내가 학생들의 글쓰기에서 종종 발견된 것들을 반영하기 위해 로우리의 글을 조금 손본 것이라고 말해 주었다.

전체적으로 첫 번째 두 문장을 어떻게 한 문장으로 더 길고, 더 재미있는 문장으로 결합시킬 수 있을지에 대해 논의하였다. 그런 다음, 그 바뀐 단락을 학생들이 다시 고쳐보도록 했다. 수정의 기준은 학생들이 판단하기에 로우리의 실제 텍스트 안에 쓰여 있을 만한 것이어야 한다고 말했다.

> 조(Joe)의 글:
>
> Training had not yet began for Jonas's assignment. Leaving the auditorium Jonas felt apartness. Making his way through the crowd was tough because of the number of people. Trying to find Asher, and his family unit, Jonas thought he heard whispers.[29]

> 앤(Ann)의 글:
>
> His training had not begun yet, but he left the auditorium feeling apartness. He made his way through the crowd, as he was holding the folder she had given him. He was looking for his family unit. But he was also looking for Asher. People were

---

29) [역주] 조나스(Jonas)의 훈련은 아직 시작되지 않았다. 강당을 떠난 조나스는 동떨어짐을 느꼈다. 많은 사람들 때문에 그가 인파를 헤집고 다니는 것은 힘들었다. 아셀과 가족을 찾을 때 그는 귓속말을 들은 것 같았다.

moving aside for him. The crowd was watching him. He thought he could hear whispering.30)

브리안(Brian)의 글:

Training had not yet begun for Jonas. Leaving the auditorium Jonas felt apartness. Holding the folder the chief elder gave him he made his way through the crwod. Jonas was looking for his family unit and Asher. Watching him, the people moved aside for him. Thinking he could hear whispers.31)

학생들의 글과 열두 살의 의식을 떠나보내는 조나스를 묘사한 로우리의 실제 대목을 비교해 보자.

But his training had not yet begun and already, upon leaving the Auditorium, he felt the apartness. Holding the folder she had given him, he made his way through the throng, looking for his family unit and for Asher. People moved aside for him. They watched him. He thought he could hear whispers(p.62).32)

마지막 세 문장은 실제로 내가 잘게 토막 낸 버전과 마찬가지로 로우리의 글에서도 고르지 못했기 때문에 학생들은 조금 당황스러워했다. 우리는 로우리가 왜 이러한 선택을 했는지에 대해 논의했다. 그리고 문장 구조가 고르지 못한 것은 열두 살의 의식에 바로 이어서 느끼기 시

---

30) [역주] 그의 훈련은 아직 시작되지 않았지만, 그가 강당을 떠남과 동시에 동떨어짐을 느꼈다. 그는 그녀가 준 폴더를 갖고 인파를 헤집고 다녔다. 그는 그의 가족을 찾고 있었다. 하지만 그는 아셀 또한 찾고 있었다. 사람들이 그를 위해 길을 피해 주었다. 그 인파는 그를 쳐다봤다. 그는 귓속말을 들을 수 있는 것 같았다.

31) [역주] 조나스의 훈련은 아직 시작되지 않았다. 강당을 나서면서 조나스는 동떨어짐을 느꼈다. 상관이 주신 폴더를 갖고 인파속을 헤집고 다녔다. 조나스는 그의 가족과 아셀을 찾고 있었다. 그를 쳐다보면서 사람들은 길을 피해 주었다. 그는 귓속말을 들을 수 있다 생각하면서.

32) [역주] 하지만 그의 훈련은 아직 시작되지 않았고 벌써 강당을 떠날 때 그는 동떨어짐을 느꼈다. 그녀가 준 파일을 들고 그의 가족과 아셀을 찾으며 그는 인파를 통해 길을 나섰다. 사람이 그를 위해 길을 비켜 주었다. 그들은 그를 쳐다봤다. 그는 귓속말을 들을 수 있는 것 같았다. (p.62)

작하는 조나스의 분열이 반영된 것임을 알게 되었다. 단순한 문장 구조
는 조나스의 고립감이 증대되는 것을 반영하기 위해 사용한 로우리의
문체적 선택이었던 것이다.

나는 여기서 이 수업이 노덴의 『이미지 문법』과 "필법"이라는[33] 그의
개념을 통해 분사구로 시작하는 문장의 효과에 대한 선행 연구를 토대
로 한 것임을 밝히고자 한다. 그래서 로우리의 대목 재창작하기를 강화
하기 위해 문장 결합뿐만 아니라 이전에 배웠던 문체적 문법 선택을 통
합시켰다.

노덴은 화가의 그리기 전개와 작가의 작품 쓰기 전개를 직접 비교했다.

화가가 하나의 이미지를 만들어내기 위해서 필법 기술을 통해 넓은 레퍼
토리를 결합하듯이, 작가는 문장 구성의 레퍼토리로부터 선택을 한다. 전문
가는 복잡한 구조의 배열을 사용하기도 하지만, 학생들은 다섯 가지 기본
필법을 사용함으로써 이미지 문법의 기술을 배우기 시작한다. (1) 분사 (2)
절대구 (3) 동격 (4) 형용사 순서 이동 (5) 동작 동사 (p.4).

『기부자』라는 텍스트는 노덴의 "필법"에 관한 많은 예를 제공한다. 또
다른 미니레슨에서 학생들을 검사하기 위해 16장과 18장에서 다음의 문
장들을 발췌하였다.

"Warmth," Jonas replies, "and happiness." And-let me think. Family. That it
was a celebration of some sort, a holiday. (p.117)

The Old of the community did not ever leave their special place, the House of
the Old, where they were so well cared for and respected. (p.117)

Jonas thought of his favorite female, Fionna, and shivered. (p.132)[34]

---

33) [역주] 원문의 'brush strokes'을 '필법(筆法)'이라 번역한다.
34) [역주] "따뜻함," 조나스가 답하길, "그리고 행복함." 그리고 생각해보자. 가족. 그것은 공휴일 같
    은 축하 행사였다.(p.117)

나는 학생들에게 이러한 문장 구조를 자세히 살펴보게 하였다. 학생들이 쉼표 다음에 오는 단어나 구가 실제로 바로 쉼표 앞에 있는 명사로 명칭이 바뀐다는 사실을 이해하기 전에 쉼표 이상의 것을 살펴보라고 했다. 비록 학생들이 그것의 명칭을 모른다 하더라도 동격에 대한 개념을 알아차릴 것이다!

나는 학생들에게 조나스를 묘사하는 몇 개의 단어와 구를 제시해 달라고 하였다. 조나스에 대한 문장을 만드는 데 동격으로서 이러한 명사나 명사구를 사용하였다. 이것으로 동격으로 된 문장 만들기 시범을 보였다. 그런 다음, 학생들에게 이와 같은 방식으로 기부자에 대해 글을 써보도록 하였다.

데이비드(David)의 글:

The old receiver of memory has now moved on to become the Giver. The Giver, Jonas's instructor, holds the memories of what it was like before sameness was among them and their society.[35]

크리스티나(Christina)의 글:

Giving memories to Jonas, the Giver shares the pain and the joy. The Giver, the old receiver of memory, is giving Jonas painful memories as well as joyful memories.[36]

민디(Mindi)의 글:

The Giver, an old man weighed down by positive and negative memories, is

---

그 노인들의 공동체는 그들의 특별한 장소, 관심과 존중받는 '노인들의 집'을 떠나지 않았다.(p.117)
조나스는 그가 가장 좋아하는 여성, 피오나(Fionna)를 생각하고 전율을 느꼈다.(p.132)
35) [역주] 기억의 옛 수신자는 기부자가 되었다. 조나스의 지도자인 그 기부자는 그들과 사회의 동일성이 이루어지기 전의 기억을 갖고 있다.
36) [역주] 조나스에게 기억을 준 기부자는 고통과 환희를 공유한다. 기억의 옛 수신자였던 기부자는 조나스에게 고통스러운 기억과 즐거운 기억을 주고 있다.

kind but to the point. He is shut away from everyone, chosen when he became a Twelve to be different and endure the pains of some awful memories.[37]

위와 같이 학생들이 쓴 글을 보면 동격을 정확하게 사용하였고, 두 명의 학생은 분사구를 사용하였으며, 짧거나 산만한 문장이 전혀 없다는 점을 주목할 수 있다.

목표는 학생들이 이러한 문법적 구조를 자신의 글쓰기에 모두 포함시켜야 한다는 것을 알게 하는 것이다. 그리고 의식적으로든 혹은 무의식적으로든 더욱 수준 높은 작가들이 되도록 하는 것이다. 이는 시작에 불과하다. 나는 다음과 같이 『기부자』의 19장에 대한 감상으로 다음 학생들이 쓴 가장 최근의 에세이들을 읽으며 대단히 즐거워했다.

샬린(Charlene)의 글:

How could this place seem so peaceful and wonderful? Why would they kill little children and elderly people? I hate this community! This is such a bad thing and people actively kill other people. I would never be able to live with that, knowing that the life of someone has been taken away from them and that they actually killed other people. I thought it was a utopia. A utopia should not have people killing other people. It's just not right to do that![38]

민디(Mindi)의 글:

Oh wow! How could they just kill a baby, so innocent, so unknowing? How

---

37) [역주] 긍정적이고 부정적인 추억에 잠긴 한 노인 기부자는 친절하지만 간단명료하다. 그가 열두 살이 되었을 때 별나고 고통스러운 기억을 참아내도록 사람들과 멀어지기를 선택했다.

38) [역주] 이 장소가 어떻게 평화롭고 아름답게 보일 수 있는가? 왜 그들은 어린 아이들과 늙은 사람들을 죽이는가? 나는 이 공동체가 싫다! 이건 너무나 안 좋고 사람들은 정말로 다른 사람들을 죽인다. 나는 한 사람의 생명이 빼앗기고 다른 사람들을 죽이는 것을 알고도 살 수 없을 것이다. 난 이곳이 유토피아라고 생각했다. 유토피아는 사람이 다른 사람을 죽이면 절대 안 된다. 그것은 정말 옳은 일이 아니다!

could Rosemary kill herself? I understand, I guess, that the community doesn't feel emotions, but Rosemary could feel. She knew what would happen. Why does the Receiver let that happen? So is there really an elsewhere or is Elsewhere really death? I think this community needs help![39]

　만약 내가 학생들에게 문법에 대해, 더 구체적으로 분사구, 동격, 그리고 문장 결합에 대해 공부할 것이라고 말해준 다음 이러한 수업을 시작했다면, 학생들은 내가 그들의 일상적인 글쓰기에서 더 많이, 더 자주 살펴 보고자하는 긍정적인 결과들을 보여주지 않았을 것이다. 사실상 영어 책에서 문법의 이러한 측면의 연습은 아마도 실제 학생의 글쓰기로 전혀 옮겨지지 않는, 단지 -연습-에 불과한 결과일 뿐이다.

　문학의 맥락에서 문법을 가르치는 나의 경험들은 최근 샤론(Sharon)이 고쳐쓰기 간담회에서 학생 한 명을 대상으로 행했던 그녀의 경험과 유사하다. 이들 두 경우 모두 학생들은 단지 적절한 문법 용어를 알기 위해서, 또는 문법 시험에 통과하기 위해서 문법을 배우는 것이 아니라, 자신들의 글쓰기 능력을 향상시키고 싶어 했다. 학생들은 글쓰기 실력을 향상시키는 데 초점을 두고 부수적으로 문법을 학습하였다.

[4] 코니(Connie) : 문장과 단락 고쳐쓰기

　대부분의 영어과 교사들은 보다 효과적인 단락을 만들기 위한 문장 고쳐쓰기에 실제로 많은 지침을 갖고 있지 않다. 우리는 조각문 또는 무휴지문, 혹은 쉼표 오용일 경우에 문장을 "수정해" 왔다. 문장 내의 요소

---

39) [역주] 세상에나! 그들은 어떻게 아무것도 모르는 순수한 아기를 그냥 죽일 수 있나? 로스메리(Rosemary)는 어떻게 자살을 해버릴 수 있나? 그 공동체가 감정을 느끼지 않았지만 로스메리는 느낄 수 있었다는 점은 대충 이해한다. 그녀는 무엇이 일어날지 알았었다. 그 수신자는 왜 일이 일어나도록 만든 것일까? 그러니까 정말로 다른 곳이 존재하는 것인가 아니면 다른 곳이 정말 죽음인 것인가? 내 생각엔 이 공동체는 도움이 필요한 것 같다!

들을 이동시키는 연습을 한두 개 정도 해 왔을 것이다. 일부는 내용을 추가하기 위해서, 종속적 구조로 세부 내용을 전달하는 전체 문장을 줄이기 위해서, 문장의 자연스러운 흐름을 만들기 위해서, 또는 내용을 반영한 형식을 사용하기 위해 자신의 글쓰기에서 문장을 확대하고 결합하는 데 도움을 받기도 했을 것이다. 그렇기 때문에 대체로 문장 "교정하기"에[40] 대해 우리 스스로를 제한하는, 우리가 배운 대로 가르치는 경향이 있다. 그러나 학생들이 더 잘 쓸 수 있도록 하기 위해서는 우리가 배운 것보다 더 잘 가르칠 필요가 있다. 더욱 큰 효과를 얻기 위해 학생들이 문장을 결합하고, 이동하고, 수정하고, 확대할 수 있도록 해야 한다.

한 가지 예로 나의 경우를 들어보려 한다. 나는 중학교와 고등학교 6년 동안 반복되었던 문법 학습을 통해 종속절뿐 아니라 동격, 그리고 문장의 시작 혹은 주어 바로 뒤에 나타나는 분사구를 사용할 수 있었다. 그렇지만 설명적이고 묘사적인 나의 글쓰기는 경직되어 있었다. 문체상으로 그것은 부자연스러운 문장 구조와 불충분한 세부 내용을 지닌 비효과적인 설명문처럼 보였다. 앞서 말했듯이, 크리스텐센의 책 『새로운 수사학을 향해 주목하라』(1967)를[41] 읽고서야 비로소 더욱 구체적인 세부 사항으로 보다 효과적인 문장 쓰기를 배울 수 있었다. 기성 작가의 글들을 조사한 결과, 크리스텐센은 고등학생들의 글쓰기에서 가장 결여된 구조는 동격, 분사구, 절대구라는 결론을 내렸다. 나의 입장에서 같거나 좀 더 중요하게 생각된 점은, 크리스텐센은 이러한 구조들과 다른

---

40) [역주] 원문의 'correcting'을 '교정하기'라 번역한다. 글의 목적, 논제, 독자, 구조 및 근거, 강조, 간명함, 명료함 등이 '고쳐쓰기(revising)'에서 다룰 범주라면, 단어 선택, 문법, 문장, 구두법, 편집 양식 등은 '교정하기(correcting)'의 범주에 들어가는 것으로 구별할 수 있다. 교정하기가 앞서 언급한 '편집하기(editing)'와 비슷한데, 글을 다 쓴 뒤 최종 단계에서 이루어지는 편집하기가 교정하기보다 좀 더 넓은 범위를 다룬다는 데 차이가 있다.

41) [역주] Christensen, F. (1967). *Notes toward a new rhetoric: Six essays for teachers.* New York: Harper & Row.

구조들이 수의적으로 "자유 수식어"로 쓰일 때, 대체로 문장의 마지막 위치에서 자주 나타난다고 지적한 것이다. 그 다음으로 가장 빈번한 것이 주어 앞, 문장의 초반부이다. 마지막으로 자주 나타나는 것은 안타깝게도 학창 시절 선생님이 정확하게 강조하셨던 것으로, 주어 뒤에 바로 오는 수식어들이다(선생님은 마지막 두 문장에서 내가 "be" 동사를 사용한 것에 대해 염려했다는 점에 주목하라. 나는 강조를 위해, 그 문장에서 마지막을 분명히 할 수 있는 내용을 포함하기 위해 선택했던 것이다).

몇 년 후, 나는 부수적인 세부 사항과 수식어의 적절한 배치에 대해 배운 것을 학생들에게 설명해 주려고 코스타리카에서 급류 래프팅을 했던 경험을 짧게 써 보았다. 여기에는 나의 초고에서 약간의 내용을 가지고 특정 발췌문을 어떻게 읽을 것인지, 그리고 이러한 내용들이 주요 주어-동사 단위에 종속되기보다는 완전한 문장에서 어떻게 나타나는지를 보여준다.

So on the third day of our trip, I shouldn't have been surprised that the flooding Pacuare rose while we slept beside it for the night. Nor should I have been surprised, I suppose, that we were now "going swimming" for the second time.

But this time was worse than the first. The wall of water momentarily crushed me. I surfaced quickly. I was grateful that this time I had not come up under the raft. Thank God! But then another wave engulfed me. It drove me deeper into the blackness. I dared not open my eyes.[42]

분사구와 절대구, 그리고 그것들의 대부분이 문장의 마지막에 위치한

---

42) [역주] 자, 우리 여행의 3일째 되던 날, 우리가 파쿠아레(Pacuare) 옆에서 잤던 곳에 홍수가 난 것을 보고 놀라지 말았어야 했다. 아니면 두 번째로 "수영을 하러 가는 것"에 놀랐어야 했을 수도 있겠다. 하지만 이번은 처음보다 더 나빴다. 물의 벽이 잠시 나를 꺾어 버렸다. 나는 빨리 표면 위로 올라왔다. 이번엔 뗏목 아래로 올라오지 않은 것에 감사했다. 신이시여 감사합니다! 그러나 다른 파도가 나를 물속으로 침몰시켰다. 그것은 나를 어둠 속으로 가라앉게 하였다. 나는 감히 눈을 뜰 용기가 없었다.

다는 것을 크리스텐센으로부터 배운 것을 명심하면서, 나는 다음과 같이 이탤릭체로 표시한 절대구와 분사구로 초고를 확장시켰다.

So on the third day of our trip, I shouldn't have been surprised that the flooding Pacuare rose while we slept beside it for the night, *its muddy waters picking up speed as it swelled its banks* [절대구]. Nor should I have been surprised, I suppose, that we were now "going swimming" for the second time.

But this time was worse than the first. The wall of water momentarily crushed me, *pushing me toward the bottom of the river* [분사구]. I surfaced quickly, grateful that this time, I had not come up under the raft. Thank God! But then another wave engulfed me, *driving me deeper this time, much deeper, into blackness* [분사구]. I dared not open my eyes. (Weaver, 1996a, p.119)[43]

고쳐쓰기를 하는 동안에 나는 네 가지 사항을 지켜야 한다는 생각이 계속 들었다.: 세부 내용을 전달하기 위해 분사구와 절대구를 적절히 추가한다. 이러한 문장 구조 또는 다른 종속적 구조를 위해 세부 내용에 초점을 두고 있는 많은 수의 문장을 줄인다. 문장의 끝에는 대부분 "자유로운 수식" 구조를 포함한다. 그리고 특히 마지막 위치에서 분사구를 가지고 이동에 대한 설명적 의미를 만들어 낸다. 나는 이 짧은 발췌문에서 네 가지 목표를 모두 이루었다고 생각한다.

수년 간, 이러한 목표들을 대부분 고려해야 한다는 사실을 내가 초고

---

43) [역주] 자, 우리 여행의 3일째 되던 날, 우리가 파쿠아레 옆에서 잤던 곳에 진흙투성이 물이 모래 톱을 삼키면서 속도를 높여 홍수가 난 것을 보고 놀라지 말았어야 했다 [독립 구문]. 아니면 두 번째로 "수영을 하러 가는 것"에 놀랐어야 했을 수도 있겠다.
하지만 이번은 처음보다 더 나빴다. 물의 벽이 나를 강의 바닥으로 밀면서 잠시 나를 꺾어 버렸다 [분사 구문]. 이번엔 감사하게도 빨리 표면 위로 올라올 때 뗏목 아래로 올라오지 않았다. 신이시여 감사합니다! 그러나 다른 파도가 나를 물속으로 침몰시키면서 이번엔 더 깊은, 훨씬 더 깊은 암흑 속으로 가라앉게 하였다 [분사 구문]. 나는 감히 눈을 뜰 용기가 없었다(Weaver, 1996a, p.119).

를 쓰면서 배우게 된 것이다. 문장과 문단 구조를 다루려고 이후 고쳐쓰기 단계에서 다시 돌아가서 고치는 수고를 대신하게 되었다. 또한 내용을 주장하고, 반영하고, 전달하기 위해 문법과 구두법을 선택하는 방법을 배웠다(Romano, 1998 참조). 그러나 가장 중요한 것은, -소위 분사구, 절대구, 그리고 그것들의 위치- 특정한 문법적 구조를 사용하는 데 주력하는 것을 배웠다. 그리고 이러한 시도는 결국 이미지나 아이디어를 전달하는 세부 내용을 추가하는 쪽으로 이르게 했다(Chrisrtensen, 1967: 26).

『이미지 문법』(1999)에서 노덴은 나의 급류 래프팅에 대한 짧은 글 -그리고 더 많은 글-을 가지고 시도했던 것처럼 내가 그러한 목표들을 수긍하고 달성할 수 있는 방법을 보여준다. 예를 들어, 그는 올젠(Olsen)의 『글쓰기 계획하기(1992)』에서[44] 기술했던 시나리오 고쳐쓰기에 대해 논의한다. 교사는 학생들에게 간단히 인물을 묘사하는 글을 쓰도록 했다. 아래 글은 6학년 학생들 가운데 한 명이 쓴 글이다.

The Big Guy

James weighs 240 pounds and use to be the champ. He beat Mohamad Ali for the crown. He's 38 know and he had drugs and pot. He's been in jail for 5 years and that ended his career. He's had a tough time finding a job. His face is scared. He wares a ripped T shirt with knee pants. He's trying to make a come back in the boxing world.[45]

---

44) [역주] Olson, J. (1992). *Envisioning writing: Toward an integration of drawing and writing.* Portsmouth, NH: Heinemann.

45) [역주] 큰 사나이
제임스(James)는 몸무게가 240파운드이고 챔피언이었다. 그는 왕관을 위해 알리(Ali)를 이겼다. 그는 38세이고 마약을 했다. 그는 5년간 감옥에 있었고 그의 활동이 끝이 났다. 그는 일을 찾는 데 어려움이 있었다. 그의 얼굴은 무서웠다. 그는 찢어진 티셔츠와 무릎바지를 입는다. 그는 권투 세계에 다시 돌아오려고 노력 중이다.

빨간 펜을 휘둘러서 곧장 오류 괴물의 급소를 찌르고 싶은 충동을 느꼈다(Weaver, 1982). 그렇지만 대신에 교사는 학생들이 묘사한 인물을 그려낼 수 있었다. 그런 다음, 그 그림으로부터 세부 내용을 포함시킨 글을 고칠 수 있었다. 다음은 이 학생의 최종 원고이다.

The Big Guy

The lonely man stood in a ring holding tight to the ropes. His head was bald. His chest was hairy and sweaty. His legs looked like they were planted to the ground like stumps. His muscles were relaxed in the dark ring. His mouth looked mean and tough the way it was formed. He was solid looking. His boxing gloves had blood stains on them. His still body structure glowed in the darkness. He braced himself against the ropes. His white pants had red stripes, the hair on his chin prickled out like thorns.[46]

세부 내용의 관점에서, 이 단락은 원래의 것보다 *훨씬* 낫다. 그럼에도 불구하고 거의 모든 문장이 "his"로 시작하는 단조로운 특성을 볼 수 있다. 세부 내용들이 종속적 문법 구조보다는 독립절로 모두 표현돼 있으므로 세부 내용들은 모두 동등한 문법적 지위를 가진다. 이렇게 문단이 지루하게 만들어졌기에 나에게는 투박하고 무거운 리듬으로 느껴질 수밖에 없었다.

나는 내 자신에게 질문을 했다. 학생들이 문장 구조 자체를 더욱 재미있게 만들 수 있게 하려면 어떻게 해야 할까? 작품 쓰기를 이용한 여러

---

46) [역주] 큰 사나이

한 외로운 남자가 밧줄을 부여잡고 권투 링 위에 서 있었다. 그는 대머리이다. 그의 가슴은 털이 있고 땀이 난다. 그의 다리는 그루터기가 땅에 심어져 있는 것처럼 보인다. 그의 근육은 어두운 링 안에서 긴장이 늦춰져 있다. 그의 입 모양은 버릇이 나쁘고 사나워 보였다. 그는 빈틈이 없어 보였다. 그의 권투 장갑은 핏자국이 묻어 있다. 그의 곧은 몸은 어둠 속에서 빛나보였다. 그는 밧줄을 잡고 몸을 기대었다. 그의 하얀 바지는 빨간 줄무늬가 있었고, 아래턱에 머리카락이 가시처럼 꼿꼿이 서 있었다.

개의 미니레슨들을 어떻게 개발할까? 종속시키고자 하는 내용은 무엇인 가? 사실상 문장을 결합하고 그것에 의해 어떤 세부 내용을 종속시켜보기 전에 내가 그룹화 하고자 하는 내용은 무엇인가? 고친 문단에 결합할 문 장의 세부 내용들을 표시해 두었다. 문장 결합이 가능한 한 쌍은 이탤릭 체로, 반면 그룹으로 묶을 수 있는 세 개의 문장은 볼드체로 나타내었다.

The lonely man stood in a ring holding tight to the ropes. *His head was bald. His chest was hairy and sweaty.* **His legs looked like they were planted to the ground like stumps.** His muscles were relaxed in the dark ring. **His mouth looked mean and tough the way it was formed. He was solid looking.** His boxing gloves had blood stains on them. His still body structure glowed in the darkness. He braced himself against the ropes. His white pants had red stripes, *the hair on his chin prickled out like thorns.*

다음은, 물론 배열에 대한 문제이다. 다음 원고에서 종속적 구조로 만 들 수 있는 일부 내용을 토대로 하나의 문장, 그리고 내용 상 어울릴 듯 한 그룹화한 문장을 다음과 같이 재구조화해 보았다.

The lonely man stood in a ring holding tight to the ropes.

His head was bald.
The hair on his chin was pricking out like thorns.
His chest was hairy and sweaty.

His muscles were relaxed in the dark ring.

He was solid looking.
His legs were planted to the ground like stumps.

His mouth was formed mean and tough.
His boxing gloves had blood stains on them.
His still body glowed in the darkness.

He braced himself against the ropes.

의심할 바 없이 이와 같은 재배열은 내가 원했던 문장 재구조화 방법
으로, 이미 가지고 있었던 나의 몇 가지 아이디어에 영향을 받은 것이
다. 다음은 최종 원고의 한 버전이다.

The Big Guy

The lonely man stood in a ring holding tight to the ropes. His head was bald,
the hair on his chin pricking out like thorns, His chest hairy and sweaty. His
muscles were relaxed in the dark ring, but he was solid looking, his legs planted
to the ground like stumps, his mouth formed mean and tough. His boxing gloves
had blood stains on them and his still body glowed in the darkness as he braced
himself against the ropes.[47)]

이처럼 특정한 고쳐쓰기에서 나는 네 가지 새로운 절대구 구조를 만
들어 냈다.: *the hair on his chin prickling out like thorns, his chest hairy and
sweaty, his legs planted to the ground like stumps, his mouth formed mean and
tough.* 이것이 과도한 것일지도 모르지만 적어도 나는 더 재미있는 문장
과 더 유창한 구절을 만들기 위해 문장을 함께 묶고 세부 내용들을 종

---

47) [역주] 큰 사나이
　한 외로운 남자가 밧줄을 부여잡고 권투 링 위에 서 있었다. 그의 머리는 대머리에다 아래턱에
　머리카락이 가시처럼 꼿꼿이 서 있었고 그의 가슴엔 털과 땀이 나 있었다. 그의 근육은 어두운
　링 안에서 긴장이 늦춰져 있지만 그는 빈틈이 없어 보였고 그의 다리는 그루터기가 땅에 심어져
　있는 것 같았고 그의 입 모양은 버릇이 나쁘고 사나워 보였다. 그의 권투 장갑은 핏자국이 묻어
　있었고 그가 밧줄을 잡고 몸을 기대었을 때 곧은 몸은 어둠속에서 빛나 보였다.

속시킨 것이다. 그 학생은 큰 사나이에 대한 그림을 묘사한 후 세부 내용을 추가했다. 그러나 여전히 문장들 재결합하기, 재배열하기, 고쳐쓰기에 도움을 필요로 했다. 문장 재결합하기와 고쳐쓰기에 대한 아이디어를 얻기 위해 여러 책을 구하기에 힘썼던 킬갤런(Killgallon)은 문장 구성하기에 관한 책을 발간하였다. 이 책은 이론 소책자뿐 아니라 각 학교급별(고등학교, 중학교, 초등학교)을 위한 것도 포함하고 있다.

우리는 교사들이 이 학생의 초고에서 고쳐쓰기의 가능성을 무시하면서 오직 "빨간 펜"을 휘두르는 것을 볼 때, 학생이 쓴 글을 손상시킬 때, 그리고 종종 필자로서의 학생 사기를 저하시킬 때 참으로 유감스럽다. 글쓰기를 하고 나면 그것에 간단히 성적을 부여하는데 그 글쓰기 과제를 그저 평가를 위한 기회로 삼는 것은 유감스러운 일이다. 진정한 교수를 위한 기회로써 글쓰기 상황을 만들어 준다면 『큰 사나이』의 작가처럼 학생들은 글쓰기에 더욱 능숙해질 수 있을 것이다.

교사로서 우리는 학생들이 문장과 문단 수준에서 다양한 고쳐쓰기 전략을 배울 수 있도록 해야 한다. 내가 『큰 사나이』를 마련한 것처럼 때때로 미니레슨은 실질적인 도움이 된다. 그러나 교사들은 아직까지 개별 수업이나 소집단 학습 지원을 필요로 한다. 덧붙여 말하자면 문장을 함께 묶거나 결합하는 것을 전혀 해 보지 않은 교사들과 함께 하는 워크숍에서 나는 내가 했던 것과 상당히 동일한 방식으로 이 특정한 사례를 사용했다! 실험과 학습을 위해 많은 기회가 있었다. - 교사의 학습과 학생의 학습 양자 모두에서. 우리는 필자로서 위험을 감수하는 학생들을 격려하기 위해 교사로서 위험을 감수해야 한다.

그리고 우리는 악명 높은 "빨간 펜" 사용을 막아야 한다. 대신에 학생들에게 문장과 문단 고쳐쓰기뿐 아니라 편집하기에 대해 *안내한다*. 샤론(Sharon)이 다음 절에서 설명한 것과 같이 말이다.

[5] 사론: 관습을 넘어 학생의 편집하기 돕기[48]

최근 한 대학원 수업에서 나는 8학년 학생 가운데 한 명이 쓴 에세이를 소리 내어 읽어 주었다.

할아버지의 죽음

채시(Chasity)

I still remember my mom in the living room with her brothers as my grandfather took his last breath. I was only seven and I was the only kid there. I knew my grandfather was sick for awhile and that he may die soon, but I never thought that it would change my life that much.

My mom was the saddest. She was a daddy's girl, and as she rested her head on his arm, I couldn't even imagine what might be going through her head. As she walked in the kitchen, you could see the sadness and misery on her face.

The next day was very hard for her and the family. When we went to the funeral home everyone was hugging and kissing each other. I wanted to go up there and see him, but that being the first time I had ever seen a dead body, I was a little scared to, so I made my cousin Ashley go with me. He didn't look dead to me, he just looked like he always did except he was wearing a light blue dress shirt and he had a very peculiar smile. It was weird.

When "Amazing Grace" played, my mom burst out in tear with about seven other people that I saw. So I put my hand on hers thinking it would help, but she cried more. I couldn't even look at her.

when we went to the cemetery, my mom was staring at him going down, crying, but her eyes were glowing. I could tell she was thinking about what his last breath was: "I'll tell Mom you said hi." I knew she was happy he went where he wanted to be-with his wife.

---

48) [역주] *Putting Conventions into Perspective and Helping Students Edit*

My grandfather and I were very close. I sometimes think of me on his lap with
hot cocoa watching Scooby-Doo. Sometimes I think he's still here with me, holding
my hand, walking me through life.[49]

내가 읽기를 마치고 교실 주위를 둘러보니 모두 눈물을 글썽이고 있
었다. 나는 놀라지 않았다. - 나도 처음 이 글을 읽었을 때 같은 반응이
었기 때문이다. 그러고 나서 대학원생들에게 "이 작품을 '낙제'시킬까?"
라고 물었다. 그들은 나를 지구 밖 우주에서 온 사람인 양 이상하게 쳐
다보았다. 그러고 나서 채시의 작품을 - 정확히 말해 채시가 글을 제출
할 때처럼 - 머리 위로 들어 올렸다(보기 2 발췌 참조). "*지금* 어떻게 생각하
는가?" 나는 그들에게 물었다.

---

49) [역주] 나는 할아버지께서 마지막 숨을 거두실 때 엄마가 형제들과 거실에 계셨던 것을 아직도
기억한다. 나는 일곱 살밖에 안 되었었고 어린 아이는 나 혼자뿐이었다. 할아버지가 편찮으셨다
는 건 오래 전부터 알고 있었고 곧 돌아가신다는 것도 알고 있었다. 하지만 그것이 나의 삶을 온
전히 바꿀 수 있다는 건 몰랐다.
엄마가 제일 슬퍼하셨다. 그녀는 아빠만의 딸이었고 그녀의 머리를 그의 팔에 기댔을 때 엄마의
머릿속에 무슨 생각을 했을지 상상도 못했다. 엄마가 부엌에 들어섰을 때 가장 슬프고 불쌍함이
그녀의 얼굴에 있는 걸 볼 수 있었다.
그 다음날이 엄마와 가족에게 제일 힘들었다. 우리가 장례식장에 들어섰을 때 모두가 서로를 안
고 입을 맞추고 있었다. 난 그쪽으로 가서 할아버지를 보고 싶었지만 죽은 사람을 처음 보는 것
이라 사촌 애슐리(Ashley)와 함께 갔다. 할아버지는 죽은 사람처럼 보이지 않았고 옅은 파란색 드
레스 치마와 특이한 웃음을 제외하면 항상 그렇게 누워 있던 것처럼 보였다. 이상했다.
"놀라운 은혜"라는 노래가 연주되었을 때 엄마와 내가 본 일곱 명의 다른 사람들은 눈물을 흘렸
다. 그래서 난 도움을 주려 엄마의 손을 잡았지만 엄마는 더 슬피 울었다. 난 그녀를 차마 바라볼
수 없었다.
우리가 묘지에 갔을 때 엄마는 울면서 할아버지를 아래로 응시하였지만 두 눈은 빛났다. 할아버
지가 엄마에게 마지막으로 했던, "엄마에게 너의 안부를 전해줄게."라는 말을 생각하고 있음을
알았다. 난 그녀가 행복하다는 것을 알 수 있었다. 할아버지는 그의 아내와 함께 하기 위해 원하
는 곳으로 가셨다.
할아버지와 나는 매우 친했다. 나는 가끔 할아버지의 무릎에 앉아서 뜨거운 코코아를 마시며 스
쿠비-두(Scooby-Doo)를 보는 걸 상상한다. 가끔 나는 할아버지가 아직도 나와 함께 살면서 내 손
을 잡고 내 인생을 함께 걸어간다고 생각한다.
*Scooby Doo는 2002년에 만들어진 미국 코미디 영화이다.
조지프 바베라의 원작인 만화 시리즈를 영화화하였다.[역주]

이번에는 그들이 다른 이유로 침묵했다.

전형적인 규정에 따라 점수가 매겨진다면, 채시의 에세이는 관습에 의거하여 가장 낮은 점수- 1점- 를 받게 될 것이다. 왜냐하면 이 작품에는 심각하게도 표면적인 실수가 이해를 방해하기 때문이다. 그러나 내용과 아이디어는 어떠한가? 구성은? 문체는? 분명한 것은 이러한 각 영역에서는 채시가 좋은 점수를 받을 수 있다는 것이다. 그렇다면 관습에 따른 오류의 수에 근거하여 채시의 글이 실패작이라고 하는 것이 타당한가?

내가 처음 채시의 작품을 보았을 때 대단히 황당했다. 채시가 말하고자 하는 바를 해독할 수 있기 전까지 몇 가지 시도가 필요했다. 언젠가 그녀의 감정의 깊이와 그것들을 표현해 내는 능력을 알게 되었을 때 나는 너무나도 깜짝 놀랐다. 채시는 소위 말해 "반항아"이자 "꺼리는" 학생 가운데 한 명이다. 그녀는 과제 대부분을 제출하지 않았고 과제를 제출하는 경우를 보면 늘 평균 이하였다. 나는 그것이 당연하다는 생각을 떨칠 수 없었다. 그녀는 의욕을 상실한 학생이었고, - 낙심한 나였다. 하지만! 이 작품은 문체와 표현력을 가지고 있다. 그것은 깊이와 감정을 가지고 있다. 또렷하게 그녀는 내 마음 속에서 그림을 그려내게 했고 감정적인 반응을 불러일으켰다. 채시는 처음으로 완성된 작품을 제출한 것이다. 나는 그녀를 지지해 주고 싶었다. 이것은 정말로 좋은 작품이며 고쳐쓰는 작업을 함께 할 것이라 확신시켜주고 싶었다. 내가 만약 채시의 글을 교정 부호가 가득한 채로 돌려주었다면 채시는 다시 마음의 문을 닫았을 것이다. 채시는 위험을 감수했고, 나는 채시를 실망시키고 싶지 않았다.

이것은 그 해의 글쓰기 과제에서 가장 진지한 작품이었다. 우리는 이미 글쓰기 과정을 재탐색하는 시간을 어느 정도 가졌고, 예비쓰기, 초고

쓰기, 고쳐쓰기, 그리고 편집하기를 연습했다. 이 글쓰기 과제를 시작하기 전에 우리는 도입과 결론에 대한 일부 미니레슨을 했고, 집중하고 체계화하는 것이 무엇을 의미하는지에 대해 논의하였다. 우리는 몇몇의 개인적인 이야기를 읽고 무엇이 좋았는지, 우리가 선호하는 것은 무엇인지, 그리고 우리가 선호하지 않은 것은 무엇인지에 대해 논의했다. 내가 학생들의 과제물을 읽을 때 나를 웃게 만들고, 울게 만들고, 그 외에 내가 *무언가*를 할 수 있게 만들라고 지시했다. "나를 그곳에 데려다 놓도록 해! 내가 너희들의 과제물을 읽었을 때 내 머리에 그림을 그릴 수 있도록 해!" 나는 그들에게 극적으로 말했다. "마지막에서 환호성이 나올 수 있게 해!" 내가 계획한 지시문을 그들에게 주었고, 내게 과제를 제출하고 점수를 받기 전에 그들 스스로 작품을 채점해 보도록 했다.

보기 2 채시의 에세이 발췌

정말로 채시는 내 머리에 그림을 그려냈다. 죽어가는 아버지의 팔에 머리를 묻고 쉬고 있는 아빠의 딸, 채시의 어머니를 나는 생생하게 볼 수 있었다. 위로할 길 없는 어머니를, 더욱 슬피 우는 어머니를 그저 바라볼 수밖에 없는 채시의 고통과 혼란을 느낄 수 있었다. 그러나 틀린 철자, 잘못 찍힌 마침표와 쉼표, 인용 부호의 부족…은 어떻게 할까?

많은 수의 동료들처럼 나 역시 가능한 한 최고의 영어 선생님이 되기 위해 노력하고 있다. 그래서 나는 지속적으로 내 자신에게 묻는다. "학생들을 위한 최고의 가르침은 무엇인가?" 연구 결과 분리된 문법 가르치기는 효과가 없다는 사실을 견실하게 보여준다. 대부분의 학생들은 독립적으로 배운 문법을 기억하지 못하고 이것을 그들의 글쓰

기에 거의 전환하지 않는다. 『교사를 위한 문법(1979)』에서[50] 위버가 주목한 바
와 같이: "'교정'으로 학생들의 과제물을 평가하는 것은 가치가 없다. 실제 쓰기
활동과 유리된 기제의 관습을 가르치는 것도 가치가 없다. 그리고 이러한 관습
을 주입하기 위해 문법을 가르친다는 것도 전혀 가치가 없다."(p.64)

문법에 대한 논쟁은 영어 교사의 일지, 리스트 서브, 그리고 교실에서
뿐 아니라 내 자신의 머릿속에서도 격심하게 지속되고 있는 문제이다.
문법 가르치기는 어디에 적합한가? (기술과 훈련이) 분리된 채로 문법을
가르치고 학생들의 연습 문제마다 품사를 맞추도록 해야 하는가? 최근
의 연구 결과와 교사로서의 나의 경험, TCWP에의 참여[51], 학생들의 글
쓰기 향상을 근거로 볼 때 나는 그렇게 생각하지 않는다.

지난 20년간의 연구 결과는 우리에게 이러한 결론에 도전할 이유를
제공하지 않았다. 그래서 내 스스로에게 묻는다. "왜 나는 이미 입증되
어 승산이 없는 싸움에 소중한 수업 시간을 낭비하고 있는가?" 이 질문
에 대한 답은 채시의 할아버지에 대해 쓴 작품으로 명백해진다. 만약 채
시가 내용 대신 관습에 초점을 두었다면 나는 그녀가 이 작품을 쓸 수
있을 것이라는 상상조차 하지 못했을 것이다. 나는 『맥락에서 문법 가
르치기(1996a)』에서[52] 위버의 조언을 떠올려 보았다.

필자로서의 학생의 발달을 저해하는 요인을 막기 위해서는 글쓰기 과정
에 대해 지도할 필요가 있다. 이때 글쓰기 과정은 학생들의 문장과 단어 고
쳐쓰기와 편집하기 단계를 포함한다. 기성 작가들이 아무런 제재도 받지 않
고 실제로 좋은 효과를 가지고 사용하는 문장 구조의 종류를 교정하지 않
는 것 또한 도움을 줄 것이다. 그리고 우리는 통사적 위험 요소와 통사적

---

50) [역주] Weaver, C. (1979). *Grammar for teachers: Perspectives and definitions*. Urbana, IL: National
    Council of Teachers of English.
51) [역주] Third Coast Writing Project
52) [역주] Weaver, C. (1996a). *Teaching grammar in context*. Portsmouth, NH: Boynton/Cook.

성장을 나타내는 새로운 종류의 오류들에 대해 긍정적으로 반응할 필요가 있다. 글쓰기 과정에서의 언어 실험에 따르면, 학생들이 자신의 생각에 대해 글쓰기를 마쳤을 때 그러한 오류를 바로 잡는 데 도움을 줄 수 있는 시간은 충분하다. 즉, 오류 괴물은 죽여야 할 대상이 아니라 환영하고 길들여야 할 대상이다(p.101).

나는 채시의 에세이를 읽고 수업이 시작되기 전에 채시에게 말했다. 나를 채시와 함께 그곳에 데려다 놓았고, 나의 마음속에 그림을 그리게 했으며, 감정적인 반응을 불러일으키는 대단한 일을 해냈다고 말이다. 채시는 진심으로 기뻐하는 듯 했다. 나는 고쳐쓰기가 걱정됨을 일러주었고, 나와 협의해서 그것을 함께 고쳐 써보는 것은 어떤지 물었다. 고맙게도 채시는 동의했다.

「학생 글쓰기에서 정확성 향상: 오류 찾기에 대한 대안」이라는[53] 제목의 논문에서 로젠(Rosen)은 다음과 같이 말했다.

많은 조사 연구에서 분리된 연습으로 이루어진 학습은 실제 쓰기 경험으로 거의 전환되지 않거나 전혀 나타나지 않는다. 그리고 집중적으로 시간을 투자한 교사의 "오류 찾기" 활동은 기계적으로 더 완벽한 과제물을 만들어내지 못한다. 그럼에도 불구하고 오류 찾기는 백 년 된 전통으로 여전히 지속되고 있다(p.139).

같은 장(章) 후반부에 로젠은 계속해서 다음과 같이 말한다.

연구 결과는 모든 오류에 동그라미를 표시하는 것 - 채점을 위한 오류 찾기 접근법 - 이 글쓰기 특징에서 상당한 차이가 있음을 결코 보여 줄 수 없었다. 오류를 표시하는 것은 자신의 과제물이 실수로 가득한 학생들을 낙담

---

53) [역주] Rosen, L. (1998). Developing correctness in student writing: Alternatives to the hunt. In C. Weaver(Ed.), *Lessons to share: On teaching grammar in context* (pp.137-155). Portsmouth, NH: Boynton/Cook.

시키고, 학생들이 아이디어가 아닌 오류에 집중하게 된다. 학생들의 과제물 읽기에서 교사의 주요 목적이 내용에 반응하기라고 할 때 학생들은 작가로서 성장할 가능성이 높다(p.149).

위버와 로젠의 조언을 생생하게 간직한 채, 채시와 나는 마주 앉았다. 나는 채시에게 작품을 쓴 대로 *정확히* 읽어달라고 요청했다. 채시는 '쓴 대로 정확히' 읽을 수 있을지 의심쩍어 했지만 작품을 *의도한* 대로 읽었다. 우리는 의미를 전달하는 것에 대해, 그리고 독자들이 할아버지의 죽음이 지닌 의미를 이해하는 것이 얼마나 중요한지에 대해 이야기를 나눴다. 문득, 관습과 올바른 철자법이 *관련* 되었다. 채시는 마침표와 콤마의 올바른 위치에 대해 신경을 썼다. 그리고 단어와 문장을 두고 고심했다. 그녀는 읽으면서 교정했고, 우리가 협의하는 동안 자신이 했던 교정을 통해 방법을 체감하기 시작했다. 그녀는 편집하기 과정에 실지로 참여했다! 자신이 말하고 싶어 하는 바가 무엇인지 알고 관습을 교정하는 데 약간의 도움만을 필요로 하였다. 이것은 그녀가 더 잘 쓰고, 더 잘 읽고, 수업에 더 잘 참여하도록 격려하는 첫 번째 단계였다. 즉, 이것은 성공을 향한 첫 걸음이었다. "오류 괴물 길들이기"는 오류 괴물을 죽이기 위해 애쓰는 것보다 낫다는 사실을 내게 확인시켜 주었다.

나는 그저 8학년 학생들이 필자로서 성장할 시간을 허락하고, 가장 먼저 자신이 의미하는 바가 무엇인지 말할 수 있도록 가르치고, 자신의 생각과 아이디어를 효과적으로 전달할 수 있도록 격려해야 함을 깨닫게 되었다. 글쓰기는 과정이다. 그것은 진행 중이며 생생하게 살아있다. 마치 나의 아이들처럼.

[6] 결론

최근 수십 년 간, 영어과 교사들이 그저 글쓰기 과제를 부여하는 것 대신에 글쓰기를 가르치도록 배워 왔다. 학생들에게 셀 수 없이 많은 문법 연습을 하게 하는 대신에 그들을 글쓰기 과정에 참여시키고 지도하는 것이 보다 더 효과적으로 글쓰기를 가르치는 방법이라는 사실이 점점 더 분명해졌다. 연구 결과는 대부분의 학생들이 "기술과 훈련"을 생생한, 창의적인 글쓰기로 전환할 수 없음을 여실히 보여 준다. 또한 구체적이고 정확한 어휘를 포함하여 집중적이고 흥미로운 정보나 설득력 있는 글쓰기로 전환할 수조차 없음을 분명하게 보여 준다.

우리는 학생들의 글쓰기를 효과적으로 만드는 것이 무엇인지를 분석할 필요가 있다. 그것은 조직인가? 특정한, 더 정확히 말하면 생생한 세부 내용인가? 그들이 잘할 수 있는 것은 무엇인가? 여기에 인용된 모든 경우를 보면, 문법 전문 용어를 반복하거나 혹은 문장의 품사 분류가 학생들의 글쓰기를 더욱 영향력 있게 만들어 주는 그 어떤 능력도 아님을 알 수 있다. 이미지를 창조하고, 독자로부터의 반응을 환기시키고, 더 나은 글쓰기 창작을 위해 기술을 사용할 수 있는 것이 능력이다. 우리는 창조적인 글쓰기에서 생생한 세부 내용의 중요성을 이해한 학생들이 정보 전달과 설득적인 글쓰기에서 구체적인 세부 내용의 중요성을 더 쉽게 파악한다는 사실 또한 알게 되었다.

미니레슨, 작가의 워크숍, 협의회 등을 통해 우리 교사들은 필요에 따라 학생들의 글쓰기 목적과 대상을 결정하는 데, 아이디어 개발에 함께 동참하고, 학생들이 쓴 글을 조직 혹은 재조직하는 데 도움을 줄 수 있게 되었다. 그러나 글쓰기 교사로서 우리의 역할은 여기에서 그치지 않는다. 우리는 "오류 괴물"에 대한 잔인하면서도 대부분 소용없는 공격적 빨간 펜 휘두르기는 이 시점부터 뛰어 넘어야 한다.

대신에 우리 교사들은 본고에서 입증해 보고자하는 시도에 주력하면
서, 학생들이 동격, 분사구, 절대구와 같은 구조를 통해 효과적으로 내
용을 추가할 수 있도록 학생들을 지도해야 한다. 또한 학생들이 문장 내
요소와 단락 내 문장을 조절할 수 있도록 가르쳐야 한다. 이 뿐만이 아
니라, 학생들이 글쓰기 관습을 위한 편집하기를 배울 수 있도록 해야 한
다. 이것은 일회적인 과정이 아니다. 왜냐하면 관습으로부터 벗어나는
데 주목하기와 고쳐쓰기가 성인들에게도 쉬운 일이 아니기 때문이다.
더욱이 학생들은 글쓰기에서 새로운 일을 시도하는 것만큼 새로운 오류
의 종류를 만들어 낸다(Weaver, 1996a). 우리는 단지 학생들이 쓴 글에 등
급을 매기기보다는 그들을 작가로서 안내해 주고, 그들의 위험 부담을
알아주며, 그들에게 적대자이기보다는 지지자가 되어 주어야 한다. 우리
는 오직 학생들의 글쓰기를 향상시키는 데 충분히 도움을 준 후에 그들
의 글을 평가하는 멘토와 명장(明匠)이 되어야 한다. 결과적으로 학생들
은 앞으로 더욱 효과적인 글을 쓸 수 있게 될 것이다.

멘토링을 위해 많은 시간을 확보할 수 있는 한 가지 방법은, 분리된
문법 학습을 교육 과정에서 제거하고 더욱 효과적인 문장과 단락을 개
발하기 위해 편집하기 학습에 도움이 되는 미니레슨과 수업 실습으로
대체하는 것이다.

아마도 우리는 학생들의 글쓰기를 지도하는 데 시간을 할애하여 글쓰
기 프로젝트를 진행해야 할 것이다. 이는 학생들의 자부심과 글을 쓰기
위한 자발성, 그리고 약간의 전략과 지침을 가지고 더 좋은 글을 쓸 수
있는 능력을 신장시키는 데 충분한 가치가 있다. 이 점에서 우리는 적을
수록 많다는 것을 발견하게 된다.

언어를 공부하는 많은 학생들, 특히 언어학자들은 교육 과정에 문법
복원을 주장한다. 그들의 주장을 살펴보면 문법 편람에서 전통 문법 가

르치기로 돌아가야 한다는 뜻이 *아니다*. 대체로 그들은 언어 구조-흥미
롭게도 글쓰기를 향상시키는 데 직접적 관련이 없는-에 대한 흥미로운
현상들을 탐구해야 한다고 주장한다. 즉 방언, 언어의 역사, 단어의 기
원과 의미, 단어의 품사를 포함하여 폭넓은 언어를 연구해야 한다는 것
이다. 그리고 언어 발달 방법에 대한 이론, 언어 발달의 보편성, 아동의
초기 언어 습득 방법에 대해 연구해야 한다는 것이다. 또한, 사람들이
다른 사람들에 대해 권력을 행사하고 통제하기 위하여 언어를 사용하는
방법을 연구해야 한다는 것이다. 이들 주장 중 일부는 학생들의 글쓰기
향상을 위해 문법을 가르쳐야 한다고 말한다. - 비록 어떤 문법에 대해
동의하지 않을지라도, 그들은 이러한 모든 것과 더 많은 것을 의미한다.
- 그러나 공통적으로 전통적인 교과서 문법을 가르쳐야 한다는 것은 *아
니다*.

우리는 언어 연구가 중요하고, 학생들에게 흥미롭고, 의미 있고, 유용
해 질 수 있다는 데 동의한다. 또한 언어 연구가 영어과 교육 과정에 포
함되어야 한다는 데 동의한다. 그러나 이것은 대개의 교사와 대부분의
행정가, 학부모, 그리고 일반 대중에 의해 개념화된 "문법 가르치기"가
아니다. 우리는 "문법" 또한 가르쳐야 하지만 그것이 글쓰기에 도움을
주는, 선택과목으로 가르쳐야 한다는 데 동의한다. 따라서 우리는 강력
하게 주장해야 한다. "문법인가, 문법이 아닌가. 그것이 문제가 *아니다*!"
그것은 학생들의 글쓰기 능력을 향상시키기 위하여 문법의 선택된 측면
을 '왜, 언제, 무엇을, 어떻게' 가르칠 지에 대한 문제이다.

3.5. 참고문헌

Bradbury, R.(1990). The foghorn. In *The golden apples of the sun* (pp.1-9). New York: Avon.(Original work published 1952, Curtis.)

Christensen, F.(1967). *Notes toward a new rhetoric: Six essays for teachers*. New York: Harper & Row.

Hillocks, G., Jr., & Smith, M. W. (1991). Grammar and usage. In J. Flood, J. M. Jensen, D. Lapp, & J. R. Squire (Eds), *Handbook of research on teaching the English language arts* (pp.591-603). New York: Macmillan.

Lowry, L. (1993). *The giver*. Evanston, IL: McDougal Littell Literature Connections.

National Council of Teacher of English and International Reading Association.(1996). *Standards for the English language arts*. Urbana, IL: Author.

Noden, H. (1999). *Image grammar: Using grammatical structures to teach writing*. Portsmouth, NH: Boynton/Cook.

Noguchi, R.R. (1991). *Grammar and the teaching of writing: Limits and possibilities*. Urbana, IL: National Council of Teachers of English.

Olson, J. (1992). *Envisioning writing: Toward an integration of drawing and writing*. Portsmouth, NH: Heinemann.

Rosen, L. (1998). Developing correctness in student writing: Alternatives to the hunt. In C. Weaver(Ed.), *Lessons to share: On teaching grammar in context* (pp.137-155). Portsmouth, NH: Boynton/Cook.

Weaver, C. (1979). *Grammar for teachers: Perspectives and definitions*. Urbana, IL: National Council of Teachers of English.

Weaver, C. (1982). Welcoming errors as signs of growth. *Language Arts*, 59, 438-444. Reprinted in Weaver, 1996a.

Weaver, C. (1996a). *Teaching grammar in context*. Portsmouth, NH: Boynton/Cook.

Weaver, C. (1996b). Teaching grammar in context of writing. *English Jounal*, 85, 15-24.

Woltjer, S. (1998). Facilitating the use of description-and grammar. IN C. Weaver (Ed.), *Lessons to share: Teaching grammar in context of writing* (pp.95-99). Portmouth, NH: Boynton/Cook.

3.6. 토론을 위한 질문

1. 앞서 언급된 연구자들(앤드루스, 콜른, 볼프람, 위버)은 왜 언어와 문법 교수가 가치 있다고 믿는가? 그들이 지지하는 문법의 종류는 무엇인가? 그 이유는 무엇인가? 그들의 문법은 전통 문법과 어떻게 다른가?

2. 앤드루스의 LEA(언어 탐구와 인식) 프로그램을 생각해 보자. 이 방법의 장점과 단점은 무엇인가? 저자가 가진 자격증의 종류는 무엇인가? 저자가 그 방법의 정당성을 지지하기 위해 어떤 근거를 제시하고 있는가? 그 근거를 어떻게 신뢰할 수 있는가? 그 이유는 무엇인가?

3. 쓰기의 맥락에서 문법을 어느 정도로 가르쳐야 하는가? 2장에서 살펴봤던 자료로 되돌아가 보자. 국가의 공식적 교육과정 지침은 읽기와 쓰기의 맥락에서 문법 가르치기를 권장하는가? 여러분이 검토했던 교과서들은 다른 언어 영역과 문법을 어느 정도로 통합하고 있는가? 소수 언어 학생들을 위한 특별 프로그램에서는 읽기와 쓰기에 문법을 어느 정도로 연관 짓고 있는가? 글쓰기 맥락에서 측정되는 표준 영어 문법의 지식은 어느 정도인가? (다시, 해당 페이지를 출력/복사한 자료를 가지고 학급 친구들과 함께 공유해 보자.) 연구 결과를 바탕으로, 여러분이 있는 지역에서 문법이 맥락화된 정도에 대해 내릴 수 있는 결론은 무엇인가?

4. NCTE 계획에서 규명한 바에 따르면 언어 학습은 어느 정도로, 얼마나 탐구되어야 하는가? 2장에서 살펴봤던 자료로 되돌아가 보자. 국가의 공식적 교육과정 지침은 언어 연구를 권장/요구하는가? 여러분이 검토한 교과서들에는 영어의 역사와 방언뿐 아니라 언어에 대한 다른 연구 주제를 어느 정도로 탐구하고 있는가? 소수 언어

학생들을 위한 특별 프로그램에서는 영어의 역사와 방언뿐만 아니라 언어에 대한 다른 연구 주제를 어느 정도로 탐구하고 있는가? (다시 해당 페이지를 출력/복사한 자료를 가지고 학급 친구들과 함께 공유해 보자.) 연구 결과를 바탕으로, 여러분이 있는 지역에서 언어 연구가 권장되고 있는 정도에 대하여 내릴 수 있는 결론은 무엇인가?

학생의 글 논평하기 II

일상생활에서 지속적으로 개발해야 하는 언어의 한 측면은 수사학적 판단력에 대한 감각이다. 이것은 독자의 기대를 만족시키고 목적을 달성하기 위해 필자가 어떤 단어를 사용해야 하는지 하는 판단이다(Kolln, 1999). 글쓰기 장르가 다양해지고 대화 상대 또한 폭넓어지고 있기 때문에 다양한 상황에 따른 언어적 및 수사적 요구가 증대되고 있다.

수사적 및 문체적 판단에 대한 전문 지식이 증가함에 따라, 학생들은 글쓰기에서 아이디어 생성하기와 텍스트 초고 작성하기는 물론 고쳐쓰기와 편집하기도 하게 된다. 학생들은 내용, 조직 및 문체 선택이 글쓰기의 목적을 달성하고 독자의 기대를 충족시킬 수 있는지 결정할 수 있어야 한다. 또한 독자의 요구와 자신이 쓴 글 사이에 어떠한 차이가 있는지 살펴 자신이 쓴 글을 평가할 수 있어야 한다.

제2부에 구성된 두 개의 장에서는 교사가 학생들의 수사학적 판단력을 발전시키는 데 어떠한 도움을 줄 수 있는지에 대해 탐구해 본다. 제2부의 주요 핵심 질문을 제시하면 다음과 같다.

- 교사는 학생들을 기성 작가처럼 성장시키려면 어떻게 해야 하는가? 교사는 학생들이 독자의 기대와 문체적 판단 효과를 이해시키는 데 협의와 논평을 어떻게 사용할 것인가?
- 왜 학생들은 글을 쓸 때 "오류"(주로 문법적 오류)에 빠지는가? 교사는 학생들이 작성한 글과 문맥에 적절한 글의 다른 점들을 "찾는 데" 어떤 도움을 줄 것인가?

제4장 학생의 글 평가하기

    물론, 글을 쓰는 사람들이 영어로 텍스트를 작성하기 위해서는 영어 기초 어휘와 문장 구조에 대한 지식을 어느 정도 갖추고 있어야 한다. 이러한 지식이 없으면 자신의 생각을 영어로 표현할 수 없다. 그런데 글을 쓰려면 자신의 수사학적 지식 또한 이용해야 한다. 경험이 풍부한 필자들은 자신의 생각과 관련된 배경 정보, 뒷받침하는 세부 내용들과 명확한 예를 만들어 내어 독자들이 글쓴이의 생각을 이해하고 공감할 수 있도록 해야 한다는 것을 알고 있다. 그들은 이러한 생각들이 독자의 주의를 끄는 서론, 논리적으로 조직화된 본론, 그리고 종결의 느낌을 자아내는 결론 세 부분으로 구성되어야 한다는 것을 안다. 그들이 말하고자 하는 것이 무엇인지, 그리고 독자의 요구가 무엇인지에 대해 생각하는 것은 필자가 아이디어를 생성하고, 초고를 작성하고, 고쳐쓰는 데에도 도움이 된다.

    이와 비슷하게 문체에 대한 지식(하트웰의 문법 5 [30쪽]) 역시 필자들이 아이디어를 생성하는 데, 초고를 작성하고 고쳐쓰는 데에도 도움이 된다. 3장을 읽어 보면 위버(Weaver, 2001)가 코스타리카에 여행을 가서 급류타기 래프팅을 했던 경험에 대해 쓴 글이 있다. 그녀는 그 경험을 한 차례 서술한 후 개략적인 세부 내용을 생성했다. 그리고 나서 고쳐쓰기 과정의 일환으로 그녀는 생성하기로 돌아가 세부 내용을 더욱 상세하게 기술했다. 그녀는 자신의 글(산문)을 생동감 있게 만들기 위하여 추가적인 세부 내용 제시를 위해 의식적으로 분사구, 절대구를 사용했다.

위버의 이야기는 글쓰기 과정을 예비쓰기(때로는 내용 생성하기와 얼개짜기라고 불림), 초고쓰기(원고쓰기) 및 다시쓰기(고쳐쓰기 및 편집하기)[1] 단계들로 깔끔하게 분리하기 어렵다는 것을 분명하게 보여준다. 왜냐하면 한 단계에서 다른 단계로 재빨리 되돌아가기 때문이다. 따라서 고쳐쓰기 전략들은 곧 아이디어 생성하기 전략들도 될 수 있다. 이런 경우 필자들은 초고를 쓸 때처럼 자연스럽게 수사학적 지식을 충분히 사용할 수 있어서 수월하다. 만약 필자들이 익숙하지 않다면 그들이 글을 고쳐쓰고 편집할 때 그것을 이용할 수 있다.

4.1. 언어 학습 전략

필자는 글 읽기와 다른 언어적 경험(하트웰의 문법 1 [29쪽]), 그리고 직접적인 가르침(하트웰의 문법 3, 4, 5)을 통해 내재적으로 수사학적 지식과 판단 감각을 발달시킨다. 그들은 학령 전기 아동들이 말을 배우는 데 사용하는 것과 유사한 전략을 사용한다. 다니엘(Daniels, 1983 [1장 참조])이 지적한 것처럼 아동들은 언어가 어떻게 작동하는가에 대한 가설을 수립하고, 그러한 가설을 테스트하는 과정을 통해 언어를 배운다. 아동들은 주변에서 듣는 언어(들)에 대하여 단어를 형성하고 발음하며, 단어를 문장

---

1) [역주] 원문의 'rewriting'을 '다시쓰기'라고 번역한다. 원문에서는 '고쳐쓰기(revising)'와 '편집하기(editing)'를 아울러서 '다시쓰기'라고 보았다. 보통 '다시쓰기'는 '고쳐쓰기(revising)'와 구분되지 않고 사용되는 일이 많다. 그러나 이 둘을 구분할 때 '다시쓰기'는 초고를 부분적으로 고친다기보다는 새롭게 쓴다는 의미에 가깝다. 글 전체를 다시 쓸 수도 있고, 문단이나 문장을 다시 쓸 수도 있다. 이렇듯 고치는 범위에 따라 '다시쓰기'와 '고쳐쓰기'를 구별할 수 있지만, 실제 학생들의 글쓰기에서는 '다시쓰기'도 '고쳐쓰기'의 전략으로 등장할 수 있다.

으로 조직하고, 다양한 사람들과 효과적으로 의사소통하기 위해 그들이 규칙이라고 생각하는 것을 귀납적으로 데이터를 만들어 사용한다. 그들은 그러한 규칙들을 시험 삼아 사용해보고, 만약 그들의 대화 상대들(그들과 의사소통하는 사람들)이 호의적으로 반응하면(또는 최소한, 부정적으로 반응하지 않으면) 자신들이 사용한 규칙들이 맞다 - 적어도 그 맥락에서는 맞다 - 고 판단한다.

이처럼 글쓰기를 배우는 아동들이 훌륭한 글에 대한 가설을 전개하는 데 도움이 될 수 있도록 우선 그들이 읽는 텍스트에서, 그리고 그 맥락에서 핵심적인 특징을 포착해야 한다(Long et al, 1998; Ray, 1999; Siegel, 1999). 예를 들어 텍스트의 첫 번째 단락 서두에서 독자의 관심을 끄는 방법과 관련된 수사학적 딜레마를 찾아보라. 이 질문에 대한 대답으로 첫 번째 단계는 글을 읽을 때 필자는 서론에 주의를 기울여야 한다는 것이다. 다른 필자들은 서론의 소재를 어떻게 구성했는가? 독자들의 주의를 사로잡고, 글의 소재를 소개하고, 배경 정보들을 제공하기 위해 어떤 방법들을 이용했는가? 등등에 주목해야 한다.

둘째, 필자는 다양한 장르의 텍스트를 쓰는 방법에 대한 가설을 세워야 한다. 콜린(Collins, 1998)에 따르면 텍스트가 어떤 모습일지, 독자들은 어떤 캐릭터들이 나오길 기대하는지, 필자는 그러한 캐릭터들을 어떻게 탄생시킬지에 대해 머릿속에 그림을 그려야 한다고 했다. 이러한 가설들, 이러한 머릿속 그림들이 우리의 활동(글을 쓰는 작업)을 안내한다. 텍스트를 시각화할 수 있는 능력이 없다면 글을 쓰는 데 심한 압박을 받게 된다. 이 주장을 시험하기 위해 내가 여러분에게 업무용 편지를 쓰라고 요청했다고 상상해 보자. 이것에 대해 즉각적으로 어떤 이미지가 떠오르는가? 이것을 어떻게 써야하는지 알고 있는가? 이러한 서신에는 어떤 부분이 들어가야 하고, 어조는 어떻게 해야 하는지 알고 있는가? 아마도 여러분은 이 같은 질문들에 쉽게 답할 수 있을 것이다. 왜냐하면 대부분 업무용 편지를 받거나 써 본 경험이 어느 정도 있기 때문이다. 지금 내가 여러분에게 담보 대출 계약서를 쓰라고 요청했다고 상상해 보자. 이에 대해 어떤 이미지가 떠오르는가? 어떤 내용을 써야 하는지 알고 있는가? 대부분의 경우 그 이미지는 다소 모호하다. 아마도 담보 대출 계약서를 본 적이 거의 없을 것이다. 대개의 사람들은 평생 그러한 문서는 손에 꼽을 만큼 볼 뿐이다.

셋째, 또한 필자는 자신의 언어를 모니터하고 조절하는 능력을 발달시켜야 한다(Williams, 1995). 가설들이 맞는지, 마음속 그림이 언어로 성공적으로 부호화했는지 판단하기 위해, 쓴 내용과 기대했거나 필요했던 내용이 격차가 있는지, 있다면 어디 있는지 찾을 수 있어야 한다. 이러한 질문들은 전체적이고 부분적인 수준 모두에서 다루어야 한다. 필자가 쓴 서론은 마음속에서 그렸던 서론의 모습을 띠고 있는가? 이것은 독자들의 요구에 부응하는가? 적절한 문법적 형태들을 사용했는가?

이 전략은 독자들처럼 비판적으로 볼 수 있도록 자신이 쓴 텍스트를 멀리 떨어져 볼 것을 요구한다. 이렇게 비판적 평가를 하는 목적은 글쓰기 연구자인 플라워(Flower, 1979)가 일컫는 독자 중심의 글을 창작하기 위해서이다.[2] 이런 종류의 텍스트는 필자의 아이디어를 표현하고 독자의 요구도 충족시킨다. 또한 이런 종류의 글은 전형적으로 필자만이 쉽게 이해할 수 있는, 필자의 생각들을 적은 기록물로서 *필자 중심* 글에서 출발한다. 훌륭한 필자는 일련의 아이디어들을 독자에게도 의미 있는 텍스트로 변형시키기 위해 - 조직하고 발전시키기 위해 - 노력한다.

---

2) [역주] 플라워(Flower)는 필자 중심의 글을 독자 중심의 글로 변형할 것을 강조한다. 글쓰기란 필연적으로 자기중심적(egocentric)인 성향이 강한 작업이다. 사람들은 글을 쓸 때 자연스럽게 자기 자신에게 이야기하듯 글을 쓴다. 때문에 독자에게 이야기하듯 글을 써야 하는 전략이 필요하다는 것이다. 원진숙 외 옮김(1998: 358-359) 참조.

4.2. 수사학적 판단력을 키우는 글쓰기 지도

초보 필자들이 수사학적 판단력의 감각을 발달시키기 위해 사용하는 3가지 핵심 전략들이 있다. 대체로 이 과정은 눈에 보이지 않는다. 학생들은 보통 자신이 읽는 텍스트에 대해 무엇을 배우고 있는지 인식하지 못한다. 이 과정은 또한 모국어 능력을 발전시키는 능숙한 필자들과 제2언어를 배우는 학습자들에게도 - 어느 정도까지는- 적용되는 것 같다. 심리 언어학자들은 청소년들과 성인들(특히 제2언어 학습자들)이 어린 아이들이 접근하는 동일한 언어 학습 기제들에 어느 정도까지 접근하는지(또는 완전하게 접근하는지) 확실히 알지 못한다. 능숙한 학습자들과 제2언어 학습자들은 대뇌에 저장되어 있다고 믿는 구체적인 언어 전략들보다 일반적인 학습 전략들에 더 의존할지 모른다(Ellis et al, 2001). 따라서 청소년들과 성인들이 수사학적 판단력을 키우기 위해서는 글쓰기에서 확실한 지도를 받는 것이 도움이 될 것이다(하트웰의 문법 3, 4, 및 5).

교사는 아동들이 사용하는 핵심 언어 학습 전략 활용 방법들을 가지고 학생들과 텍스트에 대해 이야기를 나눌 수 있다. 교사가 사용할 수 있는 일부 접근법에는 다음 사항들이 포함된다.

- 학생들에게 모범 텍스트에서 핵심 특징 찾는 방법과 그것들에 대한 가설 세우는 방법 가르치기
- 고쳐쓰기 워크숍에서 학생들이 썼던 것과 독자들의 요구 사이에 어떤 차이가 있는지 알 수 있도록 텍스트를 읽는 방법 시범 보이기
- 학생들에게 교사와 동료 학생들의 논평에 세심한 주의를 기울이도록 장려하기

↘ 모범 텍스트에서 핵심적인 특징 찾아내기

모범 텍스트들을 연구하고 대문호들을 모방하는 것은 오랜 전통을 가진 교수법이었다. 예를 들면, 중세 시대 학교에서 학생들이 라틴어로 글을 잘 쓸 수 있도록 가르치는 데 사용되었다. 또한 이는 다목적 기법이기도 한데 에세이의 구조에서부터 수사학적 목적들, 문장의 구두점에 이르기까지 다양한 특징들을 공부하는 데 이용될 수 있었기 때문이다. 예를 들어 나의 기초 글쓰기 반 학생들에게 다음 지시 조건에 따라 분석적 에세이를 한 편 쓰라고 요청한다.: 여러분이 결정을 내리기 어려웠던 때에 대해 말해 보라. 그리고 여러분이 읽은 글에서 얻은 정보를 이용해 왜 그 결정을 내리기 어려웠는지 설명하라. 이전 학생들이 썼던 몇몇의 성공적인 에세이를 학생들에게 읽어보도록 요구하는 것으로 그들은 부분적으로나마 에세이를 쓰는 방법을 배우게 된다. 그 에세이의 구조를 주의 깊게 살펴봄으로써 자신의 초고에 어떤 필수 요소들을 포함시켜야 할지 배우게 된다. - 예를 들면 분석하려는 사건(그들이 어려운 결정을 했던 때)과 분석 도구(결정을 어렵게 만든 경우들에 대한 에세이를 읽고 얻은 정보)를 언급한 서론; 그 결정에 대한 사건을 이야기하는 한 개 이상의 단락들; 읽은 에세이에서 결정을 분석한 단락; 결론; 그리고 인용한 작품 목록이 포함되어야 한다. 처음에는 이 과제가 학생들을 주눅 들게 하지만 학생들은 다른 학생들이 어떻게 했는지 확인하고 나면 이내 긴장을 푼다. 어떤 학생은 "이게 전부에요? 전 잘 할 수 있어요."라고 말한 적도 있다. 모범 에세이(텍스트)를 이용하여 학생들이 완성된 텍스트를 머릿속에 그려보도록 돕는 이 과제는 다룰 만한 것이 된다.

게다가 이 과제는 글 전체 구조를 볼 수 있게 해 줄 뿐만 아니라, 작가들(과거 성공적인 에세이를 썼던 이들)은 출처가 되는 글을 어떻게 사용했으며, 자신의 텍스트에 그 출처들을 어떻게 소개했으며, 어떻게 인용했는지와 같이 더욱 구체적인 특징들을 찾아보기 위해 모범 에세이들을 다시 볼 수 있게 한다. 또한 표면적 특징들도 볼 수 있다. 예를 들어, 한 번은 내가 학생들에게 한 학생이 썼던 다음과 같은 구절에서 조각문에 주목하라고 요청했다:

Jo from *Little Women* is my favorite character. She's like me. Always writing.[3]

우리는 조각문이 지닌 효과, 즉 독자가 이것을 어떻게 해석할 수 있는지 엿볼 수 있었다. 어떤 학생들은 이것을 싫어했다. 그들은 표준 관습을 위반하는 것을 싫어했고, 만약 그들이 (위 예문을 쓴) 글쓴이였다면 의도적인 조각문의 위험을 감수하지 않을 것이다. 그렇게 우리는 그 구절에 구두점을 찍을 수 있는 다른 가능한 방법들을 볼 수 있었다.

She's like me, always writing.
She's like me—always writing.

학생들은 줄표(-)를 좋아했는데, 이것이 콤마가 하는 것보다 *언제나 구절 쓰기*에 더 많은 관심을 끌었기 때문이다. 줄표(-)를 이용해 글쓴이는 독자들과 멀어지는 위험 없이 조각문에 의해 얻을 수 있는 것과 비슷한 수사학적 효과를 얻을 수 있다. 때때로 여러 대안들과 선택한 기법을 비교하는 것은 학생들이 선택할 수 있는 다양한 언어의 수사학적 효과들에 대한 종류를 이해하는 데 도움을 준다.

나는 학생들에게 모범 텍스트에서 핵심 특징을 찾는 방법과 그것들에

---

3) [역주] '*작은 아씨들*'에 출연하는 조(Jo)는 내가 가장 좋아하는 캐릭터이다. 그녀는 나 같다. 항상 글을 쓴다.

대해 가설을 세우는 법을 가르쳤기 때문에 수사학에 대한 이러한 토론
이 가능했다. 여기에서 나는 레이(Rya, 1990: 120)의 5단계 과정이 도움이
된다는 것을 알게 되었다.

- 텍스트의 전략에 관한 중요한 것에 *주목하라.*
- 글쓴이가 이 전략을 사용할 수 있는 이유에 대해 *이야기*하고 *이론을
  만들라.*
- 이 전략에 *명칭*을 붙이라.
- 여러분이 알고 있는 *다른 텍스트*들에 대해 생각하라. 이 전략을 이전
  에 본 적이 있는가?
- 이 전략을 이용해 글을 써 보고 (나올 결과물을) *마음속에 그려보라.*

레이의 과정은 보기 4.1에 요약되어 있다.

보기 4.1　　가르치기 비법: 학생들이 모범 텍스트로부터 배우도록 가르치기

　　학생들이 암암리에 배우든, 아니면 확실한 지도를 통해 배우든 관계없이 그들이
사용하는 핵심 전략은 그들 주변의 언어에 나타나는 특징에 주목하는 것이다. 모범
적인 텍스트에서 학생들이 본 특징을 관찰하고, 이론을 제시하고, 연습할 수 있도록
구체적인 전략을 가르쳐 주면 학생들은 그 모범적인 텍스트로부터 더 많은 것을 배
운다는 것을 알게 되었다. 이는 글쓰기의 전략을 이해하기 위한 레이(1999)의 5단계
읽기 전략에 기초한다. 이것을 스미스(Smith, 1988)는 *필자처럼 읽기*라고 했고, 오하
라(O'Hare, 1979-1980)는 *글을 쓰기 위한 읽기*이라 했다. 텍스트가 어떻게 구성되었
는지, 특정한 문법적 선택이 가져오는 수사학적 효과는 무엇인지 알아보기 위해 이
기법을 사용한다.

　　1. **텍스트의 전략에 관한 중요한 것에 *주목하라.*** 나는 학생들에게 가르쳐 주고
　　싶은 특징들을 사용한 텍스트를 제시한다. 우리는 글을 읽고 내용에 대해 토론
　　한 후, 학생들에게 토론에서 문제가 되는 특징에 집중하라고 요청한다. 예를
　　들어 저자가 요점들을 어떻게 반박하는지 살펴보라. 3단계 과정을 포함하고 있

는 보기에 주목하라.: 반대 입장 요약하기, *but* 또는 *however*와 같은 전환 접속사를 이용해 관점 바꾸는 것 표시하기, 그리고 왜 그 지점이 문제인지 설명하기.

2. **글쓴이가 이 전략을 사용할 수 있는 이유에 대해 *이야기하고 이론을 만들라*. 이를 오하라는 "Why game"이라고 부른다.** 왜 반대 입장을 요약하는 것이 중요한가? 왜 전환 접속사를 사용하는가? 어떤 전환 접속사가 효과적일까? 왜 *but* 혹은 *however*와 같은 접속사를 써야 하는가? 반박하기 위한 다른 전략들이 있는가? 이것은 읽기 과정에서 이러한 다양한 부분들이 하는 역할이 무엇인지 이해하고자 하는 학생들을 위해 중요한 내용이다. 학생들이 각 단계가 왜 중요한지 알 때, 그들은 자신의 글쓰기에 이것을 좀 더 포함시킬 가능성이 많다.

3. **이 전략에 *명칭을* 붙이라.** 우리는 여기에서 기술적 용어들 - 반박, 전환 등 - 또는 보다 비격식적인 이름 - "yeah, but what about…"을 사용할 수 있다. 여기서 나는 글쓰기 전략에 대해 이야기하기 위한 한 방법으로 문법 용어들을 소개하려 한다(하트웰의 문법 5[30쪽]).

4. **여러분이 알고 있는 *다른 텍스트들에* 대해 생각하라. 이 전략을 이전에 본 적이 있는가?** 이 특징을 다른 텍스트들에서 살펴봐야 하는 두 가지 중요한 이유가 있다. 첫째, 학생들이 다른 맥락들에서 작용하고 있는 이 특징을 볼 수 있게 해 주기 때문이다. 대체로 이 기법이 어떻게 작용하는지에 대한 이론의 질을 높여준다. 둘째, 이러한 기법들이 어느 한 필자에 의해 "소유"되는 것이 아니라 학생들을 포함하여 모든 필자들이 이용할 수 있음을 이해하는 데 도움을 준다.

5. **이 특징을 추가하여 여러분의 글쓰기를 *고쳐쓰라*.** 만약 학생들이 자신의 글에 동일한 기법들을 사용할 수 없다면 출간된 텍스트들의 구조를 공부하는 것은 시간 낭비이다. 그래서 나는 학생들에게 자신의 글에 시험적으로 그 기법을 사용해 볼 수 있는 시간을 준다.

학생들이 모범 텍스트로부터 글쓰기 기법들을 배우도록 가르치는 과정에서, 글쓰기 전략 수업은 필연적으로 문법에 대한 토론으로 이어진다. 특히 이러한 기법들에 이름을 붙이는 차원에서 그러하다. 다양한 문장 구조들에 대한 수사학적 효과를 토론하면서 학생들은 그들의 아이디어들을 효과적으로 표현하는 데 문법이 어떻게 중요한지 직접 알게 된다. 앤드루스(1995, 1998)의 LEA 접근법과 같이 학생들은 실제 텍스트들과 그 텍스트들이 세상에서 어떻게 작용하는지 공부한다. 그 결과 학생들은 문법의 전통적 규칙보다는 수사학적으로나 언어학적으로 타당한 글쓰기에 대한 이론을 세우고, 글쓰기에 대한 아이디어들을 발전시키게 된다.

◨ 텍스트에서 차이점 찾기

학생들의 수사학적 판단력을 발달시키기 위해 교사가 사용할 수 있는 또 다른 접근법은 정기적으로 고쳐쓰기 워크숍을 갖는 것이 있다. 이러한 워크숍에서 학생들은 자신이 쓴 것과 독자들의 요구 사이에 어떤 차이가 있는지, 그리고 다양한 전략들을 이용해 그 차이들을 어떻게 메울 수 있는지 알 수 있도록 자신의 텍스트를 읽는 방법을 배운다. 예를 들면, 몇몇의 성공한 분석적인 에세이들 읽기뿐 아니라 기초반 필자들은 성공하지 못한 에세이들도 몇 편 읽는다. 이 실패한 에세이들에는 여러 종류의 차이들이 있기 때문이다. 우리는 이 실패한 에세이들의 장점은 무엇이며, 이들에 대해 필요한 작업이 무엇인지 이야기를 나눈다. 그런 다음 우리는 필자들이 그 텍스트들을 개선시킬 수 있는 방법들에 대해 이야기한다.

기초반 필자들은 그들의 레퍼토리에 많은 고쳐쓰기 전략들을 보유하고 있지 않기 때문에 성공한 필자들이 이용한 일부 전략들을 본보기로 제시하는 것이 중요하다. 나는 학생들이 글쓰기에 대한 폭넓은 머릿속 그림과 그들을 성공적인 행위로 이끌 수 있는 글쓰기 과정을 발전시키도록 돕고자 한다. 능숙한 필자들은 글쓰기에서 마주치는 문제들을 해결하기 위해 이용할 수 있는 광범위한 전략들을 갖고 있다. 그들은 자신의 아이디어를 표현하기 위해 사용할 수 있는 많은 장르를 알고 있다. 그들은 아이디어를 생성하고 고치기 위한 다수의 방법들을 알고 있다. 그들은 각 문체적 특징을 잘 통제할 수 있다. 반면에 기초반 필자들은 대체로 다른 가능성들을 생각하는 데 도움이 필요한데 이것은 경험이 풍부한 필자로부터 얻을 수 있다. 앳웰(Atwell, 1998)에서는 다음과 같이 말한다.

내가 글을 쓰고 초보 필자들과 협의하는 시간이 길어질수록 그들을 위한 잠재적인 기법들을 끌어낼 수 있는 경험의 폭은 더욱 넓어진다. 나는 내가 알고 있는 것을 이야기하고 보여준다. 이것은 내가 가르치는 학생들에 대한 나의 책임이기 때문이다.: 그들이 어디에 있으며, 다음에는 어디로 가야할 것인지 알아낼 수 있도록, 그리고 그 새로운 장소에 도달할 수 있도록 내가 알고 있는 모든 방법들에 대해 예를 들어가며 보여준다(p.222).

그래서 글쓰기 기초반에서 학생들이 자신의 텍스트를 모니터하고, 그 것을 고쳐쓰고, 만약 필요하다면 추가적인 세부 내용을 생성하는 데 사용할 수 있는 다수의 전략들에 대해 이야기한다. 이러한 전략들 중 일부가 보기 4.2에 기술되어있다.

고쳐쓰기 워크숍의 마지막 단계에서는 학생들에게 자신의 텍스트와 친구들의 텍스트들을 돌려 읽으며 이러한 방식으로 판단해 보게 하였다.

보기 4.2 **가르치기 비법: 고쳐쓰기 가르치기**

고쳐쓰기를 가르치는 책들, 특히 초등학생과 중학생 이상을 위한 책들 가운데 가장 적절한 것은 아마도 레인(Lane, 1993)의 『끝난 후: 가르침과 배움의 창조적인 개정』일[4] 것이다. 레인은 특히 학생들이 고쳐쓰기 전략들을 잘 기억하고 그것들을 사용해 눈앞에 그려 볼 수 있도록 추상적인 고쳐쓰기 전략들에 구체적인 이름과 이미지를 연결하는 데 능숙하다. 아래 제시된 몇몇의 전략들은 그의 책에서 각색된 것이다.; 다른 전략들은 네만(Neman, 1995)과 쉬하퍼(Schaffer, 1996)로부터 각색된 것이다.

줌인하기 ↓ 초점을 찾기 위해.	여러분의 초고를 다시 읽어보라. 그 초고에서 어떤 문장이 가장 훌륭하고 가장 구체적인 문장(또는 구절)인가? 이 문장(또는 구절)을 새로운 페이지에 복사하고 다시 글쓰기를 시작하라. 당신이 말하고자 하는 바에 대해 구체적인 논지 진술[5]을 생각해 낼 때까지 이 과정을 계속하라. *주의: "워밍업" 삼아 논문을 작성해 보면, 초고 중간이나 말미 근처에서 최고의 문장(또는 구절)이 나올 가능성이 높다.*

---

4) [역주] Lane, B. (1993). *After The End: Teaching & Learning Creative Revision.* Heinemann.

고무 밴드를 늘리기 ↓ 여러분의 논지에 더 많은 긴장감과 복잡성을 부여하기 위해, 롤러코스터 타기	여러분의 논지를 다시 읽어 보라. 논쟁의 소지가 있는 주장을 내 세웠는가? 공동의, 대중적인 또는 전통적인 믿음과 상반되는 것 인가? 반대 입장의 견해를 포함하거나 암시하고 있는가? 최소한 두 가지 관점을 포함시켜서 당신의 논지를 고쳐쓰라. *주의: 여러분의 주장을 더욱 복잡하게 하고, 흥미로운 긴장감을 불어 넣기 위해, 다음에 제시된 구들 중 한 버전을 글쓰기에 사 용하라.:* • *...라고 흔히 생각하지만, 그러나 실제로는...* • *...인 것처럼 보일 수 있지만, 그러나 사실은..* • *비평가들이...라 생각함에도 불구하고(설사 비평가들이...라 생 각할지라도), 나는...라고 믿는다.*
일반적이고 구체적인 세부 내용을 가지고 단락을 쓰기위해.	각 단락을 연구하라. 각 단락의 화제에 대한 일반적인 문장이 있 는가? 만약 없다면 각 단락의 세부 내용들을 연구하고 이것들을 일반화하여 요약해 보라. 최소 한 개 이상의 문장들을 가지고 일 반적인 화제를 보다 구체적인 세부 내용으로 발전시켰는가? 만 약 그렇지 않다면 보다 구체적인 세부 내용을 추가하라. 그 화제 는 예시가 필요한가? 그렇다면 예시를 추가하라.
질문 협의하기 ↓	글쓰기 동료에게 여러분의 초고를 읽도록 요청하라. 동료는 어느 부분에서 더 많은 정보를 알고 싶어 하는가? 누락된 정보들을 채울 수 있도록 동료에게 최소 5가지의 질문을 적어달라고 요청하라. *주의: 새로운 내용을 생성하는 데 도움을 주려면 글쓰기 동료는 육하원칙 누가, 무엇을, 언제, 어디에서, 왜, 그리고 어떻게,으로 시작하는 질문을 해야 한다. '예·아니오'형 질문은 이 상황에서 효과가 없다.* 질문을 읽기 위해서 거미 다리 기법을 사용하라. 동료가 한 질문 에 대해 대답을 쓰고, 새로운 세부 내용은 텍스트의 적절한 부분 에 삽입시켜라.
새로운 내용을 생성하기 위해. 풍선 바람 빼기 ↓	여러분의 주된 요점과 관련이 없거나, 중요하지 않다거나, 또는 이야기나 주장을 방해하는 대화나 세부 내용들은 잘라 버려라. **아니면** 아주 중요하지 않은 아이디어들은 한 문장이나 두 문장 으로 요약하라.
세부 내용을 잘라 버리고/ 또는 요약하기 위해.	여러분의 이야기에서 중요한 순간 또는 주장에서 중요한 아이디 어를 찾고, 그 부분에 보다 구체적인 세부 내용을 추가시켜서 더 욱 발전시켜라.

순간 폭발력 높이기 ↓ 세부 내용을 추가하기 위해.	여러분의 이야기나 주장에서 **물리적인** 묘사가 더 필요한 부분들을 찾아라. — 다시 말해, 구두로 어떤 사람이나 어떤 것을 그려 내기 위해 이야기나 주장의 흐름을 멈출 필요가 있는 부분들을 찾아라. 이야기에서 스냅 사진은 장면, 등장인물, 혹은 행동을 묘사한다. 주장에서 스냅 사진은 반드시 필요한 배경 정보나 예시를 제공한다.
스냅 사진 및/또는 생각 사진 찍기 ↓ 묘사하는 세부 내용을 생성하기 위해.	및/또는(AND/OR) 여러분의 이야기나 주장에서 **정신적인** 묘사가 더 필요한 부분들을 찾아라. — 다시 말해, 생각이나 감정을 표현하기 위해 이야기나 주장의 흐름을 멈출 필요가 있는 부분들을 찾아라. 이야기에서 "생각 사진들"은 등장인물들이 어떻게 느끼고, 왜 그렇게 느끼는지에 대해 설명한다. 주장에서 생각 사진은 한 발 양보하고, 수식 어구를 가리키는 등의 역할을 한다.(주장에 뉘앙스와 복잡성을 더함.) *주의: 스냅 사진과 생각 사진의 길이는 다양하다.— 몇 개의 단어에서부터 한 문장, 한 단락 이상이 될 수도 있다.*
체스를 옮기기 ↓ 주변 구절로 옮기기 위해.	초고의 윤곽을 만들어라. 초고의 단락마다 그 단락이 *말하는 것*(내용)과 *하는 것*(목적)을 간단하게 확인하라. 그러고 나서 전체 윤곽을 분석하라. 당신의 화제를 위해 가장 "논리적인" 구조를 사용했는가?(예. 이야기의 연대기 구조가 적어도 당신의 논쟁에 중요한 근거가 되는가?) 만약 그렇지 않다면, 주변 구절로 이동하라. 독립된 단락들에서 화제를 반복하고 있는가? 만약 그렇다면, 그것들을 합치거나 한 단락을 다른 단락 뒤에 나오게 하라. 한 단락에 두 가지 이상의 화제들이 있는가? 만약 그렇다면 그 단락을 여러 단락으로 나누어라.

이러한 고쳐쓰기 전략들은 학생들에게 조직하기와 발전시키기를 가르친다. 학생들이 이러한 가르침을 내면화한다면 그들은 초고쓰기에서 자발적으로 이러한 전략들을 사용할 수 있을 것이다. 따라서 고쳐쓰기 전략은 동시에 예비쓰기 전략이 될 수 있다.

---

5) [역주] 원문 'thesis statement'를 '논지 진술'이라 번역한다. '논지 진술(thesis statement)'이란 텍스트의 요점을 명확히 하기 위해 에세이나 학술 논문의 도입에 한 문장이나 두 문장으로 간단하게 요약하는 것을 말한다.

4.3. 학생의 글 평가하기

그러나 학생들이 텍스트 효과에 대해 배울 수 있는 가장 성공적인 방법 - 그리고 간접적으로, 글쓰기에 대한 그들의 가설이 얼마나 타당한지 알 수 있게 하는 방법-은 반 친구들, 교사 및 다른 사람들로부터 사려 깊은 피드백을 받는 것이다. 교사는 학생들이 자신의 텍스트에 대해 스스로 물어볼 필요가 있는 질문 유형을 모형화해 줌으로써 도움을 줄 수가 있다. 따라서 교사가 학생의 글을 평가할 때 일반적인 글 읽기 방식과 학생이 쓴 특정 글을 읽는 방식을 알아볼 수 있게 해야 한다. 능숙한 필자는 독자들의 요구를 예상하고 그러한 요구를 충족시키는 구절을 생성한다. 반면에, 학생 필자들은 대개 초고쓰기나 고쳐쓰기를 할 때 독자들의 반응을 예상하는 것을 훨씬 힘들어하며 많은 시간을 소비한다. 그래서 소머즈(Sommers, 1982: 148)의 학생 글쓰기에 대한 교사의 반응 연구에서 지적한 것처럼 "우리는 독자의 존재를 극적으로 부각시키기 위해 학생의 글에 논평을 한다."

사려 깊은 평가자들은 처음에는 텍스트 조직 및 이야기 전개와 같은 글 전체에 집중한다. 왜냐하면 글 전체의 변화들이 그 텍스트를 읽는 데 가장 큰 영향을 미칠 가능성이 높기 때문이다. 우리가 텍스트를 읽을 때 일반적으로 텍스트의 전체 의미를 읽지 각 페이지에 나타난 단어들을 읽지 않는다. 오히려 주제와 지금까지 읽은 부분에 대한 지식을 다음 구절에 어떤 내용이 나올 것인지 예측하기 위해 사용한다. 우리는 우리의 예측이 맞는지 확인하기 위해 텍스트를 충분히 훑어보고, 지금까지 읽은 텍스트에 대한 의미를 조절하고, 다음 구절을 예측하기 위한 단계로 넘어간다.

우리는 정보를 처리할 수 있는 인지 능력이 제한되어 있기 때문에 텍스트를 빨리 읽을 필요가 있다.; 만약 너무 오랫동안 읽으면 우리는 그 텍스트의 요지를 잊어버리게 된다. 텍스트 조직과 이야기 전개에 나타난 차이는 우리의 글쓰기 과정을 늦추고, 이로써 의미를 창조하기 위한 우리의 능력을 방해한다. 텍스트 전체에 주의를 집중하고 나면 이어서 교사는 텍스트의 표면 구조를 가지고 학생들을 도울 수 있다(5장 참조).

쿠퍼 외(Cooper et al, 1999)에 따르면, 읽기 과정을 통해 학생들의 글쓰기 기술을 발달시킬 수 있는 가장 좋은 방법은 텍스트에 대한 교사의 반응에 주의를 기울이게 하는 것이다. 혼란스러움에 당신의 얼굴을 찌푸리게 만든 곳은 어디인가? 예상하지 않은 새로운 정보로 당신을 깜짝 놀라게 한 부분은 어디인가? 어느 부분에 나온 예가 당신을 안심시키는가? 당신을 미소 짓게 만든 부분은 어디인가? 나는 학생에게 다음과 같은 식으로 협의회에서 말하거나 아니면 여백에 논평을 적을 수 있을 것이다.: "처음 이 문장을 읽었을 때 나는 ~을 기대하고 있었어." 교사가 학생들의 텍스트들을 읽고 이를 명료하게 정리한 논평을 내놓는 과정은 학생에게 그들의 초고에 필요한 비판적 독자의 모델이 된다.

그러나 텍스트의 특정 부분이 어렵다고 지적하는 것은 평가자로서 우리가 해야 할 과제의 일부분일 뿐이다. 교사의 논평은 글쓰기 전략을 가르치기 위한 기회로 이용되어야 한다. 예를 들어 만약에 교사가 학생들이 현재 레퍼토리를 계속 유지할 것이라고 추정한 다음, 어떤 구절이 어색하다고 지적하는 것은 별로 도움이 되지 않는다. 학생들이 필요로 하는 것은 그 어색함을 뛰어넘는 방법에 대한 조언이다. 또래 동료들은 조언을 제공할 만큼 글쓰기에 대해 충분히 알지 못한다. -혹은 그 구절을 어색해 하지 않고 편하게 받아들인다.- 그러나 교사는 전문가와 같이 조언을 할 수 있다. 따라서 협의회에서든 아니면 말미 논평에서든, 우리의 대답은 다음과 같아야 한다.

- *학생의 글쓰기 목적을 존중하면서 그들이 진지하게 말하고자 하는 것을 받아들여라.* 이번 장을 위한 읽기 자료에서 스트라우브(Straub)는 우리에게 논평을 할 때 글쓴이가 말하고자 하는 바가 무엇인지 탐구하면서 마치 저자와 대화에 참여하는 것처럼 접근하라고 조언한다. 앳웰(1998:230)에서 말한 것처럼, "내가 학생이 쓴 글의 의도를 알고, 학생이 무언가를 배우려하거나 의도를 충족시키는 데 도움을 줄때, 그 협의회는 학생과 교사가 글쓰기에 협력할 수 있는 기회가 된다." 비슷한 주장으로 소머즈(1982)에서는 교사의 목적에 맞춰 텍스트를 임의대로 해석하지 않도록 주의해야 한다는 점을 상기시킨다.

- *구체적이고 실천지향적인 제안들을 제시하라.* 교사가 학생 글쓰기에 어떻게 반응하는지를 연구한 소머즈의 고전적인 1982년 논문에서 가장 눈에 띄는 결과는 교사의 논평들 대다수가 너무 모호해서 도움이 되지 않는다는 것이었다. 교사의 논평은 별 문제 없이 어느 텍스트에나 적용해도 될 만큼 보편적이고 자동적으로 승인한 것처럼 보였다. 그 결과 학생들은 글을 고쳐쓰기 위해서 무엇을 해야 할지 몰랐다.

- *학생들에게 우선순위에 대한 감각을 익히게 하라.* 스트라우브(2000)는 교사들에게 학생의 원고 질을 향상시키는 데 가장 큰 영향을 줄 수 있는 요점 한두 가지에만 초점을 맞추라고 권장한다. 이러한 논평은 글 전체 내용과 조직에 대해 전반적인 제안들이 될 가능성이 높다. 소머즈(1982) 역시 중요도에서 낮은 순위의 관심사를 평가하기 이전에 더 높은 순위의 관심사를 먼저 평가하라고 주장한다.

간단히 말해, 교사는 학생의 글을 평가할 때 단순히 문법적 오류들을 채점하는 것 이상의 일을 해야 한다. - 물론 평가하는 과정에서 고쳐쓰기 조언이 필요한 지점이 있을 수도 있다. 교사는 학생들이 작가로서의 역량을 길러주는 데 위해 협의회와 여백 논평을 이용해야 한다. 스트라우브(2000)에 따르면, 교사는 학생들이 글쓰기 과정을 성공적으로 이행하도록 안내함으로써 고치고 잘 다듬어진 특정 작품이 나올 수 있도록 해야 할 뿐만 아니라, 학생들이 더 큰 맥락에서 글쓰기를 이해할 수 있도록 도와야 한다는 것이다. 그렇다. 교사는 학생들의 텍스트가 변화되기를 바랄지도 모른다. 프리만(Freedman, 1985)에 따르면, 교사는 학생들이 글을 쓸 때 이용하는 절차들이 변화되기를 원한다고 보았다(예. 자신의 텍스트를 더욱 비판적으로 읽거나, 초고쓰기를 시작하기 전에 더 많은 계획을 세우거나, 학위 논문을 더욱 날카롭게 집중해서 보는 것 등). 그리고 교사는 학생들이 글쓰기 전반에 대하여 그것이 세상에서 어떻게 작용하는지 깊이 있게 이해하기를 원한다. 이것은 오직 학생들 자신의 경험을 새로운 맥락에 적용해 보는 학습과 이러한 기법 향상을 위한 방법들로 경험을 일반화시킬 때 일어난다.

교사는 수사학적 판단력을 키우는 데 초점을 둔 환경을 조성하기 위해 글쓰기에 등급을 매기는 것 이상으로 평가한다는 점을 강조해야 한다. 보기 4.3에는 등급 매기기와 평가하기, 이 두 용어 사이의 주요한 차이들에 대해 설명하고 있다. 이 두 용어들은 종종 같은 의미로 사용되기도 하지만 글쓰기를 대하는 태도가 매우 다른 게 보인다.

보기 4.3   가르치기 비법: 평가하기와 등급 매기기 구별하기

학생들이 글 쓰는 방법을 열심히 배울 수 있는 환경을 만들기 위해, 쿠퍼 외(1999)는 쓰기 평가하기와 등급 매기기를 구별하는 것이 중요하다고 주장한다. 이 용어들은 종종 같은 뜻으로 사용되기는 하지만, 쿠퍼 외(1999)에서는 이들의 차이점을 분명히 하고 있다.

평가하기	등급 매기기
• 효과를 검증하기 위한 심사이다. • 글쓴이 자신, 동료, 그리고 교사에 의해 수행되어야 한다. • 쓰기 과정의 모든 단계에서 이루어진다. • 글쓴이가 쓰기 과정을 성공적으로 이행하는 데 도움이 된다.	• 쓰기 작품에 글자, 숫자 또는 순위를 할당한다. • 교사에 의해 수행된다. • 쓰기 과정의 마지막 단계에서만 수행되어야 한다. • 가끔 쓰기 과정을 종료시키는 심리적 효과가 있다.

학생들은 등급 매기기보다 평가하기로부터 더 많은 것을 배운다. 평가하기는 글쓰기 과정의 다양한 단계에서 학생들이 글쓰기에 가장 몰두할 때 이루어지므로 다른 이들의 제안에 집중하려는 의지가 더욱 강하다. 대조적으로 등급 매기기는 글쓰기 과정의 마지막에 이루어지기 때문에 학생들은 글쓰기가 "끝났다"고 느끼게 돼 등급과 논평을 무시하는 경향이 있다. 이러한 차이점은 교사들에게 가능한 등급 매기기를 미루고 글쓰기 과정에 집중하면, 학생들의 과제에 논평을 쓰는 노고보다 더 큰 보답을 학생들로부터 받을 수 있다고 제안한다.

이번 장에서는 교사들이 학생들의 수사학적 판단력을 키우는 데 어떠한 도움을 줄 수 있는지에 대해 탐구한다. 그리고 뒷부분에서는 학생들의 텍스트를 평가하는 방법에 대한 모델을 제시한다.

4.4. 언어 경험 탐구하기

1. 텍스트를 읽기 전, 5분 정도 시간을 내어 다음 사항에 대한 일지를 써 보자.

여러분의 글에 교사는 어떤 종류의 논평을 해 주었는가? 어떤 논평이 도움이 되었는가? 어떤 논평이 도움이 안 되었는가? 여러분은 그러한 논평들에 대해 어떻게 반응했는가(지적, 정서적 측면 등등)? 이러한 경험들에 기초하여 글쓰기 반 동료의 과제를 논평할 때 여러분은 어떤 점을 염두에 두고 논평을 하는가?

↘ *학생 글 논평하기를 위한 지침*

스트라우브

이 장은 『논평 연습: 학생 글 논평하기를 위한 전략』에서[6] 가져온 것이다. 예비 교사를 위해 작성한 이 텍스트에서 스트라우브는 많은 교사들이 가장 어려운 과업이라 말하는, 학생의 글을 잘 논평하는 것에 대해 이해하려고 노력했다. 스트라우브는 교사가 학생의 글을 논평하는 데 사용한 경험 전략을 분석하고 평가한다. 이 읽기 자료에서 그는 초보 교사들이 자신만의 철학 및 논평하기의 유형을 만들 수 있도록 다양한 의견을 제시한다.

━━━━━━

학생의 글 논평하기에 대한 조언은 마치 체스에 훈수를 두는 것과 같다. 여러분은 각 말들이 움직이는 방법과 말들의 수, 그리고 일반적인 일부 전략들에 대해 배울 수 있다. 그러나 게임은 수많은 변화 요인들 가운데 체스판 위에서 진행되어야 하고 - 여러분은 게임의 법칙을 배워야 한다. 여러분의 말의 이동은 여러분 앞에 있는 체스판의 상황과 여러분이 차지하고 싶어 하는 땅에 따라 달라진다. 말의 이동은 여러분이 모든 가능한 선택들에 대해 생각을 한 후에 이루어지며, 매번 차례가 올 때마다 만일의 사태에 대비하는 방법을 고려해야 한다. 즉 여러분은 그 게임에서 실제로 배워야 할 입장이라는 것을 생각해야 한다. 학생의 글

---

6) [역주] Straub, R. (2000). *The Practice of Response: Strategies for Commenting on Student Writing.* Hampton Press.

에 논평하는 법을 배우는 것은 여러분이 가진 체스 게임을 현명하게 사용하는 방법을 배우거나, 또는 여러분의 여왕을 게임 전면에 나서게 할지 판단하는 것과 비슷하다. 여러분이 특정 원칙들을 따르는 것, 특정 핵심을 찾는 것, 그리고 특정 유의점에 주의하는 것이다. 이번 장에서 나는 신규 교사들과 경력 교사들에게 학생 글을 가장 잘 논평할 수 있는 일부 방법들을 가르쳐주고자 비교적 상세한 논평 전략 세트를 제공하려 한다. 나는 논평을 작성하는 방법뿐 아니라 글쓰기 교실이라는 더 큰 맥락에서 논평하는 상황에 대해서도 조언을 할 것이다.

내가 추측하기에 교사의 논평은 효과적인 글쓰기 지도에서 필수적인 부분으로, 글쓰기 교사로서 가져야 할 책임으로 어떤 다른 활동만큼 중요하다고 생각한다. 교사가 논평을 작성할 때 학생의 글에서 실제로 가치 있게 여기는 것을 예를 들어 설명한다. 교사의 논평은 학생들에게 수업의 핵심 개념들을 더욱 의미 있는 것으로 받아들일 수 있는 기회를 준다. 또한 교사의 논평은 필자로서의 학생의 역할, 교사로서의 우리의 역할, 그리고 글쓰기 작업에 대한 요지를 제시해 줄 수 있다. 교사가 교실에서 촉진자가 되어야 한다고 주장한다면, 교사의 논평은 학생들의 글쓰기를 장려하고 글쓰기 역량을 키우는 데 확실한 도움이 되어야 한다. 학생들 스스로 선택하는 연습을 하고 필자로서 권위를 키워야 한다고 주장한다면, 교사의 논평은 어떤 내용을 받아들이고 어떤 부분은 고쳐쓰기를 할 것인지 결정할 수 있는 여지를 주어야 한다. 만약 글의 내용과 필자의 생각을 강조한다면, 교사의 논평은 저자의 생각들을 주로 다루어야 한다.

아래 있는 모든 조언을 살펴봐야 하는 이유는, 신중하고 사려 깊은 논평이 학생들의 즉각적인 발전과 장기적인 발전에 차이가 있을 것이라는 믿음 때문이다. 교사의 논평이 그 어떠한 차이도 만들어내지 못한다는 주장은 신경 쓰지 마라. 심지어 학생들은 논평들을 읽지 않으며, 그들이 관심 있는 것은 오직 성적뿐이라고 쉽게 말하는 회의주의자의 말에도 신경 쓰지 마라. 학생들이 글쓰기를 더 잘 배울 것이라는 믿음으로 가득 찬 교실에서 그들이 글쓰기에서 무엇을 말해야 하는지(단순히 어떻게 말해야 하는지, 혹은 맞았는지 틀렸는지가 아니라)와 글쓰기를 어떻게 작업해야 하는지에 대한 사려 깊은 피드백을 주는 진지하고 잘 짜인 논평을 제공하라. 그러면 학생들은 그 논평을 읽고 그것들을 제대로 인식하며, 그것들로부터 어떠한 교훈을 얻을 것이다. - 만약 그렇지 못하면 다음 글쓰기에서, 그러니까 그 다음 과제에서나 어쩌면 다음 학기에 다시 글을 쓸 때 얻게 될 것이다.

[1] 수업 내용으로 논평하기

1. 교사의 논평은 글쓰기 과정에 대한 기술로 시작하라. 교사의 논평은 수업에서 과제와 활동으로 시작하라. 교사의 논평은 글에서 가치 있게 여기는 것들과 기대하는 것들로 시작하라. 교사의 논평은 학생들이 쓴 내용으로 시작하라. 학생의 글을 읽지만 독자로서, 그리고 가상의 독자와 함께 그 글을 읽는 것이다. 한편으로는 과제 지시 사항을 잘 지켰는지, 다른 한 편으로는 여러분이 수업에서 가르친 내용을 제대로 적용했는지 염두에 두고 학생의 텍스트를 읽어 보라. 여러분이 펜을 들기 전 또는 파일을 열기 전, 어떻게 논평할지 이미 많은 부분을 결정해 놓았다. 매일마다 과제, 연습, 토론 등으로 수업을 창안한다. 물론 글쓰기에서도 마찬가지이다. 이러한 선택들은 궁극적으로 학생들이 쓴 글을 읽는 방식과 어떤 관계가 있으며, 학생들이 쓴 글에 어떻게 논평할 것인지, 결국 여러분의 논평이 여러분의 교수 형태를 갖추는 데 어떤 도움이 될 것인지를

고려한다.

2. 일련의 과제를 읽기 시작하기 전에(과제를 한데 모아서 학생들이 써야 할 글에 대해 이야기를 나눌 때가 가장 좋지만) 글을 쓴 목적을 고려하라. 지금 당장, 단기간 내, 시간이 지나면서, 그리고 장기적으로 학생들이 글쓰기를 통해 달성하기를 기대하는 바가 무엇인지 파악하라. 학생들의 과제를 읽고 논평하는 작업을 통해 학생들이 무엇을 달성하기 원하는가? 이 논평이 하게 될 역할들 중 어떤 역할이 가장 중요하다 생각하는가? 수업에서 이미 다룬 내용 또는 다루려는 내용과 현재 논평에서 여러분이 추구하고자 하는 바를 어떻게 연결시킬 것인가? 이 과제의 어떤 점에 초점을 둘지, 그리고 일반적으로 어떤 것들을 다루지 않을지 결정하라.

3. 각 과제를 평가하는데 투자할 시간을 정하고 한두 시간에 몇 명의 과제 평가를 끝낼지 결정하라. 여러분이 해야 할 일은 계획을 지키는 것이다. 계획을 지킬 수 없을지도 모르지만 업무 목표량은 항상 기억하고 있어야 한다.

4. 실제로 학생들의 과제를 살펴보면 여러분은 두 가지 선택을 할 수 있다. 논평을 하기 전 먼저 과제를 검토하거나 아니면 처음부터 읽으면서 바로 논평을 쓰는 것이다. 두 방법 모두 장단점이 있다. 첫 번째 방법: 과제를 한 번 재빨리 읽고 논평의 초점을 선택한다. 핵심 구절들 옆에 한 줄을 치고 신경 쓰이는 문제점들을 적어라. 그리고 과제를 다 읽은 후 주된 요점을 결정하고 전략을 세워 논평을 구성하라. 이 방법은 처음에는 시간이 더 많이 드는 것 같지만 모든 평가가 끝났을 때는 아마도 더 효율적이라고 여길 것이다. 이렇게 하면 더욱 집중력 있게 학생의 글을 논평할 수 있다. 두 번째 방법: 처음부터 과제를 읽을 때 논평을 작성하라. 그리고 독자의

순간순간 반응 차원에서 논평을 하라. 어떤 부분에서 논평할 가치가 있을 만큼 여러분을 놀라게 한다면(여러분이 지혜롭다면 여러분이 세운 우선순위에 입각해 시험지를 읽을 것임), 여러분은 그 내용을 적어두어야 한다. 그런데 이 방법은 첫 번째 방법보다 더 위험하다. 이 방법은 시간이 많이 걸릴 수 있고 논평 중 어떤 내용을 지우고 입장을 철회할 수 있게 만들어 논평의 범위가 지나치게 멀리까지, 광범위하게 나아가 결국 필자에게 충분한 지시 방향을 제시하지 못할 수 있기 때문이다. 그러나 이 방법은 구체적인 각각의 구절들에 대해 더욱 철저한 답변을 제공한다(또한 잘 사용한다면 아마도 학생들을 더 잘 지도하고, 더 강력하게 통제할 수 있을 것이다).

[2] 의견 교환으로 논평 보기

5. 학생들이 글쓰기 주제를 탐구하는 데 참여하게 하라. 학생들이 글을 통해 진지하게 말하고자 하는 것을 다루고 그렇게 하도록 격려하여 그 결과 자신의 생각을 진지하게 다루도록 하라. 여러분의 논평을 학생들과의 대화 소재로 이용하라. 학생들에게 논평을 읽도록 격려하고, 논평에 대한 반응을 이끄는 진짜 대화를 하라. 논평을 솔직하게 작성하라. 특히 여러분이 가장 중요하게 여기는 의견에 대해서 충분히 기술하라. 짧고, 아리송한 논평, 축약, 그리고 많은 편집 기호들은 편집자나 비평가, 또는 교사가 서둘러 논평한 조급한 태도의 표시로 받아들여질 수 있다. 알찬 내용으로 채운 논평은 독자와 필자, 교사와 학생이 의견을 나눌 수 있도록 돕는다. 이러한 논평은 여러분이 학생의 텍스트를 어떻게 읽고, 그 내용을 어떻게 이해하였는지를 구체적으로 보여준다. 그리고 학생들의 글쓰기 실력을 향상시키기 위해 돕는 의도를 가진 사람으로 만든다.

6. 가능한 한 비전문적 용어들을 사용하여 논평을 작성하라. 학생의 글에 나타난 구체적인 문제점들을 논평할 때 학생의 텍스트에 사용된 언어를 이용하라. 다시 말하지만 의견을 교환하는 것이 목적이다. 여러분이 글쓰기 내용을 더 많이 다루고, 학생의 언어와 결부시켜서 말하고, 학생의 글쓰기에 나타난 구체적인 주제들과 구절들을 더 많이 인용할수록 여러분은 학생들을 사로잡을 것이고 그들을 토론으로 이끌 것이다.

7. 더 큰 맥락인 교실 대화의 주요 용어들과 관련시키도록 노력하라. 학생의 글쓰기에 대해 이야기하는 데 사용할 어휘-학생들이 과정에 참여할 수 있는 언어 그 이상이 더 좋음를 정하는 것이 중요하다. 그러나 동시에 학생들 자신이 쓴 글을 바탕으로 이어가야 한다.

8. 주된 논평을 설명하고, 상술하거나 예증하는 후속 의견들을 추가하라. 다른 의견을 설명하는 논평은 도움으로 받아들일 것이다.

[3] 선별하여 논평하기

9. 논평이 우선순위를 반영하고 글쓰기 과정의 목표를 향해 나아가고 있다는 것을 확신시키기 위해, 일련의 논평들 가운데 2~3개 이하의 문제들에만 초점을 맞추어라. 학생들은 글을 볼 때 한 번에 두 가지 이하의 문제에 집중할 때 가장 잘 이해한다.

10. 하나의 문제에 모든 예를 다룰 수 없으며, 그 문제에 대한 성공 사례를 모두 다룰 필요도 없다. 학생의 텍스트에서 핵심적인 예들을 선택하고 그것들에 대해 논평하라. 나머지 부분은 학생들이 스스로 알아보도록 남겨두라.

11. 논평으로 필자를 압도시키지 마라. 학생 과제에서 5개에서 10개의 구절들만 언급하라. 여백과 말미에 쓰는 것을 포함해 12개에서 25

개 사이의 의견들(문장들)로 논평을 작성하라. 경력 교사와 신규 교사를 구분하는 잣대는 논평을 쓴 문장의 수가 아니라 논평 내용이다. 포괄적으로 쓰는 대신 논지에 초점을 두고 있는 내용을 효과적으로 쓰라.

12. 학생들의 공간을 존중하라. 문장 위에 줄을 긋거나 텍스트 라인들 사이에 마구잡이로 쓰지 않도록 주의하라. 여러분은 학생들이 꼼꼼하고 정연하게 쓰기를 기대한다. 그렇다면 여러분 자신도 그렇게 하도록 노력하라.

13. 논지에서 벗어나지 않는 방법을 찾아 이런 성공적으로 적용시키도록 노력하라. 여러분이 읽는 모든 과제에 집중적인 논평을 쓸 필요도 없고, 과제마다 동일한 정도로 쓸 필요가 없다. 여러분이 판단하기에 더 많은 도움이 필요한 학생들이나 도전이 더 필요한 학생들에게 더 자세한 논평을 써 주는 것이 훨씬 더 효과적이다.

[4] 가장 중요한 것에 먼저 집중하기

14. 내용, 초점, 구성 및 목적 등의 문제들을 강조하라. 학생의 글쓰기가 어느 정도 타당한 수준으로 발전할 때까지 이 문제들에 대해 평가하라. 초고 또는 심지어 완성도가 떨어지는 마지막 과제를 평가할 때에는 오직 내용 차원만에 초점을 맞추어 논평하라. 아직 말할 것이 없는 과제에 대해 형식을 갖추거나 다듬는 일은 무분별한 일이다.

15. 전체적인 내용, 초점 및 구성에 대해 다소간 평가를 내린 후에 국지적인 문제들을 자세하게 다루어라. 타당한 이유가 없다면 과제 작성 초반부 또는 글쓰기 과정의 초반부에서 글에 대한 교정 문제를 강조하지 마라. 여러 거장들의 작품들을 읽고 따라 쓰게 하는 것은 그 거장들의 작품들 중 어느 것도 제대로 모방하지 못하는

결과를 낳는다.

16. 문장의 오류들, 즉 구두점, 문법, 철자 및 전통 문법에 어긋나는 오류들은 가능한 최소한으로 표시하도록 하라. 모든 오류에 표시를 하고 이에 대해 설명하지 말고 오류가 나타난 문장 옆 여백에 체크(∨) 표시를 하라. 학생이 오류를 확인하고 교정할 수 있도록 해라. 학생들이 교정하는데 어려움을 겪는다면 함께 검토하거나 교정할 기회를 가진 후에 자신의 글을 교정할 수 있게 하라.(또 다른 방법: 학생들에게 과제를 돌려주면서 15분 동안 워크숍을 갖는다. 여러분이 여백에 최소한으로 표시한 오류들을 학생들이 찾고 교정할 수 있게 하라.)

17. 항상 다음에 해야 할 일, 예를 들면 논평해야 할 다음 과제, 수업에서 또는 앞으로 써야할 글에서 다룰 다음 이슈를 염두에 두어라. 논평은 단순히 완성된 텍스트에 대한 평가가 아니라 학생의 글쓰기 능력을 향상시킬 수 있는 내용으로 작성하라.

18. 글쓰기 과정의 특정 단계마다 특정 사안들에 논평의 초점을 맞출 수 있는 방법들을 시험해 보라. 한 학기 동안 여러분의 논평을 일련의 순서대로 작성하라. 즉 글쓰기 과정을 시작할 때 가장 중요한 사안들에 대해 논평을 쓰기 시작하여 수업 진도에 따라 다른 부분들에 대한 논평들도 추가시켜라. 예를 들면 초기 과제에 긍정적인 논평만 쓰거나 학생이 쓴 글의 내용과 이야기 전개에 대해서만 논평하는 것은 자제하라. 몇 개의 과제와 몇 차례 초고를 작성해 보았을 때 표현과 어조에 대한 논평을 하라. 학기가 끝날 무렵 마지막으로 제출한 원고들에서는 내용 전개에 대한 논평보다는 문장 구조나 단락 내의 간격에 대해 집중하라.

[5] 글쓰기의 더 큰 맥락에서 논평하기

19. 학생이 (서술한 또는 배치한) 수사학적 맥락 차원에서 학생의 글을 읽어라. 필자는 그 경우(맥락)에 어울리는 인물을 배치시켰는가? 예상 독자들을 잘 고려하고 있는가? 이 글에서 의도한 목적들을 이루었는가?

20. 학생의 글에 대해 여러분이 했던 말과 수업에서 가르친 내용 및 여러분의 즉시적 목표들과 장기적 목표들을 연결하라. 논평을 작성할 때 수업에서 다루었던 핵심 용어들을 사용하라. 다시 말해서 학생 원고의 필요한 부분에 이 용어들을 사용해서 논평하고, 이 용어들에 적절한 이름을 붙여라.

21. 학생들이 과제에 요구되는 조건들을 정확히 따르도록 하기 위해 학생들을 어느 정도까지 통제할 것인지, 아니면 학생들 스스로 자신만의 방식으로 글의 소재와 목적을 개발하는 데 얼마만큼의 여지를 줄 것인지 결정하라.

22. 학생 개인마다 필요로 하는 점에 맞추어 논평을 작성하라. 우리가 가르치는 것은 우리 앞에 놓인 과제물이 아니다. 학생들이 글을 잘 쓰기 위해 가장 잘 할 수 있는 것에 집중해서 논평하라.

[6] 학생들과 주고받는 관계 조성하기

23. 지시적 형태의 논평과 촉진적 형태의 논평을 사용하는 법을 배워라. 비평과 변화에 대한 촉구가 없다면, 여러분의 논평에는 지시가 더 적을 것이다. 텍스트 내용을 예로 들어 논평하는 대신, 질문을 하고, 독자들의 반응을 제공하고, 설명을 제공한다면 여러분의 논평에는 도움과 격려가 더 많을 것이다.

24. 칭찬을 많은 논평의 장점을 고려해 보라. 그것에는 과제가 잘 수 행되었음을 인식시키는 것, 원칙을 가르치는 것, 성공적인 전략을 이해시키는 것, 학생들이 글쓰기 작업을 지속할 수 있도록 동기를 불어넣어 주는 것 등이 있다. 학생의 글에서 다른 부분들에 나타 난 문제를 스스로 다룰 수 있는 자신감을 갖도록 어떤 부분이나 구절을 칭찬하라. 비평만큼 칭찬을 많이 하라. 지지하고 격려하는 내용으로 논평을 작성하라. 그러나 필요한 것은 확실하게 요구하 라. 학생이 현재 필자로서 성장하는 단계 가운데 어디 위치에 있 는지 그 학생이 나아가는 모습을 보라.

25. 학생의 글에 행사하는 통제력을 조율할 수 있는 형태로 논평의 틀 을 갖추어라. 직접적인 비판 대신, 비평의 일부를 양질의 평가나 또는 독자의 반응들로 제시하고, 논평의 주관적이고 임의적 특징 을 강조하는 형태로 써라. 학생들에게 질문을 하라. 단순히 비판 이나 명령을 감추는 질문들이 아닌, 진실한, 답이 정해져 있지 않 은 개방적인 질문을 하라. 너무 직접적인 논평은 학생과의 상호작 용을 단절시키고 필자가 필자, 즉 무언가 말하고자 하는 필자로서 성장하는 데 필요한 권한을 빼앗을 수 있다. 학생들은 의지 싸움 이 아닌 의견을 교환하는 데 참여할 때 글을 가장 잘 쓴다. 문제 를 지적하는 비평가나 해야 할 변화를 지시하는 편집자가 되기보 다는, 여러분은 독자, 안내자, 조력자로서의 교사, 도전을 제시하 는 멘토, 또는 일종의 코치 역할을 하라.

26. 학생의 글에 대해 지나치게 명백히 평가하고, 질문하고, 충고하는 대신에 단순히 학생의 텍스트를 읽고 그 내용에서 예를 들어 설명 하는 논평 기법을 종종 사용하도록 하라. 여러분의 해석을 제공하 는 논평은 필자에게 자신의 글을 독자가 어떻게 이해하고 있는지

알 수 있게 해 준다. 학생들은 여러분이 글을 읽을 때 우선적으로 그 의미를 중점적으로 본다는 것을 알게 될 것이다.

27. 교사로서의 장점과 스타일을 논평에 적용하고, 이와 더불어 논평 자로의 장점들을 논평에 추가시킬 수 있는 방법을 찾아보라. 모든 학생에게 동일한 효과를 내는 통일된 논평 방식은 없다. 따라서 다양한 학생들의 요구와 다양한 환경들에 맞는 논평 전략 레퍼토 리를 개발하는 것이 필요하다.

[7] 여백 또는 말미에 쓴 논평 이용하기

28. 여백에 논평을 쓰는 방법과 원고와 편지의 말미에 따로 답변을 쓰 는 방법이 반드시 차이가 날 필요는 없다. 그러나 여백에 쓴 논평 은 더 직접적이고 더 구체적으로 쓰게 된다. 원고의 여백에 하는 논평은 구체적인 구절들과 관련된 구체적인 사안들을 직접적으로 다룰 수 있다. 이러한 방법을 이용하면 여러분의 논평은 매우 구 체적인 것이 된다. 말미에 논평을 쓰면 논평을 더 큰 맥락에서 쓰 고 볼 수 있으며, 또한 내용에 대해 전체적으로 논의할 수 있다. 또한 이 방법은 원고의 여백에 표시해 놓았던 다양한 사안들을 일 정한 관점으로 보고 판단할 수 있다. 일반적으로 말하자면, 원고 의 말미에 논평을 쓰는 방법을 사용할 경우에는 칭찬이나 여러분 이 학생의 글에서 본 내용에 대한 전반적인 의견을 쓰는 것으로 시작하라. 여러분이 주로 염두에 두는 핵심 문제들에 직접적으로 학생의 관심을 집중시켜라. 논평을 구체적으로 쓰고 설명하되, 학 생의 텍스트와 연결해서 설명하라. 말미에 쓰는 논평은 원고의 여 백에 쓴 논평들을 보충하는 역할을 하도록 만들어라. 말미에 쓴 논평은 원고의 여백에 쓴 핵심 논평들을 부각시키고 상세하게 보

충하는 역할을 할 수 있다. 말미의 논평은 원고의 여백에서 다루었던 핵심 부분들 중 하나에 초점을 맞출 수도 있다. 또는 원고의 여백에 쓴 논평에서 다루지 못했지만 지금 초점을 맞추기 원하는 부분을 다룰 수도 있다. 여기서 가장 중요한 목적은 학생들이 작가로서 성장할 수 있도록 하기 위해 학생 글에 대한 의견을 교환하는 데 학생들을 참여시킬 수 있는 방법을 찾는 것이다.

[8] 수업에 논평 통합시키기

29. 교사는 수업 시간을 할애하여 글쓰기와 관련된 가치 있게 여기는 것들에 대해 설명한다. 몇 시간동안 논평 작업을 완료한 후 우리에게 남은 일은 오직 하나, 수업이 끝날 때, 학생들이 책가방을 싸는 동안, 서둘러 과제들을 다시 나누어 주는 것이라면, 이 때 우리는 과제에 적힌 논평은 중요한 것이 아니며 따라서 진지하게 받아들일 필요는 없다고 말해야 한다. 이렇게 말함으로써 학생들은 논평이 글쓰기 과정의 한 부분으로 받아들이는 것이 가능해진다. 대개의 경우 학생들은 글쓰기 과제를 작성해서 제출하고, 교사는 그 과제물에 논평을 쓰고 다시 돌려줄 것이다. 이어서 교사는 다음 과제에 대한 주제로 넘어가 글쓰기 과정에서 해야 할 목록 가운데 아직 하지 않은 일들을 체크할 것이다. 이와 다른 습관을 길러라. 여러분이 학생들에게 여러분의 논평이 적힌 과제물을 다시 나누어 줄때마다, 여러분이 작성한 논평에 대해 이야기할 시간을 가져라. 학생들의 과제에서 보았던 중요한 패턴들에 대해 말하고, 중점적으로 신경을 쓴 문제들에 대해 설명하고, 논평에 숨어 있는 진짜 목적들을 전하라. 지금 그들의 손에 있는, 논평이 적힌 과제물을 갖고 그들이 할 수 있는 일이 무엇인지 알게 하라.

30. 논평으로 쌍방향 소통, 혹은 더 좋은 것으로서 소통의 자유 고속
    도로가 되도록 만들어라. 학생들은 과제물을 받으면 원고에 첨부
    된, 개별 메모에 적힌 논평을 통해 글쓰기와 관련한 학생들이 가
    진 특별한 문제점에 교사가 관심을 집중했다는 것을 알게 될 것
    이다. 필자로서 성장하는 그들을 격려하라. 이런 문제들 차원에서
    학생의 과제를 읽거나 또는 그 과제에 대한 논평에 대해 토론할
    때 이 문제점들을 사용하라. 글쓰기 강좌 중 다양한 시간에 평에
    대해 어떻게 생각하는지 학생들에게 답하게 하라. 논평을 받고 그
    들이 제기할 수 있는 질문들과 혼란스러운 반응에 대응해 답변하
    고, 논평 중 그들이 받아들이기에 가장 유용하다거나 가장 쓸모없
    다고 생각하는 내용은 어떤 것인지 물어보라.

31. 글쓰기 과정의 전반부에는 학생들의 원고와 질문에 답변하는데
    집중하라. 점차적으로 학생들에게 서로의 과제물에 논평하는 책
    임을 지우고, 능숙해질수록 점점 더 많은 과제물에 대해 논평하게
    하라. 학생들에게 교사 자신의 읽기, 평가하기 및 논평하기 방식
    들을 본보기로 더 많이 보여줄수록 학생들은 서로의 글에 논평을
    작성하는 시간이 되면 여러분의 방식들을 점점 더 많이 따라할
    것이다. 여러분이 글쓰기 과정 초반에 여러분의 논평을 더 많이
    할수록 논평 작업의 확고한 토대를 마련할 가능성은 더 높아질
    것이며, 나중에는 서로의 글에 피드백을 제공하는 학생들에게 더
    많이 의존하게 될 것이다.

32. 자기평가를 글쓰기 강좌의 한 부분으로 만들어라. 학생들에게 주
    기적으로 필자로서의 자신의 장점, 발전한 점들 및 개선해야 할
    부분들에 대해 평가하게 하라. 이러한 작업은 교사가 학생들의 글
    에서 찾는 것과 학생 자신이 찾을 수 있는 것을 더욱 예리하게 감

지할 수 있는 감각을 키울 수 있게 할 것이다.

그리고 이것들은 여러분이 학생들에게 자신만의 글쓰기 방법을 찾도록 돕는 지침이자, 학생들이 따라야 할 원칙들이다. 물론 궁극적으로 논평을 쓰는 것이 체스를 두는 것과 같다고 비유한다면 여러분은 결국 자신만의 방식으로 게임을 진행하는 감각, 즉 논평 작성 방식을 발전시켜야 한다. 이를 위해 여러분 자신에게 맞는 가장 좋은 전략을 개발시켜라. 결국 최고의 논평은 글의 한 부분이나 또 다른 부분에 초점을 맞추는 것이 아니다. 최고의 논평은 단순히 약간의 비평이나 많은 도움을 제공하는 것이 아니다. 최고의 논평은 지시적인 논평이나 촉진적인 논평이 아니다. 최고의 논평은 이 시간에, 이 학생에게, 이 과제에서 가장 중요한 것을 포착하는 것이다. 최고의 논평은 학생들이 그들의 선택을 돌아보고, 그들이 선택할 수 있는 방안들에 대해 고려해볼 것을 장려한다. 최고의 논평은 발전을 추구한다. 최고의 논평은 압박을 이용한다. 최고의 논평은 인센티브를 제공한다. 최고의 논평은 가르친다. 그리고 최고의 논평은 학생들에게 다음 발달 단계로 이동하도록 도전을 제시한다.

━ ━ ━ ━ ━ ━

4.5. 토론을 위한 질문

1. 스트라우브는 교사가 학생 글에 논평을 하는 데에는 다양한 목적들 -좀 더 분명한- 이 있다고 생각한다. 그가 말하는 목적들이란 무엇인가? 교사는 학생들이 글을 쓰는 방법을 이해하는 데 어떻게 도움을 줄 수 있는가?

2. 학생의 글 논평하기에서 평가하기와 등급 매기기를 구분하는 것이 왜 중요한가?

3. 2장에서 검토했던 교과서와 국가 교육과정 지침으로 돌아가 보자. 수사학적 판단력을 발달시키기 위한 전략을 어느 정도 포함하고 있는가? 그것을 어떻게 다루고 있는가? 만약 국가에서 교육 과정을 측정하는 평가를 위임했을 경우 쓰기 능력을 평가한다면? 그렇다면 어떻게 할 것인가?

4. 알렉스(Alex)가 쓴 초고 일지 항목을 읽어 보자(435쪽).

   a. 알렉스가 여러분의 학생이라고 가정해보자. 그의 일지 항목에 대해 - 회의 또는 서면으로든 어떤 논평을 해 주겠는가? 그 글은 어떤 장점을 가지고 있는가? 내용, 조직 및 어조에 대해 어떤 조언을 해 줄 것인가? 스트라우브의 다양한 형태의 논평 '조언, 질문, 독자(讀者)적 "재생", 칭찬' 가운데 여러분의 논평은 어떤 형태인가?

   b. 아마도 당신은 알렉스에 대한 논평에서 보다 자세한 내용으로 항목을 개발할 수 있다고 언급할 것이다. 알렉스가 그의 이야기를 개발하는 데 사용할 수 있도록 보기 4.2에서 한두 개 정도의 고쳐쓰기 전략을 제안하라.

5. 앤지(Angie)가 수업 시간에 쓴 에세이의 개요 및 최종 초안을 읽어 보자(444쪽).

   a. 앤지가 여러분의 학생이라고 가정해보자. 그녀의 에세이에 대해 - 회의 또는 서면으로든 어떤 논평을 해 주겠는가? 그 글은 어떤 장점을 가지고 있는가? 내용, 조직 및 어조에 대해 어떤 조언을 해 줄 것인가? 스트라우브의 다양한 형태의 논평 '조언, 질문, 독자(讀者)적 "재생", 칭찬' 가운데 여러분의 논평은 어떤 형태인가?

b. 앤지의 개요와 다섯 단락의 에세이 조직 구조 사용으로 세부 내용이 많이 반복되고 있다. 이러한 반복은 효과가 있는가? 왜 그러한가?/왜 그렇지 않은가? 만약 그렇지 않은 경우라면 앤지가 덜 반복적인 이야기를 만드는 데 사용할 수 있도록 보기 4.2에서 한두 개 정도의 전략을 제안해 보라.

6. 제니퍼(Jennifer)가 수업 시간에 쓴 에세이의 예비쓰기 및 최종 원고를 읽어 보자(447쪽).

a. 제니퍼가 여러분의 학생이라고 가정해보자. 그녀의 에세이에 대해 - 회의 또는 서면으로든 어떤 논평을 해 주겠는가? 그 글은 어떤 장점을 가지고 있는가? 내용, 조직 및 어조에 대해 어떤 조언을 해 줄 것인가? 스트라우브의 다양한 형태의 논평 '조언, 질문, 독자(讀者)적 "재생", 칭찬' 가운데 여러분의 논평은 어떤 형태인가?

b. 제니퍼의 예비쓰기와 최종 원고 사이에 나타난 차이점(들)을 알 수 있는가? 제니퍼는 고쳐쓰기에 대해 가설과 전략을 가지고 있는가? 보기 4.2에서 고쳐쓰기 전략 가운데 한두 개 정도를 제안한다면 어떤 것을 제안하겠는가?

4장에서 언급한 바와 같이, 필자들은 자신의 수사학적 판단, 특히 자신의 표현과 의도의 차이를 알 수 있는 능력을 기르는 것이 필수적이다 (Williams, 1995). 필자는 자신의 생각을 구성하고 전개할 때뿐만 아니라 자신이 쓴 글의 문법적 특징에서도 표현과 의도의 차이를 알 수 있어야 한다. 이러한 문법적 차이를 오류라고 한다.

일반적으로 독자는 보통 자신이 발견한 오류의 수를 근거로 글의 질을 가늠한다. 그래서 그들은 오류가 적을수록 더 좋은 글이라고 판단한다. 오류가 있는 글로 인해 집중력이 흩어져서 글을 제대로 읽을 수가 없을 때, 많은 사람들은 글을 쓴 사람이 너무 조급하고 부주의하며 무감각하고 교육을 받지 못해서 자신이 기대하는 양질의 글을 생산하지 못했다고 생각한다(Beason, 2001). 이러한 결론이 정확한지 그 여부를 떠나, 글쓴이는 잃어버린 신뢰와 소통의 측면에서 앤드루스(Andrews, 1998)가 말한 "사회적 부담"을[1] 반드시 감당하게 된다. 그래서 대부분의 영어 교

---

1) [역주] 앤드루스(1998)는 사회적 부담(social tax)을 사회 규범이나 그것의 기대를 저버린 사람에게 사회가 부과하는 것으로 정의하고 있다. 그는 의사소통에서 발생하는 사회적 부담을 식사 예절에 비유하였다. 다시 말해서, 어떤 사람이 식당에서 시끄럽게 소리를 내며 음식을 먹을 경우 그는 식사 예절이 없는 사람이라는 사회적 부담을 받는 것처럼 화자나 작가의 언어적 선택 때문에 의사소통 참여자가 혼란스러워 한다면 그들은 화자나 작가를 신뢰할 수 없거나 지적으로 모자란 멍청이로 판단할 것이다. 즉 의사소통 참여자들은 계속해서 화자나 작가의 언어적 선택에 대해 옳다/그르

사는 학생이 이러한 사회적 부담을 덜 수 있도록 학생 글의 문법에 신경 써야 한다고 여긴다(Rosen, 1998).

일반적으로 사람은 글의 문법적 정확성을 어느 정도 중시한다. 왜냐하면 글을 쓸 때 문법적 규칙을 지키든 지키지 아니하든 문법적 정확성을 글의 구체적인 특징으로 보기 때문이다. 전통 문법 학자처럼 대중은 오류란 표준 (보통 문어) 문법을 위반하는 것이므로 학생이 문법 규칙을 그저 학습하고 반복적으로 연습한다면 이러한 규칙을 어기지 않을 것이라고, 즉 오류를 만들지 않을 것이라고 믿는다(Town, 1996). 크롤 외(Kroll et al., 1978)는 이것을 오류에 대한 *결과 중심 접근법*이라[2] 지칭하였다.

그러나 실제로 문법의 정확성과 글을 잘 쓰는 것의 관계는 전통 문법 학자들이 시사한 것보다 더 복잡하다고 조사되었다(2장 참조). 또한 오류를 구성하고 있는 것과 학생이 오류를 범하는 이유, 학생 스스로 오류를 발견하는 방법에 대한 설명은 겉으로 보이는 것보다 훨씬 복잡하다. 오류에 대한 보다 포괄적이고 생산적인 이해를 위해 우리는 언어 학습과 작문 교수법에 주목할 필요가 있다. 이 영역들은 학생이 오류를 범하는 이유를 이해하고 학생이 글을 쓸 때 오류를 범하지 않도록 도울 수 있는 대안적 방법을 제공한다.

이러한 대안적 방법 중의 하나가 크롤 외(1978)가 말한 학습자의 오류에 대한 *과정 중심 접근법*이다.[3] 과정 중심 접근법에서 교사는 학생의 오류를 단순한 실패의 결과로 보지 않고, 언어를 학습하기 위한 "마음속

다를 판단하는데, 이러한 판단을 사회적 부담이라 한다(이관규 외, 2008: 209-210).

2) [역주] 결과 중심 접근법(product approach)은 언어의 정확한 사용을 강조하며, 최종적으로 완성된 글이 기준에 얼마나 부합하는지를 평가한다. 이는 구조주의 언어학의 영향을 받았으며, 형식 중심 접근법이라고도 한다.

3) [역주] 과정 중심 접근법(process approach)은 결과 중심 접근법의 한계를 극복하기 위해 대두된 것으로, 쓰기를 하나의 사고 과정으로 보고 쓰기 과정 자체를 중요하게 평가한다. 이때 교사는 학생의 능동적 참여를 유도하여 협력적 교수·학습이 이루어지도록 해야 한다.

을 들여다보는 창, 즉 지적인 인지 전략의 산물로서, 잠재적으로 학생의 인지 과정을 나타내는 유용한 지표"로 여긴다(Kroll et al., 1978: 243-244). 그러므로 과정 중심 접근법에서 교사는 학생이 오류에 빠진 이유를 더 잘 이해하기 위해서 오류를 분석하고 연구함으로써 교사는 학생이 오류를 피할 수 있는 조금 더 관습적인 전략을 개발하는 데 도움이 되는 방법을 알고 있다. 과정 중심 접근법의 3대 주요 원칙은 다음과 같다.

- 언어 능력의 오류와 언어 수행의 오류는 다르다.
- 오류는 글쓰기를 익히는 데에 필연적인 부분이다.
- 오류는 글의 맥락과 독자에 의해 좌우된다.

5.1. 언어 능력 오류와 언어 수행 오류

노구치(Noguchi, 1991)와 몇몇 변형 생성 문법 학자가 만든 첫 번째 원칙은 학생이 모르거나 부분적으로 알고 있는 언어 규칙과 관련된 언어 능력의 오류와 학생이 알고 있는 규칙이지만 우발적인 실수를 범하는 언어 수행의 오류의 차이를 구분해야 한다는 것이다. 그는 원어민 화자가 완벽하더라도, 다시 말해서 원어민 화자가 일반적으로 모국어의 구어 규칙에 대한 선천적 지식을 가지고 있더라도, 피곤하거나 스트레스를 받는 등의 이유로 가끔은 실수를 저지른다고 말한다. 예를 들어 의미하는 바가 *store*임에도 불구하고 *story*라고 적는다는 것이다.

그러나 언어는 계속해서 발달하고(하트웰의 문법 1 [29쪽]), 학생은 아직 글쓰기, 특히 학문적 표준 영어 쓰기의 고유한 모든 특징을 완전하고 충분히 숙달하지 못했을 수 있다. 그래서 때로는 학습자가 특정 사항에 대

해 논리적이지만 부정확한 가설을 세우기도 한다(Shaughnessy, 1977). 예를
들어 어느 학기에 캐롤(Carol)이라는 학생이 있었는데 조각문과4) 무휴지
문에5) 많은 어려움을 겪고 있는 듯했다. 그 학생이 쓴 글의 초고 몇 개
를 읽은 후, 마침내 나는 그가 쌍반점[;]을 항상 종속적 연결사인 *although*
와 같이 쓰고, 쉼표[,]를 부사적 연결사인 *however*와 함께 쓴다는 점을 발
견했다. 나는 이 특정 패턴을 발견하자마자, 어떤 구두점이 어떤 접속사
에 쓰여야 하는지를 구분할 수 있도록 지도해야 한다는 것을 깨달았다.
나는 문제의 원인도 모른 채, 캐롤이 이미 알고 있는 문장 경계 파악하
기에 대해 쓸데없이 이야기했었지만, 원인을 파악한 후에 종속절과 부
사적 연결사로 이어진 문장에 구두점을 찍는 법에 대해 함께 이야기를
나누자 그가 반복적으로 보여 주었던 문장 오류가 즉각적으로 해결되었
다. 구두점에 대한 이러한 혼동은 캐롤이 자꾸 반복했던 실수였기 때문
에 언어 능력의 오류인 것 같았다. 쌍반점[;]과 쉼표[,] 사용에 대한 캐롤
의 가설은 표준 관습과 맞지 않았고, 그 실수의 패턴을 조사하면서 가설
이 드러났던 것이다. 그리고 나는 캐롤의 가설을 이해하자마자 그의 구
두점 오류를 해결하는 방법과 그것을 완전히 익히도록 돕는 방법을 알
았다. 이것이 학습자 오류에 대한 과정 중심 접근법의 핵심 요소인 오류

---

4) [역주] 조각문(sentence fragment)은 온전한 문장 형식을 갖추지는 않았지만, 일부 문장 성분만으로
   문장을 끝맺는 문장 유형을 말한다. 구어에 흔히 나타나는 조각문은 문어 중심으로 정의되어 온
   '문장'의 개념으로는 설명할 수 없는 것으로 화자와 청자가 공유하는 화용적인 상황이나 맥락 속
   에서 해석되어야 한다. 한국어의 조각문은 아래와 같이 두 가지 유형으로 나뉘는데, 한국어의 유표
   격 조각문(B')은 통사적 생략으로 도출된 잔여 조각으로 분석되나 무표격 조각문(B)은 단순 단어
   조각으로 담화 속의 화용론적 작용으로 분석될 수 있다(서은아 외, 2004; 안희돈, 2012 참고).
   A: 누가 영희를 보았니?
   B: 철수. (무표격 조각문) / B': 철수가. (유표격 조각문)
5) [역주] 무휴지문(run-on sentence)은 둘 또는 그 이상의 문장 사이에 그들을 분리하는 구두점 없이
   나열된 것을 말한다. 예를 들어 바른 문장인 "My head hurts; I am going to take an aspirin."에서
   '쌍반점[;]'을 삭제하여 기술한 "My head hurts I am going to take an aspirin."이 무휴지문에 해당
   한다.

분석의 가치이다(Kroll et al., 1978).

오류 분석은 학생이 오류를 범하지만, 언어에 대해서 많이 알고 있다는 가설을 기반으로 한다. 이 가설은 노구치(1991)와 변형 생성 문법 학자들에게 중요하다. 그는 학생이 자신의 오류를 바로잡는 것을 돕기 위한 전략을 다음과 같이 제시하고 있다.

- *교사는 학생이 이미 충분히 알고 있다는 점을 인정하고 학생이 수정하는 것을 돕기 위해 그들의 무의식적인 지식을 의식적인 인식으로 이끄는 수업을 만들어야 한다.* 이 경우, 다양한 종류의 연결사를 가지고 문장에 구두점을 찍는 것에 대하여 캐롤이 분명하게 이해하게 되자 그는 관습을 따르지 않던 자신의 가설을 바로 잡았고, 결과적으로 문장 구두점 오류를 수정할 수 있었다.
- *교사는 오류에 지나치게 집착하여 학생 글의 많은 부분이 문법적으로 정확하다는 점을 놓쳐서는 안 된다.* 캐롤의 글은 상당 부분 명료하고 잘 구성되어 있었다. 그리고 대부분의 문장에 구두점이 올바르게 찍혀 있었다. 내가 캐롤의 오류 때문에 좌절을 느꼈을 때, 특히 학기 초에 문장 경계를 익히는 데 그가 어떤 진전도 보이지 않았을 때 이러한 것을 기억할 필요가 있었다.
- 크롤 외(1978)의 주장처럼, *교사는 오류를 분석하고, 패턴을 살피고, 학생이 생각한 것을 이해해야 한다.* 캐롤이 혼동하는 것은 문장 경계가 아니라 구두법에 관한 것이었음을 알았을 때 나는 오류를 분석하고 패턴을 살피고 그가 생각한 것을 이해하려고 하였다.
- *교사는 언어 능력의 오류와 언어 수행의 오류를 구분해야 한다.* 우리가 언어 능력의 오류, 즉 많은 학생이 혼동하는 부분에 초점을 맞출 때 수업은 보다 생산적일 것이다. 학생은 글을 쓸 때 수정하기 과정

에서 일반적으로 언어 수행의 오류를 인식하고 바로잡는다. 실제로 학생은 자신이 쓴 글의 내용을 제대로 파악하고 있을 때 대체로 문법도 정확하게 구사하였다(Atwell, 1998). 이는 내용을 먼저 평가하고 문법을 나중에 평가하는 중요한 이유이다.

5.2. 오류의 필연성

과정 중심 접근법의 두 번째 원칙은 오류가 글쓰기 학습의 필연적인 요소라는 점을 인식해야 한다는 것이다(Shaughnessy, 1977). 초급 작문 분야의 이론가인 쇼너시(Shaughnessy, 1977)의 주장에 따르면, 학문 영어로 글쓰기를 배우는 것은 새로운 방언을 배우는 것과 같기 때문에 학생들이 오류를 범한다는 것이다. 사실 학문 영어는 표준 영어에 기반하고 있기 때문에 많은 소수 언어 학생들은 새로운 방언을 학습하고 있는 것이다. 학생들은 말하기 및 쓰기를 통해 자신의 언어에 대한 지식 대부분을 전달할 수 있지만 새로운 의사전달 매체에 의한 글쓰기의 일부 특징들은 추가로 학습해야 하는데, 많은 학생들이 표기법, 구두법, 형식 어휘[6] 및 복잡한 통사론과 같은 특징을 학습하는 것을 어려워한다.

코너 외(Connors et al., 1988)에서[7] 언급된 바와 같이, 실제로 이러한 관습의 위배는 대학생의 글에 나타나는 가장 빈번한 오류 목록 20개 가운데

---

6) [역주] 우리는 글을 쓸 때 가능한 공식적이고 학술적인 언어를 사용하지만 말을 할 때에는 자연스러운 언어를 사용한다. 이처럼 특정한 상황에서 사용되는 일정한 어휘들이 있다. 예를 들어 guy와 cops는 쓰기 상황에서 형식 어휘(formal vocabulary)인 male과 law enforcement를 사용하지만, 말하기 상황에서는 중립 어휘(neutral vocabulary)인 man과 police를 주로 사용한다. 형식 어휘의 다른 예들은 국제 영어 능력 시험(International English Language Testing System) 관련 사이트 (http://ielts-academic.com/2012/07/06/informal-formal-vocabulary-for-ielts/)에서 찾아볼 수 있다.

7) [역주] Robert J. Connors and Andrea A. Lunsford

상당수를 차지한다. 그들은 미국 전역의 대학생들이 작성한 3,000편에 달하는 과제물에서 오류를 확인했다. 철자법과 관련된 실수는 너무 흔해서 통계를 왜곡시킬 수 있기 때문에 그들은 이것을 오류 목록에서 제외시켰다. 그들의 오류 목록 20개 가운데 9가지는 구두법과 관련된 반면, 6가지는 언어의 정확성과 관련되고, 4가지는 격식성의 문제와 관련된다.[8] 그들의 목록은 이러한 오류를 숙달한 학생의 경우 글쓰기 관습을 상당히 통달할 것임을 시사한다. 코너 외(1988)의 오류 목록은 보기 5.1.에 제시되어 있다.

보기 5.1　　이론적 기반: 대학생 글에서의 오류 빈도

　　코너 외(1988)는 미국 전역에서 제출된 대학 과제물 3,000편의 문법적 및 구두법 상의 오류를 분석했다. 그들과 그들의 조사원은 오류를 찾는 것뿐만 아니라 그 과제를 채점한 교수자에 의해 가장 빈번하게 표시된 오류를 표로 만들었다. 가장 흔한 오류는 300%에 달하는 철자법상의 오류이다. 이러한 종류의 오류는 너무 흔해서 나머지 자료를 왜곡시키기 때문에 코너 외(1988)는 목록에서 이것을 삭제했다. 가장 빈번한 20개의 새로운 목록은 도표의 첫 번째 행의 세 번째 열에 나타나 있다. 오류의 대다수는 글쓰기 고유의 것이다. 오류의 절반은 구두법상 오류이다. 나머지 오류는 *its/it's*와 같은 특별한 종류의 철자법상의 오류이다. 또 다른 오류, 예를 들어 *모호한 대명사 지시*는 분리되어야 하는 텍스트 쓰기에 필요한 격식성과 명확성의 수준에서 범해지는 대표적인 오류이다(6장 참고).

　　네 번째 열은 얼마나 자주 지적되었는가에 따라 각 오류를 순위 매긴 것이다. 일부 오류의 경우 다른 것에 비해 덜 자주 발생함에도 불구하고, 교사는 그것에 좀 더 유의하는 것 같다. 예를 들어 잘못된 어휘는 단지 오류의 7.8%를 보이지만 가장 흔하게 지적되는 오류이다. 자주 지적되는 또 다른 오류로는 소유격 아포스트로피 오류와 조각문, 주어-동사 일치 오류이다. 이러한 순위는 교사가 일부 오류를 다른 것보다 신경 쓰고 있음을 보여 준다.

---

8) [역주] 20개의 오류 목록은 보기 5.1.에 제시되어 있다. 이 중 나머지 하나의 오류는 its/it's와 같은 특별한 종류의 철자법상의 오류이다.

오류 또는 오류 패턴/양식	총 오류 비율	교사가 지적하는 오류 순위
1 서두 요소 뒤에 쉼표 없음	11.5	2
2 모호한 대명사 지시	9.8	4
3 복합문에서의 쉼표 없음	8.6	7
4 잘못된 어휘	7.8	1
5 비한정적 요소에서의 쉼표 없음	6.5	10
6 굴절 어미의 잘못 또는 누락	5.9	5
7 전치사의 잘못 또는 누락	5.5	8
8 쉼표 오용	5.5	6
9 소유격 아포스트로피 오류	5.1	3
10 시제 변환	5.1	12
11 불필요한 인칭 변환	4.7	14
12 조각문	4.2	9
13 잘못된 시제 또는 동사형	3.3	13
14 주어-동사 일치	3.2	11
15 연속된 것에서 쉼표 결여	2.7	19
16 대명사 일치 오류	2.6	15
17 제한적 요소에서의 불필요한 쉼표	2.4	17
18 무휴지문	2.4	16
19 현수 수식어9) 또는 위치 오류 수식어	2.0	20
20 its/it's 오류	1.0	18

노구치(1991)와 크롤 외(1978)처럼 쇼너시(1977)도 교사는 학생의 글에 나
타나는 오류를 분석하고 그것의 패턴을 찾아내고 학생의 가설을 이해해

---

9) [역주] 부정사 구문, 동명사 구문 등에서 수식어가 잘못된 위치에 놓여 문장의 수식 관계가 분명하
지 못한 경우가 있는데, 이때 잘못 놓인 수식어를 현수(懸垂) 수식어(dangling modifier)라고 한다.
Having been eaten by snails, John tried spreading poison bait around his plants.(X)
As his plants had been eaten by snails, John tried spreading poison bait around his plants.(O)
To surprise the little girl, the lovely necklace hung from a branch of the Christmas tree. (X)
To surprise the little girl, Uncle Charles hung the lovely necklace from a branch of the Christmas
tree.(O)
(위 예문은 전종훈 언어연구소 홈페이지(http://chuntrans.com/board/board.php?board=grammar&
command=body&no=293)를 참고한 것이다.)

야 한다고 말하면서 아래의 언급을 덧붙였다.

- *학생이 문어와 구어의 차이점을 이해하도록 도우라(6장 참고).*
- *학생에게 제재를 가하지 말고 글쓰기 연습을 많이 시키라. 학생에게 공식적인 고쳐쓰기/편집하기 과제에 더하여 비공식적인 내용 쓰기*[10] *과제를 제공하라. 또한 쓰기 과정에 동료 평가와 동료 편집을 넣으라.*
- *학생에게 개인적인 문법 취약점의 목록을 가지도록 요청하라.*

5.3. 오류의 문맥성

과정 중심 접근법의 제3원칙은 오류가 맥락과 독자에 따라 좌우된다는 점을 인정해야 한다는 것이다(Andrews, 1998; Williams, 1981). 아름다움이 단지 그것을 보는 자의 눈에 달려 있듯이, 오류는 독자의 마음에 달려 있다. 앤드루스(1998)에 따르면 학생은 문맥상 적절하지 않거나, 글쓴이의 목적에 부합하지 않거나, 독자를 혼란시키는 언어를 사용할 때 오류를 범한다. 앤드루스(1998)는 언어의 이상적이고 표준적인 모습보다는 독자를 즐겁게 혹은 짜증나게 할 수 있는 가능성을 기준으로 오류를 판단한다. 오류란 독자의 정신을 산만하게 하는 것이고, 글쓴이에게 사회적 부담을 받게 만드는 것이다.

글쓴이의 신뢰성[11]에 대한 부정적인 영향인 이러한 사회적 부담은 비

---

10) [역주] 내용 쓰기(Writing to learn)는 학습을 위해 의미를 구성하는 것이며, 학생들이 내용과 관련하여 이미 알고 있는 것 또는 학습을 통하여 알게 된 것, 더 알고자 하는 것을 쓰는 활동을 말한다. 이러한 내용 쓰기는 그 결과물이 짧고 오랜 시간이 걸리지 않으며, 학생들이 학습하고 있는 내용이나 방식에 주목하기 때문에 사전 지식을 활성화한다는 데 의의가 있다(나은정·김태은, 2014 참고).

11) [역주] 신뢰성은 원문의 'ethos'를 번역한 말이다. 본래 에토스(ethos)는 로고스(logos), 파토스(pathos)

슨(Beason, 2001)이 행한 최근 연구의 화두였다. 그는 잘못 쓴 철자와 무휴
지문, 조각문, 단어-어미 오류, 불필요한 인용 표지의 5가지 오류에 대한
반응을 알기 위해서 14명의 사업가를 조사하였다. 사후 인터뷰로 알게
된 것은 특정 오류가 다른 오류보다 독자를 더 혼란하게 하지만 응답자
들이 모든 오류를 귀찮아했다는 것이다. 그들은 오류가 작가로서든 사
업가로서든 글을 쓴 사람에 대해 좋지 않은 인상을 준다고 했다. 그들은
무성의하게 글을 쓰는 사람은 자신의 사업도 그와 똑같이 무성의하게
할 것이라고 생각했다. 비슨(2001)은 오류가 글쓴이를 바라보는 독자의
시각에 영향을 미치기 때문에, 교사는 학생에게 오류가 중요하다는 것
을 반드시 명심하게 해야 한다고 주장했다.

　헤어스톤(Hairston, 1981)의 연구 결과는 비슨(2001)과 유사하다. 헤어스톤
은 문법적 오류를 각각 담고 있는 65개 문장으로 구성된 설문지를 전문
가에게 발송하여, 그 문장을 빠르게 읽어 보고 그 오류가 본인에게 다소
신경이 쓰이는지, 신경이 많이 쓰이는지, 아니면 전혀 그렇지 않은지를
물었다. 그는 연구에 사용된 오류를 선정한 방식과 이유에 대해 구체적
으로 언급하지 않았다. 그렇지만 그는 직장 내 글쓰기에 관심이 있었고,
고급 작문반 학생에게 해줄 수 있는 조언에 관심이 있었다. 특별히 그는
응답자에게 다음과 같이 질문했다. "여러분이 보고서나 사업 서한에서
그런 문장들과 맞닥뜨린다면, *글쓴이에 대한 평가가 낮아지는가, 만일 그*
렇다면 어느 정도인가(Hairston, 1981: 795; 이탤릭체는 필자가 함)?" 다시 말해서
그는 응답자가 사회적 부담을 부과할 것인지 여부와 만일 부과한다면

와 더불어 상대방을 설득하는 데 필요한 3요소로, 고대 그리스의 철학자 아리스토텔레스의 저서
『수사학(Rhetoric)』에 제시되어 있다. 로고스는 이성을 의미하고, 파토스는 감성을 의미한다. 다시
말해서 상대방을 설득하기 위해서는 이성적인 논리를 갖추되 상대방의 감성에 호소할 줄도 알
아야 한다. 여기에 화자의 평판, 즉 화자에 대한 신뢰가 있어야 설득이 잘 이루어질 수 있는데,
이것이 바로 에토스에 해당하는 것이다. 에토스에 대한 자세한 설명은 네이버 시사상식사전
(http://terms.naver.com/entry.nhn?docId=937285&cid=43667&categoryId=43667)을 참고할 수 있다.

얼마만큼 부과할 것인지 물었다. 그 결과를 바탕으로 그는 심각성의 정도를 5단계로 파악했다. 그는 학생이 독자의 주의를 가장 산만하게 하는 특징을 숙달할 수 있도록 돕는 데에 우선 집중해야 함을 제안한다. 이를 통해 글쓴이는 독자의 좋은 감정을 유지할 수 있다.

학생이 언어적 선택을 할 때 맥락의 중요성을 올바르게 인식하는 것을 돕기 위하여, 앤드루스(1998)는 교사가 해야 할 일을 다음과 같이 제시하고 있다.

- 다양한 맥락 내에서 적절한 언어를 구사할 수 있는 학생의 인지능력을 개발하게 하라.
- 다양한 맥락에서 언어 사용을 연습하는 기회를 학생에게 제공하라.
- 사회적 부담이 크거나 가장 자주 발생하는 위반 사항에 집중하라.

5.4. 학생 스스로 편집하기

이러한 세 원칙은 학습자의 오류에 대해 교사가 과정 중심 접근법을 취하는 것을 도울 수 있다. 교사가 학생의 오류를 조사할 때, 다시 말해서 교사가 학생의 오류 이면에 있는 사고 과정을 이해하려고 애쓸 때, 그들은 오류 분석을 통하여 알게 된 지식을 활용하여 학생이 오류를 없애는 것을 돕는 결과 중심 접근법을 개발할 수 있다. 첫째, 그들은 우선순위 목록을 개발하고 학생이 우선적으로 처리해야 하는 오류를 결정하기 위하여 해당 지식을 이용할 수 있다. 둘째, 교사는 학생이 학문 영어에 대한 비관습적인 이해를 수정하는 데 자신의 지식을 이용할 수 있다. 교육적 목표는 학생이 자신의 오류에 책임감을 가지고 스스로 편집하도록 만드는 것이다.

로젠(Rosen, 1998)에 따르면, 교사는 학생의 글에 나타나는 모든 오류를 언급하기보다는 우선순위를 정해야 한다. 로젠(1998)은 교사가 문법 오류를 어떻게 지적하는가에 대해 연구했다. 한 가지 전략은 모든 오류를 지적하는 것이지만, 로젠(1998)은 그것은 결과 중심 접근법이 아니라고 결론 내렸다. 비록 학부모가 이러한 방식을 반길지라도 학생은 지적된 것에 신경을 쓰지 않았고, 결국 학생의 글쓰기에서 오류를 줄이지 못하였다. 좀 더 생산적인 전략은 가장 빈번하고 가장 유의미하게 언급될 수 있는 한두 개의 오류를 확인하기 위해서 오류에 우선순위를 매기는 것이다. 애트웰(Atwell, 1998)은 학생들이 한 번에 한두 개의 오류만 처리할 수 있다고 언급했다. 게다가 윌리엄스(Williams, 1981)는 능숙한 글쓴이조차 안내서에 나오는 모든 규칙을 따르지 않는다고 언급했다. 보기 5.2.는 오류에 우선순위를 매기기 위해 사용된 책략 중 하나이다.

보기 5.2   가르치기 조언: 오류에 우선순위 매기기

윌리엄스(1981)는 「오류의 현상학」에서[12] 학생 글을 읽을 때, 오류에 우선순위를 매기는 사례를 만들었다. 안내서가 많은 규칙을 담고 있지만, 실제로 능숙한 글쓴이는 여느 때와 같이 일부만 따르고(예, 주어-동사 일치), 다른 것은 따르지 않는다고 한다(예, 분리 부정사 회피하기). 이와 유사하게, 능숙한 독자는 일상적으로 일부 오류에 신경을 쓰고(예, 이중 부정), 다른 것은 신경 쓰지 않는다(예, *an idea whose time has come*[13]에서와 같이 선행사가 사람이 아니지만 관계사 절에서 *whose*를 사용함). 그는 교사가 학생의 글을 읽을 때에도 동일한 작업을 수행해야 한다고 주장한다. 교사는 능숙한 글쓴이가 규칙적으로 따르고 위반할 경우 능숙한 독자가 귀찮게 여기는 오류에 집중해야 한다. 윌리엄스(1981)는 교사 개별적으로 우선순위 목록을 세우도록 했다. 내가 글쓰기 초급반 학생들에게 사용한 목록이 여기 있다. 그것은 코너 외(1988)와 헤어스톤(1981)의 연구에 기초하고 있다.

---

12) [역주] Williams, J. M. (1981). The Phenomenology of Error. *College Composition and Communication*, 32, pp.152-168.
13) [역주] 시간이 흐름에 따라 떠오르는 생각

글쓰기 초급반 학생들이 숙달하기 바라는 오류	
의미를 방해하는 오류	이해할 수 있지만 헷갈리는 오류
철자	
• 비-동음이의어의 철자 오기 • 맥락상 잘못된 어휘(*form* 대 *from*)	• 동음이의어의 혼동 • 자국어 방언의 철자(*thru*) • 대문자로 쓰이지 않은 고유 명사
구두법-문장 경계14)	
• 무휴지문 • 조각문	• 쉼표 오용 • 무휴지문
구두법-기타	
• 제한적/비제한적 용법의 쉼표 혼동 • 서두의 종속절 다음 쉼표 미사용	• 비종속적인 서두 요소 다음 쉼표 미사용 • 소유격 아포스트로피 오류 • 불필요한 쉼표
격식성의 수준/글의 자립성	
• 맥락상 비논리적인 의미의 단어 • 모호한 대명사 지시 • 현수 수식어 또는 위치 오류 수식어	• 인칭의 불필요한 변환 • 시제의 불필요한 변환 • 주어가 동사와 멀리 있을 때 주어-동사 불일치 • 목록에서 비병렬적인 것 • 비표준적이거나 잘못된 전치사
자국어 방언의 간섭	
• 비표준적이거나 무표적인 동사 시제 • 무표적인 요소(*two cat, John hat*)	• 비표준적인 동사 형태(*I seen*) • 주어-동사 불일치 • 주어로 목적격 대명사 사용: *Me and him were the last to leave*15) • 이중 부정

---

14) [역주] '구두법-문장 경계'와 관련하여 글쓰기 초급반 학생들이 숙달하기 바라는 오류를 4가지 언급하고 있는데, '무휴지문'이 '의미를 방해하는 오류'와 '이해할 수 있지만 헷갈리는 오류' 양쪽에 모두 제시되어 있다. 원문에 따르면 전자는 'fused sentence'이고, 후자는 'run-on sentence'이다. 이 둘은 거의 유사한 개념이지만 약간의 차이가 있다. 위스콘신 대학교 온라인 쓰기 실습실 홈페이지(http://uwc.edu/students/academic-support/owl/run-sentencescomma-splicesfused-sentences)에 따르면, "My head hurts, I am going to take an aspirin."에서 나타나는 오류를 보통 'comma splice(쉼표 오용)' 또는 'run-on sentence'라고 부른다. 다시 말해서 "My head hurts."과 "I am going to take an aspirin."은 각각 독립절(independent clause)이기 때문에 쉼표를 사용하여 하나의 문장

위와 같이 마련한 우선순위 목록에서,

- 나는 구두법과 동음이의어의 철자법, 일관된 수준의 격식성 유지와 같은 글쓰기 고유의 특징과 관련된 오류에 주목했다.
- 나는 의미를 방해하는 오류와 이해할 수 있음에도 불구하고 헷갈리는 오류를 구별했다. 글쓰기란 무엇보다도 독자와 소통하는 것이다. 따라서 나는 글쓰기 초급반 학생이 자신이 쓴 것과 독자가 그 글을 이해하는 데 필요한 것 사이에 어떤 차이가 있는지 알기 위해 자신의 글을 비판적으로 읽는 것의 중요성을 이해시키고자 했다.
- 나는 독자가 표준 영어의 문법을 기대하지만, 글쓴이가 영어에 대한 자국어 방언의 문법을 사용하기 때문에 일부 "오류"가 발생한다고 말했다. 나는 글쓰기 초급반 학생이 자신의 가정 방언의 문법이 잘못된 것은 아니지만 모든 상황에서 적절하지 않다는 것(꼭 표준 영어가 그렇지 않은 것처럼)을 이해하기 원했다. 목표는 학생이 언어학적으로 유연해져서 상황에 알맞은 적절한 문법을 사용할 수 있도록 돕는 것이다.

(영어 학습자를 위해 오류에 우선순위를 매기는 것에 대한 조언은 10장을 보라.)

두 번째 교육적 목표는 학생 스스로 영어의 문어 관습을 따르는 것에 책임감을 가지도록 돕는 것이다. 이상적으로 말하면, 학생이 초고를 작성

으로 합할 수 없다.

그러나 쉼표 오용을 해결하기 위해 쉼표를 제거할 경우 또 다른 비문이 만들어진다. 즉, "My head hurts I am going to take an aspirin." 역시 문법적 오류를 범하고 있는데, 이러한 오류를 'fused sentence' 또는 'run-on sentence'라고 부른다. 앞에서 제시한 "My head hurts, I am going to take an aspirin."에 나타난 오류, 'comma splice' 또는 'run-on sentence'를 수정하는 방법은 아래와 같다.

①마침표를 사용하여 두 개의 문장으로 구분하기.

　예. My head hurts. I am going to take an aspirin.

②쉼표와 등위 접속사(and, but, or, nor, for, so, & yet)를 사용하여 결합하기.

　예. My head hurts, and I am going to take an aspirin.

　　My head hurts, so I am going to take an aspirin.

③쌍반점을 사용하여 결합하기.

　예. My head hurts; I am going to take an aspirin.

　　My head hurts; therefore, I am going to take an aspirin.

④such as after, although, because, or while 등을 사용하여 결합하기.

　예. Because my head hurts, I am going to take an aspirin.

15) [역주] 나와 그는 마지막으로 떠났다.

할 때 쉽게 사용할 수 있는 이러한 관습을 잘 통제하는 것이다. 그러나 이것 외에 쓰기 과정의 고쳐쓰기 단계와 편집하기 단계에서 학생은 자신의 글에서 자신이 쓴 것과 의도하는 것 사이의 차이가 어디서 발생하는지 확인하고, 그 차이를 "바로잡을 수 있는" 방법을 알아야 한다. 예를 들어 우리는 학생이 언제 표준 영어의 관습을 사용하는 데 실패하는지를 알 수 있도록 도와야 한다. 다시 말해서, 우리는 학생이 새로운 언어 기술을 완전히 익혀서 이러한 특징이 직관적으로 이해 가능한 문법(하트웰의 문법 1 [29쪽])의 필수적인 부분으로 자리 잡는 것을 돕고, 또한 그들이 언어 감시 능력(하트웰의 문법 3과 4)을 발달시켜서 자신의 오류를 편집할 수 있도록 도와야 한다. 로젠(1998)이 언급한 전략들 중에는 학생들에게 검토하기를 보다 효과적으로 가르치는 것이 제시되어 있다.

하지만 내가 살펴본 최근 영어 교과서들에는 검토하기 전략에 대해 서로 다른 제안을 하고 있다. 예를 들어서 글렌코/맥그로-힐(Glencoe/McGraw-Hill, 2001) 출판사에서 나온 『글쓴이의 선택』이라는[16] 교과서는 "[학생이] 일반적인 오류를 고치는 것을 돕기" 위한 "분쟁 조정자"라는 제목의 장이 있는데, 여기에서는 문제점을 확인하고 의견을 제공하지만, 연습을 제공하지 않는다. 한편 『언어 요소』(Odell et al., 2001)는[17] 학생에게 검토하기 단계를 포함한 쓰기 과정을 제공하고 있다. 게다가 다수의 "문법 링크"에 학생이 문장을 수정하도록 하는 연습문제를 실어놓았다. 마찬가지로 『영어』(Rueda et al., 2001)의[18] 각각 문법 단원은 편집하기 전략을 배우고 연습하는 "고쳐쓰기 전략"이라는 부분을 포함하고 있다.

---

16) [역주] Glencoe/McGraw-Hill. (2001). *Glencoe Writer's Choice: Grammar and composition: Grade 6*. Columbus, OH: Glencoe/McGraw-Hill.

17) [역주] Odell, L., Vacca, R., Hobbs, R., & Irvin, J. L. (2001). *Elements of Language: Introductory course*. Austin, TX: Holt, Rinehart and Winston.

18) [역주] Rueda, R., Saldivar, T., Shapiro, L., Templeton, S., Terry, C. A., Valentino, C., et al. (2001). *English*. Boston: Houghton Mifflin.

하지만 명쾌하게 검토하기 전략에 집중한 문법 교육과정이 있는데, 『일
일 일상어』와[19] 『일일 일상어 플러스』라는[20] 일련의 유명한 문법 연습
활동이 그것이다. 이러한 연습 활동은 교사인 베일 외(Vail et al., 1989)가[21]
창안한 것으로, 교육출판사에서[22] 발간한 일일 일상어 교사 매뉴얼의 신
판 홍보 자료에 따르면, "매일 단 5분~10분이면 중요한 문법과 철자법,
구두법 기술을 발달시킨다."라고 하였다. 매일 교사는 칠판이나 머리 위
에 한두 문장을 쓰고, 학생에게 오류를 확인하고, 발견한 오류를 교정하
라고 요청한다. 학생은 전통 문법의 용어를 굳이 쓸 필요 없이 오류를 교
정할 수 있다. 그 다음에 이어지는 토론은 대개 항상 학생이 이미 알고 있
는 관련 규칙을 살펴보거나, 새로운 규칙에 대한 미니레슨을 가르치는 것
을 포함한다. 보기 5.3.은 이 프로그램을 구체적으로 보여 주고 있다.

| 보기 5.3 | 교육과정 주목하기: 『일일 일상어』 |

저자(들): 베일과 파펜푸스
저자(들)의 자격: 교사
출판한 곳: 교육출판사
이용할 수 있는 곳: 매사추세츠 주 윌밍턴 밸러드베일 거리 181 01887 1-800-289-4490[23]
     www.greatsource.com

---

19) [역주] Vail, N. J., & Papenfuss, J. F. (1989). *Daily Oral Language*. Wilmington, MA: Great Source Education Group.
20) [역주] Vail, N. J., & Papenfuss, J. F. (1993). *Daily Oral Language Plus*. Evanston, IL : McDougal, Littell & Co.
21) [역주] Neil J. Vail and Joseph F. Papenfuss
22) [역주] 교육출판사(Great Source Education Group)는 유치원 입학 전부터 고등학교까지의 학생과 교사, 그리고 학부모와 홈스쿨링 부모를 위해 교육과정에 기반을 두는 보충 교재를 만들며, 읽기와 언어, 쓰기, 수학, 사회학, 기술, 과학 관련 핵심 교육과정 영역에 관한 교재를 출간한다. 또한 (여름 방학 동안에 일정한 학과나 실습을 목적으로 열리는) 여름학교, 방과후 교실, 시험 준비, 제2언어로 서의 영어를 위한 프로그램을 제공한다. 1996년 설립된 이 회사는 매사추세츠 주 윌밍턴에 본사를 두고 있으며, 휴튼 미플린 하코트(Houghton Mifflin Harcourt) 출판사를 자회사로 운영하고 있다.
23) [역주] 181 Ballardvale Street Wilmington MA 01887 1-800-289-4490

일일 일상어는 교육출판사에서 발행한 "일일" 프로그램 중 하나이다. 또 다른 것으로는 일일 일상어 플러스와 일일 문장 만들기, 일일 발음 교육, 일일 어휘, 일일 철자법, 일일 유추, 일일 지리학, 일일 수학, 일일 과학 운동이 있다. 모든 것은 동일하게 5분에서 10분 수업의 형식이다.

[일일 일상어]

각 수업은 1학년에서 12학년까지의 학생들을 위해 고안된, 몇몇의 문법상 또는 구두법상 또는 용법상 오류를 가지는 두 문장을 포함한다.
이 예는 7학년 28주차에서 가지고 온 것이다.

교정해야 할 것: My raleigh ten speed bike needs many new parts given to me by my grandparents.
교정한 것: My Raleigh ten-speed bike, given to me by my grandparents, needs many new parts[24]

이 연습활동 내에 포함된 기술은 고유 형용사를 대문자로 시작하기와 수사+단위 명사와 같은 합성 형용사를 하이픈으로 연결하기, 잘못 놓인 수식어를 정확하게 위치시키기, 비제한적 관계절에 쉼표 추가하기이다.

[일일 일상어 플러스]

이 프로그램은 문장의 길이와 관련된 일일 연습 활동을 검토하기 위해 한 주에 한 단락을 덧붙이는데, 이 수업은 1학년부터 8학년까지 이루어진다.
이 예는 7학년 28주차에서 가지고 온 것이다.

교정해야 할 것: During the 1930s, some people wanted to look like the stars of hollywood films. Some women wanted gourgeous, wavy hair and some men wanted gray flannel suits. Padded shoulders were very popular, and hemlines was long. A long, double-breasted overcoat with a belt were just the thing for a fashionable man, and every fashionable woman wore an hat.
교정한 것: During the 1930s, some people wanted to look like the stars of Hollywood films. Some women wanted gorgeous, wavy hair, and some men wanted gray flannel[25] suits. Padded shoulders were very popular, and hemlines were long. A

---

24) [역주] 조부모로부터 물려받은 롤리 10단 변속 기어 자전거는 많은 새로운 부품을 필요로 한다.

long, double-breasted overcoat with a belt was just the thing for a fashionable man, and every fashionable woman wore a hat.[26]

이 단락에서 바로잡은 7개는 장소의 명칭을 대문자로 시작하기와 *gorgeous(아주 멋진)*와 *overcoat(외투)*를 정확하게 쓰기, 등위 접속사 앞에 쉼표 추가하기, 두 곳에서 주어와 동사를 일치시키기, 자음 소리로 시작하는 명사 앞에 관사 *a* 사용하기를 포함한다.

교육출판사의 홍보 자료를 기반으로 한 설명으로, 허가 하에 사용되었다. (일일 문장 만들기에 대한 설명은 8장을 보라.)

일부 비평가들은 일일 일상어의 연습 활동이 전통 문법처럼 탈맥락화되었다고 주장하는데, 어느 정도 일리가 있다. 실제로 일일 일상어는 학생들에게 본인의 글과 관련성이 적은 문장을 분석하는 것을 요구하는 상업적 목적으로 사전 설계된 프로그램이다. 그럼에도 불구하고 이 프로그램은 전통 문법의 교육과정을 넘어서는 두 가지 중요한 장점이 있다.

- *학생은 글쓴이의 관점에서 문법을 학습한다.* 이것은 학생이 문장 내에서 문법적으로 적절하지 않은 것에 대해 판단할 수 있도록 맥락을 제공한다. 게다가 그것은 구두법과 같이 글쓰기에서 가장 해결하

---

25) [역주] 플란넬은 가볍고 부드러우며 표면에 솜털이 있는 방모직물이다. 부드럽고 촉감이 좋으며 탄력성이 있어 주로 바지나 양복을 만드는 데 사용되었는데, 이것으로 만든 회색 플란넬 양복은 슬론 윌슨(Sloan Wilson)의 『회색 플란넬 양복을 입은 남자(The Man in the Gray Flannel Suit)』라는 소설에서 유래한 말로, "성공을 위하여 세상의 흐름에 순응하는 인물"을 의미한다. 이 소설의 작가는 기자 시절 상사에게 자신이 승진하지 못하는 이유를 묻자, "당신의 문제는 글의 스타일이 현대 감각과 맞지 않기 때문에 그럴 거야. 예를 들면 우선 당신이 입고 있는 옷도 위아래의 색이 조화되지 않거든. 지금 당장 양복점에 가서 버튼 3개가 달린 회색 플란넬 양복을 맞추어 입고 시대감각에 뒤떨어지지 않게 해 보게나."라고 충고 들었고, 이 충고가 좋은 효과를 낳자 이 소설을 쓰게 된 것이다. 이에 대한 보다 자세한 설명은 네이버 교양영어사전2(http://terms.naver.com/entry.nhn?docId=2076585&cid=41810&categoryId=41812)을 참고할 수 있다.

26) [역주] 1930년 대, 어떤 사람들은 할리우드 영화의 스타처럼 보이고 싶어 했다. 일부 여성들은 화려한 물결 모양의 머릿결을 원했고, 일부 남성들은 회색 플란넬 정장을 원했다. 패드가 들어간 어깨가 매우 유행했고, 치마의 단 끝이 길었다. 벨트가 있고 두 줄 단추식인 긴 코트는 유행에 민감한 남자의 필수품이었고, 유행에 민감한 여자는 모자를 썼다.

기 어려운 특징을 강조한다. 구어와 문어의 공통된 특징은 원어민 화자 학생에게 큰 문제가 되지 않으므로, 명시적으로 이러한 특징을 학습할 필요성은 거의 없다고 생각한다.

- *학생은 전통 문법의 용어를 가지고 오류에 명칭을 부여할 수는 없지만, 오류를 확인할 수 있다. 학생은 모국어 화자의 직관에 의지하고 있다* (하트웰의 문법 1 [29쪽]).

탈맥락화에 대한 비판을 극복하는 한 가지 방법은 검토하기 관련 일일 연습에서 상업적으로 미리 준비된 문장보다는 학생이 쓴 글의 구절을 사용하는 것이다. 글쓰기 초급반에서, 매일 수업의 초반부에 이루어지는 미니레슨에서 우리는 학생이 쓴 글의 구절을 검토하는 연습을 한다. 나는 내 학생이 쓴 작품의 구절을 사용하는데 그 이유는 그것이 토론에 임하는 학생에게 관련성 및 급박함을 환기시키기 때문이다. 학생은 자신이 알고 있는 단어를 인식하고, 제시되고 있는 제안을 경청한다. 나는 또한 (상업적으로 미리 준비된 연습 활동처럼 고립된 한 문장보다는) 두 문장에서 여섯 문장의 구절을 즐겨 사용한다. 왜냐하면 나는 글이란 문장 경계를 넘어서 사고를 확장하는 것이라 믿기 때문이다. 그리고 학생이 단일 문장에 주목하면, 통일성[27] 측면에서의 오류와 같은 특정한 오류를 보지 못할 수도 있기 때문이다.

나는 검토하기 관련 일일 연습을 시작하기 전, 검토하는 방법에 관한 별도의 과외 수업을 시행한다. 마드라소(Madraso, 1993)는 많은 교사가 학생에게 검토하라고 주의를 주면서도 그 방법에 대해 가르치지 않는다고

---

27) [역주] 원문의 'coherence'를 '통일성'이라 번역한다. 사실 'coherence'에 대한 용어는 학자마다 다양하지만, 담화가 구성되는 데 있어서 내용면에서 주제가 일관되어야 한다는 특성을 가리킨다. 이 책에서 사용하는 '통일성'이라는 용어는 2007년, 2011년 국어과 교육과정에 제시된 것으로 여기서는 교육과정의 용어를 따르고자 한다.

지적했다. 성공적인 검토하기의 핵심 요소는 정확한 읽기 전략을 사용하는 것이다. 전형적인 독서(나는 편의상 비판적 독서라고 함)에서, 우리는 실제로 각각의 단어를 자세히 보지 않는다. 오히려 우리는 이어질 내용을 예측하고, 우리가 예측한 것을 확인하기 위해 충분히 글을 훑어본다. 그래서 우리는 실제로 거기에 있는 것을 "응시"하지 않는다. 하지만 검토할 때 우리는 실제로 거기에 있는 것을 "응시"하기 위해서 충분히 천천히 읽어야 한다. 나는 학생이 천천히 읽을 수 있는 다양한 방법을 제시한다. 또한 검토하기에 도움이 되는, 찾기/검색과 같은 워드프로세서 기능의 이점을 취하는 방법을 제시한다. 내가 글쓰기 초급반 학생에게 검토하기를 가르칠 때 사용한 수업이 보기 5.4.에 설명되어 있다.

보기 5.4　　가르치기 조언: 검토하기 가르치기

　　로젠(1998)과 마드라스(1993)는 우리가 학생에게 보다 효과적으로 검토하는 방법을 가르칠 것을 제안하고 있다. 학생이 검토하기의 속성에 대해 좀 더 이해한다면, 검토하는 방법을 배울 수 있다. 학생이 반드시 이해해야 할 요소 중 하나는 검토하기가 우리가 일반적으로 하는 비판적 읽기와 다른 종류의 읽기를 요구한다는 것이다. 또 다른 요소는 검토하기가 우리에게 몇몇 다른 종류의 판단을 하도록 요구한다는 것이다(Hull, 1987). 대부분의 사람이 검토하기에 대해 떠올릴 때 생각하는 문법적 오류에 더하여, 편집자는 의미론적 오류(누락되거나 부적절하게 사용된 단어 때문에 나타나는 의미에서의 오류)와 통사론적 오류(서투르거나 부정확한 문장 구조의 결과로서의 오류)를 찾는다. 이러한 요소들은 내가 글쓰기 초급반 학생에게 성공적인 검토 전략을 가르치기 위해 사용한 수업의 일부이다. 내가 실행한 단계는 아래와 같다.

1. 검토하기가 왜 어려운지에 대해 논의하라.
2. 검토하기를 할 때 찾는 오류와 그것을 고치는 방법을 설명하라.
3. 검토하기를 위한 몇몇의 전략을 확인하라.
4. 학생이 쓴 글의 구절을 사용하여 검토하기를 연습하라.

[검토하기가 어려운 이유]

　　검토하기는 우리가 종종 올바른 전략을 사용하지 못하기 때문에 어려운 것이다. *proofreading*(*검토하기*)이라는 단어 내부에 더 작은 단어인 *reading*이 있듯이, 비록 검

토하기가 읽기이지만 우리는 비판적으로 읽을 때와 다른 방식으로 읽어야 한다. 그 래서 우리는 관점을 전환하여 검토하기를 위한 전략을 사용해야 한다.

비판적 읽기	검토하기
• 비판적으로 읽을 때, 우리는 실제로 단어 하나하나를 살펴보지 않는다. 대신에 이어질 내용을 예측하기 위해서 주제와 영어 문법의 지식을 사용한다. 그런 다음 우리는 예측한 것을 확인하기 위해서 글을 충분히 훑어본다. • 비판적으로 읽을 때, 우리는 글의 어감을 그 단어에 투영시킨다. 글의 어감은 쓰인 단어를 우리가 이미 알고 있는 개념에 연결시키는 것을 돕는다.	• 검토할 때, 우리는 다음과 같은 사항을 판단하기 위해서 각각 단어를 살펴보아야 한다. - 가장 적합한 단어를 선택하였는지 - 의미가 분명하게 표현된 구인지 - 철자 그리고/또는 구두법이 정확한지 - 문법적으로 정확한지 - 기타 • 검토할 때, 우리는 문어와 구어를 구분해야 하는데 다음과 같은 사항을 구분해야 한다. - 비공식적인 말하기에서 용인되는 것과 공식적인 글쓰기에서 용인되는 것 - 단어를 발음하는 방법과 그것을 철자로 적는 방법 - 휴지를 두어 말하는 곳과 구두점을 찍는 곳 - 기타

검토하기는 다른 종류의 언어가 다른 상황에 적절하기 때문에 어려운 것이다. 우리는 청중과 상황에 따라 격식성, 어휘, 세부 내용 등의 수준을 바꾸어야 한다. 때때로 우리는 상황에 적절한 것과 적절하지 않은 것을 인식하지 못하는데, 특히 그것이 새로운 것이라면 더욱 그러해서 부적절한 것을 못 보고 지나친다.

비판적 읽기와 검토하기의 차이점을 설명하는 한 가지 방법은 아래의 삼각형들을 읽는 것이다. 일반적으로 학생은 해당 구를 정확하게 읽기 전에 여러 가지 시도를 하게 된다. 학생은 텍스트 자체를 살피기보다는 오히려 그럴 듯한 내용을 예측한다.

학생이 글의 어감을 단어에 투영시키는 방법을 이해할 수 있도록, 나는 학생에게 몇 편의 글을 읽고 각각의 "화자"를 묘사하도록 요청했다. 나는 서로 다른 분명한 목소리를 가진 화자의 글을 선택했다.

[검토하기에서 찾는 오류]

검토하기를 할 때, 여러분은 세 가지 다른 종류의 오류를 찾아야 한다.

의미론적 오류 - 의미가 분명하지 않은 곳	의미론적 오류의 예
• 단어가 누락되었는지를 충분히 인식할 수 있도록 천천히 읽음으로써 의미론적 오류를 찾아야 한다. • 또한 불분명하거나 부정확한 대명사, 변이형 등을 충분히 인식할 수 있도록 비판적으로 읽음으로써 의미론적 오류를 찾아야 한다. • 문장을 바꿔 쓰거나 구두법을 바꿈으로써 의미론적 오류를 올바르게 교정해야 한다.	• 실수로 빠뜨린 단어, 특히 부정적인 단어 • 불분명하거나 중의적인 대명사 • 누락되거나 잘못된 변이형 • 문장 구두법의 오류 • 누락되거나 잘못 찍힌 쉼표나 아포스트로피
통사론적 오류 - 단어의 순서 때문에 올바른 것 같지 않은 곳	통사론적 오류의 예
• 자신의 과제물을 큰 소리로 읽을 때 올바르게 읽지 못하고 더듬거리거나 반복적으로 읽어야 했던 부분에 주의를 기울임으로써 통사론적 오류를 확인해야 한다. • 그것이 올바른 "소리"가 될 때까지 그 문장을 표현하는 여러 가지 방법을 시도함으로써 통사론적 오류를 올바르게 고쳐야 한다.	• 불분명하거나 어색한 구절 • 어색하거나 불필요한 수동태의 이동 • 요소들이 병렬적이지 않은 부분 • 무휴지문
문법적 오류 - 형식적인 문어의 관습을 위배한 곳	문법적 오류의 예
• 공식적인 문어 영어의 규칙에 기대어 자신의 글을 점검함으로써 문법적 오류를 찾아야 한다. • 동일한 규칙을 적용함으로써 문법적 오류를 올바르게 교정해야 한다.	• 주어-동사 또는 명사-대명사 일치 • 동사 형성 • 철자법 검사 프로그램에서 검색되지 않은 틀린 철자

[보다 효과적으로 검토하기를 위해 사용하는 몇 가지 전략]
검토하기를 잘하기 위한 몇 가지 제안이 있다.

1. 아래의 방법을 사용하여, 단어 각각에 충분히 주목할 수 있도록 천천히 읽는다.
   - 자신의 글을 소리 내어 읽거나 다른 사람이 정확하게 읽는 것을 듣는다.
   - 연필로 짚어가며 묵독을 한다.
   - 쓴 글에 백지 한 장을 천천히 대어 내려가며 한 번에 한 줄을 읽도록 한다.
   - 맥락에서 벗어나 상향식으로28) 한 번에 한 문장씩 읽는다. 이를 통하여 여러
     분은 의미가 아닌 오류에 집중할 수 있다.
2. 아래의 방법을 사용하여, 오류를 찾기 위해 단어의 "소리"를 사용하는 것을 배
   운다.
   - 독자로서 여러분이 더듬거린 부분에 주목한다. 이것은 일반적으로 의미와 단
     어 순서에서의 오류를 가리킨다.
   - 특정 단어나 구를 "경보음"으로 삼는다. *there*와 같은 동음이의어를 들었을 때,
     여러분은 멈추고 맥락상 철자가 올바른지 아닌지를 확인해야 한다. 경보음으
     로 삼아야 하는 또 다른 단어는 *because*와 같은 연결어이다. 반드시 조각문이
     아님을 확인하라.
3. 아래의 방법을 사용하여, 오류를 찾을 수 있도록, 워드프로세서의 내장된 기능
   을 사용하는 것을 배운다.
   - 글을 인쇄하기 전에 철자 확인 기능을 작동시킨다.
   - 동음이의어와 같은 특정적인 것에 주의하기 위해 문법 확인 기능을 작동시킨다.
   - *because*와 같은 "경보음" 단어들의 모든 경우를 찾기 위해서 찾기 기능을 사용
     한다. 그때마다 커서를 *because*에 두고, 조각문이 아님을 확인하기 위해 문장을
     읽는다.
4. 검토하기가 자주 요구되는 개인적 목록을 간직하고, 특히 그것을 숙달하도록
   열심히 노력한다. 자신의 과제물에서 상위를 차지하는 가장 큰 문제점 세 가지
   를 나열하고, 우선 그것들을 살피기 위해 글을 읽는다.
5. 질문이 있으면 안내서를 확인한다.
6. 자신의 글을 검토하는 데에 도움이 되는 친구를 찾는다. 검토하기는 매우 상세
   한 작업이다. 일부 사람은 이러한 세부적인 작업을 쉽게 여기기도 하지만 어렵
   게 생각하는 사람도 있다. 여러분은 검토하기에서 자신이 가진 기술을 향상시
   키기 위해서 성실히 노력해야 한다. 그러나 능숙하지 않다면 믿을 만한 검토자

---

28) [역주] 상향식(bottom-up) 읽기는 어휘 자체에 대한 이해에서 시작하여 문장의 구와 절에 대한
이해를 확인하고 나아가 글의 전체 의미를 이해하는 읽기 방식이다. 이와 달리 하향식(top-down)
읽기는 글에 포함된 해독 과정을 강조하기보다는 언어 경험을 중시하며 글의 의미에 대한 독자의
가정이나 추측 과정을 강조하는 읽기 방식이다.

를 찾아야 한다.

[학생이 쓴 글의 구절을 가지고 연습하라]

검토하기에 관한 상업적 교육 과정의 각 연습 활동은 대개 하나의 긴 문장으로 되어 있다. 학생은 예상되는 오류를 빠르게 배울 수 있으나, 그들의 판단력을 발달시키기 위한 기회를 얻지 못한다. 반면에, 자신의 글을 검토할 때, 학생은 확장된 글을 읽어야 하고 문장이 올바를 때와 올바르지 않을 때를 판단해야 한다. 그러므로 학생에게 자신이 쓴 글 안에서 두 문장 내지 여섯 문장의 구절을 검토하도록 하는 것이 그에게 보다 실제적인 연습 활동을 제공한다. 확장된 구절은 학생이 내용을 이해하기 위한 더 나은 맥락을 제공하기에 충분히 긴 자료일 뿐만 아니라 그것들은 거의 항상 오류가 없는 문장들을 포함한다. 학생은 자신의 글이 올바를 때와 바꾸어야 할 때를 확신하는 것을 배운다.

나는 학생이 자신이 쓴 글의 오류를 "발견하는 것"을 배웠으면 한다. 발견 가능한 많은 오류는 학생이 고쳐 쓸 때 없어질 것이다. 학생이 자신이 쓴 글의 내용을 보다 확실히 파악하면, 분명 문법과 구두법도 잘 알게 될 것이다. 그럼에도 불구하고 오류를 발견하지 못하거나 오류인지를 몰라서 일부 오류는 그대로 남기도 한다. 나는 학생 과제물의 오류를 조금만 표시해 두어서 학생 스스로 나머지 오류를 파악할 수 있도록 도와준다. 나는 과제물 여백에 직접 말하거나 올바른 정답을 표시함으로써 도와주기도 한다. 개인적 논평, 소집단 편집 회의, 그룹 전체 미니 레슨 등을 사용한다.[29] 보기 5.5.는 내가 학생 글에 표시할 때 사용한 체계이다.

이 장에서는 교사들이 학생 글에서 오류를 더 잘 파악할 수 있고 또

---

29) [역주] 오류를 수정하는 다양한 전략 중 하나인 명시적 오류 수정법(explicit correction)은 정확한 형태를 명시적으로 제공하는 것이다. 교사는 정확한 형태를 제시할 뿐만 아니라 오류가 무엇인지 명확하게 지적한다. 이와 반대로 암시적 오류 수정법(implicit correction; recasts)은 교사가 오류를 제거하여 학생 발화의 일부 혹은 전체를 달리 표현하는 것이다. 교사는 "그러니까 당신 말은 …" 과 "이 단어를 사용해라.", "이렇게 말해라."와 같은 표현을 사용하지 않고 일반적으로 암시적인 것으로 간주된다(Jong-Duk Jang, 2010 참고).

학생들 스스로 수정할 수 있는 전략들을 다루고 있다.

보기 5.5 가르치기 조언: 학생 글에 최소한으로 표시하기

연구에 따르면 교사로부터 어느 정도의 피드백을 받은 학생은 수정하는 능력이 향상되었다. 그리고 최소한의 피드백만으로도 영향을 받는다는 사실이 밝혀졌다 (Haswell, 1983; Ferris et al., 2001). 하스웰(Haswell, 1983)은 학생의 글에 최소한의 표시를 하라고 언급하고 있는데, 단지 텍스트를 한 줄씩 보면서 여백에 오류 표시만 해도 된다고 말한다. 그는 과제물에 대한 성적을 받기 전에 학생이 가능한 한 많은 오류를 바로잡을 수 있기를 기대하고 있다. 그는 최소한의 표시가 유익한 이유를 다음과 같이 말하고 있다.

- 최소한의 표시로 학생이 직접 고쳐 쓸 수 있게 한다. -학생은 평가 전에 자신의 글을 다시 제출해야 한다.
- 최소한의 표시로 오류를 바로잡을 때 학생이 더 많은 책임감을 갖도록 한다. 하스웰(1983)은 오류를 정확히 표시하지 않고, 다만 학생이 스스로 찾을 수 있게끔 단서만 제공한다. 학생은 오류인 것과 오류를 고치는 방법을 스스로 생각해 내야 한다. 페리스 외(Ferris et al., 2001)에 따르면, 이렇게 해서 학생은 아는 문법 규칙을 연습하고 좀 더 깊이 있게 그 규칙을 배우게 된다.
- 최소한의 표시로 교사는 시간을 보다 생산적으로 사용할 수 있다. 교사는 학생의 글을 고치는 데 많은 시간을 보냄에도 불구하고 학생이 똑같은 실수를 되풀이할 때 좌절감을 느낀다. 최소한의 표시는 교사에게 정정 표시 시간을 덜어줄 뿐만 아니라 학생이 스스로 수정할 수 있고 결국 오류를 완전 정복하게 한다.

하스웰(1983)은 그의 학생이 누구인지 구체적으로 말하지 않지만, 아마 주로 원어민 학생일 것이다. 그러나 영어를 배우는 과정에 있는 학생도 최소한의 표시만 가진 글에서 오류를 성공적으로 수정할 수 있다. 중급 수준의 ESL 학생 72명의 수정 능력에 관한 연구에서 페리스 외(2001)는 학생이 자신의 오류를 알아내는 데에 어느 정도의 도움이 필요하며, 피드백은 여백에 체크 부호를 넣거나 단어에 밑줄을 치는 것 이상으로 명시적일 필요가 없다는 사실을 알아냈다. 그들의 연구에 따르면 피드백을 조금도 받지 않은 학생은 자신이 범한 오류의 18%만을 발견하고 수정했다. 그러나 최소한의 표시를 받은 경우 달성 확률이 60%까지 뛰었다. 페리스 외(2001)는 다음과 같이 결론을 내렸다.

- 학생은 자신의 글을 편집할 때, 오류가 어디에 있는지에 대한 피드백을 통하여 도움을 얻을 수 있다.

- 피드백은 학생이 오류의 대부분을 파악할 만큼 두드러지게 명시적일 필요가 없다.
- ESL 학생이 자신의 오류를 파악할 수 없어서 남게 되는 40%의 오류를 위해서 교사는 수정한 사항을 적어야 한다(보기 10.4.를 보라).

하지만 그들은 ESL 학생과의 인터뷰를 통해 교사가 오류가 있는 단어에 밑줄을 그을 뿐만 아니라 동사 시제 오류 아래에 시제라고 적는 것과 같이 어떤 종류의 오류인지에 관한 단서를 제공해 주는 것을 학생들이 좋아했다고 말한다. 페리스 외 (2001)는 기호들이 오류를 수정하는 학생의 능력을 통계적으로 유의미한 수준으로 향상시키지는 않고, 단지 학생이 좀 더 안정감을 느끼게 해 준다고 지적한다.

학생이 기호화된 단서를 선호하지만 최소한의 표시로부터 도움을 얻을 수 있다는 것을 알기에, 나는 하스웰(1983)이 최소한도로 표시한 체계를 수정하여 사용한다. 학생이 자신의 글에서 외관상 오류에 집중할 준비가 되었을 때, 나는 다음과 같이 했다.

- 나는 수정하기 단계에서 학생이 주목하기 원하는 단어에 *밑줄을 긋는다*(예, 주어-동사 일치 또는 소유격 아포스트로피 오류를 가지고 있는 단어). 내 생각에 이것은 학생들이 즉시 "알" 수 있는 오류로 학생 스스로 쉽게 바로잡을 수 있는 것이다.
- 단서가 있다면 학생 스스로 수정할 수 있을 것이라고 생각하는 오류를 포함하고 있는 단어에 *밑줄을 긋고 명칭을 붙인다*(예, 동사 시제).
- 표시하기에 충분히 중요하지만 학생이 수정할 수 없는 오류를 포함하는 단어에 *밑줄을 긋고 제안점을 적는다*(예, 비병렬적인 것). 때때로 나는 제안점 끝에 물음표를 붙인다. 이것은 사실상 대개 문법적인 것보다는 수사학적인 것을 가리키는데(예, 장황함), 물음표는 이러한 제안에 대한 수락 여부의 최종 선택권이 학생에게 있음을 의미한다.

5.5. 언어 경험 탐구하기

1. 읽기 자료를 보기 전에, 5분가량 시간을 내어 다음 사항에 대해 쓰라.

   a. 글에서 오류란 무엇인가? 자신의 글이나 다른 사람의 글을 볼 때 여러분은 오류가 있는지 어떻게 아는가?

   b. 교사가 여러분 글의 오류를 어떻게 다루었는가? 이러한 절차가

해당 오류를 숙달하는 데 얼마만큼 유용했는가?

c. 여러분은 얼마만큼 글의 "오류"를 알아차리고 수정할 수 있다고
확신하는가? 이러한 기술을 언제/어디서/어떻게 배웠는가? 여러분
이 검토하기/수정하기를 배우는 데 교사는 어떤 도움을 주었는가?

↘ 학생 글에서 정확성 발달시키기: 오류 사냥의 대안들[30]

로젠

*이 논문에서 로젠은 학생이 자신의 오류를 찾고 수정하는 데에 책임감을
갖게 하는 다양한 방법을 교사에게 제공한다. 로젠은 처음 이 논문을 『영어
저널』 1987년 3월호에 처음 실었는데,[31] 차후에 『맥락상의 문법 지도에서
공유할 수업』이라는[32] 제목의 책으로 출간하기 위해서 이를 편집하였다.
그 책은 『맥락상의 문법 지도』와[33] 공동 저자인 위버(Weaver)에 의해 편집
되었다. 『맥락상의 문법 지도에서 공유할 수업』은 문법 지도에 관한 위버의
생각을 교사가 교실에서 글쓰기의 맥락 시간에 실연할 수 있는 방법을 보
여 주는 데 그 목적이 있다.*

------

30) [역주] Rosen, L. M. (1998). Developing Correctness in Student writing. In C. Weaver (Ed.),
Lessons to Share on Teaching Grammar in Context (pp.137-154). Portsmouth, NH: Heinemann.
31) [역주] Rosen, L. M. (1987). Developing Correctness in Student Writing: Alternatives to the
Error-Hunt. *The English Journal*, 76(3), pp.62-69.
32) [역주] Weaver, C. (1998). *Lessons to Share on Teaching Grammar in Context*. Portsmouth, NH:
Heinemann.
33) [역주] Weaver, C. (1996). *Teaching Grammar in Context*. Portsmouth, NH: Heinemann Boynton/
Cook.

[1] 서론

"학생 글에서 정확성 발달시키기"는 1987년 3월 『영어 저널』에 처음으로 발표되었다. 위버가 자신의 서적에 그 논고를 재출간하는 것을 허락해 달라고 할 때, 나는 최근 연구와 방법을 보태어 그 논문의 내용을 새롭게 해야겠다고 느꼈다.

지난 10년간의 논문과 저서를 대상으로 한 나의 최근 조사는 글의 "정확성" 지도 분야에 몇 가지 새로운 발전적 동향을 밝혔다. 첫째, 조사 연구가 급증하여, 학생의 글쓰기 및 수정하기, 검토하기 기량과 컴퓨터 워드프로세서의 사용 및 철자, 문법 검토 장치 간의 관계를 증명하기 위해 노력하고 있다. 학생의 구두법적/문법적 기술에서 컴퓨터의 복합적 영향력이 아래의 수정된 논문에서 논의된다.

둘째, 내가 초판을 조사하고 집필한 1980년 중반 당시에는 과정으로써 글쓰기를 지도하고, 그 과정의 일부로써 구두법적/문법적 기술을 가르치려고 하는 움직임이 중등학교보다는 초등학교 교실에 좀 더 받아들여지는 것같이 보였다. 그 결과 1987년에 내가 제시했던 대부분의 기법들은 초등학교 단계를 다루는 작문 교사와 이론가에게서 비롯되었다. 내가 이 논문을 새롭게 하면서 가장 먼저 깨달은 것은 글쓰기 과정에서 구두법과 문법을 가르치기와 고쳐쓰기가 지금 중등학교 단계에서 현저한 주목을 받는다는 점이다. 내가 1987년에 체계를 잡은 전략들의 대다수가 지금 k-12[34] 클래스에서 활발히 사용되고 있고, 반면에 중등 교사는 이어지는 개정판에 기술한 바와 같이 정확성에 대한 자신만의 접근 방법을 추가하였다.

마지막으로, 예상치 못한 논의가 비주류 방언을 사용하는 학생들을

---

34) [역주] 미국, 캐나다 등 영어권에서 무상 교육을 받을 수 있는 13년간을 가리키는 말로서, 유치원 (Kindergarten)에서 고등학교를 졸업할 때까지의 교육 기간을 말한다.

대상으로 과정 중심 접근법의 효능을 연구한 델핏(Delpit, 1986; 1988)의 논문 발표에 의해 제기되었다. 지금 미국 전역의 많은 언어 교실을 특징짓는 언어적, 인종적, 민족적 다양성의 증가로 이러한 점은 고려해 볼 만하다.

글의 구두법적 그리고 문법적 정확성에 대한 이러한 접근법들을 입증하거나 반증하는 새로운 연구가 최근에 이루어진 것은 없지만, 점점 많은 교사가 글쓰기 과정 전략을 자신의 교실에 채택함에 따라, 학생에게 자신이 쓴 글의 맥락 내에서 정확성을 가르치는 것이 더욱 확산되고 있다. 아래의 개정된 논문은 미래를 위한 권고로, 최근에 제기된 이러한 실질적인 연구 부족을 보여 준다.

[2] 학생 글의 정확성 키우기, 1987-1997

소유격을 가르치고 강화하고 간단한 시험까지 봤음에도 불구하고 공부 잘하는 학생이 소유격을 빠뜨리는 이유를 이해하지 못했다. 여전히 이 모두를 가르쳐도 그러한 오류가 제목에도, 맨 처음 문장에도 있었다.

내가 글을 읽고 구두점을 다 무시해야 하는가? 그들에게 그렇게 하는 것이 좋은 것인가?

내가 학생의 글에 5×를 표시하면 그는 그것을 다섯 번 이상 써야 한다. 확실히 이것은 매우 어리석은 짓이다. 하지만 아무것도 하지 않고서는 이것을 강화할 수 없다.

우리는 밤에 글을 가지고 많은 시간을 보낸다. 그것은 시간이 지나면 재미도 없고, 여러분에게 아무것도 주지 않는다. 내가 그것에 쏟은 시간만큼 학생이 얻게 되는 것이 얼마만큼인지 확신이 서지 않는다.

학생의 글에 표시를 남기는 것에 대해 토의를 나누는 과정에서 중·고

등학교 영어 교사의 이러한 언급은 학생이 쓴 글의 오류를 다루는 문제
점에 대한 불만과 좌절을 보여 준다. 이는 철자와 구두점, 대문자의 사
용, 문법, 용법에서의 오류는 교사의 열정적인 노력에도 불구하고 종종
학생의 글에 나타나서 좀처럼 사라지지 않기 때문이다. 전통적으로 교
사는 두 가지 방법으로 오류를 뿌리 뽑으려 했다. 하나는 문법/용법 교
재에 있는 반복적 연습 문제를 통해서 구두법적 그리고 문법적 정확성
을 가르치는 것이고, 다른 하나는 글을 돌려받았을 때 학생이 정확하게
표현할 것으로 기대하면서 학생 글에 표시를 남길 때 모든 오류를 지적
하는 것이다. 비록 다양한 조사 연구에서 실제 글쓰기 경험과 동떨어진
반복 연습을 통한 학습은 거의 또는 전혀 전이되지 않고, 교사의 "오류
사냥"에 의한 시간 집중적인 연습이 좀 더 구두법상으로 완벽한 글을
생산하지 않는다고 밝혔음에도 불구하고, 100년간 지속된 이 같은 전통
은 여전하다. (이 영역의 연구에 대한 논의는 Braddock et al., 1963; Haynes, 1978;
Rosen, 1983을 보라.) 교사의 표시하기 절차에 대한 최근 여러 연구 결과와
같이, 거의 모든 영어 수업에서 사용되고 있는 현행 문법/용법 텍스트가
정확성에 대한 이러한 접근법을 입증한다.

[3] 오류 사냥

　해리스(Harris, 1977)는 자신의 연구에서 학생이 쓴 글에 대한 고등학교
교사의 교정과 주석의 66%가 구두법과 용법에 관련된 것임을 발견했다.
초등학교 4학년에서 6학년까지의 9명의 교사에 의해 작성된 논평에 대
한 설 외(Searle et al., 1980)의 연구는 그들 연구에 참여한 교사가 철자와 용
법, 구두점에 대한 모든 오류를 정정하려고 했음을 밝혔는데, 이것은 연
구원이 "형태-교정 반응"으로 특징지은 것에 너무 큰 강조를 이끌었다.
애플비(Applebee, 1981)의 연구인 『중등학교 글: 영어와 내용 영역 분야』

는[35] 동일한 패턴을 반영하고 있다.

모든 교과 영역에서 쓰기 교수의 주요 수단은 완성된 글에 대한 교사의 논평과 교정이었다. 구두법 사용하기의 오류는 이러한 반응들 중 가장 흔하게 주목되는 것인데, 학생이 표현하고 있는 생각과 관련된 논평은 가장 덜 나타난다.

본 논문의 서두에 인용된 고등학교 영어 교사에 의한 반응에서의 패턴에 대해서 필자가 1983년에 끝낸 연구도 유사한 결과를 보여 준다. (밑줄 긋기와 상징, 구, 교정, 제안, 논평을 포함한, 학생에게 제공되는 글로 된 피드백의 유형으로 정의된) 학생 글에 대한 그들의 결합된 반응의 약 50%가 구두법적 그리고 문법적 오류에 집중되었다. 내 연구에서 6명의 교사 각각은 학생 글의 오류를 다루는 구체적인 접근법을 가졌다.

한 교사는 "학부모가 좋아하기 때문에" 실수를 100% 찾아서 표시하려고 노력한다고 했다. 학생은 자신의 아이디어에 많은 피드백을 필요로 한다는 강한 믿음과 함께, 이러한 기법은 한 쪽당 평균 8번 이상의 반응을 보였고 종종 많은 표시와 비평으로 가득한 글이 되어 학생에게 되돌아가게 되어서 학생이 어디를 주목해야 할지 알기가 어려울 정도가 되고 말았다. 또 다른 교사는 각각의 쓰기 과제를 가지고 두 가지 또는 세 가지 오류 유형에 집중했는데, 그는 학생들이 과제를 할 때 자신이 찾을 오류 유형을 학생들에게 말해 준 다음 각 과제물에서 이러한 오류를 100% 완벽하게 찾기 위해 노력했다. 이러한 기법은 그가 글에 표시하는 시간을 줄여주지만, 정확성의 빠른 향상을 촉진하지는 않는다. 세 번째 교사는 실제 실수를 지적하는 것보다 오류가 있는 각각 줄 옆 여

35) Applebee, A. (1981). *Writing in the Secondary School: English and the Content Areas*. Urbana, IL: National Council of Teachers of English.

백에 마이너스(-) 기호를 넣는데, 이것이 학생에게 덜 가혹하다고 믿는다. 그는 전체적인 글쓰기 기술이 낮은 기초 초급 학생과 함께 했기 때문에, 학생 글에 대한 반응의 90%가 마이너스 기호였다. 글을 돌려주었을 때, 수업 시간 내내 학생들과 그들의 오류를 확인하고 정정하는 데 시간을 보냈다. 그가 표시한 강조점을 오류 교정을 위한 수업 시간과 결합하였는데, 누구든지 이 방법이 정확성에 강한 초점을 두고 있다는 것을 알 수 있다. 초급 학생들에게 글을 쓸 때 오류를 피하는 것이 중요하다는 것을 알리는 암묵적 메시지이다.

나의 연구에서 모든 교사들은 표시 부담을 덜기 위해서 상징 기호를 사용했는데, 일반적인 "어색한 표현"과 "없애야 할 표현"도 있지만, 학년 말쯤에 "사라져야"하는 "공략 대상 오류"라는 의미의 "TE[36]"와 같이 특이한 것도 있었다. 나의 연구에서 교사 중 한 명만이 스스로 처리해야 해야 하는 그 문제를 크게 신경 쓰지 않고 싶다고 했다. 그는 "내가 그것들을 볼 때, 신경 쓰이는 오류만 표시합니다. 그것은 큰 문제가 아닌 것 같습니다."라고 했다. 그러나 다른 교사는 "나는 아무것도 하지 않으면 이것을 강화시킬 수 없습니다."라고 말하면서 앞에서 인용한 진술을 지지하는 것 같았다.

글쓰기 교사가 학생 글의 구두법적/문법적 오류를 다룰 때 직면하는 문제는 오류를 무시할지 말지를 단순히 결정하는 것보다 복잡하다. 독자가 기대하는 영어의 표면적 특징과 문법적 구조와 같은 시각적 장치는 글로 된 의사소통의 중요한 부분임에 틀림없다. 수많은 표면 오류가 독자들의 주의력을 정말 흩뜨리고, 우리는 사회가 쓰기 능력의 가늠자로서 정확성에 큰 가치를 부여한다는 것을 모두 잘 알고 있다. 그럼에도 완벽하게 정확하지만 완벽하게 공허한 학생 글을 읽는 누구라도 진술이

---

36) [역주] 공략 대상 오류인 target error의 두문자어이다.

얼마만큼 정확한가에 상관없이 학생이 말하는 *것*의 1차적 중요성을 확인할 수 있다. 그래서 딜레마는 쓰기 프로그램의 균형과 비율의 딜레마가 된다. 즉 *교사가 학생 글의 내용에 집중하면서도 지속적으로 문어 영어의 구두법적 그리고 문법적 구조의 숙달을 지향하는 프로그램을 어떻게 확보해야 하는가?*

글쓰기 교육에서의 최근 연구와 이론은 이러한 딜레마가 위에서 약술된 오류에 대한 전통적인 접근법을 그만두고, 모든 수준의 학생이 글쓰기의 구두법적/문법적 양상에 대한 능력을 발달시키는 데 매우 효과적인 것으로 검증 받은 다른 방법을 사용함으로써 해결될 수 있다고 시사한다. 내가 정확성에 대한 이러한 새로운 접근법을 논의하기에 앞서, 작문 과정의 본질과 뒤에 나오는 방법의 근원적인 이론적 근거를 제공하는 것으로 알려진 몇 가지 핵심 가정을 제시하고자 한다.

[4] 기본 가설

생각하기와 계획하기, 내용 생성하기, 초고 쓰기, 다시 쓰기를 포함하는, 특성상 선형적이라기보다 순환적인 글쓰기는 *복잡한 과정*이다. 작문하는 동안 구두법에 대해 걱정하는 글쓴이는 자신이 말해야 하는 것에 전적으로 집중하지 않고 있는 것이다. 왜냐하면 동시에 두 가지를 잘하는 것은 어렵기 때문인데, 특히 그 중 어느 과업도 글쓴이의 통제가 없다면 완벽해질 수 없기 때문이다. 그러므로 정확성에 관한 주의는 *글쓰기 이후 최종 검토하기와 완성된 글의 퇴고하기 단계에서 하도록 남겨두어야 한다.* 학생들은 이것을 알아야 하고, 교사는 오류가 의미와 심하게 충돌하지 않는다면 초기의 초고 쓰기 또는 일지 쓰기 또는 자유롭게 글쓰기에서 오류를 언급함으로써 이러한 취지를 부정해서는 안 된다.

문어에서의 구두법적 그리고 문법적 형태를 올바르게 사용하는 것을 배

우는 것은 발달적 과정이며 느리고, 아동 개별적이고, 한결같은 오르막 형태의 진행이 아니다. 위버(1982: 443)는 "의미적·통사적 성장은 일반적으로 언어 사용의 오류를 동반한다."라고 주장한다. 그는 1학년에서 6학년까지 학생들이 만든 조각문의 유형 변화를 추적하여 입증했다. 그의 연구에서 어린 글쓴이들은 점점 좀 더 복잡한 생각을 표현하고 좀 더 세련된 문장 구조를 사용하여 일을 진행시켰기 때문에 저학년에서 지배적인 조각문은 사라지고 다른 것에 의해 결국 대체되었다. 예를 들어 1학년들은 *because*로 시작하는 설명적인 절에서 수많은 조각문을 생산했다.

I want a car, *because* I'm old enough.[37]

6학년의 글에서 조각문의 양식은 종속절의 폭넓은 변형을 포함하는 것으로 발전했다.

Finally one day *when the machine spanked a kid,* Billy, Billy turned around and hit the machine.[38]

I would like to have a raffle[39]. *So we can have some money for a special pro, in our room like roller-skating, skying [skiing] ice skating*[40]

학생이 대화체 사용하기 혹은 설득력 있는 수필 쓰기와 같이 새로운 기술을 배우려고 애쓸 때, 학생은 그에 수반되는 구두법과 문법의 낯선 측면

---

37) [역주] 나는 차를 원한다, 왜냐하면 나는 나이가 들었기 때문이다.
38) [역주] 결국 그 기계가 빌리라는 아이를 때렸을 때, 빌리는 돌아서서 기계를 때렸다.
39) [역주] 래플(raffle)은 추첨식 복권을 가리키는데, 래플은 구체적으로 뽑는 행위와 관련이 있으며, 일반적으로 제비뽑기와 별반 다르지 않다.
40) [역주] 난 래플[복권]을 원한다. 그래야 우리가 방에 롤러스케이터, 스키, 아이스스케이팅 같은 특별한 프로를 위한 돈을 가질 수 있다

을 숙달할 시간이 필요하다. 위버(1982: 443)의 말을 빌리자면, "성장과 오류는 함께 일어난다."라고 하는데, 이 말은 글쓰기 교사가 쓰기 능력 성장의 일반적인 부분으로써 오류를 받아드리고 그것에 대한 어느 정도의 관용이 있어야 한다는 것을 시사한다.

글쓰기의 구두법적 그리고 문법적 기술은 글쓴이가 다른 사람이 받기를 원하는 메시지를 전달하는 글을 생성코자 하는 진정한 목적으로 그 기술들을 사용할 필요가 있을 때 학습된다. 하나의 글이 학생의 능력에 대한 검사로 보여서는 안 된다. 오히려 발달 중에 있는 학생이 문어를 통한 진정한 의사소통을 창출하기 위해 최대치의 그들 언어 능력을 사용하는 기회로 보아야 한다.

주어진 한 편의 글의 정확성에 대한 책임은 교사가 아니라 학생에게 주로 주어져야 한다. 학생은 자신의 실수를 검색하고 발견하고 정정함으로써 정확하고 자립적인 글쓴이가 되는 것을 배워야 한다. 그들은 완벽함을 달성하지 못할 수 있다. 사실 학생은 많은 오류를 찾지 못할 수도 있지만, 결국에 그는 자신이 이해하지 못하는 오류를 찾아내거나 설상가상으로 내용 대신 정확성에 주목하게 하는 교사의 공들인 검토하기보다는 자신의 글과 동료의 글에서 발견할 수 있는 어떤 오류이든 확인하고 정정하는 것으로부터 더 많은 것을 배운다. 원고를 교열하기는 능숙한 글쓴이가 반드시 배워야 하는 기술 중 하나이며, 이 영역에서 독립성을 가르치기 시작하는 것은 매우 이른 것이 아니다.

학생은 글쓰기로써 쓰는 것을 배우고, 그들은 자신의 글에 대한 쓰기와 고쳐쓰기, 검토하기로써 문어로 된 영어의 구두법적 그리고 문법적 요소를 다루는 것을 배운다. 학생은 필요할 때 교사의 도움이나 지도를 받는다. 학생은 글쓰기에 대해 공부하거나 자신의 글과 관련 없는 활동지의 고립된 연습 문제를 접함으로써 정확하게 쓰는 것을 배우지 않는다. 컬킨스(Calkins, 1986)의 『글쓰기 교수법』에서[41] 교사는 학생이 활발하고 빈번하게 글쓰기에 관여될 때 발생하는 "우연 학습"을 신뢰해야 한다고 강조한다(Calkins, 1986: 199). 학생은 언어와 생각뿐만 아니라 글의 표면적 특징을 위해서도 글쓴이의 입장에서 글을 읽고 작가의 눈으로 세상을 바라보기 시작한다.

[5] 방법

정확성에 대한 다음의 접근법은 그레이브스(Graves, 1983), 컬킨스(Calkins, 1980; 1986), 크라머(Cramer, 1978), 쇼너시(Shaughnessy, 1977)와 같은 수석 교사들의 연구물에서 선별하거나 발달 중에 있는 학생을 대상으로 하는 나의 연구물에서 함께 경험한 것으로, 글쓰기 교육의 중심에 작문하기를 놓는 좀 더 큰 구조 내에서 정확성을 바라본다. 이 접근법은 교사의 역할 또한 훈련 조교 또는 오류 사냥꾼에서 코치 또는 조력자로 변화 시킨다. 아래의 교수법에 퍼져있는 공통된 주제가 있다면, 그것은 학생이 글의 구두법적 그리고 문법적 측면을 숙달하는 것을 돕는 데, *고쳐쓰기가 핵심이라는 것이다.* 학생이 자신이 쓴 글의 초기 초고를 고정된 것이 아니라 유동적인 것으로 바라볼 때, 그는 자신이 말하고자 하는 것에 자유롭게 집중할 수 있다. 학생이 자신의 글을 작문하고 교정하므로, 필요하면 문법과 구두법의 구체적인 부분을 가르침으로써 정확성은 최종적인 안을 위해 남겨놓을 수 있다. 아래에 기술된 기법은 학생이 독립적으로 정확성에 착수하도록 격려하고, 학생에게 능숙한 검토자가 되는 방법을 보여 주는 동시에 교사가 학생 글에 나타나는 구두법적 문제를 다루는 방법을 제시한다. 이러한 방법 중 몇 가지는 원래 초등학생용으로

---

41) [역주] Calkins. L. (1986). *The Art of Teaching Writing*. Portsmouth, NH: Heinemann.

설계된 것인데, 그것들은 중등학교 수준과 대학생에게도 동일한 효과가 있다.

⑦ *학생들이 글을 쓰도록 하자.* 교사가 학생을 구두법적, 문법적으로 정확한 글을 쓸 수 있도록 이끌기 위해 사용할 수 있는 가장 중요한 기법은 역시 가장 단순하지만, 학생이 글을 쓰도록 하는 것이다. 가능하면 학생들이 매일 글을 쓰도록 하고, 학생에게 일기와 편지, 개인적 수필에서부터 시와 단편 소설, 분석적인 글까지 담화의 모든 종류를 쓸 수 있는 기회를 제공하도록 한다. 뉴욕 시립 대학에서 초급 성인 학습자를 대상으로 한 연구인 쇼너시(1977)는 그들의 단 하나의 가장 중요한 특징이 글쓰기 경험의 부족이라는 것을 관찰하였다. 쇼너시(1977)는 다음과 같이 기록하였다. "기초 작문반 학생은 … 한 학기당 350단어를 쓰는 경향이 있다. 전혀 글을 써 본 적이 없다는 학생이 드물지 않다."

⑥ *학생들이 글을 읽도록 하자.* 읽기 자료가 풍부하고, 문어로 된 담화의 언어와 표준 영어의 패턴에 자주 노출되는 수업 환경은 쓰기 능력의 발달을 돕는다. "I seen"과 "He has went"와 같은 발화가 용납되는 가정에서 자란 학생은 수업 중 문학과 비문학에서 문어로 된 영어의 표준 형태를 듣고 보고 읽을 필요가 있다. 읽기 행위에서, 심지어 학생이 의미 구성에 주된 역점을 두었을 때에도 문법과 용법의 표준 형태뿐만 아니라 구두점과 철자, 대문자 사용도 시각적으로 나타난다. 시간이 흐르면서 이것은 학생의 언어 지식의 일부로서 흡수된다. 대학교 신입생 작문 과제에서 나타나는 오류의 유형과 빈도를 분석한, 획기적인 연구인 코너 외(1988)에서 연구자들은 분석을 통해 학생이 철자를 빠뜨린 철자 오류가 수적으로 우세하다는 것을 발견했다. 그들은 철자 오류를 동음이

의어와 같이 언어의 또 다른 시각적 구성 요소와의 결합과 자신들의 분석을 20세기 초에 실시된 유사한 연구와의 비교를 통해, 오늘날 대학 신입생의 오류 패턴이 "글로 써진 책에 대한 시각적 관찰과의 친숙함이 쇠퇴하고 있음을 의미하는 것 같다(Connors et al., 1988: 406)."라고 결론을 내렸다. 학생은 매체 세대의 결과물이고, 많은 시간을 책을 읽으면서 보내는 데 익숙하지 않다. 결과적으로 학생이 구두법적 그리고 문법적 글쓰기 기술을 발달시키도록 돕는 가장 중요한 방법 중의 하나는 풍부하고 지속적인 교실 독서 환경에 몰두하도록 하는 것이다.

ⓒ *글쓰기 과정의 모든 단계를 위한 시간을 주자.* 정확성을 높일 수 있는 세 번째 근본적인 방법은 학생에게 글이 몇 가지 중첩되는 단계로 구성되어 있다는 점을 보여 주는 것이다. 즉 예비쓰기와 계획하기, 글쓰기와 고쳐쓰기, 편집하기와 검토하기가 그것이다. 아니면 컬비 외(Kirby et al., 1981: 8)가 학생을 위해 적절하게 표현했듯이, "시작하고, 적고, 올바로 적고, 확인하라." 이러한 각 단계의 효과적인 전략을 지도하는 것은 글쓴이로서의 학생들의 자신감을 높이고, 가장 중요할 때 그들이 글쓰기의 단계에서 정확성에 온 신경을 다 기울이도록 해 준다.

ⓓ *편집 워크숍을 이용하자.* 정확성을 지도하는 네 번째 기본 방법은 편집 워크숍을 이용하는 것으로, 이는 이미 내용 수정이 된 글을 최종 편집하고 퇴고하기 위해 정기적으로 따로 빼 놓은 수업 시간을 말한다. 이 과업을 위한 구체적인 수업 시간을 지정하는 것은 두 가지 점에서 가치가 있다. 첫째, 워크숍은 학생들에게 정확성의 중요성과 작문 과정에서 정확성에 집중하는 적절한 시간에 대한 명확한 메시지를 전달한다. 둘째, 수업의 초점을 학생 자신의 글에 두면서도 구두법적/문법적

기술의 효과적인 검토 및 숙달을 위한 많은 전략이 이 워크숍 시간에 통합될 수 있다. 편집 워크숍 동안에 교사와 학생이 참여할 수 있는 네 가지 다른 활동은 작문 과정 지도에 관한 문헌을 통하여 추천되고 있다.

모형 제시하기

많은 학생, 심지어 대학교 수준의 학생이 효과적으로 검토하는 법을 모르고 있다. "글의 오류를 표시하라."는 지시를 받으면, 그들은 글을 재빨리 훑어보고 여기저기에 쉼표를 덧붙이거나 갑자기 이상하게 보이는 철자를 변경한다. 크라머(1978)의 연구 『아동의 글과 언어 성장』에서[42] 그는 학급 내 특정 학생의 동의를 구한 후 오버헤드 프로젝터를 이용해 그 학생이 쓴 글을 모든 학생이 볼 수 있도록 해서 편집하는 과정을 모형으로 제시하고 있다. 학생에게 스크린 상에 비춰진 글을 읽을 기회가 주어지면, 교사는 글의 내용에 초점을 맞춤으로써 토론을 시작한다. "이 글을 왜 좋아하니?" 또는 "글쓴이가 잘한 점이 무엇이지?" 등은 이 시점에서 좋은 질문이다. 그런 다음 교사는 "변경할 필요가 있는 점을 찾을 수 있는 사람?"과 같은 중립적인 질문을 던짐으로써 검토하기를 위한 토론을 지도하는데, 오류 교정을 제안하는 것은 쓰기 과정 중 이 단계의 자연스런 일부분이다. 학생들이 개인적인 오류를 확인하고 교정할 때 교사는 교정의 이유를 간략하게 제공하면서 슬라이드에서 각 오류를 교정하고 철자와 대문자로 시작하기, 무휴지문 등의 확인된 오류의 종류를 칠판에 목록화하기 시작한다. 교사는 학생들이 파악하지 못하는 오류를 지적하고 이것을 오류에 대해 토론하는 기회로 사용할 수 있다. 또는 교실 전체가 확인할 수 있는 모든 오류를 다 정정하면 그만할 수도

---

42) [역주] Cramer, R. (1978). *Children's Writing and Language Growth*. Columbus, OH: Charles E. Merrill.

있다. 최종 단계는 찾고자 하는 오류의 종류에 대한 안내 자료로 칠판에 있는 목록을 사용하여 학생이 자신의 글에 이 과정을 적용하는 것이다.

만약 이러한 쓰기 과정/모형 제시 과정/적용 과정이 규칙적으로 이어 진다면, 학생은 문법과 구두법에 관한 수많은 짧은 수업을 제공받는 것 에 더하여 수업 내용을 자신의 글에 적용할 수 있는 지속적인 기회를 제공받는다. 내가 연구 대상으로 삼은 미시간 주 플린트 시 지역 사회 학교의[43] 중학교 교사들은 매우 성공적으로 그들의 수업에 모형 제시하 기 전략을 사용했었다. 학생이 참여하여 서로 문법의 한 부분을 논의하 고 자발적으로 사전을 확인하기 시작했다. 한 교사는 단체 편집을 할 때 학생의 책상을 오버헤드 프로젝트 쪽으로 조금씩 당겼고 모형 제시하기 수업 후 학생이 자신의 글에 접근하는 데에 관한 열정을 언급했다.

개인적 편집 회의

학생들이 적극적으로 자신의 글을 편집하는 활동에 참여하는 동안 교 사는 소회의를 개최함으로써 개인적인 도움을 제공할 수 있다. 그레이 브스(1983)의 연구 『글쓰기: 현장의 교사와 아이들』에서[44] 그는 글이 기 본적으로 완성이 되어서 최종 원고를 향해 나아가고 있을 때 글쓴이와

---

43) [역주] 아동 중심의 진보주의 교육이 아동 개개인의 필요와 흥미에만 관심을 가질 뿐 지역 사회의 요구와 필요를 반영하지 못한다는 비판에서 출발한 지역 사회 학교는 학교가 소속해 있는 지역 사회의 발달 및 지역 사회 주민들의 교육적 필요를 충족하는 것을 목적으로 하면서 지역 사회와 밀접 한 관련을 가지고 있는 학교의 한 형태이다. 1930년대 미국 미시간 주 플린트 시에서 학교 시설이 1년 중 1/3은 방학과 공휴일로 유휴시설이 되어 사용되지 않고, 하루 중에는 8시간밖에 사용되지 않는다는 점에 착안하여 지역 사회 학교 운동을 시작하였다. 지역 사회 학교는 도서관·실험실 등을 사회에 개방하여 지역 사회 발전의 중심지가 되고, 지역 사회의 필요에 의해 교육 과정을 구성하고, 현장학습, 노작교육, 지역 사회 조사, 지역 사회의 자원 활용, 지역 사회의 문제 해결을 위한 노력, 지역 사회에 대한 각종 봉사 활동 제공 등을 특징으로 한다. 보다 자세한 내용은 네이버 두산백과 (http://terms.naver.com/entry.nhn?docId=1144340&cid=40942&categoryId=31730)와 네이버 교육 학용어사전(http://terms.naver.com/entry.nhn?docId=512335&cid=42126&categoryId=42126)을 참고할 수 있다.

44) [역주] Graves, D. (1983). *Writing: Teachers and Children at Work*. Portsmouth, NH: Heinemann.

함께 실시하는 검토하기에 초점을 둔 짤막한 회의에 대해 설명하였다. 교사는 반복되는 오류를 찾기 위해서 재빨리 그 글을 훑어보고 글쓴이에게 어떤 검토하기 활동이 요구되는지 알려준다. 이 활동은 교사의 책상에서 2-3분가량의 회의로 이루어질 수도 있고, 교사가 책상 사이를 오가며 어깨 너머로 몸을 기울여 구두법과 관련된 조언이 조금 더 요구되는 학생의 글에 더 관심을 집중한다. 대화는 다음처럼 진행될 수 있다. "좋아, 존! 너는 마지막 검토하기와 퇴고하기를 할 준비가 된 것 같구나. 우선 철자가 틀렸다고 생각되는 모든 단어에 동그라미를 치고 그것들을 사전에서 찾아보면 좋겠구나. 그런 다음 문장을 완성해 보자. 두 문장을 합친 곳이 네 글에 몇 군데 있어." 교사는 존에게 글에서 무휴지문을 찾고 교정하라고 말하기 전에 존과 함께 우선 무휴지문을 찾고 그것을 교정하도록 요청하고 그런 다음 그것을 다시 지켜보았다. 어떤 학생의 경우 소유격에 대한 간략한 수업이 있을 수 있고 다른 학생에게는 *its*와 *it's*에 대한 수업이 있을 수도 있다. 각 학생에게 몇 분 이상을 소요하지 말고, 교사는 검토할 곳을 찾아서 자신이 의도하는 것을 설명하고 글쓴이가 독립적으로 작업을 시작하도록 시킨다. 양쪽에 앉아서 엿듣고 있던 학생도 함께 작업한 학생처럼 배운다. "내가 좀 도와줄까?"라는 교사의 열린 질문은 학생의 필요에 대해서 즉각적이고 정확한 반응을 가능케 한다. 글쓰기 지도에 대한 고전적 책자인 애트웰(Atwell, 1987)의 연구『가운데에』에서[45] 그는 각 학생이 필요로 하는 구두법과 용법에 관한 개별적인 기술을 가르치기 위해서 주기적으로 학생과 함께한 다소 긴 회의를 기술하고 있다.

---

45) [역주] Atwell, N. (1987). *In the Middle*. Portsmouth, NH: Boynton/Cook.

동료와 검토하기

편집 워크숍 시간 동안 정확성을 위한 또 다른 유용한 수업 방법은 학생이 함께 검토를 하는 것이다. 학생은 자신이 쓴 글의 오류를 파악하는 것보다 친구의 글을 고치는 것이 훨씬 쉽다고 하고, 이 기법은 이러한 인식에 토대를 두고 있다. 글쓰기가 학생 개인의 쓰기 능력에 대한 시험이 아니라 성장하고 발달하는 과정이라면, 이 방법은 글쓴이와 편집인 둘 다 배울 수 있도록 해 준다. 그래서 검토하기는 협력 학습 경험이 된다. 작문 초급자나 평범한 대학 신입생 등 학생들과 이 검토하기를 할 때, 나는 보통 학생 각자가 자신의 글을 검토할 기회를 가진 다음에 짝을 지어 준다. 내가 정한 유일한 규칙은 작가에 대한 이해와 동의 없이 글쓴이의 글에 대한 어떠한 교정도 할 수 없다는 것이다. 이것은 두 글쓴이가 각각의 글의 오류에 대해서 논의해야 하고 둘 다 교정에 동의해야 한다는 것을 의미한다. 또한 검토 과정에서 찾은 오류를 교정한 모든 곳에 이니셜을 적으라고 하는데, 이를 통해 나는 글쓴이와 검토자 양쪽 모두의 글에 대한 구두법적 기술 감각을 파악할 수 있었다. 두 글쓴이가 오류에 동의하지 않으면, 나는 학생의 요청에 따라 다가가서 결정을 내려주고 내가 그 문제를 해결하는 것과 마찬가지로 미니레슨을 할 기회가 된다. 학생은 서로를 위해 편집인이 되어주는 것을 좋아하며, 나는 그것이 각각의 글쓴이가 자신의 글을 교정봐야 함으로써 느끼는 엄청난 부담감을 덜게 해 준다는 것을 발견했다. 동료 검토하기는 서너 명의 학생으로 이루어진 모둠 단위로 이루어질 수도 있는데, 그들은 자신의 글을 서로 모둠 단위 내에서 돌려 보도록 지시 받고, 각 학생은 발견된 모든 오류를 교정한다. 이것은 각 모둠에 철자나 구두법에 능숙한 학생이 한 명씩 있도록 배치를 한다면 도움이 된다.

미니레슨

일반적인 구두법적 문제에 관한 짤막한 10분간의 수업은 글쓰기 워크숍의 일부분으로서 가르쳐질 때 즉각적인 가치를 발휘한다. 검토하기 활동을 시작할 때 짧은 강의는 즉각적으로 학생 자신의 글에 적용될 수 있고, 교과서의 연습 문제를 통하는 것보다 개인적인 활용을 통해 새로운 정보가 강화된다. 학생은 이러한 짧은 수업 시간 동안에 문제가 되는 문장을 공유하고, 자신의 글에서부터 구체적인 질문을 하고, 교실 전체의 공유된 지식으로부터 도움을 얻을 수 있다. 과정적 글쓰기를 하는 동안 이러한 기술을 가르치고 학생이 글을 쓰면서 이 기술을 적용하도록 하는 것은 문법/용법 제재로부터 이를 고립된 기술처럼 학생에게 가르치는 것보다 훨씬 나은 결과를 생산한다. 한 학기 또는 1년 내내 글쓰기 워크숍 시간 동안 미니레슨을 제공함으로써 교사는 쉽게 학생들이 범하는 모든 종류의 구두법적 오류를 쉽게 고찰할 수 있고 학습을 강화하기 위해 교과서나 연습 문제에 의존할 필요가 전혀 없다. 교실의 몇몇 학생들이 동일한 구두법적/문법적 문제를 공유하고 있다면, 미니레슨을 위해 학생을 모둠별로 모으고, 자신이 쓴 글의 이러한 오류를 함께 교정하도록 허용하면 대단히 효과적일 수 있다.

ⓓ 학생들이 스스로 편집하도록 돕자. 몇몇 교정하기 전략은 학생의 자기 편집 능력을 향상시키는 데 목적이 있다. 가장 유용한 사항들은 다음과 같다.

점검표 살피기

이것은 학생이 자신의 글을 검토할 때 지침서로 사용할 수 있는 일반적 오류 목록이다. 어린 학생은 철자와 대문자 사용에 관한 물음처럼 간단한 목록을 가질 수 있다. 반면에 성인 글쓴이는 무휴지문과 조각문, 주어-동사 일치와 소유격과 같은 12개 혹은 그 이상의 표면적 특징을 통해 자신의 글을 확인하도록 지도할 수 있다.

검토하기 전략

학생에게 검토하기를 향상시킬 몇 가지 방법을 보여 주라.

- 작문한 글을 따라 천천히 빈 종이를 내리면서 한 번에 한 줄씩 읽도록 한다.
- 각 문장을 맥락에서 끄집어내기 위해서 아래에서 위로 한 번에 한 문장씩 읽어서 의미가 아니라 오류에 초점을 맞춘다.
- 사전을 참고하기 전에 의심이 가는 모든 철자 오류에 동그라미를 친다.
- 글 위쪽에 자신이 가장 흔하게 범하는 세 가지 오류 목록을 작성하고 글을 세 번 읽되 매번 이 오류 중 하나에 집중한다.
- 자신이나 친구에게 큰 소리로 읽거나 녹음하고 재생해 본다.
- 반 친구나 학부모, 교사와 같이 다른 사람에게 종이에 쓰인 그대로 큰 소리로 글을 읽도록 부탁한다.

편집 코너

핸드북, 사전 및 유의어 사전에 실린 편집 코너와 같이 간단한 것도 학생이 자신의 구두법적/문법적 정확성에 대한 책임 의식을 가지는 데에 도움을 줄 수 있다. 편집 코너 주변의 공간을 이용해 검토하는 법이나 골칫거리 철자 목록, 구두점 또는 대문자 사용하기의 규칙, 구두점을 적절하게 찍은 대화의 예들에 관한 차트로 꾸밀 수 있다. 흔한 작문 오류와 그것들을 교정하는 방법에 관한 설명과 예를 담은 한 페이지 분량의 인쇄물은 최종 검토를 포함하여 몇 가지 초고를 거친 학생 글의 제시와 함께 이 코너에 정리될 수 있다. 학생들은 글을 쓸 때 이 자료를 마음껏 열람할 수 있도록 해야 한다. 그들은 구두법적 문제를 스스로 해결하기 위하여 이 코너를 사용하도록 장려되어야 한다.

ⓑ 학생들이 자신의 편집 및 검토 기술을 개발하고 관리하는 데 책임을 지게 한다. 정확성에 대한 접근법의 궁극적인 목표는 학생이 스스로 편집할 수 있는 능숙한 사람이 되어서 자신의 글 중 표준 용법에서 벗어난 부분을 인식하고 교정하는 법을 아는 것이다. 자신의 오류 목록을 기록하는 것이 학생이 책임을 지도록 격려하는 방법 중 하나이다. 어떤 교사는 학생이 글쓰기 폴더에 종이를 보관하게 하여 교사나 동료가 지적한, 향후 글에서 이런 오류를 제거하기 위해 사용할 수 있는 아이디어를 가지고 있는 오류를 기록한다. 마드라소(1993)는 학생들이 세 개의 단락으로 구성된 "검토 일지"를 작성하게 하는데 첫 단락에는 오류를 싣고, 두 번째 단락에는 해결책을, 세 번째 단락에는 향후 오류를 찾아내는 전략을 적게 한다. 안드라지크(Andrasick, 1993)는 학생이 자신의 개인적인 오류 패턴을 인식하고 교정하는 방법을 배우는 것을 돕는 체계를 사용한다. 학생 글을 읽을 때 그는 우선 내용에 반응하고, 되돌아가서 표준적인 일련의 검토하기 관련 상징을 사용하여 오류를 찾아 지적한다. 학생이 자신의 글을 돌려받았을 때, 그는 글의 오류 목록을 3×5 크기의 카드에 옮기고 교사나, 동료 혹은 참고서의 도움을 받아 그것을 교정하고 다음 번 글에서 신경 쓸 구두법적/문법적 오류를 카드에 적는다. 학생 각각은 모든 글에 작성된 정보를 카드에 지속적으로 적어 교실에 마련된 "실수 상자"에 보관한다. 몇몇 글에 이 과정을 사용한 후, 안드라지크(1993)는

지금 제거된 오류와 주의할 필요가 있는 새로운 오류 등 변화 형식에
주의하여 학생에게 자신의 "실수 상자" 카드를 살펴보고 생각을 적도록
요청한다. 또한 그는 학생이 자신의 오류를 확인하고, 배우고, 교정하는
데 사용하는 전략을 서로 작성하고 공유하게 한다. 이 체계를 통해 학생
들은 검토하기와 오류 교정하기에 대한 통제력을 발달시키고, 자신의
자기 편집 능력에 대한 책임감을 갖게 하여 자신의 편집 기술을 의식적
으로 인식하게 된다.

Ⓐ *오류 사냥을 그만두자.* 교정하기 전략의 또 다른 것들은 교사들의
표시 기법을 중심으로 하는데, 전통적인 "빨간 펜" 접근법과 현격한 차
이가 있고 항상 편집 워크숍과 자기 편집 전략의 교실 사용 전략을 앞
세우는 것이다.

관대한 묵인

처음으로 글쓰기에 대한 과정 중심 접근법을 듣고, 일지 작성과 예비
쓰기 연습, 다수 초고들, 고쳐쓰기, 검토하기를 새롭게 시작하는 학생이
글의 최종 원고를 만들 때 교사가 정확성에 대해 일정 시간 무관심함으
로써 학습상의 이로움을 누릴 수 있다. 학생의 이전 글쓰기 교육이 지나
치게 형태와 정확성에 집중했다면 그들은 자신들의 관심을 다시금 글쓴
이로서의 말하고자 하는 것에 집중하고 글쓴이와 그들의 글을 읽는 독
자에게 글을 조금 더 즐거울 수 있도록 하는 다양한 작문 전략을 학습
할 시간이 필요하다. 학생이 많은 양의 글을 생산하고 편집 워크숍 전략
에 자주 참여했다면, 교사는 무사히 문어로 작성한 내용에 대한 논평에
초점을 둘 수 있다. 이러한 관대한 묵인은 학생이 글과 검토 기술을 내
재화하고 교사가 취약 부분을 파악하여 검토해 주기 전에 자신들이 정

말 아는 바를 입증할 기회를 준다.

선별성

학생의 글에 반응할 때 집중적으로 오류의 교정에 매달리기보다, 최근 연구가 및 이론가는 교사로 하여금 오류에 대한 중용적인 접근법을 채택하고 개별 학생이 범하는 오류의 양식을 찾도록 장려한다. 연구는 표시하기에 대한 오류 사냥 접근법처럼 모든 오류에 동그라미를 치는 것이 작문의 질에서 분명하게 큰 차이를 만든다는 것을 전혀 보여 주지 못하였다. 그보다는 글 전체가 오류로 가득하여 학생을 낙담시켰고 학생들을 아이디어 대신에 오류에 집중시켰다. 교사의 학생 글 읽기의 목적이 내용에 반응하는 것일 때, 학생은 작가로서 성장할 개연성이 조금 더 있다. 하지만 내용과 정확성에 대한 주의가 글을 작성하는 것과 결합된다면, 글의 모든 오류를 지적하는 것보다 개별 학생이 범하는 한두 종류의 실수를 선별하는 것이 조금 더 도움이 된다. 교사는 선별된 오류를 확인하고 학생의 글에 있는 한두 가지 예를 보여 주고, 올바른 형태를 설명하거나 더 상세한 설명을 참고서에서 찾도록 지도할 수 있다.

오류 분석

교사에게 특히 성취감을 많이 느끼게 하는 것으로, 학생 글에 반응할 때 학생의 오류를 다루는 세 번째 방법은 학생의 오류를 분석적 관점에서 접근하는 것이다. 오류 분석가로서의 작문 교사는 개별 학생의 오류에서 패턴을 찾고 오류 분석을 통해 학생이 어떻게 실수에 이르렀는지(예를 들어, 특정 문법적 부분에 대한 지식의 부족인가, 잘못 학습된 규칙인가, 부주의한 오류인가, 특정 규칙의 과잉 일반화인가, 구어의 영향인가?) 발견하도록 노력하고, 그에 따라서 전략을 구상하는 것이다. 크롤 외(1978)와 바르톨로

메(Bartholomae, 1980), 쇼너시(1977)는 학생 오류를 처리하는 훨씬 효과적인 방법을 구상하는 도우미로서 학생 오류의 원인을 교사가 조금 더 잘 이해하도록 돕는 데 있어 오류 분석의 효능을 입증했다.

◎ *학생 글을 출판하라.* 정확성을 지향하여 노력하는 것으로 추천되는 마지막 기본 전략은 출판하기이다. 학생뿐만 아니라 전문가를 포함한 모든 글쓴이는 완벽해질 때까지 초고를 두고 애쓸 만한 이유가 필요하다. 인쇄된 것으로 자기 자신을 보려고 하는 충동은 고쳐쓰기와 검토하기를 지향하는 강력한 동인이 될 수 있다. 학급의 출판물을 나누어 줄 때 무슨 일이 일어나는지를 보라. 각각의 글쓴이는 잠시 동안 개인적인 기쁨으로 자신의 글을 즉시 훑어보고 나서 책의 나머지 부분을 살펴볼 것이다. 글쓰기 교사는 함께 나누고 발표할 다양한 기회를 제시함으로써, 알려지고 세상에 물리적 족적을 남기고자 하는 인간의 욕구를 이용하여야 한다. 즉, 교실과 강당의 게시판, 문에 붙은 "이 주의 글", 개인적인 책, 복사된 학급 책들, 도서관 공공 전시실에 비치된 각 학우 작가의 작품 교실 선집, 가족과 펜팔 친구를 위한 선물로써의 글, 등단을 위한 경연과 학습 신문 등이 그것이다.

[6] 컴퓨터와 정확성

글쓰기를 위한 컴퓨터의 사용이 증가됨에 따라, 컴퓨터가 글쓰기의 과정과 최종 결과물에 미치는 영향을 조사한 연구도 급증했다. 조사 결과는 엇갈린다. 대부분의 연구자가 학생이 컴퓨터를 통하여 글쓰기에 대한 긍정적인 태도를 발전시키고 조금 더 많은 고쳐쓰기를 수행했다는 데에 동의하는 반면에, 글의 질에 대한 영향은 그 결과가 상반된다. 많은 연구는 컴퓨터가 글의 전체적인 질에 미치는 영향이 전무하다고 한

다. 그러나 이러한 연구의 대부분은 10주에서 12주 정도의 기간에 국한
되어, 컴퓨터 사용이 작문의 향상에 영향을 미치기에는 너무 짧은 기간
이 될 수 있다. 특히 컴퓨터 사용을 배우는 데 첫 교육 시간을 다 쓰기
때문이다. 이미 컴퓨터를 능숙하게 다루는 8학년생을 대상으로 한 1992
년 연구에서는 보다 긍정적인 결과가 나왔다. 구두법을 포함해 평가된
네 가지 특징 모두에서 손으로 쓴 글보다 "컴퓨터로 쓴 글이 상당히 높
게 평가되었음이 밝혀졌다"(Owston et al., 1992: 249). 컴퓨터 작성된 작문과
손으로 쓴 작문 사이에 평균 철자 오류의 차이가 전혀 없었는데 이것은
철자가 평가에 편견을 심어주지 않았다는 것을 시사한다. 하지만 이 연
구는 컴퓨터가 학생의 구두법적/문법적 기술을 향상시키는 또 다른 전
략을 제시한다는 증거가 된다.

현재 고쳐쓰기가 쉽고, 철자 확인 기능, 유의어 사전, 문법 확인 기능
과 같은 작문 보조 기능의 활용 가능성으로 인해 컴퓨터를 이용한 작문
활동에 가능한 한 많은 학생을 참여시키는 것은 수긍이 가는 대목이다.
프린터로 출력된 아름다운 정자체 글씨의 글도 여전히 평가나 발표할
준비가 되기 전에는 구두법적 그리고 문법적 정확성에 주의를 기울일
필요가 있음을 학생들에게 일깨워 주도록 해야 한다.

[7] 언어적 다양성이 존재하는 교실에서의 정확성

쓰기 과정 교육을 지지하는 사람은 쓰기 과정 교육이 글쓰기 발달의
모든 측면에 주의를 기울여야 하는데, 이 점을 충분히 이해하지 못한 사
람에 의해 유창성이 우선시되어 형태와 정확성을 등한시한다고 비판했
었다. 하지만 비판은 소수 민족 학생의 교사로부터도 나오기도 했다. 델
핏(Delpit, 1986; 1988)과 레예스(Reyes, 1992)는 흑인, ESL 학생들과 같이 비주
류 방언을 쓰는 화자를 위한 쓰기 과정 교육을 비판하면서, 이 방법은

이러한 학생에게 고등 교육이나 취업을 위해 요구되는 표준 문식성 기술에 대한 명확한 교육을 제공하지 않는다고 주장했다. 처음에 이러한 입장은 본고에서 전반적으로 지지한 방법과 직접적으로 상충하는 듯 보였으나, 이는 이러한 입장을 문법과 구두법의 고립된 교육으로의 회귀를 요구하는 것으로 오해할 수 있는 위험성을 내포한다는 것이다. 그러나 양쪽 교육자들은 그러한 기술이 언어학적 기술과 "비판적이고 창조적인 사고"의 완전한 발달을 촉진하는 맥락 내에서 가르쳐져야 한다는 데에 동의한다(Delpit, 1986: 384). 풍부한 쓰기와 읽기 워크숍 환경으로 통합하는 방법을 완전히 이해하는 숙련된 교사에게 기술적인 지도를 맡겨서, 쓰기 과정 교육은 학생이 표준 문식성 교육을 발달시키는 데 필요로 했던 직접적인 교육을 포함해야 한다는 것이 나의 주장이다. 학생 자신의 글에 대한 직접적인 적용 이전에 이루어지는 기술에 대한 미니레슨은, 가르쳐진 기술의 연습 문제를 포함하는 미니레슨(Weaver, 1996)과 각 학생이 요구하는 구체적인 기술을 가르치기 위하여 교사와 함께하는 개인 회의, 출간을 위한 글쓰기를 준비시키는 것에 대한 강조를 통해 확장되었고, 이 모든 것들은 학생들에게 표준 영어 기술을 발달시키는 데 필수적인 직접적 교육을 제공한다. 그리고 발표용으로서의 작문 준비에 대한 강조 등은 비주류 학생들에게 표준 영어 기술을 개발하는 데 필요한 직접적인 교육을 제공한다. 그러나 이러한 전략들은 또한 사색가와 글쓴이로서 학생들의 개인 성장을 지지하는 분위기를 제공한다. 비주류 방언 화자와 ESL 학생들은 백인 중상층 학생들보다 표준 영어의 구두법적 그리고 문법적 기술에 관한 많은 지도가 실제로 필요하지만, 모든 학생들을 위한 기술 교육은 쓰기 과정이라는 맥락 내에서, 그리고 의미 만들기와 의사소통 활동으로서 글쓰기를 강조하는 수업에서 가장 잘 가르쳐진다.

[8] 연구 지표

정확성이라는 목표를 향한 이러한 방법이 보여 주듯이, 지난 20여 년간, 쓰기 교사와 이론가들은 정확성에 대한 과정 지향 접근법으로 일컬어질 수 있는 일련의 기법들을 발달시켰는데, 이것은 작문 프로그램의 중심 초점을 정확성으로 하지 않고 학생이 글의 구두법적/문법적 측면을 숙지하는 데 도움이 되는 방법이다. 이 접근법의 효과성을 입증하는 연구는 매우 미흡한 실정이다. 글쓰기를 가르치는 방법에 대한 문헌들은 주로 과정을 전체적으로 다루고, 표면 층위의 정확성을 포함한 모든 차원에서 학생 글의 질을 향상시키는 것의 효과성을 보여 준다. 하지만 쓰기 과정 안에서 정확성을 함께 다루는 것은 전통적인 기술 접근법보다 더 효과적이라고 구체적으로 밝힌 두 가지 연구가 있다.

컬킨스(1980)의 연구 「아이들이 구두점을 찍고 싶을 때: 기초적인 기술은 맥락에 속한다」에서[46] 그는 3학년에게 구두점을 가르치는 것에 대해 보고했다. 한 교실에서 교사는 일일 연습과 워크북 연습 문제를 통하여 언어 구두법을 가르쳤는데 학생은 거의 쓰지 못했다. 다른 교실에서 아이들은 구두점에 대한 어떤 형식적 교육 없이 하루에 한 시간씩 일주일에 세 번 글을 썼는데 이 "학생들"이 학년 말에 구두점 부호를 반복 연습했던 아이보다 조금 더 많은 구두점 부호를 정의하고 설명할 뿐만 아니라(8.65개 대 3.85개) 그들 자신의 글에서 실제 목적에 맞게 이러한 구두점 부호를 활발히 사용하였다. 컬킨스(1980: 573)는 "아이들이 보거나 보이거나 들리기 위하여 구두점을 필요로 할 때 그들은 책과 친구의 글, 광고 게시판, 잡지로부터 이상한 부분을 빨아들이는 진공청소기가 된다.

---

46) [역주] Calkins, L. (1980). When Children Want to Punctuate: Basic Skills Belong in Context. *Language Arts*, 57 (May), pp.567-573.

그들은 어디에서든 구두점을 발견하고 그것을 자신의 글에 표시한다." 라고 언급한다.

쓰기 과정을 통해서 발달 중인 글쓴이가 구두법적 그리고 문법적 기술을 진짜 배운다는 사실을 입증한 두 번째 연구 논문은 디스테파노 외(Distefano, 1984)가 4, 5, 6학년 학생과 함께 한 연구이다. 실험 집단의 학생은 쓰기의 과정적 모형에 따라 교육 받은 교사가 가르쳤으며, 반면에 통제 집단의 학생은 기술 접근법에 노출되었다. 9월과 5월에 사전 글쓰기 예와 사후 글쓰기 예를 사용하여, 연구자들은 기술 그룹의 학생보다 과정 모형 집단의 학생이 조직성과 철자, 용법, 문장 구조면에서 훨씬 좋았는데, 철자와 용법, 문장 구조는 대개 기술 접근법과 연관된 항목들이다. 기술 집단의 학생은 세 학년 수준 어디에서도 과정 집단의 학생보다 잘하지 못했다. 디스테파노 외(1984: 207)는 "쓰기 과정 모형은 생각의 조직뿐만 아니라 철자와 용법과 같은 기술을 고려한다."라고 결론을 내렸다.

지난 10년간 글쓰기에 대한 과정 중심 접근법의 성장과 글쓰기 맥락 내에서 구두법적/문법적 정확성을 가르치기 위해 그것이 수반하는 방법론에도 불구하고, 우리는 이 접근법의 효율성을 입증하는 일련의 최근 연구를 갖고 있지 않다. 이러한 방법들을 사용한 교사는 학생이 글쓰기의 모든 차원에 따라 성공했다고 보고한다(예를 들어 Atwell, 1987). 만약 우리가 우리 학생이 주류 사회에서 성공하기 위해 필요로 하는 쓰기 기술의 완전한 레퍼토리를 발달시키는 것을 돕는 방법을 조금 더 잘 이해하고 있다면 글쓰기의 이러한 측면에 대한 연구의 필요성이 결정적인 것이다. 연구 자료는 교사로 하여금 작문에 대한 이러한 보다 새로운 접근법을 학생의 부모와 정부 및 공공 부문과 함께 증진시키는 데 도움이 될 것이다.

나는 모든 교육 수준에서 성공적인 글쓰기 수업, 특히 학생의 구두법적/문법적 기술 발달에 초점을 두고, k-12의 과정 중심 접근법을 채택한 학교군에서의 학생의 쓰기 발달에 대한 장기적인 사례 연구를 제안한다. 우리는 풍부한 읽기/쓰기 환경이 발생할 때, 교수법과 인지적 그리고 언어학적 발달, 쓰기 기술 발달 간 상호 작용을 실험해야 한다. 게다가 우리는 다양한 방법론을 가진 다양한 교실 맥락에서의 구두법적/문법적 기술 발달의 비교 연구를 통해 학생들이 조금 더 정확한 글쓴이가 되는 것을 돕는데 가장 성공적인 접근법에 대한 좀 더 나은 이해를 할 필요가 있다.

나는 또한 교사는 본고에서 기술한 정확성 전략을 시험하고, 자신의 교육 결과를 알리고, 동료 교사와 이러한 정보를 공유하기 위해 지속적으로 자신의 교실에 대해 형식을 따지지 않는 연구를 할 것을 권한다. 교육자에게 정보를 제공하기 위한 형식적 또는 비형식적 연구는 성공적인 글쓰기 교사에 의해 보고된 최선의 결과에서뿐만 아니라 조사에서도 확고히 흔들리지 않는 전략을 채택해야 한다.

[9] 결론

글쓰기 교육은 오랫동안 정확성에 대한 강조에 의해 좌우되었다. 하지만 쓰기 과정과 학습 과정에 대한 이해가 점점 커짐에 따라, 우리는 학생이 그들에게 의미 있는 구성하기와 고쳐쓰기에 지속적으로 참여할 때 자연스럽게 정확성이 발달한다는 것을 이해하게 되었다. 어린 글쓴이가 자신의 생각을 조금 더 효과적으로 의사소통하기 위하여 구두법적 그리고 문법적 문제에 대해 조금 더 나은 이해가 필요할 때, 그들은 독자를 위한 최종 원고를 준비하기 위해 알아야 하는 것을 배운다. 위에서 기술된 방법들은 글쓴이가 그들의 글의 내용에 계속적으로 주목하는 동안 문어의 구두법적 그리고 문법적 요소의 학습을 지원하도록 고안되었다.

이러한 기법들을 편집하면서, 나는 글쓰기에서 구두법적 그리고 문법

적 정확성을 무시하거나, 문법 연습과 편집 워크숍에서 매우 강조되는
철두철미한 표시하기의 대체를 제안하는 것은 아니다. 오히려 나는 학
생이 글을 쓰는 과정 내에서 기술을 습득할 수 있다는 증거로 교사들이
학생들을 바라볼 수 있도록 하기 위해 이 방법을 제시함으로써, 그 결과
학생으로 하여금 정확성으로부터 자유로운 글쓴이로서의 자신을 발견
할 수 있도록 할 것이다.

━━━━━

5.6. 참고 문헌

Andrasick, K. (1993). Independent repatterning: Developing self-editing competence. *English Journal, 82* (February): 28-31.

Applebee, A. (1981). *Writing in the secondary school: English and the content areas.* Urbana, IL: National Council of Teachers of English.

Atwell, N. (1987). *In the middle.* Portsmouth, NH: Boynton/Cook.

Bartholomae, D. (1980). The study of error. *College Composition and Communication, 31* (October): 253-269.

Braddock, R., Lloyd-Jones, R., & Schoer, L. (1963). *Research in written composition.* Urbana, IL: National Council of Teachers of English.

Calkins, L. (1980). When children want to punctuate: Basic skills belong in context. *Language Arts, 57* (May): 567-573.

Calkins. L. (1986). *The art of teaching writing.* Portsmouth, NH: Heinemann.

Connors, R., & Lunsford, A. (1988). Frequency of formal errors in current college writing, or Ma and Pa Kettle do research. *College Composition and Communication, 39* (4): 395-409.

Cramer, R. (1978). *Children's writing and language growth.* Columbus, OH: Charles E. Merrill.

Delpit, L. (1986). Skills and other dilemmas of a progressive black educator. *Harvard*

Educational Review, 56 (4): 379-385.

Delpit, L. (1988). The silenced dialogue: Power and pedagogy in educating other people's children. *Harvard Educational Review, 58* (3): 280-298.

DiStefano, P., & Killion, J. (1984). Assessing writing skills through a process approach. *English Education, 16* (December): 203-207.

Graves, D. (1983). *Writing: Teachers and children at work.* Portsmouth, NH: Heinemann.

Harris, W. (1977). Teacher response to student writing: A study of the response patterns of high school English teachers to determine the basis for teacher judgment of student writing. *Research in the Teaching of English, 11* (Fall): 175-185.

Haynes, E. (1978). Using research in preparing to teach writing. *English Journal, 67* (January): 82-88.

Kirby, D., & Liner, T. (1981). *Inside out: Developmental strategies for teaching writing.* Portsmouth, NH: Boynton/Cook.

Kroll, B., & Schafer, J. (1978). Error-analysis and the teaching of composition. *College Composition and Communication, 29* (October): 242-248.

Madraso, J. (1993). Proofreading: The skill we've neglected to teach. *English Journal, 82* (February): 32-41.

Owston, R., Murphy, S., & Wideman, H. (1992). The effects of word processing on students' writing quality and revision strategies. *Research in the Teaching of English, 26* (October): 249-276.

Reyes, M. (1992). Challenging venerable assumptions. *Harvard Educational Review, 62* (Winter): 427-446.

Rosen, L. (1983). *Responding to student writing: Case studies of six high school English teachers,* Ph.D. dissertation. Michigan State University.

Rosen. L. (1987). Developing correctness in student writing: Alternatives to the error hunt. *English Journal, 76,* 62-69.

Searle, D., & Dillion, D. (1980). The message of marking: Teacher written response to student writing at intermediate grade levels. *Research in the Teaching of English, 14* (October): 233-242.

Shaughnessy, M. (1977). *Errors and expectations.* New York: Oxford University Press.

Weaver, C. (1982). Welcoming errors as signs of growth. *Language Arts, 59,* 438-444.

Weaver, C. (1996). *Teaching grammars in context.* Portsmouth, NH: Boynton/Cook.

5.7. 토론을 위한 질문

1. 오류의 정의는 왜 맥락에 의존하는가?
2. 교사가 글을 등급별로 나누는 방법/이유에 대한 로젠(1987, 1998)의 연구를 위해 그에게 인터뷰를 받는다고 생각해 보자. 학생이 "오류로부터 자유로운" 글을 생산하는 것을 돕기 위해 교사가 해야 하는 역할이 무엇이라고 생각하는가? 이 역할은 스트라우브(Straub, 2000)에 의해 제안된 역할(들)과 어떻게 다른가?
3. 일일 일상어 프로그램을 조사해 보자. 그 방법의 장점과 단점은 무엇인가? 작가가 어떤 종류의 자격을 가지는가? 그들은 그들 방법의 온당함을 지지하기 위해 어떤 종류의 증거를 제시하는가? 그 증거는 받아들일 만한가? 이유는?
4. 교과서 2장에서 여러분이 검토한 주 단위 커리큘럼의 가이드라인으로 돌아가자. 그들은 학생에게 그들의 글을 편집하거나 검토하는 것을 어느 정도까지 가르치는가? 그들은 그것을 어떻게 다루는가?
5. 야스민(Yasmin)에 의한 수업 중 수필을 읽어 보자(440쪽).
    a. 야스민이 여러분의 학생이라고 생각하자. 그가 자신의 교실 중 수필을 고쳐쓰는 것을 장려하기 위해 회의에서거나 글쓰기에서거나 그에게 어떤 논평을 제공할 것인가? 그의 글에 대해 어떻게 생각하는가? 그것에 내용, 조직, 어조에 관해 그에게 어떤 조언을 할 것인가?
    b. 야스민은 문법과 철자, 구두점과 같은 글쓰기의 표면 협약을 잘 조절하고 있는 것처럼 보이는가? 왜 그런가? 왜 그렇지 않은가? 여러분이 그의 수필을 한 번 읽었을 때, 현저한 "오류"를 알리겠는가? 만약 그렇다면 그와 함께하는 편집 회의에서 언급하기 위

해 한두 개의 표면 오류를 확인하자. 이러한 오류를 교정하기 위해 그에게 어떤 조언을 줄 것인가?

6. 루이(Louray)의 단어 정의에 관한 수필의 첫 번째 초고를 읽어 보자 (449쪽).

   a. 루이가 여러분의 학생이라고 생각하자. 그의 정의에 관해 회의에서거나 글쓰기에서거나 그에게 어떤 논평을 제공할 것인가? 그의 글에 대해 어떻게 생각하는가? 그것에 내용, 조직, 어조에 관해 그에게 어떤 조언을 할 것인가?

   b. 이제 첫 번째 초고와 나중 원고를 비교하자. 내용 측면에서 두 원고에서 달라진 것은 무엇인가? 표면적 오류 측면에서? 루이는 위의 질문에서 여러분이 제안한 전체적인 변화(내용, 조직, 발달 등)에 반응하였는가? 그는 자신의 글에 있는 표면적 오류의 일부를 확인하고 교정하였는가? 루이에서 언어 수행의 오류로 보이는 것은 무엇이고, 언어 능력의 오류로 보이는 것은 무엇인가?

   c. 로젠(1987, 1998)은 학생들이 글쓰기에 대해 어떤 가설을 가지는지에 대한 통찰력을 얻기 위해서 교사가 학생의 오류를 분석해야 한다고 주장한다. 루이의 나중 원고에 여전히 남아 있는 한두 오류를 확인한다. 이러한 오류를 야기하는 데에 사용되는 것처럼 보이는 규칙은 무엇인가? 그의 이해와 오류를 돕기 위해 무슨 말을 할 것인가?

7. 에이미(Amy)의 수필을 읽어 보자(462쪽).

   a. 에이미가 여러분의 학생이라고 생각하자. 그의 보고서에 관해 회의에서거나 글쓰기에서거나 그에게 어떤 논평을 제공할 것인가? 그의 글에 대해 어떻게 생각하는가? 그것에 내용, 조직, 어조에 관해 그에게 어떤 조언을 할 것인가?

b. 로젠(1987, 1998)은 학생들이 독립적인 자가 편집인이 되도록 장려
했다. 하지만 때때로 학생들은 그들의 오류를 "볼" 수 없다. 교
사는 최소한의 표시하기를 통해 오류에 대한 학생들의 인식을
불러일으킬 수 있다. 에이미의 수필을 다시 읽고, 이번에는 오
류 검토하기에 집중하고 에이미가 자신의 글에 있는 오류에 주
목하고 교정할 수 있도록 오류를 최소한의 체계로 표시하자.

문법과 수사법 연결하기

1부와 2부에서 살펴본 바와 같이 문법을 가르치는 근거로 흔히 글쓰기 측면을 든다. 특히 하트웰(Hartwell)의 문법 3, 4뿐만 아니라 5와도 관련하여 문법을 가르치는 근거로 글쓰기를 연관시킨다. 즉, 많은 사람들은 학생이 글쓰기 실력을 향상시키기 위하여 문법을 배워야 한다고 믿는다. 그들은 문법과 글쓰기의 관계를 간단명료하게 "좋은 글은 문법적으로 정확하다."라고 말한다.

그러나 문법과 글쓰기의 관계는 훨씬 더 복잡하다. 좋은 글은 단지 문법적으로 정확한 것만을 의미하지 않는다. 그것은 설득력 있는 주장과 체계적 구성, 충분한 내용 전개, 논리적 일관성, 정돈된 문체를 포함하며, 그 내용이 독자의 관심을 사로잡아야 한다. 또한 읽기 쉬워야 하고, 독자에게 생각할 기회를 주어야 한다. 따라서 훌륭한 작가는 이러한 수사학적 효과를 만드는 다양한 언어적 특징을 알아야 한다.

제6장과 제7장, 제8장은 아래 세 가지 물음에 주목하여, 글쓴이의 수사학적 판단과 텍스트의 언어적 특징 사이의 교차 지점을 살펴보고 있다.

- 작가는 다양한 맥락에 적합하도록 언어적 요구와 수사학적 요구를 어떻게 변화시키는가?
- 학생들은 어떤 것이 문장이고 어떤 것이 문장이 아닌지에 대한 판단 능력을 어떻게 발달시키는가?
- 학생들은 좀 더 복잡한 문장과 단락을 만드는 것을 어떻게 배울 수 있는가?

볼프람 외(Wolfram et al., 1999)에서 지적한 바와 같이, 사회적 또는 언어학적 배경과 상관없이 모든 학생은 학교에서 좋은 성과를 거두기 위해서 학문 영어를 배워야 한다. 즉, 학교 담화는 공식적 문어인 표준 영어이기 때문에, 그들은 자신의 언어적 요소를 표준 영어로 확장해야 한다. 일반적으로 그것은 분명한 발음뿐만 아니라 다음절의 복합문과 같은 표준 영어 문법과 논항을 체계화하고 유지하는 라틴계 어휘 등을 의미한다. 그래서 일반 언중은 학생들이 "적절한 영어"를 배우기 위해서 학교에 간다고 한다. 이것은 매우 정확한 표현이다. 실제로 학생들은 대개 공식적 맥락에 알맞은 언어 관습을 배우기 위해 학교에 간다. 알다시피 학생들은 의사소통 중에 암시적으로 다른 맥락이 언어 표현을 어떻게 다르게 만들어 내는지 배우게 된다.

6.1. 화용론

언어학자들은 다양한 사회적 맥락에 따른 다양한 언어학적 요구에 대한 개인의 이해를 화용론이라 칭하였다(Yule, 1996). 우리는 의사소통을 할

때마다 대화 상대(함께 대화하는 사람)에게 어떻게 말을 걸 것인지, 공식적
인 단어를 어떻게 선택할 것인지, 상대방이 배경 지식과 세부 내용을 어
느 정도 필요로 하는지 등에 대해 판단한다. (화용론에 대한 이중 언어 아동
의 인식은 어떤 언어로 말하는가를 포함하기 때문에 더욱 복잡하다.) 우리는 대개
이러한 화용론적 판단과 변화를 알지 못한다. 왜냐하면 그것은 직관에
의한 것이기 때문이다(하트웰의 문법 1 [29쪽]). 하지만 사회 언어학자들은
그것을 체계적으로 기술하려고 노력했다.

　1장에서 검토하였듯이, 주스(Joos, 1961)의 『다섯 개의 시계』는[1] 화용론
에 대해 체계적으로 기술하고 있다. 시간대가 다른 나라를 여행할 때 시
계를 다시 맞추듯이, 그는 사람들이 맥락에 따라 언어를 자연스럽게 조
절한다고 주장하였다. 보기 6.1.에 정리한 것처럼 그는 격식성을 다섯 단
계로 구분하였다.

보기 6.1	이론적 기초: 주스(1961)의 격식성의 다섯 단계
1950년대 후반, 언어학자 주스(1961)는 영어에서 다섯 단계의 용법 양상을 관찰하였다. 각 양상을 간단히 정리하면 아래와 같다.[2]	
친밀체	**가족에게 말하거나 쓰기** • 보통 한 쌍으로 이루어짐. • 화자/작가: 이해를 위한 배경 정보를 거의 또는 전혀 제공하지 않음. • 청자/독자: 많은 것을 공유하기 때문에 거의 또는 전혀 노력할 필요 없이 이해함. • 매우 생략적인 진술: 공유한 경험으로부터 만들어지며 그들만이 쓰는 언어임 (가족주의).
일상체	**친구, 아는 사람, 사회적 모임의 구성원에게 말하거나 쓰기** • 화자/작가: 이해를 위한 약간의 배경 정보를 제공함. • 청자/독자: 많은 것을 공유하기 때문에 적은 노력으로도 이해함. • 조각문,[3] 생략적인 진술, 속어 또는 특정 모임의 용어

---

1) [역주] Joos, M. (1961). *The Five Clocks: A Linguistic Excursion into the Five Styles of English Usage.* New York: Harcourt, Brace and World.

자문체	**낯선 사람에게 말하거나 쓰기**
	• 오랫동안 낯선 사람일 수 없음: 일상체로 바꾸거나 의사소통을 멈춰야 함.
	• 제한된 목표를 달성하기 위한 협력을 바탕으로 함.
	• 화자/작가: 이해를 위한 배경 정보를 제공함.
	• 청자/독자: 이해하기 위해 적극적으로 참여함.
	• 완전문,4) 정형화된 표현, 보고서
격식체	**거대한 집단에게 말하거나 쓰기**
	• 영원히는 아니지만 의사소통 참여자가 독립적이기 때문에, 대부분의 문어 텍스트는 이 범주에 속함.
	• 화자/작가: 충분한 배경 정보를 제공해서 "텍스트"가 따로 떨어져 있음, "텍스트"가 직접적인 실체로부터 분리됨.
	• 청자/독자: 수동적으로 참여함, 반드시 반응해야 함, 중단하지 않을 수 있음.
	• 말하기의 목적은 대개 알리거나 즐겁게 하는 것임, 형식과 체재가 중요함, 정확하고 완전히 발달된 언어임, 유기적임, 사전에 계획됨.
의고체	**고전이 되는 텍스트 쓰기**
	• 영원할 것으로 기대되는 위대한 문학 작품
	• 작가와 독자는 시공간에 의해 구분되어서, 둘 사이에 어떤 물리적 상호 작용이 없음.
	• 텍스트가 종종 다시 읽히고, 독자에게 새로운 의미를 제공함.

2) [역주] 격식성의 각 단계에 해당하는 국어의 예는 다음과 같다(장태진, 1988 참고).
　　친밀체(Intimate): 철수는 앉아라.
　　일상체(Casual): 자리에 앉으세요.
　　자문체(Consultative): 손님께서는 (저희들에 의하여) 단 위의 자리에 앉으십시오.
　　격식체(Formal): 내빈께서는 (저희들에 의하여) 단상의 의자에 착석하십시오.
　　의고체(Frozen): 내빈 여러분께서는 (저희들에 의하여) 단상에 마련된 의자에 착석하시기 바랍니다.
3) [역주] 온전한 문장 형식을 갖추지는 않았지만, 일부 문장 성분만으로 문장을 끝맺는 문장 유형을 조각문(fragment)이라고 한다. 구어에 흔히 나타나는 조각문은 문어 중심으로 정의되어 온 '문장'의 개념으로는 설명할 수 없는 것으로 화자와 청자가 공유하는 화용적인 상황이나 맥락 속에서 해석되어야 한다. 한국어의 조각문은 아래와 같이 두 가지 유형으로 나뉘는데, 한국어의 유표격 조각문(B')은 통사적 생략으로 도출된 잔여 조각으로 분석되나 무표격 조각문(B)은 단순 단어 조각으로 담화 속의 화용론적 작용으로 분석될 수 있다(서은아 외, 2004; 안희돈, 2012 참고).
　　A: 누가 영희를 보았니?
　　B: 철수. (무표적 조각문) / B': 철수가. (유표격 조각문)
4) [역주] 완전문(full sentence)은 조각문의 반대되는 개념으로, 구성 성분들을 모두 갖추어 완전한 형식을 이룬 문장을 가리킨다.

6.2. 구어와 문어를 구별하기

이 장의 읽기 자료인 볼프람 외(1999)는 구어와 문어의 차이를 체계적
으로 설명하고 있다. 그들은 언어를 산출하는 구두법 외에도 전달자와
대화자 사이의 관계, 결과로서 생긴 언어의 공식적인 특성 등에 주목하
였다. 읽기 자료에 자세히 설명되어 있는 차이점을 정리하면 보기 6.2.와
같다.

보기 6.2   이론적 기초: 구어 대 문어

구어와 문어 사이의 중요한 차이점이 있다(Joos, 1961; Wolfram et al., 1999).

구어	문어
언어를 산출하는 기제	
• 발화는 일련의 중단되지 않는 소리들이다.	• 글은 일련의 단어 경계로 분산되는 철자들이다. 따라서 단어가 언어로 형성되는 방법을 알아야 하고, 철자를 알아야 한다.
• 상승/하강 억양은 구와 절 경계를 표시한다.	• 구두점은 구와 절을 표시한다.
• 가청도가 중요하지만, 종종 맥락은 청자가 들리지 않은 소리를 보충하는 데에 도움을 줄 수 있다.	• 가독성이 중요하지만, 종종 맥락은 독자가 읽기 어려운 텍스트를 보충하는 데에 도움을 줄 수 있다.
전달자와 대화자의 관계	
• 청자가 참석한다. 화자는 몸짓 언어와 대명사 *you* 또는 *we*를 가지고 직접적으로 청자에게 말을 걸어 적극적으로 관심을 보인다.	• 예상 독자를 위해 글을 쓴다. 작가는 명백하지 않은 독자를 참여시키기 위해 노력한다. • 학문적 글쓰기에서 *you, I*의 사용은 종종 부적절하다. 대개 3인칭 대명사인 *he, she, it, they* 등을 쓴다.
• 담화의 시작과 끝의 공식적인 표시는 발생할지도 모르나, 필수적이지는 않다.	• 처음, 중간, 끝이 분명하게 표시된다. • 서론은 독자를 지향하게 해야 하고, 결론은 마무리를 지어야 하고, 중간은 생각을 발전시켜야 한다.

• 생각의 연상적인 흐름. 생각의 조금 더 유연한 흐름. 화자는 말의 중단을 겪는다.	• (시간 순서에 따른) 생각의 논리적 흐름. 생각의 한결같고 중단되지 않는다.
언어의 격식성	
• 의사소통이 양방향적이고, 화자와 청자는 각자의 역할을 주고받는다.	• 의사소통이 작가에서 독자로 단방향적이다.
• 대화자들이 서로 가까운 거리에 있다.	• 의사소통이 대개 시간과 공간에서 분리된다.
• 즉각적인 피드백이 이뤄지기 때문에 잘못된 의사소통을 정정할 수 있다.	• 피드백이 지연되기 때문에 잘못된 의사소통을 정정할 기회가 거의 없다. 텍스트는 혼자 떨어져 있다.
• 친밀체 또는 일상체를 필요로 하는 경향이 있다.	• 격식체 또는 의고체를 필요로 하는 경향이 있다.

6.3. 화용적 이해와 문식적 이해의 발달

1장의 읽기 자료인 다니엘(Daniels, 1983)에서 지적했듯이, 화용론은 학습되는 언어 체계의 맨 마지막이다. 아이들이 학교에 갈 때쯤이면, 그들은 단어를 형성하고 발음하는 방법(형태론과 음운론)과 문장을 형성하는 방법(통사론)을 배웠다. 하지만 그들은 여전히 다른 의사소통 상황의 요구에 따라 그들의 언어를 바꾸는 것을 배운다. 일반적으로 학교에서 특히 영어 수업에서 그들은 이러한 내용을 배우게 된다.

학교 경험의 결과로서 학생들의 언어는 두 가지 방향, 즉 조금 더 공식적이고, 조금 더 글을 읽고 쓸 줄 아는 방향으로 확대된다. 비록 매우 어린 아이들이 문어를 통한 경험을 가질지라도, 언어에 대한 이해의 첫 단계는 대부분 구어에 대한 이해이다. 조금 더 명확하게, 그것은 보통 친한 사람들 사이의 구어에 대한 이해이다. 왜냐하면 일반적으로 어린 아이는 제한된 범위 내에 있는 사람과 대화를 하기 때문이다. 어린 아이와 대화하는 사람은 보통 어린 아이가 선택하는 주제를 잘 알고 있다. 왜냐하면 그들은 그 경험을 공유했기 때문이다. 예를 들어, 부모가 아이를 데리러 어린이집에 올 때 어린이집 선생님이 아이에게 "오늘 네가 미술 시간에 무엇을 그렸는지 아빠에게 말해 드리렴."하고 말한다면, 어린이집 선생님은 아이에게 그린 그림에 대해 말해 보도록 부추기는 중이지만 선생님은 이미 그 내용을 알고 있기 때문에 필요에 따라 아이가 말하지 못한 부분을 채워 줄 수 있다. 같은 상황에서 부모가 아이에게 미술 시간에 그린 그림을 설명해 달라고 한다면, 그 그림은 그들 앞에 있을 것이고 부모는 그림을 가리키며 그것에 대해 물어볼 수 있다.

아이가 학교에 갈 때쯤이면 의사소통 범위는 상당히 넓어지고, 아이는 조금 더 공식적인 언어를 사용할 것이다. 이제 아이는 대화하는 사람과 경험을 덜 공유할지도 모른다. 일반적으로 교사와 친구는 아이의 가정생활을 공유할 수 없고, 부모와 형제자매는 아이의 학교생활을 공유할 수 없다. 그래서 아이는 상대방에게 이야기를 이해하는 데에 필요한 배경 정보와 상세한 내용을 얼마큼 말할지를 배워야 한다. 게다가 고학년 학생은 점점 학생 자치회와 공동체 활동 단체, 직장과 같은 공적 포럼에 참여하면서 조금 더 공식적인 언어를 사용할 필요가 있다. 그래서 아이가 비공식적이고 친숙한 언어를 사용했던 경험으로부터 언어를 전환할 수도 있지만 배워야 하는 새로운 것들도 많이 있다.

이는 아이의 문식성 발달에 관해서도 동일하게 적용된다. 학생은 학년이 올라가면서 새로운 것을 배우기 위해 그리고 자신이 배운 것을 보여 주기 위해 문어 텍스트를 사용한다. ("학생은 1학년에서 3학년까지 읽는 방법을 배우고, 4학년 이상에서는 학습을 위해 읽는다."라는 격언을 들어본 적이 있는가?) 다시 말해서 쓰기 매체로 전환되는 구어적 요소도 많지만 글을 읽

고 쓸 줄 알기 위해 모든 아이가 반드시 배워야 하는 중요한 차이점도
존재한다.

- 일련의 소리를 단어로 나누는 것을 배우고, 정확하게 적어야 한다.
- 상승과 하강 억양을 가지는 말의 표현을 구와 절, 문장, 단락으로 나
  누는 것을 배우고 구두점을 정확하게 찍어야 한다.
- 구어적 의사소통과 문어적 의사소통의 차이를 배워야 한다. 구어적
  의사소통은 얼굴을 맞대며 양방향적이고 공유된 의사소통이지만 문
  어적 의사소통은 떨어져 있는 독자를 대상으로 하는 일방향적 의사소
  통이다.

아마도 마지막 차이가 가장 어려울 것이다. 글을 쓸 때 독자는 물리적
으로 함께 있지 않고 경험을 공유하지 않는다(종종 학생만큼 혹은 학생보다
원천 텍스트를 더 많이 읽거나 주제에 대해 더 많이 알고 있는 독자, 즉 교사가 학생
의 경험을 실제로 공유하고 있는 학교 글쓰기의 경우도 마찬가지이다.). 따라서 발
생할지도 모르는 오해를 알려 줄 수 있는 독자가 주변에 없기 때문에,
학생은 자신의 텍스트(논지 진술과 주제 문장과 같은)와 관련하여 배경 정보
와 세부 내용, 그리고 단서를 충분히 제공함으로써 독자의 요구를 예상
하는 방법을 배워야 한다. 요컨대, 학생은 독자와 분리되어 있는 텍스트
를 창작할 수 있도록 배워야 한다.

6.4. 초급 학생

모든 아이는 구어와 문어 사이, 화자로서의 의무와 청자로서의 의무

사이, 그리고 넓고 다양한 구어적 경험과 문어적 경험 사이의 유사점과 차이점을 분명히 이해할 필요가 있다. 이러한 유사점과 차이점을 정리하는 것이 조금 더 용이하다. 문어 텍스트를 통한 경험이 많지 않은 학생은 텍스트의 특정한 관습을 다루는 것을 어려워한다. 글쓰기의 기초를 연구한 쇼너시(Shaughnessy, 1977)에 따르면, 표준 영어로 글을 쓰는 것은 새로운 방언을 배우는 것과 같기 때문에 서툰 작가는 "오류"를 범한다. 학생은 말하기에서 쓰기로 언어에 대한 많은 지식을 전환할 수 있지만, 쓰기의 일부 특징은 새로운 매체에 의해 명확하게 학습되어야 한다. 철자, 구두법, 공식적인 어휘, 복합적인 문장과 같은 특징은 학생이 가장 어렵게 습득하는 내용들이다. (우선적으로 처리할 수 있는 오류에 관한 내용은 5장을 보라.) 학문적 영어의 문어 문법이 표준 영어의 문어 문법보다 상위에 있기 때문에 소수 언어 학생이 쓰기를 배우는 것은 사실상 새로운 방언을 배우는 것이다. 따라서 그들은 말하기와 쓰기의 차이점을 정리하는 것 외에도 가정 담화와 학교의 표준 담화 사이의 차이점을 정리해야 한다.

5장에서 언급한 로젠(Rosen, 1998)의 조언처럼, 쇼너시(1977)는 패턴을 찾고 학문적 언어에 대한 학생의 이해를 추론하기 위하여 교사가 학생 글의 오류를 분석한다고 제시했다. 그는 교사에게 학생이 개인적으로 자주 문법적 오류를 범하는 부분에 유념하도록 일깨워 줘야 한다고 말한다. 볼프람 외(1999)처럼 그는 다음과 같이 말하였다.

- 학생이 문어와 구어 사이의 차이를 이해할 수 있도록 도와라.
- 학생에게 제재를 가하지 말고 글쓰기 연습을 많이 제공하라.
- 학생에게 고쳐쓰기나 편집하기와 같은 공식적 과제 외에도 내용 쓰기5)와 같은 비공식적 과제도 제공하라.

• 글쓰기 과정에 동료 평가와 동료 편집 부분을 포함하라.

이 장에서는 다양한 맥락에 대한 언어적 요구, 특히 구어와 학교에서 전형적으로 기대되는 공식적 문어인 표준 영어를 탐구하였다. 학생은 이것을 배우는 데에 참고할 수 있는 많은 경험들을 가지고 학교에 온다. 하지만 일부 특징은 차이를 보이기 때문에 새로운 맥락에서 학습되어야만 한다.

6.5. 언어 경험 탐구하기

1. 읽기 자료를 보기 전에, 5분가량 시간을 내어 다음 사항에 대한 일지를 쓰시오.
   a. 문장 쓰기나 단락 쓰기, 학창 시절에 수필 쓰기, 대학 때 보고서 쓰기 등을 처음 배웠을 때를 생각하라. 쓰기를 통한 의사소통에서 어려운 점은 무엇이었는가? 쉬운 것은 무엇이었는가? 왜 그런가?
   b. 여러분의 경험에 비추어 볼 때, 쓰기 교사가 초급 학습자를 가르칠 때 염두에 두어야 하는 것은 무엇인가?
2. 1장의 읽기 자료인 다니엘(1983)을 다시 읽어라. 학생이 서로 다른 의사소통 상황에서 다양한 언어학적 요구를 배우는 방법에 관해 그가 말한 것은 무엇인가?

---

5) [역주] 내용 쓰기(Writing to learn)는 학습을 위해 의미를 구성하는 것이며, 학생들이 내용과 관련하여 이미 알고 있는 것 또는 학습을 통하여 알게 된 것, 더 알고자 하는 것을 쓰는 활동을 말한다. 이러한 내용 쓰기는 그 결과물이 짧고 오랜 시간이 걸리지 않으며, 학생들이 학습하고 있는 내용이나 방식에 주목하기 때문에 사전 지식을 활성화한다는 데 의의가 있다(나은정·김태은, 2014 참고).

⏎ *방언과 문어*[6]

볼프람 외

이 읽기 자료는 『학교와 공동체에서의 방언』의[7] 한 장이다. 전체적으로 이 책은 교사와 학생, 일반 대중이 방언을[8] 이해해야 한다고 주장한다. 즉 그것이 무엇인지, 왜 발생하는지 등을 알아야 한다는 것이다. 특히 교사는 방언이 학생들의 읽기와 쓰기, 말하기, 듣기, 시각적 해석에 영향을 주는 방법을 알아야 한다. 이 장은 방언이 쓰기에 미치는 영향을 조사한다. 이러한 영향을 이해하기 위하여 볼프람 외(1999)는 말하기와 쓰기 사이의 중요한 차이점을 설명하는 것으로 시작한다.

———————

구어(또는 수화) 체계를 의사소통의 문어 형식으로 변형하는 것은 모든 아이에게 요구되는 것이다. 자국어 방언을 사용하는 화자를 위해 고려되어야 하는 몇 가지 부가적인 요소가 있다. 왜냐하면 그들이 사용하는 말하기 방식과 쓰기 문체의 격차는 화자의 의한 표준 변화보다[9] 크기 때문이다. 글쓰기를 위한 교육적 접근법은 구어를 위한 교육적 접근법

---

6) Wolfram, W., Adger, C. T., & Christian, D. (1999). Dialcets and Written Language. In *Dialects in Schools and Communities* (pp.113-124). Mahwah, NJ: Erlbaum.

7) [역주] Wolfram, W., Adger, C. T., & Christian, D. (1999). *Dialects in Schools and Communities*. Mahwah, NJ: Erlbaum.

8) [역주] 이 글에서 방언(dialect)은 지역 방언보다는 특정 개인의 자기 표현 형식, 즉 개인 방언을 가리키는 용어로 보인다.

9) [역주] 대부분의 언어는 매체나 학교와 같은 사회적 기관에 의해 선택되고 추진되는 표준 변화를 거치는데, 이는 해당 언어 화자들에게 올바른 것으로 인식되기도 한다. 이러한 표준 변화는 두 가지로 정의된다. 첫째, 표준 변화는 특정한 활동을 위한 언어 변화 또는 특정한 상황에서의 언어 변화이다. 둘째, 표준 변화는 표준화의 과정을 거친 특정한 변화로, 이 표준화 과정에서 문법이 갖추어지고, 사전에 등재가 된다. 이와 관련된 보다 자세한 내용은 위키피디아(https://en.wikipedia.org/wiki/Variety_(linguistics)#Standard_varieties)를 참고할 수 있다.

과 다를 필요가 있다. 왜냐하면 이런 두 가지 생산적인 언어 처리가 몇 가지 근본적인 방식에서 다르기 때문이다. 이 장은 자국어 방언 화자의 쓰기 교육과 관련된 주제를 고찰한다.

[1] 구어와 문어

구어 매체와 문어 매체 사이의 차이는 글을 쓰는 사람에게 몇 가지 어려움을 제공한다. 그중 하나는 말하기 방식과 대비되는 쓰기 문체의 특징을 배우는 데에 기인한다. 또 다른 하나는 조금 더 일반적인 문제로, 쓰기 상황이라는 특별한 의사소통적 요구 사항을 수용하는 문제이다.

문어에 대한 전문 지식을 발달시키려면 문체를 선택하는 학습이 필요하다. 구어와 문어의 문체적 차이 중 하나는 격식과 관련된다. 일반적으로 학교 글쓰기는 학생이 흔히 사용하는 말하기 방식 또는 학생이 다른 환경에서 수행하는 쓰기보다 더 형식적이다. 예를 들어, 에세이 또는 보고서는 대화 또는 필기, 이메일에 적합한 "a lot of trouble"보다[10] "a good deal of difficulty"와[11] 같은 구의 사용을 선호할 것이다. *you know*와 *well*처럼 대화에서 사용되는 특징적 표현은 쓰기에서 꽤 제한된다. 일부 학교 글쓰기에서, 일인칭 관점의 사용은 적절하지 않은 것으로 여겨진다. 따라서 글쓴이는 *I think soccer is very popular*[12] 대신에 *Soccer seems to be very popular*[13] 또는 *It seems that* … 등을 사용할 것이다. 이것은 학생이 성공적인 작가가 되기 위하여 결국 배워야만 하는 문어 문체의 일부 예시일 뿐이다.

문어와 구어 사이의 두 번째 차이는 쓰기와 말하기 행동을 둘러싼 실제 환경에 대한 것이다. 두 매체는 대화자가 서로 다른 요구를 주문한

---

10) [역주] 많은 문제
11) [역주] 상당한 어려움
12) [역주] 축구 아주 인기 있어.
13) [역주] 축구가 아주 인기 있을 것 같다.

다. 쓰기는 시각적으로 받아들여지기 때문에 구어에서 강세나 억양과 같은 목소리의 다른 특질을 통하여 나타낼 수 있는 정보를 또 다른 방법으로 표현해야 한다. 예를 들어 합성어인 *blackbird*(찌르레기)와 구인 *black bird*의 차이는 말하기에서 강세와 관련된 문제이지만 쓰기에서는 띄어쓰기 문제로 전환된다. 유사하게, 발화에서 억양에 의해 나타나는 물음은 쓰기에서 특별한 구두점에 의해 표시된다(예, Malcolm took the train?[14]). 쓰기는 대문자로 쓰는 것과 마침표, 쉼표 등을 찍는 것을 결정하는, 구두법과 같은 쓰기 매체의 일련의 고유한 관습을 포함한다. 쓰기 체계가 전세계적으로 다양하고 언어마다 서로 다른 구두법상의 관습을 사용한다는 사실에 의해 나타나듯이 이것은 매우 자의적이지만, 구두법에 대한 학습은 쓰기 학습에서 필수적이다.

　쓰기 상황과 말하기 상황 사이의 가장 중요한 차이는 청자와 독자가 수행하는 역할이다. 말하기에서 청자는 대체로 함께하며, 사회적 상호 작용에 참여한다. 청자는 수동적이지 않다. 청자는 얼굴 표정과 자세, "Uh huh"와 "Yeah"와 같은 반응을 통하여 피드백을 제공한다. 화자와 청자는 일종의 발레를 하는 것처럼 대화를 통하여 상대방이 이끄는 대로 따라가면서 상호 작용의 성공 여부에 대한 새로운 정보를 주고받는 방향으로 맞춰 나간다(Tannen, 1993). 만약 무언가가 잘못되면 그들은 적절하게 조정할 수 있다. 반면, 쓰기에서는 의사소통의 수신자가 결여되어 있다. 그래서 글쓴이는 결여되어 있고 보통 잘 알려지지 않은 예상 독자를 고려해야만 한다. 즉각적인 피드백을 이용할 수 없다. 만약 독자가 글쓴이에게 잘 알려져 있지 않으면 메시지를 해석하는 데에 결정적인 역할을 하는, 공유된 지식에 대한 상정은 결국 근거가 없는 것이 된다. 말하고자 하는 바를 명시적으로 제시해 주어야 독자가 혼란스러워 하지 않

---

14) [역주] 말콤이 기차를 탔니?

을 것이다. 부재하는 독자를 고려하는 것은 경험 많은 작가만큼이나 글쓰기를 시작한 어린이에게 가장 어려운 과업 중 하나일 것이다. 어린 학생은 진저(Ginger)가 개라는 분명한 표시 없이 *We went to visit grandma, Ginger went too* …를[15] 가지고 방학 중 활동에 관해 보고한다.[16] 글쓰기 교육에서 주요 과업 중 하나는 학생이 독자를 의식하는 능력을 기르도록 하는 것이다.

[2] 자국어 방언과 글쓰기

자국어 방언으로 말하는 것은 생각했던 것보다 글쓰기 기술을 발달시키는 데 아마 덜 직접적인 영향을 미치는 듯하다(Wolfram et al., 1971). 언급한 바와 같이 모든 방언의 화자는 글쓰기에 어려움을 겪는다. 하지만 이것이 학생이 사용하는 영어의 방언이 글쓰기 교육에 무시될 수 있다는 것을 의미하지는 않는다. 사실 자국어 방언 화자는 그들의 언어 기술과 글쓰기가 요구하는 언어 기술 사이의 차이점 때문에 여러 차원에서 곤란함을 겪는다.

일부 자국어 방언 화자 학생은 다른 사람보다 글쓰기 기술을 습득하는 데 조금 더 오래 걸리는 듯하다. 왜냐하면 그는 더욱 큰 전환을 겪고 있기 때문이다. 구어와 쓰기 문체 사이의 차이는 표준 영어 화자보다 자국어 방언 화자에게 여러 측면에서 보다 넓게 나타날지도 모른다. 우선 한 가지 이유는 만약 그가 공동체에서 문어 텍스트에 대해 경험이 전혀 없다면, 이러한 학생에게 언어의 쓰기 문체가 친숙할 리가 없다. 게다가

---

15) [역주] *우리는 할머니 댁을 방문했다. 진저 역시 갔는데* …
16) [역주] 영어 단어 'ginger'는 '생강'을 의미한다. 만약 어떤 사람이 'ginger'가 '개의 이름'이라는 정보 없이 이 글을 읽는다면 'We went to visit grandma, Ginger went too …'를 '우리는 할머니 댁을 방문했다. 생강 역시 갔다 …'로 오해할 것이다. 따라서 글쓴이는 말하고자 하는 바를 명시적으로 제시해야 한다.

방언의 차이가 그들의 글쓰기에 나타난다. 따라서 그는 자음과 모음 앞에 부정관사로 *a*를 쓸지도 모른다(예, *a teacher*와 *a aunt*).17) 만약 이것이 그가 사용하는 방언에서 관사를 쓰는 방법이라면 말이다. 방언과 표준어에 따라 달라지는 항목들에 대해 많은 양을 교정해야 한다면, 학생은 좌절하게 되고 다시 시도하는 데 주저하게 된다. 또한 그는 과잉 교정이라고18) 알려진 현상처럼, 자신의 방언에서 특정 용법을 회피하려고 하다가 다른 오류를 범하게 될지도 모른다. 예를 들어 교정을 많이 한 경우, 그는 해당 구조를 사용하지 않거나 *an car*와 *an city*와 같은 구조를19) 사용할지도 모른다. 발화에서 낮은 빈도로 나타나는 이런 용법들은 잠재적으로 오류를 막으려는 노력으로 보인다.

아래의 단락은 아프리카 미국인 노동자 계층의 9학년 학생이 구성한 것으로, 자국어 방언의 영향을 보여 준다. 이것은 교사의 질문에 대답한 내용을 적은 것이다.

> I would prefer living the way the Hunzakuts20) live, because they live a whole for longer and they don't have no crime and they don't get sick and if you are the age of 60, or 80 you still can play many game like you the age of 6 or 9 and don't have to worry about Cancer or Heartattacks. Its would be a whole lot better living their way.21)

---

17) [역주] 모음으로 시작하는 단어의 경우 부정관사 an을 사용해야 하지만 방언의 영향으로 모든 단어 앞에 부정관사 a를 쓰고 있는 상황을 제시한 것이다.
18) [역주] 과잉 교정은 'hyper-correction'을 번역한 것이다.
19) [역주] 부정관사 a와 an의 구분에 대한 지적을 많이 받은 결과, 자음으로 시작하는 단어 앞에 올 바르게 사용한 a 역시 an으로 과도하게 교정한 상황을 제시한 것이다.
20) [역주] 훈자쿠트 족은 파키스탄 북동부의 카라코람 산맥 훈자 계곡에 살고 있는 소수 민족이다. 세계적 장수 마을로 알려진 이곳 사람들의 평균 수명은 100세 이상이다.
21) [역주] 본문에 문법적 오류가 있지만 이를 고려하여 한국어로 옮기면 대략 다음과 같은 내용을 의미한다.
나는 훈자쿠트 족이 살아가는 방식으로 사는 것을 선호한다. 왜냐하면 그들은 장수하고, 죄를 짓지 않고, 아프지 않고, 60세 또는 80세가 되어도 6세 또는 9세처럼 여전히 많은 게임을 할 수

학생이 사용하고 있는 방언에 대해 상세한 지식을 제공하면, 우리는
방언에 영향을 받은 부분을 알아차릴 수 있다. 예를 들어, *they don't have
no crime*은 이중 부정의 사례로, 자국어 방언의 일반적인 특징이다. *many
game*에서 복수 어미가 부재한 것 또한 방언의 영향이고, *like you the age of
6 or 9*에서 계사가 결여된 것 역시 마찬가지이다. 이러한 방언의 영향은
문장 부호 오류에서도 두드러진다. 예를 들어 만약 작가가 *your the age of
6*에서 *you're* 대신에 *your*를 사용했다면, 이것은 구두법상의 오류이다. 모
든 영어 화자들은 소리가 비슷하지만 다양한 쓰임에서 다르게 적히는
단어 사용을 어려워한다(*your*와 *you're*, *break*와 *brake*처럼).

예로 제시된 학생 글은 또한 방언으로부터의 간접적인 영향을 보여
준다. 구문 *its would be*에 과도 교정이 나타난다. 글을 쓴 학생과 같은
배경에 있는 화자는 상당히 일반적으로 *they nice* 또는 *she here*와 같이 *be*
동사의 형태인 *are*와 *is*를 사용하지 않는 특징을 보여 주는데, 이 특징이
위 학생의 글쓰기에서도 나타날지 모른다. *its would be*의 *its*에 나타난 *s*
의 불필요한 첨가는 문제에 대한 전체적인 이해 없이 *is* 또는 *are*를 빠뜨
리는 실수를 피하려는 무의식적인 노력에 불과하다. 과도 교정의 이러
한 예는 방언이 간접적으로 문어 형식의 생산에 영향을 줄 수 있다는
것을 증명한다.

자국어 방언으로부터의 간접적인 영향은 경험이 부족한 학생들에게
공유된 쓰기 문제와 방언이 결합될 때 분명히 나타난다. 자국어 방언 화
자의 예시 글은 방언으로부터 단지 선택된 특징만을 반영한다. 이 중 일
부는 분명히 일반적인 쓰기 발달의 패턴과 관련되어 있다. 모든 연령대
별 표준 화자와 방언 화자 둘 모두로부터 많은 양의 구어와 문어 자료
를 비교한 연구에서 글쓴이 모두가 방언적 배경에 상관없이 초기 글쓰

있고 암 또는 심장병에 걸릴 걱정이 없다. 그들의 방식으로 사는 것이 훨씬 더 좋을 것 같다.

기에서 어느 정도 특정한 문법적 접미사를 생략했다(Farr et al., 1986). 이것
은 동사의 -s 어미(*he walk*처럼)와 복수 어미(예시문의 *many game*처럼), 과거형
어미 *-ed* (*last summer she move to Texas*처럼)를 포함한다. 모든 집단 표본에서, 접
미사는 때때로 부재하지만 그 빈도는 자국어 방언 화자에서 더 높게 나
타난다. 이러한 패턴은 글쓰기에서 접미사의 부재가 오로지 방언의 영
향에 의한 결과가 아니라는 것을 말해 준다. 방언의 영향은 초기 글쓰기
에서 비표준적인 구조를 포함하는 패턴을 산출하기 위한 글쓰기 발달의
일반적인 경향성과 병행한다.

[3] 글쓰기 가르치기

자국어 방언 화자 학생들의 글쓰기 기술을 발달시키기 위해 교사는
어떻게 해야 할까? 파 외(Farr et al., 1986)는 자국어 방언 배경을 가진 중등
학교 학생에게 효과적인 글쓰기 교육을 위한 핵심 요인을 제안했다.
학생에게 다음과 같은 항목이 충족되어야 한다.

1. 학생이 학교로 가지고 오는 기본적인 언어학적 능력을 이해하고
   인정해서, 그 결과 글쓰기에서 학생들의 성취를 긍정적으로 기대
   하는 교사
2. 유창성 발달을 목적으로 하는, 규칙적이고 본질적인 글쓰기 연습
3. 참되고, 개인적으로 중요한 목적을 위한 글쓰기 기회
4. 학교 안팎의 광범위한 독자를 위한 글쓰기 경험
5. 지식적 가치가 있는 출간된 문학 작품과 동료와 교수자의 글을 포
   함한 풍부하고 지속적인 읽기 경험
6. 교사와 급우 둘 다를 포함하는 과정적 쓰기 모델과 지속적인 글쓰기
7. 쓰기 과정의 교수법. 즉, 예비쓰기, 초고쓰기, 고쳐쓰기를 포함하

는 적절한 단계에서 주어진 글쓰기 과업 배우기

8. 쓰기를 위한 아이디어를 제공하고 절차 중에 고쳐쓰기를 안내하는 학생들의 협동 학습

9. 교사와의 일대일 글쓰기 협의

10. 글쓰기에 관한 특정한 전략과 기술에 대한 직접적인 교육

11. 문장 조합하기 활동이 증가함에 따라 문법 용어와 그와 결부된 훈련 교육의 감소

12. 분리된 훈련 혹은 연습보다는 학생의 실제 작문 맥락에서 글쓰기 기제와 문법 가르치기

13. 관련된 오류의 일련의 패턴에 초점을 둔, 표면 구조 오류에 대한 적당한 표시

14. 고쳐쓰기를 강조하고 주제, 독자, 목적 변화에 민감한, 학생 글에 대한 유연하고 누적적인 평가

15. 단지 영어에서뿐만 아니라 교육 과정의 모든 과목에서 학습의 도구로서 글쓰기 연습과 사용

글쓰기를 가르치기 위한 이러한 지침에서 얻을 수 있는 중요한 결론은 구어 표준 영어를 가르치는 것처럼, 문어 표준 영어에서 탈맥락화된 기술 기반 교육을 피해야 한다는 것이다. 그것은 글쓰기 능력을 이끌어 낼 수 없고, 글쓰기 활동으로부터 학생들을 멀어지게 만든다. 글쓰기에 대해 언어 기술을 강조하는 과정 중심 접근법은 모든 학생이 초고쓰기를 한 후에야 문법과 구두법을 풍부하게 다룰 수 있음을 당연하게 여긴다.

우리는 교사가 글쓰기에서 자국어 방언 형식을 사용하는 학생에게 표준 영어 형식을 가르쳐서는 안 된다고 주장하는 것은 아니다. 표준 영어 사용 능력이 글쓰기에서 중요한 기술이라는 점은 교육자와 연구자들 사

이에서 상당히 광범위하게 이루어진 합의 사항이다(Smitherman, 1995). 그러나 자국어 방언 화자를 위한 글쓰기 교육은 형식을 대조하는 것에 초점을 두고 제한해서는 안 된다. 그리고 이러한 차이를 쓰기 맥락 밖에서 다루어서도 안 된다. 더욱이 방언 차이가 문어 형식에서 표현되는 학생 능력의 평가에서 불균형적으로 측정되어서는 안 된다.

㉠ *글쓰기에서 자국어 영향의 영역.* 비록 연구의 기반이 쓰기 과정에서 학생의 방언적 배경이 어떤 역할을 하는가로 제한되었지만, 언어 대조의 차원에서 일부 관찰은 교사에게 유용하다. 교사는 과정 중심 접근법을 통해 자국어 방언 화자가 글을 쓰는 동안 겪게 되는 최소 세 가지 유형의 문제를 구별할 수 있을 것이다.

1. *논증 또는 이야기의 조직 또는 진행.* 이것은 거의 모든 글쓰기를 배우고 있는 학생이 보편적으로 겪는 어려움이다. 조직과 관련된 문제는 구어와 매우 다른 쓰기 과업을 만드는 독자에 대한 글쓴이의 추측과 관련된다. 게다가 사건을 말하는 방법 또는 논증을 만드는 방법에 대해 문화적으로 기반을 둘 것을 요구한다(Cazden, 1988; Gee, 1990; Michaels, 1981). 문식성과 연관된 조직 관습에 대한 구체적인 교육은 미니레슨과 같이 쓰기 과정 단계를 중요하게 검토하는 데에서 나타날 수 있다. 그것은 학생의 문화적 배경으로부터 받는 영향력을 교사가 명확히 이해하면서 형성된다. 이러한 영향은 텍스트적 응집성을 달성하는 방법에서 패턴화된 차이를 반영할지도 모른다.

2. *쓰기의 구두법적 측면.* 대문자로 시작하기, 구두법, 철자에 관한 관습은 방언에 개의치 않고 모든 영어 화자가 숙지해야 하는, 영어 쓰기를 위한 체계의 측면들이다. 영어의 철자법은 언어의 소리가

일관되게 나타나지 않고, 일대일 관계에서 만들어진 철자법은 누구에게나 어렵다. 하지만 방언적 차이는 철자법 오류에 대한 일련의 부가적 가능성으로 소개된다. 예를 들어, *tinder*(*불쏘시개*)와 *tender*(*다정한*)의 첫 모음 소리를 동일하게 적는 것은 이러한 단어가 남부 방언과 동일하게 발음된다는 사실과 관련된다. 표준 미국 영어 화자는 *therapeutic*(*therapeudic*, *치료상의*)과 같은 단어에서 *t*와 *d*를 혼동한다. 왜냐하면 *t*와 *d*는 이 위치에서 유사하게 발음되기 때문이다. 이 혼동은 모음 사이의 *t*와 *d*를 다르게 발음하는(*latter*와 *ladder*) 영국 영어의 화자에게는 나타나지 않는다.

3. *문법.* 표준 영어와 학생들의 방언 사이의 문법적인 차이는 쓰기에 간섭할지도 모른다. *The girl knowed the answer*와[22] 같은 비표준적인 동사형의 사용은 구어 방언으로부터 발생한 것으로 보인다. 유사하게 *It was a new student in the class yesterday*와[23] 같은 문장처럼 글쓰기에서 *there*를 대신하여 허사 또는 존재사 *it*을 사용하는 것은 자국어 방언 화자가 구어에서 보통 그러한 형태를 사용하기 때문이다.

매우 엄격한 의미에서, 주어진 예들은 실제로 오류라기보다는 구어적 표현과 발음 그리고 학생의 방언과 글을 평가하는 데 사용되는 표준어 간의 문법에서 나타나는 차이가 글쓰기에 반영된 것이다. 교사는 학생들의 글쓰기 실수를 분류하는 데 주어진 분류 체계를 사용할 수 있다. 그것은 또한 스스로 편집하는 과정을 학습한 학생에 의해 쓰일 수도 있다. 학생이 어려워하는 점을 정확히 이해하는 것은 문체적, 방언적 차이에 대하여 경험하는 것으로 학생과 교사는 적절한 문어 형식에서 실력

---

22) [역주] 그 소녀는 답을 알았다.
23) [역주] 어제 교실에 전학생이 왔다.

을 향상하는 방향으로 보다 확실하게 이동할 수 있다. 예를 들어, 교사
와 학생은 그들의 어려움에 우선순위를 매기고, 체계적으로 능숙한 표
준 영어 쓰기 기술의 달성을 위해 다른 지점에서의 다른 종류의 글쓰기
실수에 초점을 맞춘다.

또 다른 기법은 글의 각 부분에서 나타나는 모든 방언적 오류와 기술
적인 실수보다는 일련의 항목에 주목하는 것이다. 만약 소유격이 중점
이 된다면, 단수와 복수 형태를 가지는 아포스트로피에 주목하는 것이
이치에 맞다. 왜냐하면 이러한 항목이 관련 있기 때문이다. 하지만 그
수업이 소유격에 초점을 둘 때, 동사 시제와 이중 부정, 대문자로 시작
하기와 같은 문제는 "we just worked on that!"이라고[24] 할지라도 당분간
보류해야 한다. 그렇다고 해서 형식이 내용에 부차적이라는 것은 아니
다. 완벽함을 고집하는 때가 있는데, 이는 쓰기 목표에 의해 분명하게
정당화될 것이다.

ⓛ *철자법과 방언.* 이 문제는 단어의 소리와 관련되는데, 비록 일부 특
정 항목이 방언에 영향을 받았을지라도, 철자법은 다른 화자에 비해 자
국어 방언 화자에게 더 크게 나타나지 않는다. 모든 화자는 소리와 철자
법의 관계가 규칙적이지 않은, 영어 철자법의 관습을 학습하는 것에 직
면한다. 예를 들어, *could, tough, though*는 소리를 기반으로 적을 수 없다.
*toof*를[25] 발음하는 아이는 *tooth*의 표준 철자를 조정할 수 있을 듯하다. 게
다가 *tuff*를[26] 말하는 또 다른 아이는 그것의 철자를 *tough*라고 배울 법하

---

24) [역주] 우리가 그 일을 틀림없이 했다!
25) [역주] 'toof'는 'tooth'의 '표기에서 나타나는 방언(eye dialect)'이다. 다시 말해서 표준어와 다른
    방언형이 구어로 존재하는 것이 아니라 소리의 유사성 때문에 표준어의 형태를 글에 잘못 적는
    경우에 해당한다.
26) 'tuff'는 'tough'의 속어로서 '뛰어난, 굉장한'의 의미를 가진다.

다. 자국어 방언 화자는 여러 단계에서 걸쳐 철자법을 익히는 과정에서 철자법 문제에 대해 과도한 주의를 끄는, 또 다른 실수를 만들지도 모른다. 만약 교사가 학생이 말한 방언의 발음 특징을 잘 인식해서 그 소리 차이를 알맞게 고려하여 철자법을 가르친다면 이런 잠재적인 어려움은 극복될 수도 있다. 예를 들어, 남부 지방에 부임한 교사는 *two, to, too*와 같은 동음어처럼 *tin*과 *ten*의 철자법을 가르쳐야 할지도 모른다.

ⓒ *편집 미루기.* 글쓰기에 대한 과정 중심 접근법은 학생이 생각에 잠겨 상세히 글을 쓸 수 있도록 오류 교정을 글쓰기의 마지막 단계로 제한한다. 왜냐하면 접미사의 부재와 같은 비표준적인 특징은 개념적 지식의 부족을 나타내는 것은 아니기 때문이다. 오히려 방언 간섭의 사례를 지적한다면 학생은 쉽게 고쳐쓰기 단계에서 이를 변경할 수 있다. 그러나 실질적인 문제는 빨간펜으로 오류를 지적당하면서 글쓰기를 배웠던 교사가 편집하기를 미루는 것을 어려워한다는 것이다. 그리고 학생은 내용에 전념해야만 학생 자신과 다른 사람의 글에 나타난 방언적 특징에 관심을 둘 수도 있다. 하지만 보여 주기 위한 글쓰기 또는 교정 기술을 학습하기 위한 글쓰기가 아닌, 높은 수준의 글쓰기에 전념하기 위해서는 구성하기 단계에서 편집하기를 뒤로 미루어야 한다. 이런 권고는 편집하기를 무시하고 경시하는 충고처럼 해석되어서는 안 된다. 그러나 이 권고는 학생에게 언어의 형식에 대한 주의 집중이 개념화 및 초고쓰기와는 별개의 것이며, 그것들에 비해 부차적임을 전달한다.

교사는 학생에게 다른 목적을 가지고 내용 영역 전체에 걸쳐 빈번하고 다양한 쓰기 활동을 마련해야 한다. 하지만 모든 글쓰기가 쓰기 과정을 통하여 개선되는 것은 아니다. 문어 텍스트에 주석을 달듯이, 구조화된 논의를 위한 아이디어를 메모하는 것도 글쓰기의 하나이다. 이 모든 것이 쓰기이다. 학생이 쓰기에 안정감을 느낄 때, 그는 표준 영어를 가지고 완성된 문어 텍스트를 산출하는 것을 보다 쉽게 느낄 것이다.

ⓐ *동료 수정하기.* 학생들이 각자의 글을 비평하고, 오류를 고치는 것을 돕기 위해 훈련받을 때, 그리고 평가 과업의 목적과 본질이 매우 분명할 때, 글쓰기가 반 전체 프로젝트와 직접적으로 연관될 때 동료 상호작용은 쓰기 기술을 발달시키는 데 기여한다. 동료 수정하기로부터 구두법과 표준 방언 특징에 관한 일반적인 교육을 위한 주제를 불러일으킬 수 있다. 예를 들어 만약 많은 학생들이 *John's hat* 대신에 *John hat*을 쓰는 것(쓰기 학습의 특정 단계에서 표준 화자와 자국어 화자에 의해 다소 공유되는 문제)처럼 소유격을 어려워하는 것이 수정하기 부분에서 분명하게 나타난다면, 이러한 특징은 직접 교수법의 초점이 될 수 있고, 학생은 잠시 이러한 특징에 집중하게 된다. 이 접근법은 적어도 두 가지 이점을 가진다. 대조되는 방언과 구두법에 대한 관습은 맥락에서 설명되고, 학생들은 명시적 교육에서 쓰기 문제를 확인할 수 있다.

ⓜ *대화식 일지.* 주류든 비주류든 모든 어린이의 글에서 확인되는, 형식에 얽매이지 않고 글쓰기를 장려하기 위한 하나의 전략은 대화식 일지이다(Peyton et al., 1990; Staton et al., 1988). 대화식 일지는 학생과 교사가 정기적으로, 쓰기를 통하여 지속적으로 의사소통하는 공책이다. 학생은 그들이 선택한 주제에 관해 원하는 만큼 쓸 수 있다. 교사는 학생 글쓰기에 답장을 쓴다. 종종 학생의 화제에 반응할 뿐만 아니라 새로운 주제를 도입하고, 개입하고, 논평과 견해를 제공하고, 설명을 요구하거나 제공하며, 질문을 하고, 학생의 질문에 답한다. 교사는 글쓰기에 관해 언급하거나 교정하는 평가자라기보다는 진행 중인 문어 대화에서 학생과 함

께 참가자로서 역할을 한다. 비록 교사가 특정한 언어학적 특징을 모형으로 만들거나 놓친 정보를 발견할지라도, 교사가 학생의 글에 대해 명시적으로 교정하지 않는다.

이 방법의 장점은 학생이 편안한 분위기에서 상호 작용적인 의사소통으로서 쓰기를 경험한다는 것이다. 학생은 또한 자신에게 중요한 주제에 관하여 쓰고, 현재 쓰기 능숙도 수준에 알맞은 장르에서 주제를 탐구한다. 많은 교사는 글쓰기를 통해 자신을 표현하며 자신감을 느낄 수 있었던 기존의 학문적 성공의 관점에서 이 기회가 매우 다른 배경과 매우 다른 경험을 가진 학생을 격려한다는 사실을 발견했다(Peyton, 1990). 자신이 글쓰기에서 무엇인가 할 말이 있다고 생각하는 학생은 쓸거리 찾기라는 첫 난관을 극복하지 못한 학생보다 훨씬 더 동기 부여가 되고, 학업 성취에 상응하는 쓰기 기술을 개발하는 경향이 있다.

[4] 쓰기 능력의 평가

방언의 영향으로 발생하는 그 이상의 어려움은 공식적인 평가와 관련된다. 비록 방언적 특징에서 기인한 쓰기에서의 오류가 글쓰기의 의사소통 목적 측면에서 실제로 비교적 적은 편이지만, 그것은 종종 형식적인 평가에서 중요한 위치를 차지한다. 구두법과 표준 영어 용법의 점수들은 종종 자국어 방언 화자를 불리하게 만드는, 쓰기 능력의 측정도구로 다루어졌다. 예를 들어, 학생의 쓰기 능력은 공식적으로 쓰기의 내용보다는 *good*과 *well*27) 또는 *come(Yesterday he come to school)* 의28) *과거 용법과 came*의 사용을 구분하는 능력에 의해 평가될지도 모른다.

---

27) [역주] good과 well 모두 '좋다'는 뜻이지만, 용법에서 차이를 보인다. good은 뒤에 오는 명사를 수식하거나 앞에 오는 명사의 상태를 설명하는 형용사이지만, well은 동사와 형용사를 수식하는 부사이며, 간혹 '건강한'을 의미하는 형용사로 쓰일 수 있다.
28) [역주] 어제 그는 학교에 왔다.

그러한 항목은 표준 영어 화자에게 특권을 주고, 자국어 방언 화자를 냉대한다. 최근에 표준 영어 용법과 문법에서의 오류를 인식하는 학생의 능력을 측정하는 문법 기반 시험인 다중 선택이 글쓰기 예시와 균형을 이루게 되었다. 하지만 문법 기반 시험은 여전히 자국어 방언에 의한 방언적 영향의 가능성이 있는 영역에 정확히 초점을 두고 있다. 수학 능력 시험 Ⅱ29)에서 쓰기 시험을 위한 준비 자료는 전형적인 항목으로서 아래의 문장을 포함한다. 학생은 이탤릭체로 인쇄된 부분이 정확한 용법인지 아닌지 결정해야 한다.

- By the time Nick arrived at the campsite, the tents had been set up, the fire was lit, and there *wasn't hardly* anything to do except relax and enjoy the mountain air.30)
- Both novels deal with immigrants from Africa, who, overcoming obstacles, advance *themself* in America in spite of society's unjust treatment towards black people.31) (Ehrenhaft, 1994, p.29)

첫 번째 문장에서의 이중 부정과 두 번째 문장에서의 복수 삭제에 주목하라. 둘 다 통상적인 자국어 방언의 특징이다.

쓰기에 대한 표준화된 시험의 선입견은 다른 자료에서도 나타난다.

---

29) [역주] 미국의 ETS(Educational Testing Service)가 주관하고 있는 표준화된 대학 입학시험이다. SAT는 대학 과정에 필요한 일반적인 학업 적성을 측정하는 적성 시험이었으나, 최근 교과별 교육 과정에 근거한 학력 검사의 요구가 증대되면서 교과별 학력 검사 성격을 갖춘 시험으로 확대되었다. 즉 SAT는 적성 시험인 SAT I과 교과별 학력 검사인 SAT II로 구성되어 있다. 이와 관련된 보다 자세한 내용은 네이버 교육평가용어사전(http://terms.naver.com/entry.nhn?docId=1924268&cid=42125&categoryId=42125)을 참고할 수 있다.
30) [역주] 닉이 야영지에 도착했을 때 텐트들이 설치되었었고, 불이 켜져 있었고, 편안히 휴식하고 산의 공기를 마시는 것 외에 거의 아무 것도 할 게 없었다.
31) [역주] 소설 두 권은 아프리카에서 온 이주민들을 다뤘는데, 그들은 미국 사회가 흑인을 불공평하게 다루는데도 불구하고 스스로 장애물을 극복하였다.

동일한 SAT 검토 설명서에서 다음과 같이 높은 문식적 양식에 작성된 항목은 일부 사회 단체/사회적 집단에 속한 학생을 체계적으로 평가하기가 어려울 것이다.

Although I wish it were otherwise, by this time next week I will have had surgery on my knee was injured during a hockey game last winter.[32] (Ehrenhaft, 1994: 32)

텍스트를 통한 경험이 부족한 사람은 이 문장에서 동사가 올바른가를 찾는 데 어려움을 겪을지도 모른다. 집단의 문화적 차이에 따라 좋은 양식을 구성하는 것에 대한 개념들 또한 다르게 영향을 미칠지도 모른다. 예를 들어 정확한 대답이 "get there"를[33] 넘어서 "reach my destination"의[34] 선택을 요구하는 항목은 쓰기에서 일종의 과도한 표준 영어의 사용을 바란다. 따라서 용법과 구두법에 대한 객관식 시험은 자국어 방언 배경으로부터 온 학생에게 좀 더 어려울 것이다. 왜냐하면 이러한 시험은 용법에서의 방언적 차이에 초점을 두고 있기 때문이다. 그렇지 않으면 그것들은 모든 집단에 의해 공유되지 않은 언어적 경험에 근거한 선택을 요구할 것이다.

자국어 방언 화자에게 특정 형식에 초점을 둔 것보다는 학생 글의 예를 포함한 시험이 조금 더 공평하다고 결론지을 수 있다. 그러나 이러한 접근 역시 문제가 있다. 매우 짧은 구조로 만들어진 하나 또는 두 개의 짧은 에세이의 제한된 예시를 기반으로 개인의 글쓰기 능력을 판단하는

---

32) [역주] 나는 이러지 않기를 바랐지만, 지난겨울 하키 경기에서 입은 무릎 부상을 다음 주 이때쯤 수술 받을 것이다.
33) 달성하다
34) 목표에 도달하다

것은 적당하지 않다. 비록 이러한 한계가 모든 학생에게 적용될지라도, 그의 글에서 방언적 선택에 주위를 기울어야만 하는 학생에게 조금 더 큰 영향이 있을지도 모른다. 구체적인 예시로 제시된 글은 자국어 방언 배경의 화자에게 또 다른 함축을 제공하기도 한다. 채점자 훈련에도 불구하고, 채점을 맡은 사람이 오류로 여기는 특정 구조에 대해 그 구조를 사용한 학생은 전반적으로 낮은 점수로 이어질 수 있다. 예를 들어 접미사 부재와 같은 특징을 매우 심각한 문제로 간주하는 평가자는 단락이 이러한 방언적 영향을 포함할 때, 단락의 긍정적인 특징을 보지 못한다.

시험에 부여된 주제에서 문화적 편견에 대한 일부 가능성 또한 있다. 예를 들어 전국 학업 성취도 평가의[35] 13세 쓰기 문항은 학생이 친구에게 달리(Dali) 그림의 복제품을 묘사하도록 요청했다. 만약 학생이 스스로 그러한 과업을 수행하는 것을 상상할 수 없다면, 그는 자신의 글쓰기 기술을 충분한 강점으로 드러낼 수 없을지도 모른다. 조금 더 총체적인 접근법은 방언 대조에 대한 불합리한 주목을 피하는 것이지만, 그것들은 방언에서의 다양한 개체군의 쓰기 발달을 평가하는 것의 딜레마를 해결할 수 없다. 그것은 또한 단순히 글의 일부 비표준적인 방언 형태 발생에 근거한 종합적인 평가에서 조금 더 낮은 점수를 부여하는 평가자의 경향성을 반드시 반대하는 것은 아니다. 따라서 서로 의사소통이 불가한 방언의 사용으로 인해 제기된 이질적인 문제는 총체적 평가 업무에 종사하는 사람이 반드시 인식하고 이해해야 한다. 아마도 수업을 하는 교사는 대규모 시험의 점수보다 학생 쓰기 발달을 더 잘 평가할 수 있는데, 왜냐하면 시간에 따른 개인적 과정을 추적할 수 있으며, 학생이 처리하고 있는 방언 차이를 확실히 알고 있기 때문이다. 비공식적인 교실의 진단 평가는 교사가 학생의 쓰기 목표를 개별적으로 처리하고, 이

---

35) Nationwide Scholastic Achievement Test, NEAP

어지는 교육 활동을 계획하는 것을 돕는다. 조금 더 구조화된 접근법인, 포트폴리오 평가는 다음의 폭넓은 효과를 얻었다. 학생은 교사로부터 평가를 받기 위해 자신이 쓴 글 중에서 일부를 고르고, 이에 대하여 교사와의 토의를 통해 자신이 이 글에 대하여 가치를 부여하는 이유를 교사를 상대로 설득한다. 이러한 접근법이 의도적으로 사용되었을 때, 학생은 자신의 글을 평가하는 데 그리고 뛰어난 글에 대한 개인적인 관점을 분명히 표현하는 데 활동적인 역할을 하게 된다.

[5] 더 공부하기

파 외(1986), 『언어 다양성과 쓰기 교수법』.36)

이 자료는 자국어 방언을 사용하는 중등학교 학생에게, 쓰기 교수·학습이 향상되기를 바라는 교육자에게 이론적인 틀과 실제적인 제안을 제공한다.

햄프턴(1995), 『쓰기 성취를 향상시키는 방법』.37)

글쓰기 수업에 대한 오늘날의 견해를 정리한 것으로, 이것은 학생의 방언에 초점을 두지 않았지만, 주류 바깥에 있는 학생에게 글쓰기를 가르치는 것에 관심을 둔다. 그것은 분명하고 실제적이다.

---

36) Farr, M., & Daniels, H. (1986). *Language diversity and writing instruction*. Urbana, IL: National Council of Teachers of English.

37) Hampton, S. (1995). Strategies for increasing achievement in writing. In R. W. Cole (Ed.), *Educating everybody's children: Diverse teaching strategies for diverse learners: What research and practice say about improving achievement* (pp.99-120). Alexandria, VA: Association for Supervision and Curriculum Development.

쇼너시(1977), 『오류와 기대』.[38)]

비록 다소 시대에 뒤지지만, 이 책은 글쓰기 오류에 대한 체계적인 학습에 도움이 되는 접근법을 제공한다. 그것은 특별히 자국어 방언의 환경에 있는 학생을 목표로 하는 것은 아니지만, 이 접근법은 많은 양상을 담고 있어 이 같은 학생을 가르치는 교사에게 유용한 정보를 제공할 것이다.

6.7. 참고 문헌

Cazden, C. (1988). *Classroom discourse: The language of teaching and learning.* Portsmouth, NH: Heinemann.

Ehrenhaft, G. (1994). *How to prepare for SAT Ⅱ: Writing.* New York: Barrons.

Farr, M., & Daniels, H. (1986). *Language diversity and writing instruction.* New York: ERIC Clearinghouse on Urbana Education, and Urban, IL: ERIC Clearinghouse on Reading and Communication Skills.

Gee, J. P. (1990). *Social linguistics and literacies.* New York: Falmer Press.

Michaels, S. (1981). "Sharing time": Children's narrative styles and differential access to literacy. *Language on Society*, 10, 423-442.

Peyton, J. K. (Ed.). (1990). *Students and teachers writing together: Perspectives on journal writing.* Alexandria, VA: Teachers of English to Speakers of Other Languages.

Peyton, J. K., & Reed, L. (1990). *Dialogue journal writing with nonnative English speaker: A handbook for teachers.* Alexandria, VA: Teachers of English to Speakers of Other Languages.

Smitherman, G. (1995). Students' rights to their own language: A retrospective. *English Journal, 84*(1) 21-27.

Staton, J., Shuy, R. W., Peyton, J. K., & Reed. L. (1988). *Dialogue journal communication:*

---

38) Shaughnessy, M. P. (1977). *Errors and expectations: A guide for the teacher of basic writing.* New York: Oxford University Press.

Classroom, linguistic, social and cognitive views. Norwood, NJ: Ablex.

Tannen, D. (Ed.). 1993. *Framing in discourse*. New York: Oxford University Press.

Wolfram, W., & Whiteman, M. (1971). The role of dialect interference in composition. *The Florida FL Reporter*, 9, 34-38.

6.8. 토론을 위한 질문

1. 볼프람 외(1999)에 따르면, 구어와 문어의 차이점들이 초급 글쓴이 들에게 어려움을 주는 이유는 무엇인가?

2. 2001년 7월 31일에 *워싱턴 포스트*[39]는 템플대학교 경영대학 E-협업 연구 센터[40]의 코크(Kock)가 수행한 면대면 의사소통과 그리고 전자 우편 의사소통 비교에 관한 최근 연구를 웹사이트 뉴스바이트닷 컴[41]에 게재하였다(Bartlett, 2001). 10개의 집단들은 대면하는 상호 작 용을 거쳐 문제를 해결한 반면에 다른 10개의 집단은 전자 우편을 사용했다. 연구 결과의 하나는 전자 우편에 의한 의사소통이 대면 하는 것보다 오랜 시간이 걸렸다는 것이다. 코크(2001)에 따르면 "10 번에 대한 인지적인 노력은 조금 더 높다. 누군가가 10분 정도 대 면하거나 통화를 하면 토론에서 600단어의 생각을 사용할지 모른 다. 컴퓨터로 같은 생각을 의사소통하면 1시간 이상이 걸린다." 이 기사는 코크(2001)가 메시지들을 말하는 것보다 그것들을 적는 데 더 많은 시간이 걸린 것에 "놀랐다."라고 언급하고 있다.

여러분도 이 연구 결과가 놀라운가? 왜 놀라운가? 왜 놀랍지 않은 가? 구어와 문어의 차이점에 관해 여러분이 아는 바를 사용하여 코

---

39) [역주] *Washington Post*
40) [역주] E-Collaboration Research Center at Temple's Fox School of Business and Management
41) [역주] newsbytes.com

크(2001)의 연구 결과를 설명하라.

3. 매트(Matt)의 수업 중 에세이를 읽으라(438쪽).

   a. 매트가 여러분의 학생이라고 상상하라. 매트에게 자신의 수업 중 에세이를 고쳐 쓰는 것을 촉진하기 위해 말 또는 글로 어떤 논평을 제공할 것인가? 그의 에세이에서 견고한 부분이 어디라고 생각하는가? 그의 에세이의 내용, 조직, 어조에 관해 어떤 조언을 제공할 것인가?

   b. 아마도 여러분은 매트에게 제공하는 논평에 그의 에세이의 비공식적인 또는 "구어적" 어조를 언급했을 것이다. 그의 텍스트의 어떤 부분이 조금 더 글쓰기적 특징인가? 어떤 부분이 조금 더 말하기적 특징인가? 에세이의 회화체의 어조가 나타나는가? 왜 그런가? 왜 그렇지 않은가?

4. 재스민(Jasmine, 429쪽)과 드류(Drew, 457쪽)의 에세이를 읽으라.

   a. 재스민이 여러분의 학생이라고 상상하라. 그의 가족 이야기에 관해 여러분은 말 또는 글로 어떤 논평을 제공할 것인가? 그의 이야기에서 견고한 부분이 어디라고 생각하는가? 그것의 내용, 조직, 어조에 관해 어떤 조언을 그에게 제공할 것인가?

   b. 드류가 여러분의 학생이라고 상상하라. 그의 분석적 글에 관해 여러분은 대화 또는 글로 어떤 논평을 제공할 것인가? 그의 과제에서 견고한 부분이 어디라고 생각하는가? 그것의 내용, 조직, 어조에 관해 어떤 조언을 제공할 것인가?

   c. 아마도 여러분은 각자에게 제공한 논평에서 재스민과 드류의 청중에 대한 직접 지시를 언급했을 것이다. 글쓴이 각자가 청중과 어떤 관계를 이루는가? 에세이 각각에서 그러한 관계가 나타나는가? 왜 그런가? 왜 그렇지 않은가?

제7장 문장과 구두법에 대한 감각 발달시키기

최근에, 영국 문법학자 허드슨(Hudson, 2000)에 의하면 문법 교육은 일종의 회귀를 해오고 있다. 그는 "오늘날 일부 교육계에서는 (형식적인 교수의 결과인) 의식적인 문법이 글쓰기를 향상시키는 데 더 유익할 수 있다는 생각에 훨씬 더 많은 열정을 보이고 있다(p.2)."고 말했다. 하지만 허드슨은 특정한 종류의 구조화된 문법 연습문제는 다른 것들보다 더 효과적인 것처럼 보인다고 덧붙였다. 다시 말하면 학생들에게 주어진 문장을 분석하라고 하기보다는 글을 생산해 내도록 요구하는 연습 문제가, 그리고 구두법과 같은 글쓰기 특유의 문법적 특성에 초점을 맞추는 연습 문제가, 더 효과적일 수 있다는 것이다. 8장에서는 새로운 종류의 문장 구조를 만들어 내는 것에 초점을 두는 연습문제에 대해 다룰 것이다. 그렇지만 학생들은 더 정교한 문장을 만들어 내는 능력을 갖기 이전에 문장에 구두점을 찍는 방법을 알아야 될 뿐만 아니라 무엇이 문장이고 문장이 아닌지에 대한 개념을 가지고 있어야만 한다. 그래서 이 장에서는 주로 종결 구두법 지도를 중심으로 구두법 교수에 대해 살펴볼 것이다.

7.1. 왜 구두법은 어려운가?

철자법과 비교해 보면, 구두법은 학생들이 어려워하는 글쓰기 특징임에도 불구하고 연구가 부족하다. 구두법은 초등학교에서 시작하는 문제이며 심지어 성인 필자에게까지도 꾸준히 문제를 야기한다. 내 경험으로는 숙련된 필자들도 그들이 어떠한 문법적인 실수도 저지르지 않는다 하더라도 구두법 오류는 행하기 쉬운데 특히 쉼표 오용을 자주 일으킨다. 코너·런스포드(Connors & Lunsford, 1988)에서 20개의 가장 일반적인 오류들 중 절반은 구두법 오류였다. 이 중 대부분은 문장 경계를 구별해야 하는 것(그렇게 함으로써 조각문, 무휴지문, 쉼표 오용을 방지하는 것)들이다.[1] 그들의 연구에서 쉼표 오용은 가장 일반적인 오류 중 여덟 번째에 해당했지만 교사들은 일어나기 가장 쉬운 오류의 여섯 번째로 꼽았다. 비슨(Beason, 2001)에서는 조각문이 가장 성가신 오류로 꼽혔고 반면 무휴지문은 다섯 가지 중 네 번째였다. 비슷하게 헤어스톤(Hairston, 1981)도 오류 태도 연구에서 쉼표 오용은 "중간 정도로 심각한" 것으로 여긴 반면 조각문과 무휴지문은 "아주 심각한" 것으로 보았다.

구두법이 매우 어려운 것처럼 보이는 것에는 몇 가지 이유가 있다.

- 구두법 규칙은 문법의 다른 특성에 비해 훨씬 더 많이 개인적인 선호를 인정하는 것처럼 보인다. 어떤 구두법은 초기 텍스트에도 존재했지만 오늘날 우리가 알고 있는 대부분의 구두법 표지들은 인쇄기

---

1) [역주] 무휴지문(run-on)은 두 독립절이 구두점이나 접속사 없이 하나의 문장으로 연결된 경우를 가리킨다. fused sentence는 무휴지문과 동일한 현상을 지칭하는 용어이다. 여기에서는 run-on과 fused sentence 모두 '무휴지문'으로 번역하였다.
   예) It was close to fall the trees were losing their leaves.
   쉼표 오용(comma splice)는 두 독립절을 쉼표만 사용해서 문장으로 연결한 경우를 가리킨다.
   예) It was close to fall, the trees were losing their leaves.

가 영국에 들어온 1476년 이후에 영어에 도입되었다(Graddo, Leith & Swann, 1996). 2장에서 언급했던 것처럼 인쇄기의 요구(일관성과 효율성)는 구두법 규칙을 포함하여, 언어의 표준화를 도왔다. 그러나 크리스탈(Crystal, 1995)이 지적한 것처럼 구두법은 절대 철자법이나 문법만큼 일관적으로 될 수 없었고 그래서 구두법을 위한 규칙들은 고정불변의 것이 아니었다. 게다가 구두법의 사용은 종종 텍스트의 장르에 영향을 받았다. 학술적인 글쓰기는 창의적인 글쓰기와 다른 방식으로 구두법을 운용하였다. 이는 구두법이 기계적이고 쉽게 학습되는 기능 이상이라는 것을 의미한다(Cordeiro, 1998).

• 구두법은 글쓰기를 위한 고유의 것이므로 그래서 발전하고 있는 필자들이 구두점을 찍는 데에 있어 구어의 감각에 항상 의지할 수 있는 것은 아니다. 구어로부터의 전환은 가끔 일어나지만 이는 또한 필자들을 문제에 빠뜨린다. 그래서 다니엘레비츠·체이프(Danielewicz & Chafe, 1985)는 다음과 같이 언급하였다.

글쓰기에서 구두법은 텍스트를 구성단위로 나누기 위한 장치이거나 혹은 의미적이고 통사적인 관계를 표시하기 위한 장치이다. 말하기에서 이러한 기능은 운율에 의해 수행되는데 특히 억양과 휴지에 의해 이루어진다. 문어의 구두법은 어느 정도는 말의 억양 경계와 휴지 경계를 반영한다. 따라서 사람들은 필자가 구어 운율에 대한 직관적인 지식에 의지해서 구두점 찍는 것을 잘 배울 수 있을 것이라고 기대할 것이다. 불행하게도 구어의 운율 과 문어의 구두법의 관계는 단순하지 않으며 이 사실은 아직 이 관계의 복잡성에 익숙해져 있지 않은 미숙한 필자들에게 문제를 유발한다(p.214).

• 현대 영어에서, 우리는 구두법의 목적에 대해 전적으로 확신할 수는 없으나 이 구두법의 목적은 다니엘레비츠·체이프(1985)가 언급한 구어와 문어 사이의 관계의 복잡성에 어느 정도는 원인이 된다. 초기

부터 구두법은 독자에게 어떻게 텍스트를 해석할 수 있는지에 대한 실마리를 제공하는 데 사용되어 왔다. 그렇지만 해석이 주로 구어적인지 구조적인지는 역사를 거치면서 달라져 왔다(Graddol et al., 1996). 텍스트가 일반적으로 소리 내어 읽혔던 18세기까지는 구두법은 독자가 숨을 쉬기 위해 멈추기 적절한 곳을 표시하고 그들의 어조와 억양을 안내했다. 읽기가 점점 더 조용한 활동이 되어감에 따라 구두법은 문법적 구조를 표시하게 되었다. 18세기 말쯤에는 영어에서의 구두법은 현대적인 모습을 띠기 시작하였다. 하지만 여전히 "현대 영어에서 구두법이 문법적 경계를 반영해야하는가 아니면 잠재적 읽기 행동을 반영해야하는가에 관한 모호성은" 존재한다(Graddol et al., 1996: 163).

이러한 이유로 아동이든 청소년/성인 기초 단계의 필자이든 기초 단계 필자는 여전히 문장과, 문장에 구두점을 찍는 방법에 대한 자연스러운 감각이나 직관에 의한 감각(하트웰의 문법 1)을, 발달시키는 데에 어려움을 겪고 있다. 즉, 그들은 초고를 쓸 때 비록 내용에 더 신경이 집중되어 있을지라도 구두법을 자신의 텍스트에 포함시킬 정도로 구두법을 잘 사용하려고 애쓴다(Cordeiro, 1998). 필자들은 구두법이 표시되지 않은 텍스트에서 소리와 의미를 기반으로 표시된 텍스트까지, 그리고 구조를 기반으로 표시된 텍스트까지의 비슷한 순서를 따르는 것으로 보인다(Cordeiro, 1998; Hall, 1996; Ivanic, 1996). 이러한 개념적 발달은 오랜 시간이 걸리지만 필자들은 문장이 무엇인지 충분히 이해하기 훨씬 전부터 문장에 구두점을 올바르게 찍기를 자주 요구받는다(Kress, 1982, as reported in Hall, 1996).

7.2. 구두법에 대한 감각 발달시키기

영국의 문식성 교육가이자 구두법 프로젝트의 공동책임자인 홀(Hall, 1996)에 따르면 무엇이 문장이고 무엇이 문장이 아닌지 그리고 필자 혹은 독자로서 어떻게 구두법을 사용하는지 대한 아동 이해의 성장을 조사한 연구는 거의 없다. 따라서 아이들이 문장이나 구두법에 대한 그리고 이 둘이 어떻게 상호작용하는지에 대한, 이해를 어떻게 발달시키는지에 대한 결론은 기껏해야 예비 단계에 머무르고 있다.

몇 년 동안 아동들의 머릿속에 문장과 구두법에 대한 개념은 독립된 실체로 존재하는 것처럼 보인다. 어린 필자들은 글쓰기를 그리기 혹은 낙서하기와 구분하기 시작하지만 글자와 구두법 표지를 구분하지는 못한다(Cordeiro, 1998). 그들은 소리-상징 관계를 이해하는 것, 글자를 쓰는 것, 그리고 글자를 단어로 올바르게 나누는 것에 매우 집중되어 있기 때문에 구두법 표지는 보지 못할 수조차 있다. 점차, 글쓰기에 대한 경험을 더 얻어갈수록 그들은 글자와 구두점을 구분 짓기 시작한다. 첫 번째로 구별되기 시작하는 것은 마침표와 쉼표 같은 점형 표지들이다. 이후에, 아이들은 글자와 비슷하게 생긴 구두점도 알아보기 시작한다(즉, 소문자 i 와 비슷하게 생긴 쌍반점)(Ferreiro & Teberosky, 1984, as reported in Hall, 1996). 그러나 이러한 표지들은 주로 그래픽 표지이고, 아이들은 아직 그것들이 통사적 요소를 표시한다는 사실을 완전히 이해하지는 못한다(Cordeiro, 1998).

코르데이루(Cordeiro, 1998)은 1학년, 3학년, 6학년 글쓰기에서 마침표 위치시키기를 비교했다. 1학년과 3학년 사이에서 정확성 차이는 거의 없었다. 이는 3학년이 그랬던 것처럼 1학년도 마침표를 단지 문장 끝에 놓기 쉽다는 것을 의미한다. 이는 놀라워 보일 수 있지만 1학년 교과서가 보통 한 문장 길이라는 것을 생각해 보라. 그래서 1학년이 문장 끝을 표시하는 것은 꽤 쉽다. 보통 그들은 마침표를 정확하게 찍을 수 있는 기회를 좀 더 가지고 있다. 반면에 3학년은 마침표를 잘못 표시할 가능성이 더 많다. 왜냐하면 그들의 텍스트가 더 길고 하나의 통사적 문장 이상을 담고 있기 때문이다. 그러나 정확성에 있어서는 차이가 거의 없지만 각 학년이 만드는 오류의 종류는 눈에 띄는 차이가 있었다. 비록 3학년이 몇 개의 마침표를 잘못 위치시키지만 그럼에도 불구하고 그들은 그것을 구 경계에 놓는 경향이 있다. 반대로 1학년은 마침표를 단어, 행, 페이지 끝에 놓는다. 이러한 차이점은 3학년이 1학년보다 구두법을 더 통사적으로 이해하고 있다는 것을 시사한다.

그렇지만 코르데이루(1998)은 6학년에서는 문단 개념의 발달이 구두법에 대한 감각과 경쟁한다는 것을 발견했다. 6학년은 마침표를 문장 끝에 놓는 전통적인 문법 지시로 인해 혼란을 경험한다. 이때 문장은 정의에 의하면 "완전한 생각"이다. 같은 주제에 대한 세부사항을 더 발생시키는 능력이 생김에 따라 그들에게 "완전한 생각"의 단위는 문단의 길이가 되었다. 학생들은 그들이 동일한 주제의 측면으로 보는 것에 어떻게 구두점을 찍을지 고심했다. 코르데이루(1998)는 6학년 텍스트가 무휴지문과 쉼표 오용 문장으로 가득 차 있다고 지적하였다. 그 학생들은 통사론의 기준보다 주제 관련성의 기준을 더 많이 사용하고 있는 것처럼 보였다. 코르데이루(1998)가 지적한 것처럼 학생들의 구두법에 대한 감각은 항상 유동적인데, 이는 그들이 구두법에 대한 이해를 하게 되자마자 자기 자신을 더 복잡한 문장과 발상들을 쓰도록 압박하고 이것이 그들로 하여금 어쩔 수 없이 다시 한 번 구두법에 대한 실험을 하게 만들기 때문이다.

코르데이루(1998)에서 묘사하는 연속성은 모든 종류의 텍스트에 해당되지만, 크레스(Kress, 1982, Hall(1996)에서 재인용)은 이야기에서보다 보고서에서 주제를 구별 짓는 것이 더 쉬울 것이기 때문에, 아이들이 서사 텍스트보다 비서사 텍스트에 구두점 찍는 것을 배우는 것이 더 쉬울 것이라고 주장한다. 마찬가지로 아이들은 쓰기에서의 많은 연습으로 구두법에 대한 감각을 기를 수 있다. 칼킨(Calkins, 1980, Hall(1996)에서 재인용)은 3학년 두 학급의 아이들을 비교하였다. 한 학급은 쓰기 과정에 초점을 맞춘 반면 다른 학급은 전통적 문법을 공부하였다. 그 해 말에 쓰기 학급의 학생들은 문법 학급의 학생들보다 구두법에 대해 더 이해하게 되었고 더 많은 구두점의 종류를 알아볼 수 있었으며 구두법을 더 좋아하게 되었다. 게다가 쓰기 학급의 학생들은 다양한 표지가 텍스트에서 갖는 효과에 대해 쉽게 이야기하였다. 반면 문법 학급의 학생들은 암기했던 정의를 떠올리기 위해 고투하였다.

학생들이 구두법 오류를 교정하기 위한 굉장히 많은 연습을 통해 구두법에 대한 감각을 개선하는 것 또한 가능하다. 5장에서 집중 조명한 교정 교과과정인 *매일 언어*는 초등학교 1학년 정도의 이른 시기에 구두법을 포함시킨다. 홍보용 샘플에 의하면 연습 문제들 중 1단계 세트의 12주 수업에서는 축약형과 소유격에서의 아포스트로피, 물음표, 직접 인용을 두드러지게 하는 쉼표, 직접 인용을 표시하는 인용 부호, 연속하는 쉼표와 같은 구두법 규칙을 다룬다. 이런 기술들은 학생들에게 벅찬 것으로 보이는데, 조사에 의하면 이 학생들은 아직 무엇이 문장이고 아닌지를 이해하는 수준이다. 하지만 학생들이 이러한 연습 문제의 결과로 인해 구두법에 더 익숙해져서, 구두법에 대한 감각을 더 빨리 발달시킬지도 모른다. 이와 관련한 학급 조사가 시급하게 요구된다.

내가 조사한 모든 언어 과목 교과서는(『글쓴이의 선택』(Glencoe McGraw-Hill), 『언어의 요소』(Odell et al., 2001), 『영어』(Rueda et al., 2001)) 내용 목록에서 독립된 절로 구두법을 다루고 있다. 그러나 또한 논의하기에 적절한 곳이라면 그 밖의 다른 곳에서도 구두법을 소개하고 있다. 예를 들어 모든

텍스트는 평서문, 의문문, 명령문, 감탄문에 대해 논할 때 종결 구두법
을 포함하였다.

7.3. 성인 기초 단계 필자의 구두법

위에서 기술한 아이들의 쓰기 학습에 대한 발달적 과정은 어른들이
쓰기 학습에서 사용하는 과정과 비슷하다. 어른들 역시 구두법 규칙에
대한 제한된 레퍼토리를 가지고 시작한다. 그들 또한 구두법을 통사적
으로 이해하기 이전에는 구두법 표지를 어디에 찍을지 결정하기 위해
소리와 의미를 사용한다.

성인 기초 단계 필자에 대한 자신의 획기적인 연구에서, 쇼너시
(Shaughnessy, 1977)은 미숙련 필자의 구두법 습관에 대한 두 가지 의견을
제시한다.

- 그들의 구두법 레퍼토리는 거의 대부분 마침표, 대문자 사용, 그리
  고 어느 정도의 문단 들여쓰기와 쉼표에 제한되어 있다.
- 그들은 구두법에 고투하는데, 문장에 대해 이해하지 못했기 때문이 아
  니라 문장을 어떻게 쓰는지에 대해 항상 아는 것은 아니기 때문이다.

다니엘레비츠 · 체이프(1985)는 우리가 일반적으로 문어 이전에 구어에
서 능숙도를 발달시키기 때문에 쓰기에서의 우리의 경험은 필연적으로
구어에서의 경험으로부터 발달한다고 지적한다. 능숙한 화자로서, 우리
는 마침표 억양(문장의 끝을 가리키는 하강조)과 쉼표 억양(구의 끝을 가리키는
상승조)이라고 부르는 것 사이의 차이점을 알고 있다. 일반적으로 우리는

이 지식을 쉼표 억양을 지시하는 쉼표와 마침표 억양을 지시하는 마침표를 사용하여서 글쓰기로 전환할 수 있다. 사실 미숙련 필자들은 이를 매우 잘 할 수 있는데, 그것은 때때로 그들을 곤란에 빠뜨린다. 그들이 전환이 일어나지 않을 때를 항상 아는 것은 아니다.

다니엘레비츠·체이프(1985)는 "보통의" 말하기 패턴이 기초 단계의 필자를 "잘못된" 구두법으로 이끈다고 주장한다. 그들은 많이 배운 성인의 말하기를 성장하고 있는 학생의 글쓰기와 비교하여서, 필자의 유추가 필자 자신을 잘못된 방향으로 이끄는 몇몇 경우를 발견한다. 예를 들어, 화자는 긴 줄의 서술문을 쉼표 억양으로 함께 묶을 것이고, 마침표 억양은 오직 서술의 끝을 표시하는데 사용할 것이다. 화자는 마침표를 각각의 통사적 문장의 끝에 사용하기보다는, 그것을 화제가 전환되는 끝 부분 또는 문단의 끝 부분을 표시하는 데 사용한다. 미숙련 필자는 이러한 패턴을 따라가는데, 결국 쉼표 오용을 하게 된다. 또 다른 예는 문장을 마침표 억양으로 끝내지만 그 후에 나중에 생각한 것을 덧붙이는 화자의 경우이다. 마침표 억양은 끝나지 않은 것일 수 없어서 — 만약 화자가 전체 문장을 반복하지 않는다면 — 어쨌든 화자는 밀고 나아간다. 자신들의 글에 구두점을 찍을 때 이러한 유추를 사용하는 학생들은 결국 조각문을 만들어 낼 수밖에 없다.

다니엘레비츠·체이프(1985: 225)는 교사들이, 비표준적인 구두법을 구어에서 글로의 "적절하지 않은 확장"으로 보기를 권고하고 학생들에게 글쓰기와 말하기가 구분되는 특정한 방식을 가르치도록 권고한다.

다니엘레비츠·체이프(1985)가 구두법에 대한 학생들의 이해를 그들의 글쓰기에서 추론하는 반면 이바니치(Ivanic, 1996)은 학생들에게 그 추론을 설명하도록 요청한다. "비표준어 구두법에서의 언어학과 논리"에서, 영국의 교사 이바니치(1996)는 기초 단계의 필자가 마침표와 쉼표를 사용하고 사용하지 않는 것에 대해 설명한 것을 보고하고, 이 생각이 옳은 판단으로 이어지는지 아닌지를 평가한다. 이바니치(1996)는 특히 구두법에 흥미를 가지고 있었는데, 그녀는 구두법이 영국의 표준화된 영어 시험에서 경계에 있는 많은 지원자들을 떨어지게 하기 때문이라고 말했다. 미국에서 역시 그렇다는 것은 확실하다. 이바니치(1996)는 성인 교육 쓰기 기술 재교육 과정의 10명의 학생에게 본인이 직접 주제를 선택하여 에세이를 써 달라고 요청하였다. 이바니치(1996)는 그들이 초고를 완성한 후 가능한 한 빠르게, 그들을 인터뷰해서 왜 에세이에 그들이 찍어 놓은 것처럼 구두점을 찍도록 선택했는지에 대해 알게 되었다. 학생의 반응은 크게 다음의 네 개의 범주로 나뉘었다.

양의 이유(어느 정도의 단어들의 뒤에 구두법에 대한 요구),

소리(휴지와 중단에 대한 요구),

의미(주제 전환),

구조(문장이 구성되는 방식에 대한 이해).

이후에 이바니치(1996)는 구두법의 각각의 예가 정확했는지(표준화된 영어시험 응시자와 채점자에 대한 예상을 기반으로 하여) 아닌지, 필자가 제시한 이유와 그 결과가 연관성을 보여주는지 아닌지를 확인하였다. 이바니치(1996)는 모두 합쳐 150개의 쉼표와 마침표의 예를 살펴보았다.

이바니치(1996)는 10명의 기초 단계 필자들이 마침표와 쉼표에 대해 판단하도록 이끄는 이유에 대해 몇 가지 결론을 내렸다.

• 필자는 옳지 않은 문장보다 옳은 문장을 훨씬 더 많이 만든다. 거의 4분의 3(74%)의 마침표는 정확하게 배치되어 있었다. 이와 비슷하게

80%의 쉼표도 올바르게 사용되었다. 노구치(1991)가 이 장의 읽을거리에서 상기시킨 것처럼 교사들은 학생의 글쓰기에 대해 나무라기보다는 칭찬을 더 해야 한다는 사실을 기억해야 한다.

- 의미(화제 전환)가 마침표를 위치시키는 데 가장 자주 사용되었던 반면, 소리(휴지에 대한 요구)는 쉼표를 위치시키는데 가장 자주 사용되었던 기준이다. 쉼표에 대해서는, 소리와 의미가 학생들이 올바른 위치를 판단하도록 돕는 데 동등하게 적절했다. 반면에 마침표는 의미와 구조가 더 성공적인 기준이었다. 이는 "짧은 휴지에 대해서는 쉼표를 사용하고 긴 휴지에 대해서는 마침표를 사용한다."는 일반적인 경험법칙이 오직 처음의 반만 유용하고 두 번째 반은 필자를 잘못된 방향으로 이끈다는 것을 시사한다. 이는 또한 교사들이 학생들에게 쉼표를 수정할 때 마침표를 수정하기 위한 것과는 다른 전략을 사용하도록 권장함을 암시하기도 한다.

- 필자가 어떤 주어진 기로에서 구두법을 사용할지 안 할지 판단하는 데 사용하는 이유는 발달적 연속성을 보이는 듯하다. 이바니치(1996)의 연구에서 필자 중 가장 덜 능숙한 사람들은 기준으로 양을 가장 빈번하게 사용했지만 그렇지 않은 사람들보다 더 자주 구두점을 부정확하게 위치시켰다. 이 필자들은 긴 문장을 써야 한다는 압박감을 느끼는 것처럼 보였지만 긴 문장들을 잘 다룰 수는 없었다. 반면에 가장 능숙한 필자들은 구두법을 선택할 때 의미와 구조에만 의지하였다. 이러한 연속성은 위에서 설명한 어린 필자들의 연속성과 양립할 수 있는 것처럼 보인다. 그 어린 필자들 중 구두점을 어디에 위치시킬지 선택하기 위해 양을 사용하는 필자들은 표지를 의미적으로 혹은 통사적으로 보기보다는 그래픽으로 이해했다.

- 쉼표 오용은 문장 간의 관련성 정도에 대한 필자의 판단을 나타낸다.

이바니치(1996) 연구의 필자들은 다음 문장이 명확한 화제 전환을 나
타낼 때 완전히 정확하게 문장 끝에 마침표를 찍었다. 첫 번째 문장
에서 시작한 생각을 그 다음 문장에서 발전시켰을 때와 같이 화제의
전환이 덜 분명할 때는 마침표를 찍는 것이 덜 정확했다. 문장 간의
응집 표지가 매우 강할 때 ― 예를 들어 두 번째 문장이 첫 번째 문
장의 화제를 대명사 it, this, they로 재언급할 때 ― 그때 필자들은 마
침표보다 쉼표를 더 사용하는 듯했다. 다시, 이바니치(1996)의 성인 학
생들에 대한 발견은 어린 학생들에 대한 발견과 유사하다. 이런 종류
의 쉼표 오용은 통사적 차이라기보다는 의미적 차이를 나타낸다.

이 장에서는 학생들이 어떻게 구두법을 사용하는지, 특히 왜 그들이
쉼표 오용을 행하는지에 대해 탐구할 것이다.

7.4. 언어 경험 탐구하기

1. 읽기 자료를 읽기 전에, 오 분 정도 아래의 질문에 대해 개인적으
로 답변을 작성해 보시오.
당신은 문장에 구두점을 정확하게 사용하는 능력에 있어 얼마나
편한가? 구두법에 대한 당신의 이해에 가장 많이 기여한 것은 무엇
이라고 생각하는가?
2. 로젠(5장을 보라)과 그 읽을거리에 대한 당신의 기록을 다시 보라. 그
녀는 학생들이 자신들의 구두법에 대해서 더 인식하게 돕는 데에
무엇을 권장하는가?

↘ 무휴지문, 쉼표 오용, 그리고 모어 화자 능력2)

노구치

이 읽기 자료에서, 노구치(1991)는 영어 모어 화자가 ― 모어 화자는 변형 생성 문법의 정의에 의하면 문장을 어떻게 정확하게 형성하는지 완벽하게 이해하고 있는데, ― 그럼에도 불구하고 어떻게 그리고 왜 구두법을 부정확하게 사용해서 문장을 잘못 만드는지를 밝혀내고자 한다. 그는 또한 영어 모어 화자가 자신의 글을 수정하는 것을 돕기 위해서, 자신의 언어에 대한 직관을 활용하는 방법을 알아내려고 시도한다. 이 읽기 자료는 미국영어교사협의회에서 편찬한 『문법과 글쓰기 가르치기: 한계와 가능성』라는 책에서 동일한 주제에 대해 더 길게 쓴 글로부터 발췌한 것이다. 노구치 (1991)의 글은 또한 흥미로운데 이는 변형 생성 문법가의 관점에서 명료하게 기술되었기 때문이다. 그의 글은 당신에게 문법에 대한 특정 학파의 관심에 대해 알려 줄 것이다.

━━ ━━ ━━ ━━ ━━

쓰기 교사에게 아마 그 어떤 문체적 오류도 무휴지문이나 쉼표 오용만큼 많은 좌절을 안겨 주지는 않을 것이다. "무휴지문"이라는 용어를 사용해서, 독립절 사이에 구두점을 쓰지 않는 것과 함께 둘 혹은 그 이상의 문장들의 연속체가 하나로 쓰인 것을 지칭할 것이다.

예) Jack and his relatives plan to visit Disneyland they leave next Wednesday.
  (잭과 그의 친척들은 디즈니랜드에 가기로 했다 그들은 다음 주 수요일에 갈 것이다.)

---

2) Noguchi, R. R. (1991). *Grammar and the teaching of writing; Limits and possibilities*. Urbana, II: National Council of Teachers of English.

"쉼표 오용"이라는 용어로는 독립절을 쉼표로 묶어서 둘 혹은 그 이상의 문장이 하나로 쓰인 것을 가리킬 것이다.

> 예) Jack and his relatives plan to visit Disneyland, they leave next Wednesday.
> (잭과 그의 친척들은 디즈니랜드에 가기로 했는데, 그들은 다음 주 수요일에 갈 것이다.)

무휴지문과 쉼표 오용은 초등학교부터 대학교까지의 모든 학년 수준에서, 그리고 그 이후에조차 발생한다. 패리(Parris)는 『시지포스와 쉼표 오용』에서, "쉼표 오용은 수년간 내가 본 것 중 전통적인 구두법 규칙을 가장 빈번하게 위반한 경우였는데, 신입생의 짧은 에세이에서든지, 그보다 상급반의 설명문에서든지 최고 수준의 상업적이고 기술적인 글쓰기 교실에서든지 모든 수준의 학생들에 의해 저질러지는 위반이었다."라고 말한다. 대학 작문에서 가장 빈번하게 나타나는 형식적인 오류 20개를 찾는 연구인 코너·런스포드(1988)는, 쉼표 오용을 여덟 번째로, 무휴지문을 열여덟 번째로 발표했다. 초등학교와 중학교에서, 무휴지문과 쉼표 오용은 다른 발생 가능한 것들보다 훨씬 빈번하게 나타난다. 무휴지문과 쉼표 오용은 다른 이유 없이 상대적으로 높은 발생 빈도와 문제적 특성 때문만이라도 그들의 오류로서의 지위와 원인 그리고 무엇보다도 해결책에 대해 철저한 검토를 받아야 한다.

[1] 무휴지문과 쉼표 오용 처치 문제

무휴지문과 쉼표 오용을 제거하는 방법을 찾는 것은 매우 어려운 과제이다. 교육적인 문제들은 명백한 동시에 벅차다. 무휴지문과 쉼표 오용이 정의에 따라 부정확한 구두법에 의하여 혹은 구두법의 부재에 의하여 잘못 묶인 둘 혹은 그 이상의 독립절로 구성되어 있다면, ―구두

법 및 문장의 대문자의 도움 없이(대문자로 시작하기에 적절하지 않기 때문에)
― 단지 하나의 독립절이 아니라 둘 혹은 그 이상의 연속된 독립절을
분리시켜야 한다는 처리 사실로 인해 이 문제는 적어도 두 배로 어렵다
고 할 수 있다. 설상가상으로, 효과적인 해결책은 독립절을 식별하는 수
단뿐만 아니라, 적절한 구두점이 추가되어서 잘못 통합된 지점을 찾을
수 있는 용이한 방법도 제공해야 한다. 마지막으로 가장 어려운 것은,
무휴지문과 쉼표 오용은 모든 통사적 범주 중 가장 복잡한 문법 범주인
"문장" 또는 "독립절"에 대한 인식을 요구한다. 많은 교사들이 입증할
수 있는 것과 같이, 문장 혹은 독립절은 학생들에게 쉽게 그리고 투명하
게 정의될 수 있는 구조가 아니다.

절 또는 문장에 대한 전통적 정의는, 그 모호성 또는 다른 문법 범주
의 정의와의 밀접한 관련성으로 인해, 불투명한 것으로 또는 아무리 낙
관하여 본다 하더라도 다루기 불편한 것으로 드러난다. 예를 들어, 문장
을 "완결된 사고"를 갖는 단어들의 연속체라고 정의하는 것은 이 문제
를 동일하게 복잡한 과제인 "완결된 사고"를 정의하는 것으로 옮기는
것밖에 되지 않는다. 문장을 완전 주어와 완전 서술어로(즉, 명사구 주어와
동사구로) 이루어진 구성단위로 정의하는 것은 "주어"와 "서술어"를 정의
하는 것을("완전"이라는 개념을 언급하지 않고), 그리고 최종적으로는 "명사"
와 "동사" 그리고 "동사 보충어"(예를 들면 직접 목적어, 간접 목적어 같은)를
정의하는 것을 필요로 한다.3) 겉으로 보기에는 단순해 보이는 문장을
정의하는 일을 시작하는 것은 문장의 구성성분들에 대한 정의를 급격하

---

3) [역주] complement에 대해서는 국립국어연구원(1995)에 따르면 '보충어'와 '보어' 두 가지의 번
   역어가 가능하다. 그런데 '보어'는 학교 문법에서 주어, 목적어 이외에 '되다, 아니다' 앞에 필수
   적으로 요구되는 성분을 가리키는 용어이다(남기심·고영근, 1993; 이관규, 2012). 본문에 쓰인
   'complement'는 문장을 구성하는 요소 중 반드시 필요한 것과 그렇지 않은 것으로 나누어, 이에
   대하여 '보충어'와 '부가어'라는 용어를 사용하는 경우의 '보충어'의 의미에 해당한다. 이를 학교
   문법에서 사용하는 '보어'의 의미역과 구별하기 위하여 '보충어'라는 용어를 사용하여 번역하였다.

게 증가시키는 결과를 가져오는데, 이때 문장의 구성성분 중 어떤 하나
에 대한 잘못된 이해가 문장 전체에 대한 오해로 이어지기 쉽다.

[2] 다섯 가지 종류의 모어 화자 능력

만약 문장을 정의하는 교육적 과제가 충분히 번거로운 문제가 아니었
다면, 무휴지문과 쉼표 오용 문제는, 우리가 그것들은 최소한 영어 모어
화자가 아닌 사람들 사이에서는 나타나지 말아야 하는 문제처럼 보인다
고 생각했다면, 더 좌절감을 준다. 영어 모어 화자는 모어 화자라는 점
으로 인해 아래의 언어 능력을 가지고 있다.

1. 비문법적인 문장과 문법적인 문장을 구별할 수 있는 능력.

예) *The cook put the soup on the stove versus*

　*The cook put the soup

　*Cook the put soup the on stove the

2. 잠재적으로 무한한 길이를 가진 무한한 수의 새로운 문장을 이해
하고 생산할 수 있는 능력.

예) *Jack went home, and he fixed himself a sandwich, and he cleaned his room, and*
　he turned on his stereo, and…

3. 중의성을 가진 문장을 인식하는 능력.

예) *My mother hates boring guests*(즉, 'My mother hates to bore guests(나의 어머니는
　손님들을 밀치고 나가는 것을 싫어하신다)' 또는 'My mother hates guests who
　are boring(나의 어머니는 밀치고 나가는 손님들을 싫어하신다))

4. 비슷한 뜻을 가진 문장을 인식하는 능력.

예) *'Alice and Tom washed the car'*와 *'The car was washed by Alice and Tom'*

5. 문장의 내부 구조를 인식하는 능력.

예) *'Julia is eager to help'*와 *'Julia is easy to help'*

　　(첫 번째 문장에서는 줄리아가 돕는 행위를 하고 있고, 두 번째 문장에서는 누군가가 줄리아를 돕는다.)

　영어 모어 화자가 1~5에서 설명된 엄청난 통사적 능력과 의미적 능력을 이미 소유하고 있다면, 특히 헷갈리는—그리고 좌절감을 주는—것은 이 능력들 모두가 문장을 만들어 내는 것에 대한 지식에 의존한다는 것이다. 그런데 그 지식은 정확히 무휴지문과 쉼표 오용(그리고 조각문)을 쓰는 학생에게 부족한 것처럼 보이는 바로 그 지식이다. 즉, 어떤 종류의 무휴지문과 쉼표 오용일지라도, 쓰기 단위로서 그것들은 그 언어에서 비문이 된다.

[3] 기이한 역설과 그 영향

　모어 필자가, 영어 모어 화자이기 때문에, 그들의 언어에서 무엇이 적문이 될 수 있는지 인식하고 생산할 수 있는 능력을 소유하고 있다고 한다면, 우리는 무휴지문과 쉼표 오용에 관한 '기이한 역설'에 부딪치게 된다. 이는 다음과 같다.

　모어 필자는 자주 무휴지문과 쉼표 오용을 저지르는데, 이는 정의에 의하면 진정한 문장이 아니다. 그러나 이 필자들이 영어 모어 화자로서 이미 영어 문장을 알고 인식할 수 있다는 것을 고려하면, 그러한 오류는 일어나지 않아야 하거나, 최소한 그들이 하는 것만큼 자주는 일어나지 않아야 한다. 이러한 오류의 근원은 화자가 적절한 최종 산출물을 모르기 때문이라고 할 수는 없다. 필자들이 전치사로 문장 끝내기, 부정사 분열하기, *hopefully*를 문장 수식어로 사용하기, 또는 *ain't* 사용하기와 같은 용법 오류를 저지르기도 하지만, 그것은 보통 그러한 자질이 어떤 규범적인 쓰기 규칙을 어길 수 있다는 것에 대해 깨닫지 못했기 때문이다. 즉, '*Hopefully, it will not rain during our baseball game*(희망하기로는, 야구 게임하는 동안 비가 오지 않았으면 좋겠다)' 또는 '*We hope it will not rain during our baseball game*(우리는 야구 게임 하는 동안 비가 오지 않기를 희망한다)' 또는 '*It is hoped that it will not rain during our baseball game*(야구 게임 하는 동안 비가 오지 않기를 바란다)'과 같은 쓰기 선택을 고려하면 이 학생들은 아마도 형식적인 지도 없이는 어떤 문장들이 규범 규칙을 어기는지에 대해 알지 못할 것이다. 하지만 동일한 학생들은 영어 모어 화자이기 때문에 형식적인 지도 없이도 '*The cook put the soup on the stove*'는 적합한 문장이고 '**The cook put the soup*'는 아니라는 것을 쉽게 인식할 것이다.

　모어 필자들의 무휴지문과 쉼표 오용이 모어 화자 집단의 개념을 위반하는 것처럼 보이는 것은, 그들이 만들어 내는 높은 정도의 좌절감뿐만 아니라 높은 수준의 오명을 어느 정도는 설명할 수 있도록 돕는다. 헤어스톤(1981)은 비학술적 전문직 종사자들이 보이는 비표준적인 쓰기 특성에 대한 반응을 조사한 자신의 연구에서, 쉼표 오용은 "중간 정도로 심각한"이라고 명명한 오류 집단에 위치시켰지만, 조각문과 무휴지문은 "매우 심각한"까지 하락시켰다. 형식적인 쓰기 담화의 이러한 특성은 학술 집단과 비학술 집단의 전문직 종사자 모두에게 혹독한 비판을 불러일으킨다. 전문가들의 관점에서 문장이란 형식적인 글의 구성 요소를 형성하는 것으로 여겨지기 때문이다. 즉, 형식적인 쓰기 담화는 적격문(즉, 진정한 문장)으로 구성되어 있거나 최소한 적격문으로부터 만들어진

다는 것이다. 하지만 무심코 쓰인 무휴지문과 쉼표 오용, 조각문과 같은
문장이 아닌 연속체들을 포함하는 형식적인 글은 이와 같은 강한 신념
을 정면으로 공격한다. 이런 이유로, 무휴지문, 쉼표 오용, 조각문을 쓰
는 모어 필자는 모어 필자가 아닌 경우보다 훨씬 더 강한 비난을 당하
게 된다. (사실 유일하게 이 혹독한 비평으로부터 제외되는 모어 필자가 있는데 바
로 취학 전 아동 혹은 초등학생 정도의 어린 필자들이다. 이들은 글쓰기 관습을 획득
하는 초기 단계에 속한다.)

[4] 역설 해결하기

왜 영어 모어 화자가 그들의 모어 능력에도 불구하고 글쓰기에서 빈
번하게 무휴지문과 쉼표 오용을 저지르거나 약간 애매하게 위치시키는
것일까? 왜 더 잘 알아야만 하는 모어 화자가 그렇지 않은 것일까? 말과
글 사이의 결정적인 물리적 차이가 이에 대한 답변의 가장 큰 부분을
차지할 것이라고 믿는다. 두 의사소통 방식 모두 사실상 어떠한 종류의
메시지도 그것을 전달하는 데에 언어 기호 체계를 사용하지만(철학적 논
문부터 사랑의 속삭임까지), 글은 문장 경계를 표시하는 다른 관습을 가지고
있다는 데서 말과 구별된다. 말이 음운론적인 신호(억양과 휴지)를 사용하
는 경우에, 글은 첫 글자를 대문자로 쓰고 적절한 종결 구두점(마침표 혹
은 물음표)을 찍어서 필적학적으로 경계를 표시한다. 필자들이 무휴지문
과 쉼표 오용을 만들어 낼 때, 그들은 알고 있든 모르고 있든 이 글쓰기
관습을 어기는 것이다. 또는 바꿔 말하면, 음운론적 문장은 필적학적인
문장과 일치하지 않는다.(음운론적 문장에 대한 필자의 인식을 증진시키는 한 가
지 방법은 Bamber(1977) 참고)

음운론적 문장에 경계를 표시하는 것은 영어의 역사 내내 지속적으로
유지되어 온 반면, 필적학적인 문장은 그렇지 못했다. 사실 언어 역사학

자가 초기 문어 텍스트의 구두법으로부터 얻어낸 바에 따르면, 오늘날
의 무휴지문과 쉼표 오류(그리고 조각문)는 과거 수세기 동안에는 전혀 부
적절한 것이 아니었을지도 모른다. 볼턴(Bolton, 1982)은 고대 영어가 다른
쓰기 관습을 가지고 있었을 뿐만 아니라 이 쓰기 관습이 개별 필자마다
너무 다양해서 공통적으로 공유될 수 있는 관습을 추출하는 것이 불가
능에 가까울 만큼 어려운 것이라고 밝혔다. 그는 다음과 같이 설명한다.
"『베오울프』에서[4] 유일한 구두법 표지는 마침표였고, 그것은 드물게 나
타났다. 마침표가 쓰일 때는 거의 항상 가로줄의 마지막에 찍혀 있었다.
이는 초기 초서(Chaucer)의[5] 원고에서도 마찬가지였다. 그것들은 오직 마
침표로만 구두법이 사용되었고 거기서 문장이 끝나는지와는 관계없이
오직 가로줄 끝에만 나타났다. … 위클리프(Wycliffe)의[6] 원고에는 구두법
이 더 많이 사용되었지만, 구두법 체계가 우리의 것이 아니었다(pp.177-
178)." 위클리프 이후 200년 동안의 형식적인 문어 담화의 구두법은 여전
히 오늘날의 관습과 큰 차이점을 보여준다. 옹(Ong, 1944)은 16세기 후반
과 17세기 초의 구두법은 웅변술에 기반을 둔 것과 "통사론이나 연설의
세부 사항이 아닌, 기본적으로 구어적인 것으로 여겨지면서, 주로 담화
상의 호흡을 조절하는 장치(미안하지만 단지 감각의 요구에 대해 부가적인 것일

---

4) [역주] 『베오울프』는 총 3182행의 고대 영어로 써진 영문학 최초의 서사시로서 베오울프라는 한
   영웅의 일대기를 그린 서구 고전문학의 대표적인 시이다. 6세기경의 북유럽을 배경하는 이 시는
   구전으로 전해오다가 대략 8세기경에 기록된 것으로 추정된다. [네이버 지식백과(http://terms.
   naver.com/)]
5) [역주] 중세 영국 최대의 시인. 근대 영시의 창시자로, '영시의 아버지'라 불린다. ≪트로일루스와
   크리세이드≫, ≪선녀 전설≫을 거쳐, 중세 이야기 문학의 집대성이라고도 할 대작 ≪캔터베리 이야
   기≫(1393~1400)으로 중세 유럽 문학의 기념비를 창조하였다. [네이버 지식백과(http://terms.
   naver.com/)]
6) [역주] 영국의 신학자이며 철학자로서 유명론(唯名論)에 반대하여 실재론(實在論)을 주장하였다.
   1365년에 교황권의 간섭에 반대하여 교회의 교의(敎義)와 악풍을 격렬하게 비난하였다. 성서만을 신
   앙의 기초로 삼고 성서의 영역본(英譯本)을 완성하였으며(1378~1382), 민중의 설교자를 각지에 파
   견하였다. 그의 사상은 얀 후스(Jan Hus)에게 많은 영향을 미쳤으며, 중앙 유럽 지방에 파급되었다.
   [네이버 지식백과(http://terms.naver.com/)]

뿐인 장치)(pp.354-355)"라고 표현되는 초기 전통에 기반을 둔 두 체계의 혼합이었고, 둘 모두 현대의 체계와는 다르다고 주장하였다. 이와 같은 내용을 통해서 문장 종결 구두점 없이 글을 쓰는 학생들이 초서, 위클리프 또는 『베오울프』의 시인과 같이 글을 쓰는 것이라고 주장하려는 것은 아니지만 이 학생들은 이전 시기의 필자들과 한 가지 사실을 공유하고 있다. 즉, 문장 경계를 표시하는 그들의 관습은 오늘날의 표준 문어와는 다르다는 것이다.

흥미롭게도 문장 경계를 표시하는 초기 전통이 남아서 일부분 여전히 입문 필자들 사이에서 계속되고 있다. 구두법의 초기 체계가 그 근원을 말에 두었기 때문에, 입문 필자가 보통 글을 말이 옮겨진 것으로 본다는 것을 고려하면 그들의 관습적이지 않은 구두법 체계는 어느 정도는 초기 체계의 일부분을 재생산하는 것이라고 볼 수 있다. 브로스네이헌 (Brosnahan, 1976)인 "쉼표 오용을 위한 몇 가지 좋은 단어들"에서 특히 허용되는 쉼표 오용의 기준을 살펴본다면(이 기준은 브로스네이헌(1976)이 주장하기로는, 필자의 실제 용법에 기초한다.), 초기 관습과의 연결 관계, 특히 의미에 기초한 것 부분이 더 분명해진다.

규칙): 쉼표 하나는 어떤 접속사도 동반하지 않고 아래의 조건에서 별개의 독립절에서 사용된다.

1. 통사론—절은 짧고 보통 구조가 매우 유사하다. 하지만 긍정문과 부정문의 조합일 수 있기는 하다.
2. 의미론—절이 모호해질 가능성이 있을 수 없고, 절 사이의 의미 관계는 다른 말로 바꾸어 표현한 것), 반복, 확장, 반대, 첨가 또는 요약이다.

3. 문체─사용 수준은 일반 영어 또는 구어체 영어이다.
4. 수사법: 효과는 이동 그리고/또는 강조의 신속함이다.

브로스네이헌(1976)에서 주요 규칙과 첫 번째 조건은 수용 가능한 쉼표 오용을 결정하는 데에 필요한 통사적 근거를 나타낸 것이고, 다른 조건들은 더 의미적인(인지적, 사회적, 수사적) 근거들을 제시하고 따라서 초기 구두법 체계와 더 밀접하게 연관된다. 학생들은 이들 조건을 근거로 해서 무휴지문과 쉼표 오용을 만들어 낸다. 이는 역사적으로 더 이전 시기의 전통이 지속되는 것인데 이 전통은 제도적으로는 대체되었지만 절대로 완전히 사라지지는 않았다. 의미 있게도, 의미에 기반을 둔 구두법 체계에서 통사에 기반을 둔 구두법 체계로의 역사적인 발달은 어린 아이가 현재의 체계를 습득하는 경로 속에서도 발견된다. 코르데이루가 말한 바와 같이 "의미 구조는 정서법 구조 혹은 통사적 문장에 묶여 있지 않다. 글을 쓸 때 어떻게 구두점을 찍는 것인지를 배우고 있는 아이들은 실제로는 언어 구조의 새로운 형태를 배우고 있다. 그것은 문장이다(Patricia Cordeiro, 1988: 72)."

그러나 어떻게 읽는지에 대해 이미 배웠지만 무휴지문과 쉼표 오용을 저지르는 학생들이 문장 경계를 표시하는 통사적 체계를 전혀 모른다고 생각해서는 안 된다. 이 잘못된 관점을 떨쳐 버리기 위해서, 우리는 그들의 글에 일반적으로 나타나는 더 많은 수의 올바르게 경계가 표시된 필적학적인 문장이 있다는 것을 꼭 언급할 필요가 있다. 하지만 종이에 단어들을 쓰는 복잡한 과정 속에서, 통사적 체계를 알지만 아직 무휴지문과 쉼표 오용을 저지르는 학생들은 통사적인 체계가 즉각적인 의식에서 희미해지고, 많은 측면에서 더 자연스럽고 더 표현력이 있는 의미적인 체계가 작용하는 것을 허용하는 것이라고 추측한다. 숙련된 필자들조차도 생각들이 쏟아져 나올 때는 두 개의 독립된 문장이어야 하는 것을 얼마나 선뜻 그리고 빈번하게 하나로 합치는지 또는 이들 필자들이 어떻게 분명히(예를 들면 통사적으로) 질문인 것에 마침표로 구두점을 찍는지에 주목하라. 달리 말하면, 발상의 급증 또는 발상에 사로잡히는 것은 형식의 제약을 무시할 만큼 충분히 강하다는 것을 입증하는 것이다.

[5] 무휴지문과 쉼표 오용에 대한 적절한 관점

엄밀히 실용적인 관점에서는, 교사들이 무휴지문과 쉼표 오용을 어떻게 바라봐야 할까? 첫째, 교사들은 좋은 글이 의도적인 비문의 연속을 수용할 수 있고 때로는 수용해야만 한다는 것을 유념할 필요가 있다. 숙련된 필자들은 쉼표 오용은 밀접하게 연결된 일련의 사건을 나열하기 위해(예: We came, we saw, we conquered) 또는 무휴지문은 장황한 느낌이나 기계적인 지껄임을 만들어 내기 위해(커밍의 시 "next to of course god america I"에서처럼) 조각문은 강조와 비공식적인 느낌을 만들어 내기 위해(수많은 잡지 광고에서처럼) 의도적으로 사용할 수 있다. 브로스네이헌(1976)에서는, 클라인·메멀링(Kline & Memering, 1977)이 조각문을 사용한 것처럼 어떤 다른 글쓰기 상황에서는 쉼표 오용이 맥락적으로 적절할 수 있음을 주장한다.

교사는 비의도적인 무휴지문과 쉼표 오용이 심지어 많이 나타날지라도 최소한 모어 필자에 대해서는, 그들에게 문장 개념에 결함이 있다는 것을 가리키는 것은 아니라는 것을 명심해야 한다. 필자 중에서도 특히 성장하고 있는 필자의 경우에는, 문어 매체에서 더 복잡한 구조를 시도해 볼 때 무휴지문과 쉼표 오용을 사용할 것인데, 이 오류들은 발달상의 과도기적인 단계를 나타내는 것일 수 있다.

[6] 무휴지문과 쉼표 오용 처치하기

무휴지문과 쉼표 오용이 오늘날 이전 세기보다 더 많을 뿐만 아니라 더 심한 수준의 부정적인 반응을 불러일으킬 가능성이 더 크다는 점을 고려하고, 비의도적인 무휴지문과 쉼표 오용이 의도적인 것보다 훨씬 더 부정적인 반응을 불러일으킬 것을 고려해 볼 때, 우리는 학생들이 비의도적인 무휴지문과 쉼표 오용을 사용하지 않도록 지도하기 위해서 무엇을 할 수 있는가? 과거처럼 문법을 더 많이 가르치면 되는가? 이것이 가장 쉽고 실용적인 방법이라고 생각하지 않는다. 그보다는, 학생들이 이미 가지고 있는 무의식적인 문장에 대한 지식을 그들로부터 추출하는 데 해결책이 있다. 이로써, 교사들은 먼저, 원어민 능력의 불가사의한 "간극"인 것처럼 보이는 것을 교육적 자산으로 전환시킬 수 있을 뿐만 아니라, 그들 자신과 학생들에게 원어민은 실제로, 자신의 언어에서 문장을 구성하는 것에 대한 기저 지식을 가지고 있음을 입증할 수 있다.

진정한 (평서문) 문장이 주어진다면, 영어 모어 화자들은 대응하는 부가 의문문 혹은 판정 의문문으로 쉽게 변형할 수 있다. 예를 들어, 아래와 같은 (a) 문장이 주어진다면, 모어 화자들은 (b)와 (c) 문장으로 바꿀 수 있다.

1. a. Your next-door neighbor is going to sell his car for $400.
     (너의 이웃은 $400에 그의 차를 팔 것이다.)
   b. Your next-door neighbor is going to sell his car for $400, isn't he?
     (너의 이웃은 $400에 그의 차를 팔 것이다, 그렇지 않니?)
   c. Is your next-door neighbor going to sell his car for $400.
     (너의 이웃을 $400에 그의 차를 팔 것이니?)
2. a. Nancy, who couldn't wait, ripped open the cellophane warpper on the box.
     (기다릴 수 없었던 낸시(Nancy)는 상자의 셀로판 포장지를 찢어 열었다.)

b. Nancy, who couldn't wait, ripped open the cellophane wrapper on the box, didn't she?

(기다릴 수 없었던 낸시는 상자의 셀로판 포장지를 찢어 열었지, 그렇지 않니?)

c. Did Nancy, who couldn't wait, rip open the cellophane wrapper on the box?

(기다릴 수 없었던 낸시는 상자의 셀로판 포장지를 찢어 열었니?)

3. a. For the past six months, Linda and Sue have run five miles every day.

(지난 6개월간 린다와 수는 매일 5마일을 뛰었다.)

b. For the past six months, Linda and Sue have run five miles every day, haven't they?

(지난 6개월간 린다와 수는 매일 5마일을 뛰었다, 그렇지 않니?)

c. For the past six months, have Linda and Sue run five miles every day, haven't they?

(지난 6개월간 린다와 수는 매일 5마일을 뛰었지 않니?)

4. a. Ed and his cousin will buy two tickets each.

(에드와 그의 사촌은 각자 티켓을 두 장씩 살 것이다.)

b. Ed and his cousin will buy two tickets each, won't they?

(에드와 그의 사촌은 각자 티켓을 두 장씩 살 것이다, 그렇지 않니?)

c. Will Ed and his cousin buy two tickets each?

(에드와 그의 사촌은 각자 티켓을 두 장씩 살 것이니?)

5. a. You weren't in class for a whole month.

(너는 한달 내내 수업에 오지 않았어.)

b. you weren't in class for a whole month, were you?

(너는 한달 내내 수업에 오지 않았어, 그렇지 않니?)

c. Weren't you in class for a whole month?

(너는 한달 내내 수업에 안오지 않았니?)

적절한 부가 의문문과 판정 의문문을 형성하는 것은, 이 연습활동이 보여주는 것처럼 빠르고 자동적이기 때문에, 복잡한 기술 규칙에 대한 지식을 필요로 한다. 예를 들어, 판정 의문문의 형성은 첫 번째 조동사를, 그리고 축약형 부정사 -n't를 주어 바로 왼쪽 옆으로 이동시키는 규칙을 포함한다. 만약 첫 번째 조동사가 없다면, do의 적절한 형태(do, does, did)가 대신 주어 바로 오른쪽에 붙는다. 만약 원래 평서문의 본동사가 be이고(어떤 방언에서는 have도 포함) 조동사가 없다면, 본동사 be가(또는 본동사 have) 주어 바로 오른쪽으로 이동한다. 부가 의문문은 형성은 훨씬 더 복잡한 기술 규칙에 대한 지식을 포함한다. 간단하게 이야기하면, 원래의 평서문이 긍정문이라면, 축약된 부정 형태의 조동사와 대명사 형태의 주어는 복사되어서 원래 평서문의 오른쪽 바로 옆에 놓여진다. 원래 평서문이 부정문이라면, 조동사와 대명사 형태의 주어가 원래 평서문 바로 오른쪽에 복사된다. 조동사가 없어서 복사되지 않는다면, do의 적절한 형태가 원래 문장의 바로 오른쪽에 조동사 대신에 덧붙여진다. 원래 평서문의 본동사가 be이고 조동사가 없다면, 본동사 be가 조동사 대신에 원래 평서문 바로 오른쪽 옆에 복사된다.

판정 의문문과 부가 의문문이 복잡하기는 하지만, 이 규칙들이 형식적으로 교수될 필요는 없다. 학생들이 이미 머릿속에 이 지식들을 가지고 있기 때문이다. 만약 그렇지 않았다면, 1-5의 예에서와 같은, 혹은 더 나아가서 일상생활에서의 대화에서와 같은 문법적인 부가의문문과 판정 의문문을 생산할 수 없었을 것이다. 실제로, 학생들이 이 두 기술 규칙에 대한 잠재의식적인 지식을 소유하고 있기 때문에 그들은 무한한 수의 문법적인 부가 의문문과 판정 의문문을 만들어 낼 능력이 있다. 하지만 이 엄청난 능력을 가지고도, 아래의 문장은 적합하게 대응하는 부가 의문문과 판정 의문문으로 변형시키는 것은 거의 불가능하다는 것을 알게 될 것이다.

6. Your next-door neighbor is going to sell his car for $400 he should sell it for $800.

(너의 이웃은 $400에 그의 차를 팔 것인데 그는 $800에 팔아야 한다.)

7. Nancy, impatient as always, ripped off the cellophane wrapper of the package the icing of the cake came off with it

(항상 참을성이 없는 낸시는 상자의 셀로판 포장지를 찢어서 케이크의 당의까지 함께 떨어졌다.)

8. For the past six months, linda and sue have run five miles every day, they really want to win the city championship badly.

(지난 6개월간 린다와 수는 매일 5마일씩 뛰었고, 그들은 정말로 도시 선수권에서 이기고 싶어한다.)

9. Ed and his cousin will buy two tickets each, hank will buy six

(에드와 그의 사촌은 각자 티켓을 두 장씩 살 것이고, 행크(Hank)는 6장을 살 것이다.)

10. You weren't in class for a whole month, it isn't fair.

(너는 한달 내내 수업에 오지 않았어, 이건 불공평해.)

학생들이 6-10문장을 적절하게 대응하는 부가 의문문과 판정 의문문으로 바꿀 수 없는 이유는 부가 의문문과 판정 의문문 규칙은 오직 진짜 평서문에서만 작동한다는 단순한 사실에 놓여 있다. 6, 7은 무휴지문이고 8-10은 쉼표 오용이어서 비문이고, 그래서 판정 의문문이나 부가 의문문 규칙의 적용은 허용되지 않는다. 더 간단하게 말하자면, 부가 의문문과 판정 의문문의 형성은 비문에서는 불가능하고 오직 적문에서만 성공적으로 작동한다. 학생들이 이 사실을 의식적으로 알고 있지는 않지만, 직관적으로 알고 있다. 그렇다면, 학생들은 무휴지문과 쉼표 오용을 판별하거나 수정하기 위해서 부가 의문문과 판정 의문문 형성에 대한 잠재의식적인 지식을 사용할 수 있다. 부가 의문문 형성 또는 판정 의문문 형성은 적문과 무휴지문, 쉼표 오용을 구별하는 것을 도울 것이고, 둘을 조합해 사용하면 더 좋은 결과가 나올 것이다.

　두 시나리오: 6-10과 같은 샘플 연속체들로 활동을 하면서, 교사들은 두 가지의 다르지만 관련된 시나리오를 예상할 수 있다. 첫 번째 시나리오에서, 학생들은 무휴지문과 쉼표 오용을 적절하고 대응되는 부가 의문문과 적절하고 대응되는 판정 의문문으로 변형할 수 없을 것이다. 이는 물론 그러한 연속체가 그 언어에서 비문이라는 가장 분명한 암시이다. 교사—그리고 학생—가 이 평가에 도달하면, 이 단계는 실제로 비문 연속체를 수정할 준비를 한다. 하지만 두 번째로, 훨씬 더 흥미로운 사실을 보여주는 시나리오가 나타날 것이다. 어떤 학생들은 어떤 비문 연속체에 대해서는 그들이 판정 의문문을 형성할 수 없지만 부가 의문문은 형성할 수 있다는 것을 알게 될 것이다. 예를 들어, (7)을 다시 살펴보겠다. 이 비문 연속체에 대해서, 어떤 학생들은 적절하고 대응되는 부가 의문문이 (11)임을 주장할 것처럼 보이며 실제로 주장한다.

> 11. *Nancy, impatient as always, ripped off the cellophane wrapper of the package the icing of the cake came off with it, didn't it?
> (항상 참을성이 없는 낸시는 상자의 셀로판 포장지를 찢어서 케이크의 당의까지 함께 떨어졌지, 그렇지 않니?)

　(11)과 같은 대응형은 말과 글의 관습 사이에서의 근본적인 충돌, 모어 화자 능력의 타당성, 그리고 끝내는 판정 의문문과 부가 의문문을 무휴지문과 쉼표 오용 삭제하는 수단으로 사용하는 것에 대한 가치를 보다 분명히 한다. 말과 글의 관습 사이의 충돌은 이미 (7)에서 나타나 있는데, 이것이 필적학적인 문장이 음운론적인 문장과 충돌하게 된 (11)에서 훨씬 더 눈에 잘 띄게 된 것이다. 교사들이 (11)과 같은 연속체를 칠

판에 쓰고, 한 두 명의 학생에게 그 판서 내용을 보통 (혹은 보통보다 약간 느린) 속도로 읽게 한다면, 그것으로 앞에서 언급한 충돌들을 매우 쉽게 보여줄 수 있을 것이다. 나머지 학생들은 그 읽는 내용을 듣게 되는데, 그 후에 그 학생들은 연속체의 일부분(이것을 첫 번째 부분이라고 부르자)이 진술처럼 들리고, 나머지 부분(또는 두 번째 부분)은 질문처럼 들린다는 것을 알게 될 것이다. 어떤 학생들이 글에서 무휴지문과 쉼표 오용을 판별하는 것에 어려움을 겪을 수 있겠지만, 그들 모두는 영어 모어 화자로서 말에서는 의문문과 의문문이 아닌 것을 구별하는 데 어려움을 겪지 않을 것이다. 그 이상으로 진술이 끝나고 질문이 시작되는 지점의 정확한 위치를 찾아내라고 요구 받는다면 영어 모어 화자들은 문제없이 그것을 할 수 있다.

교사들은 칠판에 다음과 같이 (11)에 포함되어 있는 진술과 질문의 경계 지점을 표시해야 한다.

12. Nancy, impatient as always, ripped off the cellophane wrapper of the package // the icing of the cake came off with it, didn't it?
(항상 참을성이 없는 낸시는 상자의 셀로판 포장지를 찢었다 // 케이크의 당의까지 함께 떨어졌다, 그렇지 않니?)

교사들은 여기에서, (12)의 부가 의문문이 적절한(즉, 문법적인) 것처럼 보이지만 그것은 오직 이중 빗금(double slash, //) 오른쪽 부분에만 대응한다는 것을 지적할 것이다. 교사들은 학생들에게 연속체의 진술 부분(즉, 첫 번째 부분)을 부가 의문문과 판정 의문문으로 변형시키도록 요구해야 한다. 산출해 내야 하는 과제물은 'Nancy, impatient as always, ripped off the cellophane wrapper of the package, didn't she?'와 'Did nancy, impatient as always, rip off the cellophane wrapper of the package'?이다. (12)의 두 번째 부

분 또한 하나의 문장임을 입증하기 위해서, 교사들은 학생에게 판정 의
문문 대응쌍(Did the icing of the cake come off with it?)을 만들어 내도록 요구할
수 있다. 이 과업(task)을 끝내고 나면─이 과업은 그것이 모어 화자가
이미 소유하고 있는 언어적 지식에 의존하기 때문에 쉽다─, 학생들은
더 분명하게 왜 (11)과 같은 연속체가 사실상 잘못 묶인 문장들로 이루
어져 있는지에 대한 것뿐만 아니라, 그 잘못 묶임이 발생한 지점이 정확
히 어디인지까지 알게 된다.

[7] 몇 가지 실용적인 이익

위에서 기술한 접근법이 모든 학생들에게 효과가 있지는 않겠지만(예
를 들면 저학년 학생들 또는 영어 유창성이 부족한 비모어 학생들) 잠재적으로는
모든 다른 사람들에게 효과가 있을 수 있다. 모어 화자가 부가 의문문과
판정 의문문을 만드는 방법─그 언어의 모어 화자로서 알아야만 하는
─을 알고 있다면 그들은 문법에 대한 공식적인 지도를 먼저 받지 않
고도 무휴지문과 쉼표 오용을 점검할 수 있는, 용이하게 이용 가능하고
언제든지 사용할 수 있는 수단을 가지고 있는 것이다. 학생들은 단순히
자신이 이미 알고 있는 지식을 사용한다. 교사들에게 이것은 형식적인
문법 지도에 시간과 노력을 덜 들이고, 글쓰기에 다른 중요한 측면에 더
신경을 쓰는 데 시간과 에너지를 투자할 수 있다는 것을 의미한다.

학생에게 역시 이득이 크다. 첫째, 제안된 접근법은 원리보다 기계적
인 암기가 더 중요하게 여겨지는, 보통은 지루하고 어려운 문법 수업에
많은 시간을 들이는 것을 절약하게 해 준다. 여기 제안된 접근법은 형식
적인 문법 학습에 배당된 시간을 상당히 단축시킬 뿐만 아니라 더 상호
작용적이고, 내가 생각하기로는 더 흥미로운 문법 학습 방식을 제공한
다. 문법에 대한 전통적인 접근법은 일반적으로 근본적인 언어 능력을

만들어 주는 데 실패하였기 때문에, 교사들은 그들의 과제가 더 어렵고 시간이 많이 걸리도록 만들어 왔을 뿐만 아니라, 그렇게 하지 않았다면 문법 학습에 더 큰 열정을 투자했을 많은 학생들을 멀어지게 했다. 둘째, 제안된 접근법은 학생들이 자신이 가진 모어 화자로서의 놀랄만한 능력에 대해 잘 알 수 있도록 한다. 자신의 언어 데이터를 생성하고 가설을 세우고 그 언어에 대한 모어 화자의 직관을 사용하여 그것을 검증함으로써, 학생들은 언어와 귀납적 추리에 대해서뿐만 아니라 그것 자체에 대해서 — 언어에 *대한* 지식을 소유한다기보다는 언어*의* 지식을 소유하는 것이 의미하는 바가 무엇인지에 대해서 — 또한 더 알게 된다. 마지막으로, 제안된 접근법은 자신감과 자립심을 훨씬 더 촉진시킨다. 제안된 접근법은 기저의 언어 능력을 무시하거나 그러한 능력을 부정적으로 보는 대신에(즉, 그러한 능력에 있어서의 결핍 또는 결함), 학생들이 그들 스스로 교실로 매일 가져올 수 있는 엄청나고 아직 거의 사용하지 않은 언어 능력을 입증하고 확인할 수 있게 한다.

━━ ━━ ━━ ━━ ━━

7.5. 참고 문헌

Bamber, B. (1977). Periods are basic: A strategy for eliminating comma faults and run-on sentences. In O. Clapp and Committee on Classroom Practices (Eds.), *Classroom practices in teaching English 1977-1978: Teaching the basics-really!* Urbana, Ⅱ: National Council of Teachers of English.

Bolton, W. F. (1982). *A living lanuguage.* New York: Random House.

Brosnahan, I. T. (1976). A few good words for the comma splice. *College English 38.* pp.184-188.

Connors, R. J., & Lunsford, A. A. (1988). Frequency of formal errors in current college writing, or Ma and Pa Kettle do research. *College Composition and Communication 39.* pp.395-409.

Cordeiro, P. (1988). Children's punctuation: An analysis of erros in period placement. *Research in the Teaching of English 22.* pp.62-74.

Hairston, M.(1981). Not all erros are created equal: Nonacademic readers in the professions respond to lapses in usage. *College English 43.* pp.794-806.

Kline, C. R., Jr., & Memering, W.D. (1977). Formal fragments: The English minor sentence. *Research in the Teaching of English 11.* pp.97-110.

Ong, W. J. (1944). Historical backgrounds of Elizabethan and Jacobean punctuation theory. *PLMA 59.* pp.349-360.

7.6. 토론을 위한 질문

1. 노구치가 쉼표 오용과 무휴지문들에서 발견한 역설은 무엇인가? 해결책으로 제시한 것은 무엇인가? 그의 접근법이 전통적인 문법 학자들과는 어떻게 다른가? 로젠이 제안한 것과는 어떻게 비교될 수 있는가?

2. 홀(1996)은 영국의 국가 교육과정 개정에 대한 대응의 일부로서 구두법 프로젝트가 시행됐다고 설명한다. 초등학교 저학년 담당 교사들은 학생들의 구두법 능력에 대해서 과도하게 걱정하지는 않았다. 문장 경계를 바르게 표시하는 학생들의 능력이 시간이 지나고 연습을 하면서 개선될 것이라고 생각했기 때문이다. 하지만 새로운 교육과정은 7세 학생은 대부분의 문장에 올바르게 구두법을 적용할 것으로 기대한다고 명시적으로 기술하고 있다. 교사들은 구두법을 사용하는 능력에 대한 교수·학습 방법을 배우기 위해 도움을 요청하였다. 구두법 프로젝트는 교육적인 지원뿐만 아니라 학

생들의 구두법 감각 발달에 대한 조사 또한 시행한다.

당신이 속한 주(州)의 교육과정 지침서를 참고하라. 당신의 주(州)에서는 교사들이 어떤 종류의 구두법을 가르치기를 원하는가? 어느 수준으로 가르치길 원하는가? 만약 당신의 주(州)가 교육적 성취도를 측정하는 평가를 지시했다면, 구두법에 대한 지식은 평가되는가?

3. 닉(444-445쪽)과 아담(462-464쪽)의 에세이를 읽어라.

   a. 닉이 당신의 학생이라고 생각해 보라. 그의 글에 대해―면담에서 또는 글에―어떤 논평을 할 것인가? 당신이 생각하기에 그의 글에서 무엇이 강한가? 내용, 조직, 어조에 대하여 어떤 조언을 해줄 것인가?

   b. 아담이 당신의 학생이라고 생각해 보라. 그의 분석에 대하여―담에서 또는 글에―어떤 논평을 할 것인가? 당신이 생각하기에 그의 글에서 무엇이 강한가? 내용, 조직, 어조에 대하여 어떤 조언을 해줄 것인가?

   c. 아마도 여러분은 논평에서 닉과 아담의 쉼표 오용/무휴지문 문장을 언급했을 것이다. 문장 경계 표지에 대한 그들의 가설은 노구치(1991), 쇼너시(1977), 다니엘레비츠·체이프(1985)가 말한, 초보 필자의 가설을 어느 정도로 보완하는가? 닉과 아담이 자신의 쉼표 오용 오류를 더 잘 알 수 있도록 그들을 돕기 위해 어떤 조언을 해 줄 것인가?

제8장 복합문과 단락 만들어 내기

7장을 통해 필자가 무엇이 문장인지 아닌지를 이해하고, 복합문과 단락을 쓸 수 있는 능력을 갖추는 것을 통해 성장한다는 사실을 확인하였다. 이론적 언어학자, 수사학자, 영어 교사들은 이 같은 능력이 작문 및 문법 학습에 미치는 영향에 대해 연구해 왔다. 특히 이런 연구는 1960년 대에 활발했다. 이 시기에 변형생성 언어학자들은 모국어 화자들이 문장을 **생성하고 변형하는** 능력에 대해 설명하고자 했다(2장 참고). 또한 같은 시기에 수사학자인 크리스텐슨(Christensen)은 1967년의 연구에서 동시대의 작가들이 20세기 후반의 현대 산문 문체에 대해 내린 정의를 살폈다. 한편 통사론자인 헌트(Hunt)는 그의 1965년 연구에서 학년별 학생의 글쓰기 변화를 기술하였다. 주로 어떤 통사적 구조가 고학년 학생에게 나타나는지 확인하였다. 그는 이러한 문법적 요소들에 따라 '성숙한 문체'를 정의하였다.

8.1. 문장 변형에 대한 변형 생성 문법의 모델

1950년대 후반에서 1960년대 초반, 변형 생성 문법가들은 문장의 **심**

층 구조와 **표면 구조**를 구분함으로써 언어와 언어 사용 모델을 제안하였다. 이 모델에 따르면 생각은 뇌의 심층에서 단순, 긍정, 평서형 명제로 출발하여[심층 구조],[1] 몇몇 변형 과정을 거친 이후에 최종적으로 조절된다[표면 구조]. 예를 들어, 심층 구조의 명제 "Shakespeare wrote Hamlet"은[2] "Shakespeare wrote Hamlet"으로 표현될 것이다. 하지만 이는 수동문인 "Hamlet was written by Shakespeare"로[3] 변형되거나 "Shakespeare's Hamlet"과[4] 같이 축소될 수도 있다. 필자의 맥락과 목적은 어떤 문체적 변이가 가장 효과적일지를 결정하게 된다.

단일한 명제를 변형시키는 것과 더불어 우리가 앞서 만든 문장들에 또 다른 명제를 결합시키거나 끼워 넣을 수도 있다. 가령 "Hamlet is a popular play"와[5] "Shakespeare wrote Hamlet."이라는 두 명제를 결합하여 다음과 같은 수많은 표면 구조를 만들어 낼 수 있다.

- *Hamlet*, which was written by Shakespeare, is a popular play.
- *Hamlet*, a popular play, was written by Shakespeare.
- Shakespeare wrote *Hamlet*, a popular play.
- Shakespeare's *Hamlet* is a popular play.

다시 말하자면 맥락, 목적, 문체적 효과는 필자가 선택한 표면 구조가 어떻게 표현될지 결정한다. 안긴문장은 독립된 절과 구이며 결과적으로 도출된 문장은 복합문이 된다.

---

1) [역주] 이는 복잡도, 부정, 서법 등의 측면에서 봤을 때, 비교적 무표적인 것으로 여겨지는 것들이 심층에서 시작됨을 기술한 것으로 볼 수 있다.
2) [역주] 셰익스피어는 햄릿을 썼다.
3) [역주] 햄릿은 셰익스피어에 의해 쓰였다.
4) [역주] 셰익스피어의 햄릿
5) [역주] 햄릿은 유명한 연극이다.

8.2. 통사적 복잡도에 대한 헌트의 연구

변형 생성 문법가들이 문장의 생성, 변형, 결합의 모델을 발달시키는 한편, 헌트는 학생들이 어떻게 이 기능을 수행하는 능력을 키우는지 조사하였다. 그는 다양한 수준의 학생들을 대상으로 연구를 수행하였다. 그가 측정한 요소 중 한 가지는 t-단위마다 단어 수로 정의되는 문장의 길이였다. t-단위는 하나의 독립절과 그와 관련된 모든 의존절을 합한 것이며 올바른 구두점이 사용된 문장이어야 한다.[6] 헌트는 학생들이 문장에 구두점을 찍는 방식을 신뢰할 수 없다고 판단했기 때문에 이 같은 측정 단위를 만들었다. 즉 단순히 마침표를 기준으로 단어를 세지 않은 것이다. 어린 아이들의 경우 쉼표를 과하게 사용하거나, 'and;'를 사용하여 문장을 늘리기 때문에 t-단위를 설정하여 문장의 구두점을 다시 쓴 후 t-단위마다의 단어 수를 확인하였다. 그 결과 학생들이 성장할수록 더 긴 문장을 사용할 수 있음을 발견하였다[보기 8.1. 참고].

---

6) [역주] 헌트(1965)가 말하는 T-unit란 minimal terminal unit의 약자로서 종속절이나 삽입절이 부가되었거나 내포되어 있는 하나의 주절을 말한다. 절이란 등위접속된 주어들과 등위접속된 동사구를 포함한 하나의 주어와 하나의 한정 동사를 가진 구조를 말한다. "He said I ought to be more careful."이라는 문장은 두 개의 절로 구성되었으며 하나의 T-unit를 가지고 있다. 또한 "He said I ought to be more careful and I thought he was right."라는 문장은 2개의 T-unit와 4개의 절과 하나의 문장으로 구성된다(유재임, 2005: 61).
기존의 절과 문장 외의 새로운 개념인 이 단위를 minimal terminal unit(T-unit)라고 부르게 된 이유를 Hunt(1967: 8)은 다음과 같이 설명한다. …(중략)… 다시 말하면 문장처럼 대문자로 시작하고 구두점으로 끝날 수 있어서 terminal이라는 용어를 사용했고 한편으로는 문장조각(fragment)을 남기지 않고 분석할 수 있는 가장 짧은 단위이기 때문에 minimal이라는 어휘를 사용하게 되었다는 것이다(유재임, 2005: 64-65).

이 표는 학생의 통사적 발달에 대해 조사한 헌트와 오돈넬(1965, 1977: Hunt & O'Donnell, 1970)을 요약한 것이다. 그는 각 학생의 발달 단계를 결정하기 위한 세 가지 기준을 사용하였다.

- t-단위당 단어의 수 또는 문장의 길이(독립절과 그에 붙어 있는 모든 종속절로 정의됨)
- 문장의 밀집도 또는 통합도(t-단위당 명제의 수에 의해 정의됨)
- 사용된 통사적 구조

헌트는 학생들이 학년이 올라갈수록 보다 많은 생각을 전달할 수 있는 매우 다양한 구조를 사용하여 보다 긴 문장을 쓸 수 있다는 사실을 발견하였다.

	4학년	8학년	12학년	숙련된 성인
	문장 길이			
자유쓰기[단어/t-단위]	6.7	10.2	12	13
다시쓰기	5.4	9.8	11.3	14.8
	문장의 밀집도			
통합[명제/t-단위]	1.1	2.4	3.2	5.1
	필자가 사용할 수 있는 통사적 구조			
병렬 문장7)	기본적임	√	√	거의 안 쓰임
복합 서술어8)	√	√	√	√
명사에 선행하는 형용사로 줄인 절9)	√	폭발적인 증가	폭발적인 증가	√
종속절10)		√	√	√
후치 수식11)		√	√	자주쓰임
분사구12)			√	√

---

7) [역주] I went to the store, and I bought milk(나는 가게에 갔고, 나는 우유를 샀다).
8) [역주] I went to the store and bought milk(나는 가게에 가서 우유를 샀다).
9) [역주] the car that's blue(그 차 파란 것) → the blue car(그 파란 차)
10) [역주] I was upset, because I couldn't go(나는 갈 수 없어서 화가 났다).
11) [역주] Lora, my sister who's an artist, lives in New Zealand(내 동생 로라는 뉴질랜드에 살고 있는 예술가이다).
12) [역주] My sister living in Iowa is interested in sustainable agriculture(아이오와에 살고 있는 내 동생은 지속농업에 관심이 있다).

헌트는 학생이 쓴 글의 t-단위를 자유쓰기와 다시쓰기라는 서로 다른 두 개의 조건하에서 측정하였다. 그는 자유쓰기에서 학생들이 일반적으로 보다 긴 문장과 주제를 쓴다는 점에 주목했다. 그는 또 학생들에게 다양한 문단을 제공하고, 문단에 대해 공부한 뒤 이를 더 나은 방식으로 다시 써 보도록 하였다. 이때 문장을 결합시키거나 단어 순서를 바꾸거나 반복되는 단어를 빼는 것은 가능하지만, 그 안에 포함된 정보는 빠뜨리지 않도록 하였다(1977: 103). 그가 사용한 문제 중 가장 유명한 몇 가지는 아래와 같다. 다음은 보통 '알루미늄' 문단이라고 부르는 예시이다.

Aluminum

(1) Aluminum is a metal. (2) It is abundant. (3) It has many uses. (4) It comes from bauxite. (5) Bauxite is an ore. (6) Bauxite looks like clay.[13]

이런 실험 문장이 가지는 가치는 '모든 학생이 반드시 같은 요소를 사용하기 때문에 결과물을 비교해 볼 수 있다는 것'이다. 헌트는 나이가 많은 학생일수록 많은 단문들을 하나의 문장으로 통합할 수 있으므로 그들의 문장은 보다 밀집성이 있음을 발견하였다. 그는 이것을 통합 점수라는 것으로 규정하였다. 이는 여러 문장이 하나의 문장으로 다시 쓰였을 때, 해당 단문에 통합된 평균적인 문장의 수이다.

<4학년 학생의 글>	<숙련된 성인의 글>
Aluminum is a metal and it is abundant. It has many uses and it comes from bauxite. Bauxite is an ore and looks like clay.(Hunt, 1977: 95)	Aluminum, an abundant metal with many uses comes from bauxite, a clay-like ore(Hunt, 1977: 95)

---

13) [역주] 알루미늄은 금속이다. 이것은 풍부하다. 이것은 많은 쓰임을 가졌다. 이것은 보크사이트에서 나온다. 보크사이트는 광석이다. 보크사이트는 점토 같다.

4학년 학생은 문장들을 'and'를 써서 조금 더 단순하게 만드는 정도인 반면에 숙련된 성인은 여섯 개의 단문을 하나의 문장으로 만들었다. 다양한 필자 수준에 대한 통합 점수의 평균은 보기 8.1과 같다. 헌트(1977)은 나이가 많은 화자일수록 그들의 레퍼토리에 더 많은 통사적 구조를 가지고 있기 때문에 보다 밀도 있는 통합 문장을 쓸 수 있다는 것, 4학년 학생들이 접속에 많이 의존하는 것은 그들이 얼마 안 되는 문장 구조적 전략을 가지고 있기 때문이라는 것을 발견하였다. 반면 숙련된 성인의 경우 그들이 선택할 수 있는 전략을 많이 가지고 있기 때문에, 이같은 전략을 거의 사용하지 않았다. 각 연령별 학생들의 글에서 발견되는 문장 구조를 정리한 보기 8.1이 참고 된다.

여기에서 주의해야 할 것은 헌트의 결과가 모든 학생들에게 일률적으로 적용되지는 않는다는 점이다. 이는 교사가 학생들이 보다 복잡한 문장을 쓸 수 있도록 돕는 데 필요한 안내 자료 정도로 보는 편이 나을 것이다.

8.3. 문장 결합 연습

헌트의 연구는 마치 학생들이 문장을 변형하고 결합하고 복문을 만들어 내는 능력이 자연스럽게 발달된다는 것을 보여 주는 듯하다. 하지만 이는 이 능력들이 학생에게 통사적 구조를 알려 주고 간단한 여러 개의 문장들을 복합문으로 만드는 연습을 제공했을 때 "고무될 수 있다"는 것을 뜻한다(헌트, 1977: 101).

문장을 변형하고 결합하는 학생의 능력에 대한 관심은 1970년대와 1980년대 초반의 문장 결합 교육과정의 발달을 이끌었다. 당시 가장 유

명한 텍스트 중 하나로 스트롱(Strong)의 『문장 결합하기: 작문 책』이라
는[14] 것이 있었는데, 케렉 외(Kerek, et al., 1980)에서는 스트롱의 글을 이용
하여 전통 문법을 학습한 통제 집단 학생들의 쓰기와 대학교 1학년 학
생들의 쓰기를 비교하였다. 실험 집단은 통사적 성장을 보였으나 전통
문법의 집단은 그렇지 않았다. 2년 후 이루어진 후속 연구로 최종적인
결과를 내렸다.

문장 결합 연습문제의 두 가지 유형(구조화된 것/자유로운 것)

- 구조화된 연습문제: 학생들은 문장을 결합시키는 방식에 대한 안내를 제공받는다.
- 자유로운 연습문제: 학생들은 단문들로 이루어진 하나의 문단과 함께 그들을 효과적
  인 방식으로 결합시킬 것을 요구받는다.

구조화된 연습문제의 예시

a. The boy had outgrown his old jacket(그 소년은 오래된 재킷이 맞지 않았다).
b. His mother wanted to buy him a new one(그의 엄마는 그가 새 것을 사길 바랐다).
  [, and] (Glencoe McGraw-Hill, 2001:517)

자유로운 연습문제의 예시

The boy wore the jacket for three long years. He was unhappy for most of that time. He
wished for a jacket of a differnet color. His family could not afford a black leather jacket. This
was America. Children in America did not wear jackets like this. He wanted another jacket
badly. He wore the ugly one.[15]

이 연습에서 학생들은 접속사 and를 사용해야 했다. 학생들은 새로운
문법적 선택뿐만 아니라 해당 문장에 구두점을 어떻게 찍을 것인지도
안내받았다. 자유로운 연습문제에서 학생들에게 주어진 사항은 간단하
다."필수적이라고 생각되는 문장들을 결합하여 다음 문단을 다시 쓰라

---

14) [역주] Strong, W. (1973). *Sentence Combining: A Composing Book.* New York: Random House.
15) [역주] (소년은 그 재킷을 3년간 입었다. 그는 그 동안 행복하지 않았다. 그는 다른 색의 재킷을
   원했다. 그의 가족은 검은 가죽 재킷을 사 줄 형편이 못 되었다. 이곳은 미국이었다. 미국의 아이들
   은 이런 재킷을 입지 않았다. 그는 다른 재킷이 너무 갖고 싶었다. 그는 예쁘지 않은 것을 입었다.)

(McGraw-Hill, 2001: 518)". 이 유형의 연습문제에서는 매우 다양한 문장 결합이 가능하기 때문에 학생이 선택한 수사학적 효과에 대해 논의하는 것이 중요하다. 문장 결합 연습 방식은 두 가지 중요한 측면에서 전통 문법과 구분된다.

- 문장 결합 연습문제는 학생들에게 문장을 만들어 낼 것을 요구하는 반면, 전통 문법의 연습은 특정 요소에 밑줄을 긋고 동그라미를 치거나, 빈칸을 채우는 방식을 통해 이미 존재하는 문장을 분석할 것을 요구하였다.
- 필자들은 다양한 방식을 통해 문장을 결합할 것을 요구받는다. 문장 결합 연습문제는 다양한 답안으로 귀결되기 때문에, 이 유형의 연습은 반드시 선택된 방식의 수사학적 효과에 대한 논의를 포함해야 한다. 연습의 목표는 유창성과 유연성뿐만 아니라 필자의 수사학적 판단에 대한 감각을 기르는 것이다. 반면 전통 문법의 연습은 대개 하나의 정답을 찾거나 한정된 수의 답을 요구한다. 비록 전통 문법이 작문 연습을 포함하고 있다 하더라도 그 초점은 이미 존재하는 문장을 분석하는 것이지 작문 그 자체 혹은 수사학적 판단에 있는 것이 아니다.

본질적으로 문장 결합은 필자의 관점에 기반한 것이기 때문에, 전통 문법의 연습문제에 비해 학생의 작문 능력을 향상시킬 수 있다.

비록 더 이상 일반적인 대학 커리큘럼으로 사용되지는 않지만, 조사해 본 바에 의하면 세 종류의 영어 교과서에 제시된 문장 결합 연습문제는 전통 문법의 연습문제와 섞여 여전히 사용되고 있다. 예를 들어 맥그로-힐의『필자의 선택: 문법과 작문』에는[16] 문법, 용법, 구두법이 포함되어 있으며, 그 연습문제로는 구조화된 것과 자유로운 것이 모두 제시되었다. 하지만 이에도 불구하고 필자의 선택은 여전히 문장의 생성보다는 분석에 초점을 둔, 꽤 전통적인 텍스트로 남아 있었다. 대부분의 연습문제가 전통적인 형식을 사용하여 학생들로 하여금 발화의 일부 혹은 문법적 요점에 밑줄을 긋도록 하고 있기 때문이다.

반면 미플린(Mifflin)의 『영어』(Rueda, et al., 2001)는[17] 책 전반에서 일종의 연습문제로서 문장 결합이 제시되고 있다. 예를 들어 문장에 대한 단원은 문장의 종류를 구분하는 전통적인 연습문제로 시작되지만, 그 후에 학생들에게 한 텍스트를 촌극으로 고쳐 쓰게 하고 스스로 새로운 촌극을 쓰게 하는 활동이 이어진다. 그 다음으로 이어지는 단원은 "전략 수정하기"라는 것인데, 학생들은 유사한 주어 혹은 서술어를 사용하여 자신이 쓴 문장을 결합하는 연습을 반복하게 된다.

이와 유사하게 『언어의 기초: 기본 과정』(Odell, et al., 2001)에서는[18] 문장 결합을 수정 전략으로서 다룬 바 있다. 효과적인 문장 쓰기와 관련된 장에서, 필자는 문장의 다양성을 확보하고 '고르지 못한 글쓰기를 만들어 내는 짧은 문장으로 이루어진 문단'을 피할 수 있는 방법으로서 문장 결합을 소개하였다.

오직 문장 결합에만 초점을 둔, 영리적으로 이용 가능한 커리큘럼으로 『일일 문장 작문』이라는[19] 것이 있다. 이는 『일일 구어』와[20] 짝인데,

---

16) [역주] Glencoe/McGraw-Hill. (2001). *Writer's Choice: Grammar and Composition: Grade 6.* Columbus, OH: Glencoe/McGrow-Hill.

17) [역주] Rueda, R., et al. (2001). *English.* Boston: Houghton Mifflin.

18) [역주] Odell, L., et al. (2001). *Elements of Language: Introductory Course.* Austin, TX: Holt, Rinehart and Winston.

19) [역주] Great Source Educational Group. (n. d.). *Daily Sentence Composing* [Promotional Information Packet].

20) [역주] Great Source Educational Group. (n. d.). *Daily Oral Language* [Promotional Information

작가가 쓴 모범적인 문장을 기반으로 하여 매일매일 실행하는 5분짜리
미니 레슨의 일종이다. 이 책에는 다섯 가지 종류의 연습문제가 있는데,
덩어리짓기, 순서 바로잡기, 모방하기, 결합하기, 확장하기이다. 이 프로
그램과 관련된 보다 자세한 사항은 보기 8.2에 제시되어 있다.

보기 8.2   커리큘럼 조명하기: 일일 문장 작문

- 저자: 던 킬갤런(Don Killgallon)·제니 킬갤런(Jenny Killgallon)
- 저자의 경력: 교사. 던 킬갤런은 하이네만에서 출판된 문장 구성 시리즈의 저자임.
  제니 킬갤런은 해당 시리즈의 초등학교 내용을 집필한 공동 저자임.
- 출판사: Great Source Education Group
- 구할 수 있는 곳: 181 Ballardvale Street, Wilmington, MA 01887 1-800-289-4490
  www.greatsource.com
- 시리즈: 일일 작문, 일일 구어, 일일 구어 플러스, 일일 발음, 일일 어휘, 일일 철자,
  일일 유추법, 일일 지리학, 일일 수학, 일일 과학. [5분에서 10분 정도의 레슨 형식임]

일일 문장 작문은 다음의 다섯 가지 문장 구성 기술을 이용하여 문장의 다양성과
통사적 성장을 위한 연습을 제공한다.[21]

- **덩어리짓기**: 학생들은 무의미한 문장의 부분으로부터 유의미한 것을 구분해 냄.
- **순서 바로잡기**: 학생들은 관련된 문장 부분들의 내적 연결성에 대해 학습함.
- **모방하기**: 학생들은 유사한 구조를 가진 문장들을 확인함.
- **결합하기**: 학생들은 전문적으로 쓰인 본보기 문장의 구조에 대응되는 문장 목
  록을 모음.
- **확대하기**: 학생들은 전문적으로 쓰인 본보기 문장 중 일부가 삭제된 것을 추가
  해 넣음.

<6학년 프로그램의 2주차 레슨에서 가져온 덩어리짓기 연습의 예>

- 지침: 동일한 덩어리를 사용한 본보기 문장을 참고하여 문장 덩어리를 재배열하
  여 쓰도록 한다.

Packet].
21) [역주] 이 다섯 가지는 각각 Chunking, Unscrambling, Imitating, Combining, Expanding을 번역
    한 것이다.

- 본보기: Then a stone gave way, / leaving a hole / in the wall.

    Gaston Leroux, *The Phantom of the Opera*[22]

- 어구: on the table / spilling some milk / once a pitcher fell over[23]

- 결과: Once a pitcher fell over, spilling some milk on the table.[24]

    학생들이 글을 쓴 후, 그들이 문장을 쓴 과정에 대해 묘사하도록 한다.

<7학년 프로그램의 3주차 레슨에서 가져온 순서 바로잡기의 예>

- 지침: 문장의 일부 혹은 덩어리의 순서를 바로잡아서,

    문장의 의미가 통하도록 만드시오. 문장을 만들어 내고 바르게 구두점을

    찍으시오.

- 본보기: a. and sat in her chair by the window   b. unsteadily

    c. across the room   d. she limped[25]

- 결과: Unsteadily she limped across the room and sat in her chair by the window.

    - Eleanor coerr, Sadako and the Thousand Paper Cranes[26]

    의미가 통하는 또 다른 배열도 허용한다.

<8학년 프로그램의 7주차 레슨에서 가져온 모방하기 연습의 예>

- 지침: 본보기를 모방하여 문장 부분들을 재배열하여 써 보도록 하라.

- 본보기: Finally, she made her decision, drew a long, rattling breath, picked up the

    phone again, and dialed. -Ronald Rogers, The Good Run[27]

    a. he opened the book

    b. slowly

    c. got out his crayons again, and drew

    d. chose an entertaining, colorful illustration[28]

---

22) [역주] 그러고는 한 돌맹이가 길을 나섰다. / 구멍을 남기고 / 벽에. 가스통 르루(Gaston Leroux),
『오페라의 유령』

23) [역주] 탁자 위로 / 우유가 흐르며 / 물병이 넘어지면

24) [역주] 물병이 넘어지면탁자 위로 우유가 흐른다.

25) [역주] a. 그리고 창가 옆에 있는 그녀 의자에 앉았다. b. 불안정하게 c. 방을 가로질러서 d. 그녀
는 절뚝거렸다

26) [역주] 그녀는 불안정하게 절뚝거리며 방을 가로질러서 창가 옆에 있는 그녀의 의자에 앉았다.
   - 엘리너 코에르(Eleanor Coerr)『사다코와 종이학 천 마리』

27) [역주] 마침내, 그녀는 결심을 하고, 길고 격하게 숨을 쉬고, 다시 전화기를 들고, 전화를 걸었다.
   - 로날드 로저스(Ronald Rogers)『좋은 글』

28) [역주] a. 그는 그 책을 펼쳤다 b. 천천히 c. 그의 크레파스를 다시 꺼내고 그렸다 d. 색상이 화려
하고 재미있는 그림을 선택했다.

- 결과: Slowly, he opened the book, chose an entertaining, colorful illustration, got out
  his crayons again, and drew.[29)]
  그들이 성공적으로 문장을 재배열하기 전까지 몇 차례의 시도가 있어야
  할 것이라고 학생들을 안심시켜라.

이러한 문장 연습에 더하여, 홍보자료는 구두점에 대한 연습(특히 쉼표 오용 인지
하기나 부가적인 문장 부분에 쉼표 사용하기 등)도 보장한다. 하지만 이런 연습들에
대한 예시는 여기에 제시하지 않았다.

위의 기술은 출판사의[30)] 홍보자료를 근거로 한 것이다. 허가 받음. (일
일 구어에 대한 설명은 3장을 보라)

8.4. 현대적 문체에 대한 크리스텐슨의 분석

영어 문장과 문단에 대한 세 번째 탐구로는 1960년대에 크리스텐슨
(1967)이 있다. 크리스텐슨은 작가의 현대 작문 측면에서 문체를 정의하
였다. 크리스텐슨은 20세기의 숙련된 작문에서 발견되는 특징이 언어학
의 축소판이라고 믿었다. 그리고 효과적인 작문 문체로 가장 전형화된
문장의 종류는 점증적인 문장이라고 생각했다.

몇몇 변형된 구를 수반한 독립절로 이루어진 문장은 보통 처음이나
끝에 온다. 그는 문장이 진술적 또는 기술적 재료를 주어와 술어로 전달
하는 것이 아니라, 그에 딸린 변형된 구들로 전달한다는 것을 주장했다.
이 구들은 보통 동격, 분사적 구, 독립절이다.

크리스텐슨은 포크너(Faulkner)의 문장을 점증적 문장의 예로 인용하였다.

---

29) [역주] 천천히 그는 그 책을 펼치고 색상이 화려하고 재미있는 그림을 선택했고, 다시 크레파스를
   꺼내 그렸다.
30) [역주] 출판사는 'Great Source Education Group'을 말한다.

Calico-coated, small bodied, with delicate legs and pink faces in which their mismatched eyes rolled wild and subdued, they huddled, gaudy, motionless and alert, wild as deer, deadly as rattlesnakes, quiet as doves(Weaver, 1996, p.132)[31]

이 문장에서 'they huddled'는 독립적인 절을 나타내며, 그 앞뒤의 구들은 수식어들이다. 절 자체는 주어와 동사의 필수적 요소까지만 추려진 것이며 수식어는 추가적인 세부 사항의 층위를 더하는 것이다. 포크너는 이 세부적 사항을 제시하기 위해서 다양한 구조들을 사용하였다.

크리스텐슨은 또한 현대적인 문단들이 유사한 구조를 가지고 있다는 사실도 강조하였다. 전형적인 문단의 경우, 대개 하나의 주제 문장에 우선 하나의 생각이 언급되고 등위접속 또는 종속접속된 생각들의 연쇄를 통해 전개된다. 크리스텐슨에 의하면 등위접속 문장은 다른 말로 표현하거나, 대조하거나, 이전의 문장과 연결하는 반면 종속접속 문장은 확장하거나, 설명하거나, 이전 문장을 보다 구체적으로 정의하거나 한다. 크리스텐슨은 한 문단 내에서 최소 세 개의 구체화의 층위를 권장하고 있다.

예를 들어 앞선 문단은 구체화의 측면에서 세 개의 층위로 분석될 수 있는데, 이와 관련된 것은 보기 8.3을 참고하라.

보기 8.3 이론적 기초: 문단 분석에 크리스텐슨의 문단 구조 사용하기

크리스텐슨(1965)는 현대적 문체를 알아내기 위해서 20세기 작가들의 글을 분석하였다. 그의 결론은 현대적 문단은 전형적으로 몇몇 구조적 층위를 갖는다는 것이었다. 즉 문단은 주제를 소개하기 위한 일반적인 진술로 시작된다는 것이다. 다른 문장들은 주제를 보다 세부적인 차원에서 발전시킨다. 아래의 예를 통해 크리스텐슨의 문단 구조 개념에 의해 문단이 어떻게 분석되는지 살펴보도록 하자.

---

31) [역주] 옥양목으로 덮이고, 작은 몸체에 가냘픈 다리와 분홍 얼굴과 조화롭지 못하게 거칠고 우울해 보이는 눈을 가진 그들은, 사슴 같이 야생적이고 방울뱀 같이 치명적이고 비둘기처럼 조용히 움직이지 않고 방심하지 않으면서도 화려하게 옹송그리며 모였다.

1. 흐름을 만들기 위한 두 번째 전략은 크리스텐슨(1976)에서 문단 구조라고 부르는 것을 익히는 것이다.
2. 구조는 전체적으로 다양한 층위의 문장들을 갖고 있는 문단을 의미한다.
2. 하나의 전형적인 문단에는 하나의 개념이 언급된다.
2. 그리고 이것은 대등적이거나 종속적인 개념의 연속에 의해서 발전된다.
   3. 크리스텐슨에 따르면 대등적 문장들은 전체적으로 동등한 층위에서 다른 말로 표현하고, 대조하고, 이전 문장들과 연결해 준다.
   3. 반면 종속적 문장들은 보다 세부적인 층위에서 확장하고, 설명하고, 이전 문장을 제한해 준다.
   3. 크리스텐슨은 한 문단에서 최소한 세 단계의 세부화하기를 권장한다.

크리스텐슨(1967)은 기본 문장을 어떻게 확장시킬 것인지를, 수사학적 효과를 위한 구조를 어떻게 사용할 것인지를 학생들에게 알려 주는 문법 커리큘럼을 주장하였다. 그는 위버 외(2001, 3장), 그리고 『일일 문장 작문』의 저자인 킬갤런(Don Killgallon, 1998)과 킬갤런(Jenny Killgallon)을 포함한 오늘날의 많은 교사들에게 영감을 주었다. 보기 8.2가 참고된다.

크리스텐슨에게 영감을 받은 또 다른 교사인 노든(Noden)은 『영상 문법: 작문을 위한 문법 구조의 사용』(1999)의[32] 저자이다. 노든(1999, 2001)은 문법적 구조를 예술가의 그림붓에 비유한 바 있는데, 이는 필자가 독자들의 마음에 새로운 이미지를 만들어 내는 데 사용하는 도구라는 것이다. 그는 크리스텐슨을 따라 분명하게 분사, 독립절, 동격의 구조와 순서를 벗어난 형용사들을 살폈다. 노든은 학생들에게 '문법적 구조로 색칠하도록' 가르치기 위해서 그림, 사진, 생생한 모델들의 복사본들을 사용하였다(2001: 10). 그는 또한 자신의 중등 학생들이 만들어 내길 바라는 문장 및 단락의 종류에 대한 본보기로서, 출판된 글에 사용된 실제 문단들을 사용하였다.

---

32) [역주] Noden, H. (2001). *Image Grammar: Using Grammatical Structures to Teach Writing.* Portsmouth, NH: Heinemann Boynton/Cook.

8.5. 수사학적 문법

헌트와 크리스텐슨 같은 변형생성문법가들이 문장 평가에 대해 다루는 공통적인 주제는 학생들에게 보다 복잡한 문장 구조를 가르쳐 주는 것뿐 아니라, 다양한 문장 구조가 갖는 수사학적 효과가 텍스트와 독자에게 어떤 영향을 미치는지에 대해 논의하게 하는 것이다. 이는 콜른 (1996; 1999; Kolln & Funk 2002)에서 수사학적 문법이라고 부르는 것이다. 콜른(1996)은 수사학적이거나 기능적인 측면에서 문법을 소개하는 것이[33] 작문 과정 교육에 있어서 전통 문법보다 더 많은 영향을 미친다고 주장하였다. 이는 학생들이 다양한 문장 구조를 사용하고 작문에 대해 이야기하기 위한 어휘를 신장시키는 것뿐 아니라, 수사학적 판단에 대한 감각을 발달시키는 것이다.

콜른이 특히 관심을 가지고 있었던 수사학적 문법의 측면은 이독성이다. 예를 들어 콜른과 펑크는 그들이 '문미 초점'이라고 부르는 것에 대해 논의하였는데, 이는 중요한 내용이 문장의 끝에 있다고 생각하는 경향이다. 독자들의 이런 경향을 인식하고 있는 필자들은 가장 중요한 내용을 서술어에 담아 표현한다. 이렇게 해야 독자들이 요점을 잘 얻을 수 있다고 생각하기 때문이다.

문미 초점은 구정보(또는 신정보) 제약의 자연스러운 확장인 것으로, 필자의 한 가지 의무는 각각의 문장을 그 앞 문장과 연결시키는 것이다. 도넬리(Donnelly)의 『필자를 위한 언어학』(1994)에[34] 따르면, 구정보 제약은 모든 문장이 독자에게 친숙한 어떤 요소를 포함하고 있으며 동시에 친

---

33) [역주] 문장 결합은 이 같은 접근의 하나이며, 또 다른 것은 우드 레이(Katic Wood Ray)의 '필자처럼 읽기' 접근을 말한다. 보기 4.1이 참고 된다.

34) [역주] Donnelly, C. (1994). *Linguistics for Writers*. Albany, NY: State University of New York Press.

숙하지 않은 어떤 요소를 포함한다는 가정을 전제로 하고 있다. 독자에게 친숙한 요소는 텍스트 내의 앞부분에서 읽었거나 이미 잘 알고 있는 주제에 대한 것이며, 독자에게 새로운 요소는 필자가 진행 중인 이야기, 기술, 주장에 대해서 덧붙인 추가적인 것이다. 보통 새로운 정보는 문장 연쇄 속에서 익숙한 것이 되곤 한다. 독자들을 안정화시키기 위해서는 이미 익숙한 정보를 주어로 하고 새로운 것을 술어로 하는 것이 일반적이다. 이것이 바로 독자들이 문미에 주의하는 이유이다. 이독성과 함께 구정보 제약은 또 다른 중요한 역할을 하는데, 바로 글의 '흐름'을 돕는 것이다. 즉 이는 여러 생각들을 유기적으로 연결시켜 하나의 단락으로 만드는 역할을 하는 것이다.

수사학적 문법의 또 다른 중요한 요소는 문체적 장치들을 어떻게 효과적으로 이용할 것인가이다. 콜른과 펀크는 어순의 다양성, 동격, 의도적인 문장 분열과 같은 문체적 특징에 대해 논의하였다.

이 장은 학생들이 그들의 문장 결합 선택이 가지는 수사학적 효과에 대해 아는 것과 더불어, 보다 정교한 문장과 단락을 구성하기 위한 기술들을 탐구해 보았다.

8.6. 언어 경험 탐구하기

1. 읽기 자료를 보기 전에 5분 동안 생각해 보거나 다음에 관한 글을 써 보시오.

   작문 또는 문학 수업에서 문체-즉, 감정적 또는 미적 효과를 위해 단어들을 어떻게 배열할 것인지-에 대해 얼마나 배웠는가?

2. 위버 · 맥널리 · 모에르만(3장)과 읽기 자료에 대한 자신의 의견을 비

평해 보라. 이들은 어떻게 학생들로 하여금 보다 효과적인 문장을 쓰도록 가르치고 있는가? 이 같은 연습이 가졌을 것이라 기대되는 가치 무엇인가?

↘ 수사학적 문법

콜른 외(Kollen, et al.)

이 자료는 콜른· 펀크의 『영어 문법 이해하기』에[35] 실린 '수사학적 문법'이다. 이는 콜른의 『수사학적 문법: 문법적 선택, 수사학적 효과』(1999, 알린 외, 3판)을[36] 보완한 것이다. 콜른의 이름은 곧 '수사학적 문법' 또는 '학생들이 문법과 문법 용어에 친숙해질수록 교사가 보다 정교한 방식으로 작문에 대해 가르칠 수 있다는 신념'을 의미할 정도이다. 이에서는 하트웰의 '문법'를 옹호하며, 학생들이 문장 구조를 어떻게 사용할 것인가와 보다 읽기 쉬운 글을 쓰기 위해 리듬 요소를 어떻게 사용할 것인지에 초점을 두고 있다.

— — — — — —

[1] 장(章) 미리보기

수사학이란 주어진 말하기 또는 쓰기 상황에서 만들어 낼 수 있는 언어학적 선택을 의미한다. 수사학에 대한 다음의 기술을 살펴보자.

"문어에서 어떤 상황에서는 적절하고 효과적이었던 것이 또 다른 상황에

---

35) [역주] Kolln, M. et al. (2002). *Understanding English Grammar* (6th ed.). New York: Longman.
36) [역주] Kolln, M. (1999). *Rhetorical Grammar: Grammatical Choices, Rhetorical Effects* (3rd ed.). Boston: Allyn & Bacon/Longman.

서는 부적절하고 효과적이지 못한 것이 될지도 모른다. 가족이나 친구에게
쓰는 편지에 사용하는 언어는 이력서에 사용하는 언어와는 분명히 다르다.
학교에서 하는 작문조차도 각 상황에 따라 다양하게 나타난다. 작문 수업에
서 개인적인 에세이를 쓸 때 사용한 언어는 업무 보고서라든지 역사 연구
보고서에는 적합하지 않은 비격식적인 성격을 띤다. 구어와 마찬가지로 목
적과 청중에 따라 많은 차이가 발생하는 것이다."

수사학에 대한 이런 기술이 평범하고 상식적인 이야기처럼 들린다면,
당신의 생각은 옳은 것이다. 당신과 이야기를 주고받는 사람이 당신이
말하는 것이나 그것을 말하는 방식에 영향을 미친다는 사실을 이해한다
는 것이기 때문이다.

작문의 관점에서 수사학은 상황이[37] 작문의 방식에 영향을 미침을 의
미한다. 또한 수사학적 상황이 문장 구조나 어휘, 심지어 구두법에 대한
문법적 선택을 결정짓는 정도를 의미한다. 수사학적 문법은 이런 선택
들에 관한 것이다.

이 장에서는 문법적 지식이 작문 방식에 어떻게 영향을 미치는지를
논의할 것이다. 문장 결합 패턴으로 시작하여, 그 패턴들의 특성 및 변
형을 살핌으로써 청중을 고려한 글쓰기에 대한 의식을 고양하고, 문법
적인 선택과 또 다른 문장 특징의 수사학적 효과에 대해 살피도록 한다.

[2] 문장 패턴

응집성. 문장들은 다양한 형태 구조에 의해 채워진, 필수적이거나 수
의적인 자리의 연속이라 할 수 있다. 이 자리에 대한 이해를 통해 문장
*응집성*에 대해 살펴볼 수 있는데, 이는 각각의 문장을 그 앞의 것과 연

---

37) [역주] 여기에서 상황이란 '주제', '목적', '청중'의 세 요소를 말한다.

결시켜 주는 끈이며, 하나의 문단과 하나의 에세이에 통일성을 부여하는 접착제 같은 것이다.

　방금 읽은 문단을 예로 삼아서 응집성과 독자의 기대에 대해 살펴보자. 첫 번째 문장은 문장 자리라는 주제를 간략한 기술과 함께 소개하고 있다. 당신은 그 다음 문장에서 문장 자리에 대한 더 많은 정보가 주어질 것임을 확신할 것이다. 그리고 실제로 그러하다. 다음 문장의 주어는 "이 자리에 대한 이해"이다. 즉 문장은 이미 알고 있는 구정보로 시작된다. 서술어 자리를 읽기 이전까지 당신은 그 문장의 목적인 신정보를 예측할 수 없다. 그리고 신정보는 서술어를 통해 확인할 수 있다. 새로운 용어인 '응집성'과 묘사적인 '접착 요소'의 경우에도 마찬가지이다. 세 번째 문장은 어떠한가? 구정보가 주어 자리에 와 있는 것은 당연한 일이다.

　이 같은 '구정보→신정보' 연쇄는 신정보를 나타내는 문장이 다음 문장의 구정보가 되는 응집적인 문단에서 볼 수 있는 전형적인 모습이다. 사실 구정보-신정보 연쇄는 산문에서 매우 흔히 볼 수 있는 것으로 때로는 구정보-신정보 제약이라 불리기도 한다. 글쓴이는 독자의 기대를 충족시키기 위한, 독자가 친숙하게 느끼도록 하기 위한 일종의 계약을 지킬 의무가 있는 것이다. 독자는 각각의 문장이 어떤 방식으로든 구정보를 포함하기 위해 이전의 내용과 관련되어 있을 것이라 예측하기 마련이다.

　가장 일반적으로 알려진 요소 중 하나는 반복적인 명사 또는 명사구만큼이나 강한 대명사이다. 한 단락의 두 번째 문장의 주어 자리가 she나 he나 it이나 they 같은 대명사로 채워지는 일은 매우 빈번하다. 그 대명사는 자동적으로 앞서 언급된 명사적 요소가 지칭하는 것과 묶이게 된다. 만약 명백한 선행 요소가 존재하지 않는다면 그 대명사는 응집적인 역할을 수행하지 않는다.

딜러드(Dillard)가 쓴 에세이의 첫 문단의 도입부를 보면, 첫 번째 문장
은 주제인 '족제비'를 주어 자리에 넣어 소개하고 있다. 그리고 보이는
바와 같이 그 다음 세 문장의 주어 자리는 대명사인 he로 채워져 있다.

"A weasel is wild. Who knows what **he** thinks? **He** sleeps in his underground
den, his tail draped over his nose. Sometimes **he** lives in his den for two days
without leaving. Outside, **he** stalks rabbits, mice, muskrats, and birds, killing more
bodies than **he** can eat warm, and often dragging the carcasses home."[38]

묘사하는 글쓰기의 일반적인 모습을 보이는 이 문단에서 구정보와 신
정보의 패턴은 앞서 본 단락의 경우와는 다른 스키마를 가지고 있다. 앞
선 경우에서는 한 문장의 신정보가 다음 문장에서는 구정보가 되어
'A-B, B-C, C-D'와 같이 도식화될 수 있다. 잇단 문장에서 주어가 반복되
는 족제비 단락의 경우는 'A-B, A-C, A-D'와 같이 도식화될 수 있다.

응집성은 문장 도입부의 부사를 이용해서 강화할 수도 있다. 예를 들
어 족제비 단락의 다섯 번째 문장의 도입부에 쓰인 'outside'는 네 번째
문장의 'in his den'이 나타내는 'inside'의 개념과 대조를 이룸으로써 응집
성을 드러낸다. 서사적인 글쓰기에서 장소나 시간을 나타내는 부사적
요소들은 종종 문장들과 문단들을 연결시켜 주는 접착제로 여겨진다.

응집성에 대한 이 같은 구정보-신정보 원칙이 필자를 어떻게 도울 수
있을까? 매번 문장을 적고나서 다음 문장의 주어에 대한 응집성을 평가
해야 하는 것일까? 물론 당연히 그렇지 않다. 다만 글을 고쳐 쓸 때, 이
런 원칙과 독자의 예상을 고려해야 하는 것이다. 이를 충실하게 한다면

---

38) [역주] 족제비는 야생이다. 그가 무슨 생각하는지 누가 아냐? 그는 동굴 속에서 자고, 꼬리는 코
위로 늘어져 있다. 가끔 동굴에서 이틀 동안 나가지 않고 살기도 한다. 밖에서는 토끼, 쥐, 사향
쥐, 그리고 새들을 쫓아서 따뜻하게 먹을 수 없을 정도로 많은 동물을 죽이고 종종 그 시체들을
집으로 끌고 온다.

독자의 입장에서 글을 쓰는 법을 알게 될 것이다.

[3] 문장 리듬

한 언어에 대한 가장 변별적인 특질 중 하나는 바로 리듬에 대한 감각이다. 우리의 언어는 음악과 마찬가지로 리듬을 가지고 있다. 리듬감은 문장 패턴과 구정보-신정보 제약에 의해 고정되어 있다. 만약 이 문단의 첫 번째 문장을 소리 내어 읽는다면, 'one of the most'는 거의 단일한 높낮이로 실현되고 'distinctive'라는 단어가 나오기 이전까지 아무런 강세음절이나 리듬감을 느낄 수 없을 것이다.

one of the most disTINCtive

또한 첫 부분의 네 개 단어를 너무 빨리 읽기 때문에 'of'의 'f'가 발음되지 않아서 'one of'가 마치 'won a prize'의 첫 두 단어의 발음처럼 들릴 것이다.

억양(문장의 리듬)은 골짜기와 꼭대기로 묘사될 수 있다. 강세를 받고 가장 크게 소리 나는 음절은 꼭대기로 표현된다.

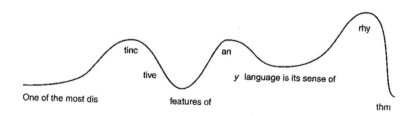

모든 꼭대기가 동일한 높이로 나타나지는 않지만, 그들은 거의 일정한 시간적 간격을 두고 나타나는 경향이 있다. 청자들은 꼭대기에[39] 주

의를 기울인다. 화자들은 전달하고자 하는 메시지에 따라서 꼭대기와
골짜기를 조정하게 된다. 새로운 정보에 대해서 큰 강세와 높은 꼭대기
를 부여하는 것이다.

문미 초점: 문장 리듬은 주어-서술어 구조와 구정보-신정보 제약과 같
이 거의 고정되어 있다. 주어로 제시된 주제 혹은 테마는 억양 굴곡상
대개 골짜기나 낮은 꼭대기로 나타날 것이다. 특히 그것이 구정보일 경
우 그러하다. 강세의 돋들림과 새로운 정보에 대한 초점은 술어에 표현
되며 이는 문미에 올 것이다. 언어학적으로 이는 문미 초점이라 불리는
보편적인 리듬이다. 이것이 숙련된 필자들이 신경을 쓰는 리듬이다. 훌
륭한 필자는 확실히 그들 내면의 목소리를 드러내는 리듬을 조절하고,
독자들이 글을 읽는 방식을 조정하고 오독을 막을 수 있도록 문장을 조
절하는 방식을 알고 있다.

다음 단락을 소리 내어 읽어 보고 밑줄 친 부분에 부여한 억양 패턴
이 어떠한지 들어 보라.

Did you hear what happened? <u>Barbara wrecked her motorcycle yesterday.</u> She
was on her way to work when the car in front of her stopped suddenly-and she
didn't.[40]

당신은 아마도 두 번째 문장의 motor에 강세를 두었을 것이다. 하지만
다양한 맥락에 있어서, 문장의 목적이 달라진다면 그 리듬 또한 달라질
수 있다. 다음 단락에서는 구정보가 달라졌다. 다시 이를 소리 내어 읽

---

39) [역주] 화자가 초점을 두고 있는 정보를 말한다.
40) [역주] 무슨 일이 있는지 들었어? 바바라가 어제 자기 오토바이를 부쉈어. 그녀가 출근하는데 그
    차가 갑자기 그녀 앞에 멈췄어.

어 보고 그 억양을 들어 보라.

Sue told me that Barbara had an accident this morning on her way to work. But I think she got her facts wrong. <u>Barbara wrecked her motorcycle yesterday.</u>[41]

이번에는 아마도 yesterday에 주강세를 두었을 것이다. 이 맥락에서 motorcycle이 강세를 받는 것은 잘못이다. 이 단락을 그렇게 읽어 본다면 무엇이 문제인지 쉽게 알 수 있을 것이다. yesterday가 나오기 전까지 마지막 문장의 모든 정보는 구정보이다. 이 맥락에서 'Barbara wrecked her motorcycle(바바라는 그녀의 오토바이를 부쉈다)'은 비록 'Barbara had an accident(바바라는 어제 사고를 당했다)'보다 상세한 설명이기는 하지만 반복된 구정보이다. 독자들은 이 경우에 구정보 이상의 새로운 정보를 만나기 전까지, 새로운 초점인 yesterday가 나오기 전까지 강세를 부여하면 안 된다는 것을 직관적으로 알고 있다.

하지만 마지막 문장 요소에 주강세를 부여함과 동시에 문미 초점의 원리가 여전히 작동하고 있음을 기억해야 한다. 만약 부사인 yesterday가 문장의 시작 부분으로 옮겨진다면, 이 문장이 얼마나 어색해질지 생각해 보라. 구조적인 관점에서 보았을 때 이는 문법적인 것이다. 잘 알고 있듯이 부사는 유동적이며 특히 시간 부사는 더욱 그러하기 때문이다. 문장의 시작 위치에 온다고 하더라도 독자들은 yesterday가 신정보임을 알아채고 이에 주강세를 부여할 것이다. 하지만 이렇게 함으로써 문장은 자연스러운 리듬을 잃게 된다. 다음 단락을 소리 내어 읽어 보면 무엇이 문제인지 알게 될 것이다.

---

41) [역주] 오늘 아침 출근길에 바바라가 사고를 당했다고 슈가 말해 줬다. 하지만 나는 그녀가 잘못 알고 있다고 생각한다. 바바라는 어제 그녀의 오토바이를 부쉈다.

Sue told me that Barbara had an accident this morning on her way to work. But I think she got her facts wrong. Yesterday Barbara wrecked her motorcycle.

문장의 다양성 측면에서는 인정할 만하지만 단순히 다양성을 위해서 부사를 첫 자리에 두지는 않을 것이다.

[4] 문장 변형

문미 초점은 일반적인 리듬 패턴 같은 것이기 때문에 이를 필자와 독자 사이에 존재하는 계약의 일부라고 생각할 수 있다. 독자는 특수한 표시가 주어지지 않는 이상 주요 문장 초점이 서술어에 나타날 것이라고 예측하게 된다. 그리고 우리는 그 몇몇 특수한 표시에 대해 살필 것이다.

몇몇 문장 변형은 필자로 하여금 문장의 초점을 옮기는 것을 허용한다. it-분열문 변형은 가장 쓰임이 다양한 변형 중 하나이다. 여기 바바라에 대한 세 가지의 문장 변형이 있는데, 독자는 필자가 의도한 곳에 강세를 두게 될 것이다.

1. It was Barbara who wrecked her motorcycle yesterday(어제 오토바이를 부순 것은 바바라였다).
2. It was her motorcycle that Barbara wrecked yesterday(바바라가 어제 부순 것은 오토바이였다).
3. It was yesterday that Barbara wrecked her motorcycle(바바라가 오토바이를 부순 것은 어제였다).

만약 3번 문장이 사고에 대한 그 이전 단락에 포함되었더라면 독자들은 신정보를 놓치지 않았을 것이다. 이 분열문 변형에서 강조되는 것은 분명 yesterday이다.

it-분열문을 과용하는 것을 원하지는 않을 테지만 문장의 리듬을 조절하고 독자의 초점을 이끄는 데 있어서 이는 분명히 유용하고 간단한 것이다.

또 다른 분열 변형은 독자의 주의를 끌기 위해서 what절을 이용한다. 다음의 문장에서는 강세를 bothers에 두게 될 것이다.

Mike's cynical attitude toward the customers really bothers me.[42]

다음은 what-분열문을 사용한 두 가지 변형이다.

What bothers me is Mike's cynical attitude toward the customers.[43]
What bothers me about Mike is his cynical attitude toward the customers.

세 가지가 모두 필수적으로 같은 것을 의미하면서도, 독자들이 이미 알고 있는 것이 무엇인지 다음에 이어질 것으로 예측하는 것이 무엇인지에 의해 특별한 맥락에서의 선택이 결정되는 것이다.

또 다른 일반적인 문장 변형은 there 변형으로, 이는 주어를 be-서술적인 be 또는 조동사적인 be- 뒤에 오는 자리로 옮김으로써 주어에 초점을 맞출 수 있게끔 하는 장치이다.

Several hundred people were crowding the courtroom.[44]
There were *several hundred people* crowding the courtroom.

---

42) [역주] 고객에 대한 마이크의 냉소적 태도는 나를 괴롭힌다.
43) [역주] 나를 괴롭히는 것은 고객에 대한 마이크의 냉소적 태도이다.
44) [역주] 수백 명이 법정에 모였다.

Another big crowd was in the hallway.[45]

There was *another big crowd* in the hallway.

필자들은 글을 쓸 때 조절 장치 역할을 하는 리듬을 자신의 문법 지식
으로부터 의식적으로 상기시키는 것일까? 그들은 스스로 '믿을 만한 나
의 it-분열문을 사용할 때야'라거나 '이 주어를 there 변형을 통해 뒤로 돌
려야만 할까'라고 말하는 것일까? 아니다. 그들은 그렇지 않을 것이다. 아
마도 '변형'이니 '분열문'이니 하는 이름들을 알지도 못할 것이다. 하지만
숙련된 필자와 독자들이라면 그들이 만들어 낸 문장 리듬에 맞춰져 있을
것이다. 그리고 그들의 산문을 읽을 때, 조용히 읽든 크게 읽든, 그들이
문장 리듬에 많은 주의를 기울였음을 확신할 수 있을 것이다.

안타깝게도 there와 그 분열 변형은 교과서와 문체 안내서에서 잘못
설명되어 있는 경우가 많다. 그들은 필자에게 선택을 제공하고 필자로
하여금 문장 초점을 조절할 수 있도록 만드는 대안이라기보다는 생각을
전달하는 데 있어 장황하고 간접적인 방식으로 다루어져 왔다. 물론 이
런 변형이 과용되는 것은 원하지 않을 것이다. 아마도 더 큰 맥락을 고
려하여 얼마나 많은 it이나 what이나 there가 서로 근접하여 사용되었는
지 고려하기를 원할 것이다. 하지만 이 같은 문장 변형들이 적절한 때에
사용된다면 매우 가치 있는 도구임은 확실하다.

수동태: 문미 초점을 이루기 위한 또 다른 변형은 be+-en을 동사에 추
가하고 목적어를 주어 위치로 이동시킴으로써 만들어지는 수동태이다.
아래의 예를 보라.

---

45) [역주] 복도에 또 다른 무리가 있다.

능동: The committee discussed the report.[46)]
수동: The report was discussed by the committee.

수동태에 관해서 다른 책들에서 읽은 것이나 선생님에게서 들은 것들은 부정적이었을 수 있다. 장황하고 모호한 문장을 만들어낸다는 이유로 인해 수동태를 쓰지 못하게 하는 것이다. 하지만 사실 수동태는 모든 종류의 작문에 있어서 적절한 역할을 가지고 있다.

분열문과 there 변형과 같이 수동태는 필자로 하여금 문장의 초점을 옮길 수 있도록 하고, 그렇게 함으로써 독자들은 초점을 두어야 할 신정보에 집중할 수 있게 된다. 수동적 변형은 또한 문장 간의 변이를 제공할 수도 있다. 동작의 대상이 구정보일 경우 수동 변형을 통해 그 정보를 주어 자리로 옮기는 것이다.

앞서 응집성에 대해 이야기하면서 문장 자리에 관한 단락을 통해 구정보-신정보라는 패턴을 확인한 바 있다. 이때 세 번째 문장(마지막 문장)의 주어는 '접착제'라는 단어를 포함하고 있다.

Part of that glue is provided by information in the sentence that the reader knows or expects, information that has already been mentioned.[47)]

part of that glue는 주어로 기능하지만 행동주는 아니다. 주어진 동사를 행하는 사람을 문미 초점 위치에 행동주로 두는 것이다. 왜냐하면 그것이 신정보이기 때문이다. 이러한 이유에서 수동태 변형을 사용하는 것이다.

---

46) [역주] 위원회는 그 보고에 대해 토론했다.
47) [역주] 그 접착제 부분은 이미 언급된 적이 있어서 독자가 알고 있거나 예측하는 문장 속 정보에 의해 제공된다.

수동태는 모든 종류의 산문에서 일정한 역할을 한다. 단순히 수동태를 피하기 위해서 이것을 피하는 것은 종종 지나치게 격식적이고 부자연스러운 태를 만들어 낸다. 글을 쓸 때 하는 선택은 언제나 수사학적 효과를 기본으로 하여야 하며 어떤 구조들은 본질적으로 약하거나, 장황하거나, 모호하다는 잘못된 관념에 의존해서는 안 된다.

The passive voice should be avoided(수동태는 쓰면 안 된다)

우리는 그 저자들이 가장 중요한 단어인 avoided를 문미 초점 위치에 놓고 효과적인 도구인 수동태를 사용했다는 사실을 주목해야 한다.

[5] 문체

문체라는 단어가 단순히 개인들의 글쓰기 방식을 의미한다고 할 때 우리는 모든 것을 "문체에 맞춰" 쓴다. 개개인의 걷는 방식, 휘파람을 부는 방식, 머리를 하는 방식 등이 모두 다른 것처럼, 글을 쓰는 방식 역시 모두 다르다. 우리는 글에 대한 전체적인 인상을 기술하기 위해서 평범한 문체, 거만한 문체, 격식적인 문체 등과 같이 문체라는 말을 사용할 것이다.

문체라는 말은 문장 구조의 변화와도 관련되어 쓰이며, 글을 보다 잘 쓰기 위한 구조적 선택과 구두점 선택과도 관련이 있다. 예를 들어 이전 문단의 두 번째 문장에서 세 개의 동사구가 쉼표 없이 두 개의 and로 연결되어 있음을 볼 수 있다.

walking and whistling and wearing your hair[48]

---

48) [역주] 걷고, 휘파람을 불고, 머리를 묶고

위의 문장은 두 개의 쉼표와 하나의 and로 쓸 수 있다.

walking, whistling, and wearing your hair

또는 오직 여러 개의 쉼표만을 사용할 수도 있다.

walking, whistling, wear 人our hair

이와 같은 문체적인 다양성은 전통적으로 수사학에서 중요한 위치를 차지해 왔다. 사실 그리스에는 일반적인 어순과 용법에서 벗어난 말들이 있으며, 그리스의 연설가들은 그것들을 사용하는 연습을 했다. 보다 친숙하고 일반적인 것으로 직유, 은유, 의인화와 같은 '비유법'이 있다. 하지만 대부분은 인지하지도 못할 것이다. 이 절에서는 문장 구조와 구두점이 가질 수 있는 수사학적 효과를 검증해 보도록 한다.

어순 변이: 일반적인 '주어-동사-목적어'의 어순을 변형하는 것은 시에서 매우 일반적이다. 이는 산문에서는 일반적이지 않기 때문에 어느 정도 효과적일 수 있다. 다음 문장에서 디킨스(Dickens)는 독자들이 has와 has not 사이의 대조를 알아챌 것이라고 확신했다.

Talent, Mr. Micawber has; money, Mr. Micawber has not.[49]

프로스트(Frost) 역시 그의 유명한 시 "눈 내리는 저녁 숲가에 서서"의[50] 첫 번째 행에서 이 변이를 사용하였다.

---

49) [역주] 미코버씨는 재주는 있지만, 돈은 없다.
50) [역주] 로버트 프로스트의 "눈 내리는 저녁 숲가에 서서(Stopping by Woods on a Snowy Evening)"는 아름다운 겨울 숲의 절경과 삶의 책임감에 대한 화자의 굳은 태도가 깊은 공감을 일

Whose woods these are, I think I know.[51]

이 모든 변이가 동사에 특별한 강조를 두고 있다는 사실을 주의해야 한 다. 문장에 직접 목적어가 있을 때 그 자리는 일반적으로 골짜기가 된다. 문장의 첫 부분에 부사가 올 때, 주어와 조동사의 위치는 서로 바뀔 수 있다.

Never before had I seen such an eerie glow in the night sky.[52]
Rarely do I hear such words of praise.[53]

동격 연쇄에 대한 도입: 다음의 문단에서 문장은 주어와 동격인 명사구 들로 시작되었다. 첫 번째 예에서 처칠(Churchill)은 빅토리아(Victoria) 여왕 을 묘사하고 있다.

High devotion to her royal task, domestic virtues, evident sincerity of nature, a piercing and sometime disconcerting truthfulness-all these qualities of the Queen's had long impressed themselves upon the mind of her subjects.[54]

Ravagers, despoilers, pagans, heathens-such epithets pretty well summed up the Vikings for those who lived in the British Isles during medieval times.[55]

으키는 서정시이다.
51) [역주] 이 숲이 누군지 나는 알 것 같다.
52) [역주] 나는 밤하늘에서 이 같이 섬뜩한 빛을 본 적이 없다.
53) [역주] 나는 좀처럼 칭찬을 들은 적이 없다.
54) [역주] 국왕의 업무에 대한 희생적인 헌신, 가정적 도덕성, 본성의 분명한 신실함, 날카로우면서
    도 때로는 당황스러운 정직함- 여왕의 이 모든 특성들은 오랫동안 그들의 마음속에 깊은 인상을
    주었다.
55) [역주] 파괴자, 약탈자, 이교도, 비종교인, 이런 묘사는 중세 영국 제도의 바이킹에 대해 매우 잘
    요약한 것이다.

이 예들에서도 역시 그 연쇄가 마지막 요소 이전까지는 접속사를 포함하고 있지 않다는 사실에 주의해야 한다.

의도된 문장 분열: 작문 교사들이 중요하지 않은 "frag"라고 표시를 하는 문장 분열은 비의도적인 것이며 일반적으로 구두점 오류의[56] 결과이다. 하지만 모든 분열문이 오류인 것은 아니다. 숙련된 필자들은 이를 효과적으로 사용할 줄 안다. 예를 들어 주의를 집중시키는 명사구 혹은 동사구가 있다. 다음의 두 예문은 카레(Carré)의 소설에서 가져온 것이다.

> They remembered the tinkling of falling glass all right, and the timid brushing noise of the young foliage hitting the road. And the mewing of people too frightened to scream.
>
> The Little Drummer Girl[57]

> Our Candidate begins speaking. A deliberate, unimpressive opening.
>
> A Perfect Spy[58]

반복: 반복은 긍정적인 측면과 부정적인 측면을 모두 갖는다. 긍정적인 면은 문장의 응집성을 강화시킨다는 것이다. 구정보-신정보 제약은 단어 혹은 개념의 반복을 필요로 한다. 이는 문장들을 서로 묶어주는 접착제의 일부이다. 하지만 목적성 없는 반복일 경우에는 부정적인 측면을 갖기도 한다. 그럴 경우 우리는 그것을 잉여적인 요소라고 한다. 만

---

56) [역주] 가장 일반적인 것은 종속절이 전체 문장인 양 구두점을 다는 것이다.

57) [역주] 존 르 카레의 소설 『드럼치는 작은 소녀(The Little Drummer Girl)』(1983)에 나오는 문장 예시. 그들은 바로 떨어지는 유리의 딸랑거리는 소리와 작은 잎사귀들이 땅을 스치며 내는 미세한 소리를 기억했다. 그리고 사람들의 울음소리에 또한 겁에 질려 소리를 질렀다.

58) [역주] 존 르 카레의 소설 『완벽한 스파이(A Perfect Spy)』(1986)에 나오는 문장 예시. 우리의 후보는 말을 시작했다. 신중하고, 평범하게 시작했다.

약 잉여성에 대한 주의를 받은 적이 있다면, 당신이 쓴 에세이의 여백에서 '빨간색'을 본적이 있다면, 반복을 사용하는 것을 의도적으로 피할지도 모른다. 하지만 꺼려서는 안 된다. 수사적 도구로서의 훌륭한 반복과 잉여적인 것을 구분하는 것은 어렵지 않다.

그리스의 수사학자들은 좋은 반복의 모든 가능한 유형에 대한 표를 가지고 있었다. 이에는 소리와 음절의 반복에서부터 문장 내의 다양한 위치에서의 단어와 구의 반복까지도 포함되어 있었다. 우리는 독자가 정신을 똑바로 차리고 주의를 기울이도록 할 수 있는 대등 구조에서의 반복에 한하여 논의를 진행할 것이다.

게티스버그(Gettysburg)의 연설문을 살펴보도록 하자. 링컨(Lincoln)의 말 중 "Fourscore and seven years ago(87년 전)" 외에 어떤 것이 기억에 남는가? 아마도 "government of the people, by the people, and for the people"일59) 것이다. 반복이 제거된 형태는 상상하기 어렵다. "of, by, and for the peolpe" 만으로는 같은 효과를 줄 수 없다. 다음으로 any의 반복이 사용된 케네디(Kennedy) 대통령의 감동적인 말을 살펴보도록 하자.

> [W]e shall pay any price, bear any burden, meet any hardship, support any friend, oppose any foe to assure the survival and the success of liberty.60)

이에서도 역시 마지막 요소가 나오기 전까지 접속사가 생략되어 있음에 주의해야 한다. 아마도 그는 "I could go on and on with my list"라고61) 말했을 것이다.

---

59) [역주] 국민의, 국민에 의한, 국민을 위한 정부
60) [역주] 우리는 자유의 생존과 달성을 위해서라면 어떤 댓가라도 치르고, 어떤 괴로움이라도 견디고, 어떤 고난이라도 맞서고, 어떤 친구라도 지지하고, 어떤 적이라도 저항할 것이다.
61) [역주] 리스트가 끊기지 않도록 하고 싶어

이 같은 반복을 사용하기 위해서 대통령이 되어야만 하는 것도 아니고 공식적인 행사를 잡아야만 하는 것도 아니다. 대등 구성을 사용할 때라면 언제나, 단지 굳이 포함될 필요가 없는 단어들을 포함함으로써, 반복을 통해 강조를 할 수다. 다음 문장은 크라우트해머(Krauthammer)의 에세이에서 가져온 것으로, 이는 보다 간결할 수도 있었겠지만 만약 그랬다면 극적인 요소는 사라졌을 것이다.

There is not a single Western standard, there are two: what we demand of Western countries at peace and what we demand of Western countries at war.[62]

이러한 반복의 사용은 이 장에서 보았던 다른 수사적 도구들만큼이나 주의를 끄는 역할을 할 수 있다. 이러한 이유 때문에 중요한 개념을 설명하거나 독자가 보다 제대로 읽어 주기를 원하는 부분에서 이 구조들을 사용하게 될 것이다. 하지만 너무 많은 양념은 요리 전체를 압도해 버릴 수 있다는 사실을 알고 있는 미식가인 요리사와 같이, 당신은 독자를 압도하고 싶지 않을 것이다. 하지만 평범한 소스를 훌륭한 요리로 바꿔 놓을 수 있는 양념처럼, 이러한 수사학적 도구들이 평범한 산문과 호소력 있는 산문의 차이를 만들어 낸다는 사실을 깨달아야 할 것이다.

━ ━ ━ ━ ━

---

62) [역주] 서양의 기준은 하나가 아닌 두 개가 있다: 평화 상태인 서양 나라들에게 요구하는 것과 전쟁 상태인 서양 나라들에게 요구하는 것이다.

8.7. 토론을 위한 질문

1. 콜른과 펀크에 따르면 학생들에게 수사적 문법을 가르쳐야만 하는 이유가 무엇인가? 그들의 아이디어는 위버, 맥널리, 모에르만의 아이디어와 어떤 식으로 공존할 수 있는가? 학생 필자들이 그들의 수사적 판단을 발달시키는 데 교사들이 기여할 수 있는 것은 무엇인가?

2. 켈로그 헌트의 주장을 검토하기 위해 4학년의 글과 10학년의 글을 읽어 보라. 더 높은 학년의 학생의 글에서는 나타나지 않으면서 더 낮은 학생의 글에서 나타나는 구조에는 어떠한 것들이 있는가? 당신의 분석을 헌트의 분석과 어떻게 비교할 수 있을까?

3. 20세기 후반/21세기 전반에 점층적 문장이 전형적으로 쓰였다는 프란시스 크리스텐스의 주장을 검토하기 위해서, 당신이 선호하는 현대 작가가 쓴 문단을 살펴보라. 그 작가들은 점층적 문장을 얼마나 자주 사용하고 있는가? 어떤 종류의 문장이 전형적으로 나타나는가? 당신이 선택한 문단을 바탕으로 했을 때, 어떤 종류의 문장이 요즘 유행하고 있는가?

4. 2장에서 검토했던 교과서와 주 교육과정 안내서로 돌아가 보자. 그 자료들에서는 문체를 어느 정도로 다루고 있는가? 어떻게 다루고 있는가? 만약 당신의 주가 학생들의 교육적 발달을 측정하기 위한 평가를 위임받았다면, 문체에 대한 지식도 평가되고 있는가? 만약 그렇다면 어떻게 평가되고 있는가?

5. 필자들은 문미 초점을 만들어 내는 문장 변형이나 구정보-신정보 균형을 맞추는 작업을 통해서 구정보-신정보 대조의 장점을 얻을 수 있다.

   a. 트렌트(Trent)가 용의 입술 안쪽에 문신을 새긴 것(세 번째 문단에 제

시)을 이야기하는 방식에 주의를 두고 아담(Adam)의 글(454쪽)을 다시 읽어 보라. 두 번째 문장에서 문미 초점의 가장 효과적인 사용을 보여주고 있는가? 왜인가?/왜 그렇지 않은가? 그의 문장을 보다 읽기 쉽도록 편집하기 위해서 아담에게 어떤 조언을 해 줄 수 있는가?

b. 데이트 강간 수면제에 대한 기술에 주의를 두고 에이미(Amy)의 글(462쪽)을 다시 읽어 보라. 구정보와 신정보 간의 균형을 잘 맞추고 있는가? 왜인가?/왜 그렇지 않은가? 문장을 고치는 데 있어서 에이미에게 어떤 조언을 해 줄 수 있는가?

c. 자신의 문학적 분석에 대해 소개한 마리오(Mario)의 글(471쪽)을 읽어 보라. 시작 문장에서 수동태와 분열문 변형을 효과적으로 사용하고 있는가? 왜인가?/왜 그렇지 않은가? 그의 글에 대해 마리오에게 어떤 조언을 해 줄 수 있는가?

6. 부엌에 대해 기술한 알렉산드라와 에드거의 글(432-434쪽)을 읽어 보라.

a. 알렉산드라가 당신의 학생이라고 상상해 보라. 토의 중이나 작문 중에 그녀의 기술에 관해서 어떤 조언을 해 줄 수 있는가? 그녀의 글은 어떤 장점을 가졌다고 생각하는가? 글의 내용, 조직, 어조에 대해서 어떤 조언을 해 줄 수 있는가?

b. 에드거가 당신의 학생이라고 상상해 보라. 토의 중이나 작문 중에 그의 기술에 관해서 어떤 조언을 해 줄 수 있는가? 그의 글은 어떤 장점을 가졌다고 생각하는가? 글의 내용, 조직, 어조에 대해서 어떤 조언을 해 줄 수 있는가?

c. 콜른과 펑크에 따르면 필자가 자신의 문장을 보다 응결성 있게 만들기 위해 사용할 수 있는 몇 가지 전략이 있다. 한 가지 전략은 하나의 구를 반복하는 것이다. 이러한 병렬적인 구들은 독자

의 심리 속에서 하나의 패턴을 만들어 낸다. 필자가 자신의 기술에 사용된 문단들을 한데 묶는 데 사용하는 방식에 관해 무엇을 알아챘는가? 그 전략은 "효과적"인가? 왜인가?/왜 그렇지 않은가?

7. 핑클베리(Finklberry)의 글(442쪽)을 읽어 보라.

  a. 핑클베리가 당신의 학생이라고 상상해 보라. 토의 중이나 작문 중에 그녀의 작문을 수정하도록 독려하는 데 있어서 어떤 조언을 해 줄 수 있는가? 그녀의 글은 어떤 장점을 가졌다고 생각하는가? 글의 내용, 조직, 어조에 대해서 어떤 조언을 해 줄 수 있는가?

  b. 그 글에는 많은 문장 조각들이 있다. 콜른과 펑크는 조각문이 효과적일 수 있음을 제안하면서 의도적인 문장 조각에 대해 논의하였다. 이러한 문장 조각들은 효과적인 것인가? 그들은 제대로 "기능하고" 있는가? 왜인가?/왜 그렇지 않은가? 작가들과의 토의에서 당신은 그에 대해 이야기를 꺼낼 것인가? 왜인가?/왜 그렇지 않은가? 만약 그렇다면 그에 대해 어떤 이야기를 할 것인가?

언어적 소수 필자에 관한 연구 IV

영어를 가르치는 교실에서 학생들은 핵심이 되지만 이 책의 앞선 세 영역에서는 이들에 대해 개괄적인 말로만 기술했다. 논의한 문법 교수의 문제들이 모든 학생들에게 중요했기 때문이다. 그러나 제4부에서는 가정 언어가* 표준 영어가 아니며 이로 인해 학교에서 어려움을 겪게 되는 언어적 소수 학생들의 언어 배경을 상세하게 기술할 것이다. 이 학생들은 영어의 방언 변이형이나** 다른 언어의 원어민 화자이다. 그러나 사람들은 그들이 여느 표준 영어 원어민과 같은 정도의 재능을 가지고 학문 영어를 사용할 것으로 기대한다. 방언-영어로 말하거나 이중 언어 사용자인 학생들은 대개 가정 언어와 학교 언어를 동일한 정도로 편하게 느끼지만 그렇지 않은 사람들 역시 많다. 이들의 가정 언어와 학교 언어의 기대나 관습 사이에 존재하는 간극은 특정한 교육 없이 연결되기에는 너무 멀기 때문에 그들은 학교에서 힘겨워할 수밖에 없다.

제4부의 두 장은 주류 영어 교과 교사들이 언어적 소수 학생들이 문제를 극복할 수 있도록 도와주기 위해 사용할 수 있는 기법들에 초점을 맞출 것이다. 그들은 다음 질문을 고심한다.

- 방언 영어 화자들은 누구인가? 영어 학습자들은?***
- 제2 방언을 학습하는 과정은 어떠한가? 제2 언어는?
- 언어적 소수 학생들에게 학문 영어의 관습을 명확하게 가르치기 위해 사용할 수 있는 접근법은 무엇인가?

* [역주] '가정 언어'와 '학교 언어'는 각각 'home language'와 'school language'의 번역어이다. 제 2 언어(방언) 학습자들은 가정에서 학교의 언어 관습과는 다른 언어 관습의 언어(방언)을 사용한 다. 9장과 10장에서는 '학교 언어'와 유사한 용어로 '학문 영어(academic English)'가 쓰인다.

** [역주] 영어의 방언 변이형은 'vernacular varieties of english'을 번역한 것인데 'vernacular' 혹은 'vernacular language'는 특정 집단의 모국어(native language) 혹은 모 방언(native dialect)의 의미 로 사용된다. 특히 언어의 문학적·국가적·표준 변이형이나 공용어와 구별되며, 일부 언어학자들 은 'vernacular'와 '비표준 방언(nonstandard dialect)'을 같은 의미로 사용한다(Wolfram, 1998: 13-16). 9장과 10장에서도 'vernacular'는 '방언'의 의미로 사용된다. 이에 'dialect'와 동일하게 '방언'으로 번역하였다.

*** [역주] English Language Learners, ELLs

제9장 언어적 소수 학생에 관한 연구: 방언 영어 화자들

6장에서는 학교에서 성공하기 위해서 모든 아이들은 사회적이거나 언어적인 배경에 관계없이 학문 영어를 학습해야 한다는 것을 논의했다. 즉, 그들은 일상어와 격식어, 구어 매체와 문어 매체, 가정 담화 관습과 학교 담화 관습 모두에 익숙해져야 한다.

9.1. 언어적 소수 학생

일부 학생들은 언어의 발달과 관련하여 다른 학생들보다 쉬운 시기를 가진다. 배경에 관계없이 독서를 많이 한 학생들이 언어를 가장 쉽게 발달시킨다. 이는 그들이 문어를 읽음으로써 어휘, 리듬, 관습을 무의식적으로 흡수하기 때문이다. 대부분의 경우 텍스트는 표준 영어로 쓰여 있기 때문에 독자들은 철자법과 구두법 같은 쓰기 고유의 특징뿐 아니라 표준 영어의 문법적 특징들까지 흡수하게 된다. 게다가 사회 탐구와 과학 교과서 같은 학교 맥락에서의 읽기는 학생들이 학문 영어의 문체와 관습을 배울 수 있도록 돕는다. 이는 위버(Weaver, 1996)가 학생에게 많은 독서를 권장하는 이유이기도 하다.

책을 많이 읽지 않는 학생조차도 일부 학생은 문어로 된 학문 영어에 대해 다른 이들보다 더 편안함을 느낄 것이다. 가정 언어가 표준 영어인 학생은 그들의 가정 언어가 학업 담화의 기초를 형성하기 때문에 상대적으로 쉽게 전환할 것이다. 반면 가정 언어가 표준 영어가 아닌 학생들, 즉 영어의 다른 방언이나 다른 언어를 사용하는 학생들은 대개 학교에서 많은 어려움을 겪을 것이다. 이런 학생들은 종종 언어적 소수 학생이라고 불린다(Baugh, 1988; Hagemann, 2001).

헤게만(Hagemann, 2001)은 언어적 소수 학생들이 아프리카계 미국 영어(AAVE)[1] 또는 멕시코계 영어(CVE)와[2] 같은 영어 방언의 단일 언어 사용 화자일 수도 있다는 것을 지적한다. 혹은 이 방언에 추가적으로 또 다른 언어를 말하는 이중 언어 사용 학생들일 수도 있다. 그러나 민족적 또는 인종적 소수에 속하는 모든 학생이 언어적 소수 학생의 범위에 들어가는 것은 아님을 알아야 한다. 그들의 가정 언어가 이들 범주에 들어가는 것이 원인이 되어 학교에서 어려움을 겪는 학생만이 여기에 속한다.

9.2. 교실에서의 언어적 감수성

과거에는 교사들이 언어적 소수 학생을 이해하려는 노력을 거의 하지 않았고, 또 그 학생들이 학문 영어를 좀 더 성공적으로 배울 수 있는 방법을 개발하려고 신경 쓰지도 않았다.

불행히도 몇몇 교사들은 많은 학생에 대해 아직도 그러고 있다. 홀리

---

1) [역주] African American Vernacular English
2) [역주] Chicano Vernacular English

(Hollie, 2001)는 다음과 같이 지적하고 있다.

　　여전히 많은 [언어적] 소수 학생들이 교실 상황으로 들어갈 것이며 대개
　의 경우, 자신들의 조상과 가족, 그리고 자신들이 속한 사회의 언어가 저속
　하고 거친 것이며 무지하고 교양 없는 말이라고 배울 것이다. 또 이러한 내
　용을 다른 이들로부터 노골적으로 듣게 된다(p.54).

　사실, 이들 방언은 무지한 것도 아니며 교양 없는 것도 아니다. 오히
려 그들 나름의 방식에서 그들의 말은 온전하게 논리적이며, 표현력이
있다. 그러나 방언 문법이 표준 영어의 그것과 다를 때, 사람들은 자동
적으로 방언에 결함이 있다고 생각한다. 이는 헤어스톤(Hairston, 1981)의
오류에 대한 태도 조사에서 밝혀진 것과 동일한 편견에 해당한다(5장을
보라). 헤어스톤은 문장에서 "오류"가 학습자들이 필자로서 스스로의 자
각을 낮추는 데 얼마나 기여하는지를 결정하기 위해 전문가들에게 다양
한 문장을 평가하도록 요구하였다. 그녀가 가장 심각하게 여겼던 오류
들, 즉 사회적 부담을[3] 치르게 하는 이 오류들 모두는 영어 방언 화자들
의 특성에 해당한다. 이들 특징은 비표준 동사 형태(*I seen*), 주어-동사 불
일치(*Jones don't think it's acceptable*), 목적격 대명사를 주어로 사용하는 것(*Me and
Him were the last to leave*), 이중 부정 등을 포함한다. 이들 특징의 많은 부분은
영어의 초기 형태에서 역사적 우위에 있는 것이다. 따라서 형태적인 측
면에서의 "오류"가 아니라 예상되는 표준 형태를 사용해야 할 때 방언
형태를 사용함으로써 단지 독자의 기대를 위반하는 것일 뿐이다. 화용
론에 대해 아는 것과 영어의 역사를 아는 것은 다양한 영어 방언에 대
해 보다 나은 이해와 관용을 이끈다. 이는 앤드루스(Andrews, 1998)의 『언

---

3) [역주] 여기서 사회적 부담은 'social tax'의 번역어인데 금전적인 세금을 이야기하는 것이 아니다.
　잘못된 언어 사용으로 인해 사회적으로 겪게 되는 체면 손상 등을 뜻한다.

어 탐구와 인식 교육과정』의4) 목표 중 하나이다(3장을 보라.).

다행히도 점점 더 많은 교사들이 -일반 대중에서는 반드시 그렇지 않다- 학생들의 가정 언어에 민감해지고 있으며, 언어적 소수 학생을 돕기 위한 방법을 연구하고 있다. 그들은 대학 작문과 의사소통 학회(CCCC)에5) 의해 1974년 4월에 채택되었고, 이후 전체 NCTE에 의해 채택된 '자신이 사용하는 언어에 대한 학생들의 권리(SRTOL)'에6) 의해 영감을 받아왔다. 결의안은 다음과 같이 진술하고 있다:

> 우리는 학생들 자신이 사용하는 언어의 체계와 다양성 -그들이 자라면서 사용한 방언들 또는 자기 정체성과 양식을 발견하는 그 어떤 방언들- 에 대한 권리를 주창한다. 오래 전 언어학자들은 표준 미국 방언의 신화가7) 어떤 타당성을 가진다는 것을 부정했었다. 어떤 방언도 수용할 수 없다는 주장은, 어떤 사회적 그룹이 다른 사회적 그룹의 우위에 서려는 시도로 이어진다. 그와 같은 주장은 화자와 필자에 대한 잘못된 조언을 만들며, 인간에 대한 부도덕한 조언을 만든다. 다양한 유산과 문화적, 인종적 다양성에 대해 자부심을 가진 한 국가는 방언의 유산을 보전할 것이다. 우리는 교사들이 반드시 학생들의 다양성을 존중하고, 학생들의 언어에 대한 권리를 옹호할 수 있게 하는 경험을 가져야 하며, 또 훈련을 받아야 한다고 강력하게 주창한다.

결의안은 두 가지 필수적인 원칙을 고수한다.: (1) 교사들은 학생들의 가정 방언에 대해 가능한 한 많이 배워야만 한다. (2) 교사들은 학생들의 가정 방언을 존중하고, 이를 가치 있게 여겨야 한다.

---

4) [역주] *Language Exploration and Awareness Curriculum*
5) [역주] the Conference on College Composition and Communication
6) [역주] Students' Right to Their Own Language
7) [역주] 한국에서도 과거에는 표준어 중심의 정책이 이루어졌었다. 2000년대 이후 이에 대한 비판적인 논의가 이루어졌으며, 차윤정(2009)에서는 '표준어의 신화'라는 용어를 사용하면서 그 과정에서 발생한 지역어에 대한 편견을 해체하고 지역어의 위상을 정립하고자 한 바 있다.

교사 훈련과 언어적 관용에 대한 이 강조는 흑인 영어에[8) 대한 CCCC 선언의 일부이며, 이는 1996년 12월에 분출된 캘리포니아 주의 오클랜드에서의 흑인 영어 논쟁에 대한 대응으로 1998년에 CCCC 집행 위원회에서 채택된 것이다. 그 당시, 오클랜드 지방 교육청은 "오클랜드 흑인 영어 결의안"으로[9) 불리게 된 것을 발표하였다. 결의안의 핵심 목표는 학교가 그 지역에서 아프리카계 영어(AAVE, 언어학자들이 그렇게 부르기를 선호하는)나 흑인 영어(일반 대중들이 전형적으로 그렇게 언급하는)를 다수 학생들의 가정 언어로 인지하는 것, AAVE-화자 학생들과 함께할 제2 언어 교육학적 전략과 프로그램을 채택하는 것, 학구(學區) 기금을 아프리카계 미국 학생들의 학교생활 성공 개선을 위해 사용하도록 격려하는 것이다 (Oakland, CA, Board of Education, 1996/1998: Olszewski, 1996). 이는 다른 아동들의 점수에 뒤처진 아프리카계 미국 학생들의 읽기 점수를 향상하도록 돕는 것이 목적이다. 하지만 일반 대중들은 이 결의안을 잘못 이해하고 있었고, 교사들이 흑인 영어를 가르칠 것을 요구한다고 생각했던 탓에 소란스럽고 부정적으로 반응했다. 그러면서 그들은 그것이 "속어"이거나 "길거리 말"이기 때문에 캘리포니아 주의 오클랜드 지역 교사들이 아프리카계 미국인 아동들에게 흑인 영어를 가르치면 안 된다고 주장했다.

이에 대응하여 미국 사회 언어학회(1997)와 같은 전문가 조직은 체계적이고 규칙 지배적인 영어 방언인 AAVE의 합법화를 주장하고, AAVE에 대한 "부정확하고 품위를 떨어뜨린다는" 부정적인 -때로 독설에 찬-대중의 정의를 고발하는 공식적 성명을 발표했다. CCCC(1998)은 계속해서 그 교사들과 다른 학교와 교육과정 공무원들(의 다음 행동)을 지지했다.

---

8) [역주] 흑인 영어는 'Ebonics' 외에도 Black English, Black English Vernacular, Spoken Soul, 'down home' speech, African American Vernacular English(AAVE), African American English (AAE) 등 다양한 명칭으로 불린다.

9) [역주] The Oakland Ebonics Resolution

학생들은 흑인 영어에 대해 적절한 지식을 제공하는 훈련을 겪어야 하며, 흑인 영어를 말하는 아프리카계 미국인 학생의 언어와 학습 잠재성에 대해 만연해 있는 고정관념을 극복하도록 도와야 한다. 특히 교사들은 흑인 영어 화자들에게 언어와 문식적 기술을 가르치는 데 효과적인 기초적 훈련과 지식을 갖추어야만 한다.

이는 교사들이 영어 방언의 특징에 좀 더 익숙할 필요가 있다는 것을 의미한다. 해당 언어에 대한 가장 보편적인 특징의 간략한 목록은 보기 9.1.에서 찾을 수 있다.

보기 9.1 이론적 토대: 영어 방언의 문법적 자질에 대한 간략한 목록

영어 방언의 가장 흔한 문법적 자질들의 일부를 다룬 이 목록은 볼프람 외 (Wolfram et al., 1988)와 릭포드(Rickford, 1999)를 엮은 것이다.

불규칙 동사[10]

1. 분사(-en) 형태로서 과거(-ed)   I *had went* there as a kid.
2. 과거(-ed) 형태로서 분사(-en)   I *seen* her yesterday.
3. 과거(-ed) 형태로서 어기   She *come* over to visit.
4. 다른 불규칙 형태   He *drug* in mud all over the house.
5. 불규칙 동사의 규칙화된 과거   Everybody *knowed* he did it.

메모: 1, 2, 3, 4는 영어의 많은 변이형에서 흔하며 5는 제2 언어에 영향을 받은 변이형에서 더 흔하다(예를 들어 베트남 영어).

특별한 조동사 형태[11]

1. 습관적 be   My nose *be itching* all day.
2. 먼 시간의 béen (강세를 받아 BIN으로 발음되는)   I *been known* her all my life.
3. is/are의 부재(표준영어(SE)가 is/are를 줄일 수 있는 곳) You ugly.

---

10) [역주] 1. 나는 어렸을 때 그곳에 간 적이 있었다. / 2. 나는 어제 그녀를 봤다. / 3. 그녀는 방문하기 위해 왔다. / 4. 그는 온 집안에 진흙을 끌고 왔다. / 5. 모두 그가 했다는 것을 알고 있었다.
11) [역주] 1. 내 코는 온종일 간지럽다. / 2. 나는 평생 동안 그녀를 알아왔다. / 3. 너는 못생겼다.

메모: 아프리카계 미국인 영어(AAVE) 변이형에서 발견된다

과거 시제 부재12)

1. 자음군 축소의 결과   Yesterday he *mess* up
2. 맥락이 명백히 과거 시제를 지시할 때   He *play* a new song *last night* that I like.
3. 과거에서 습관적 행위를 기술할 때   In those days, we *play* a different kind of game.

메모: 아프리카계 미국, 베트남, 미국 원주민의 영어 변이형에서 발견된다.

주어–동사 일치13)

1. 3인칭 현재 시제 주동사에서 -s 부재   She *like* to sit on the porch and drink iced tea.
2. 3인칭 단수 현재 조동사에서 -s 부재   She *don't* like to stay indoors.
3. be의 현재 시제 형태들이 is가 됨   We *is* keeping cool in spite of the heat.
4. be의 과거 시제 형태들이 was가 됨   The *dogs* was behind the house.
5. be의 과거 시제 부정 형태들이 were이 됨 She *weren't* at the dance last night.
6. there와 함께인 is/was   There *was* only five people there.

                                   There's two men here to see you.

메모: 1은 AAVE에서 가장 흔하고 2와 4는 영어의 모든 변이형에서 발견된다. 6은 모든 변이형에서 발견되며 일부 언어학자들은 이것이 표준이 되고 있다고 말한다.

부정(negation)14)

1. 다중 부정-주어와 조동사   Nobody *don't* know what's going on.
2. 다중 부정-조동사와 목적어 대명사   The police *wasn't* saying *nothing*.
3. 다중 부정-절 경계를 넘어 나타남   There *wasn't* much that I *couldn't* do.

---

12) [역주] 1. 어제 그는 망쳤다. / 2. 그는 어젯밤 내가 좋아하는 새로운 노래를 연주했다. / 3. 그 당시에 우리는 다른 종류의 게임을 했다.
13) [역주] 1. 그녀는 현관에 앉아서 아이스티를 마시는 것을 좋아한다. / 2. 그녀는 실내에 있는 것을 좋아하지 않는다. / 3. 우리는 열기에도 불구하고 시원하게 있다. / 4. 그 개들은 집 뒤에 있었다. / 5. 그녀는 어젯밤에 댄스파티에 있지 않았다. / 6. (그곳에는) 오직 다섯 명만 있었다. (그곳에는) 두 명의 남성분들이 널 보기 위해 있다.
14) [역주] 1. 아무도 무슨 일이 일어나고 있는지 모른다. / 2. 그 경찰관은 아무 말도 하지 않았다. / 3. 내가 할 수 있는 일은 많지 않았다. / 4. 그녀는 여기에 없다. 나는 그녀를 오랫동안 본 적이 없다. 나는 어제 학교에 안 갔다.

(There wasn't much I could do를 의미)

4. be+not, have+not, did+not 대신 ain't를 사용 She *ain't* here now.

I *ain't* seen her in a long time.

I *ain't* go to School yesterday.

메모: 1은 모든 영어의 변이형에 흔하다. 2는 주로 AAVE에 있으며 3은 4가 오직 AAVE에서 발견되는 것과 달리 모든 변이형에 걸쳐 나타난다.

복수형15)

1. 특히 복수가 맥락에서 명백할 때 복수 접미사 (-s)의 부재 All the *girl* went shopping.
2. 불규칙 복수의 규칙화된 형태   The *childrens* ate the ice cream.

메모: 1은 제2 언어에 영향을 받은 변이형(예를 들어 베트남 영어)에서 더 흔하며 그 밖에 AAVE에서는 덜하다. 2는 영어의 많은 변이형에서 흔하다.

소유격16)

1. 특히 맥락에서 소유가 분명할 때 소유격 접미사의 부재 John coat.
메모: AAVE에서 흔하다.

대명사17)

1. *you*의 복수 형태 사용   *y'all*(남부), *youse*(북부), *you'uns*(애팔래치아 사람)
2. 등위문 주어에서 목적격 형태의 사용 *Me and him* love to play football.
3. 지시사로 목적격 형태의 사용   *Them* tools you're looking for are in the garage
4. 사람을 수식하는 관계절에서 *that*의 사용 The *person that* I was telling you about is here.
5. there is/are 대신 it is의 사용   *It's* a dog in the yard.
6. 등위 접속사로 *which*의 사용   They gave me this clgar, *which* they know I don't smoke cigars.

메모: 1, 2, 3, 4, 5는 영어의 모든 변이형에서 흔하다. 6은 남부, AAVE, 그리고 전염 다른 변이형에서 흔하다.

---

15) [역주] 1. 모든 소녀들이 쇼핑을 하러 갔다. / 2. 그 아이들은 아이스크림을 먹었다.
16) [역주] 1. 존의 코트
17) [역주] 1. 너희들 / 2. 나와 그는 미식축구를 하는 것을 좋아한다. / 3. 너가 찾고 있는 도구들은 차고 안에 있다. / 4. 내가 너에게 말해주던 그 사람이 여기에 있다. / 5. 마당에 있는 그것은 개이다. / 6. 그들은 내가 담배를 피지 않는 것을 알고 있지만 나에게 담배를 주었다.

형용사/부사18)

1. 다음절 형용사에서 접미사 -er이나 -est의 사용   *beautifulest, awfulest*
2. 불규칙 부사의 규칙화된 형태   *badder, mostest*
3. 부사에서 접미사 *ly*의 부재   She's *awful* mean.

메모: 1과 2는 모든 변이형에서 흔하다. 많은 부사들의 경우에서 3은 표준이 되어 간다.

SRTOL(NCTE, 1974)과 흑인 영어 결의안(CCCC, 1998)에서 강조되는 중요한 해결책 -즉, "비표준어와 그것을 사용하는 학생들에 대한 교사의 지식, 이해, 긍정적인 태도를 만들어 내[기]"- 또한 LA에 있는 언어학 인식 프로그램(LAP)의19) 첫 번째 목표를 형성한다(Hollie, 2001, p.54). LAP는 "표준 미국 영어에 능숙하지 않은 아프리카계 미국인, 멕시코계 미국인, 하와이계 미국인, 그리고 북미 원주민 학생들의 언어 요구에 기여하기 위해 설계된 종합적인 비표준어 인식 프로그램"이다(Hollie, 2001, p.54). LAP는 다섯 가지 핵심적인 교수적 접근법을 가진다:

1. 비표준어에 대한 언어학적 지식을 교육에 통합시킨다.
2. 학교 언어와 문식성의 습득을 지원하기 위해 제2 언어 습득 방법론을 활용한다.
3. 파닉스와 언어 경험을 포함하는 문식성 습득에 대해 균형 잡힌 접근법을 사용한다.
4. 표준 영어 학습자[또 다른 방언인 표준 영어를 학습하는 학생]의 학습 양식과 강점에 맞춰 교육을 설계한다.
5. 표준 영어 학습자들의 역사와 문화를 교육과정에 섞는다.(54-55)

---

18) [역주] 1. 가장 아름다운, 가장 지독한 / 2. 더 안 좋은, 최상의 / 3. 그녀는 지독하게 비열하다.
19) [역주] Linguistic Awareness Program

여기서 LAP의 접근법 1과 5는 앤드루스(1998)의 언어 탐구와 인식 교육과정과 양립할 수 있는 것처럼 보인다. 둘 모두는 학생들에게 영어의 역사에 대해 가르칠 것을 지지한다. 또한 방언이 어떻게, 그리고 왜 언어적 관용을 높이고 학생들이 보다 폭넓은 의사소통을 위한 언어로서 표준 영어를 배우도록 동기화하는 방식이 되는지에 대해 가르칠 것을 지지한다. LAP의 접근법 5는 NCTE의 1986년 영어 교수에서 인종 차별과 편견에 대한 대책 위원회[20]와 양립한다. *기회 확장하기: 문화적으로 언어적으로 다양한 학생들의 학업적 성공*[21]이라고 이름 붙여진 이 공식 성명에서 대책 위원회는 쓰기 교사들에게 다른 전략들 사이에서 "언어적으로 문화적으로 다양한 학생들의 풍부한 배경지식을 포함하고" "쓰기에 대한 양성 환경을 제공할" 것을 요구한다.

9.3. 대조 분석

홀리(2001)은 접근법2에 대해 LAP가 사용하고 있는 제2 언어 습득 방법론을 특별히 언급하고 있지는 않지만, 그런 방법론 중 하나가 바로 대조 분석 혹은 두 언어의 차이점에 대한 체계적인 연구이다.[22] 대조 분석은 1950년대 언어학과 행동주의의 결합에서 나온 것이다(Dansei et al., 1991).[23] 이 이론의 핵심은 청소년과 성인이 제2 언어의 언어 규칙을 학습하는 동안, 특히 학습의 초기 단계에서, 필터의 일종으로 자신들의 모

---

20) [역주] Task Force on Racism and Bias in the Teaching of English
21) [역주] *Expanding Opportunities: Academic Success for Culturally and Linguistically Diverse Students*
22) [역주] 모든 언어는 나름의 보편성과 특수성을 지니는데 이러한 보편성과 특수성에 대한 연구 분야로 비교언어학, 언어 유형론, 대조언어학 등이 있다. 아래는 허용·김선정(2013)을 참고하여 이들의 특징을 비교 정리한 것이다.

국어를 사용한다는 가설이다. 그들은 패턴을 자신들의 원어에서 새로운 언어로 전이하는데 이는 때로 의식적이기도 하지만 무의식적인 경우가 더 많다. 두 언어의 양상이 유사할 때, 이러한 중간언어적[24] 연결은 학습에 긍정적인 효과를 가져다준다(대조 분석에서 이를 *전이*라고 부른다). 그러나 두 언어의 양상이 매우 다를 때, 이 연결은 부정적인 효과를 가지기도 한다(이를 *간섭*이라고 부른다). 본래 어떤 두 개의 언어도 체계적으로 대조할 수 있다고 생각했던 대조 분석 지지자들은 제2 언어를 학습하는 데 문제가 생길 수 있는 부분을 사전에 결정하고서 특별히 이들 문제 지점을 다룰 교육과정을 설계한다. 그러나 학생들이 항상 예측 가능한 오류만을 범하는 것은 아니기 때문에, *선험적인 예측* 도구에 대한 이 초기의 희망은 계속 이어지지 않았다. 그럼에도 불구하고 다네시 외(Danesi et al.)가 언급한 것처럼, 대조 분석은 여전히 가치 있는 *경험적 설명*의 도구이다. 교사들은 학생들이 실수를 범하게 될 지점을 항상 100% 정확하게 예견할 수는 없다. 하지만 학생들이 일단 오류를 범했다면, 교사들은 그것들이 제1 언어의 간섭으로 야기된 것인지를 결정할 수 있다(10장의 영어 학습자들이 범하게 되는 오류의 종류에 대한 논의를 보라.).

	비교언어학	대조언어학	언어 유형론
관심 영역	해당 언어 간의 공통점	해당 언어 간의 차이점	해당 언어 간의 공통점
목적/중시 분야	보편성과 특수성 등 언어에 대한 이해	외국어 교육 등 실용적인 분야에서의 활용/보편성, 전체적인 조감도	개별성, 구체적인 특징
접근 방법	통시적 접근	공시적 접근	공시적 접근
언어학적 분류	이론언어학	응용언어학	이론언어학

23) [역주] Daniesi & Di Pietro
24) [역주] 중간언어(interlanguage)는 Larry Selinker(1972)에서 처음 도입된 용어로 학습자의 언어가 목표어인 제2 언어를 지향해 가는 과정 중의 중간 상태를 가리킨다. '전이'는 'transfer'의 번역어이고, 간섭은 'interference'의 번역어이다.

대조 분석은 교육과정을 개발하기 위한 조직 틀 또한 제공할 수 있다. 이는 학생들이 이미 알고 있는 언어—그들의 가정 언어—와 명백하게 대조함으로써, 새로운 언어-학문 영어-에 대한 개념을 소개하거나 검토하기에 유용한 접근법이다. 이 기법은 학생들의 제2 언어 사용이 규칙들의 지배를 받는다는 전제에 기반하며, 학생들이 규칙을 설명할 수 있는지 아닌지에 의해 결정된다. 만약 우리가 학생들이 규칙을 알도록 돕는다면, 우리는 학생들이 표준 학문 영어로 성공적으로 전이할 규칙들을 확인하고, 전이되지 않는 규칙들은 수정하도록 도울 수 있다. 이런 종류의 접근법에 대한 이점들은 직관적으로 명백하다. 학생들이 알고 있는 것에서 시작해서 모르거나 많이 연습할 기회를 갖지 못한 것으로 나아가도록 돕는 일은 많은 교육적 의미를 가진다.

이를 뒷받침해 주는 실증적 연구가 있다. 시겔(Siegel, 1999)는 전통적인 문법 프로그램으로 학습한 학생들과 교사들이 학생의 가정 언어를 존중해 주며 그 사용을 허용하고, 가정 언어와 표준어의 요소들을 분명히 비교하는 프로그램으로 학습한 학생들을 비교한 전 세계 20여 개의 연구에 대해 검토했다. 초기 연구에서, 표준화된 읽기 쓰기 테스트에서 통제 집단의 학생들보다 실험 집단의 학생들이 더 잘하거나 비슷한 성취를 보였다.25)

시겔(1999)의 연구가 기술한 것과 유사한 프로그램은 표준 영어 숙달도(SEP26)) 프로그램이다(Miner, 1998). 캘리포니아 주가 지원한 이 프로그램은 학생들의 표준 영어 학습을 돕는 동시에 체계적이고 규칙 지배적인 AAVE의 본질을 인정한다. SEP 프로그램의 기본 전제는 교사들은 추가

---

25) [역주] 여기서 통제 집단은 전통적 문법 프로그램으로 학습한 학생들이며 실험 집단은 가정 언어를 존중 받고 대조적 프로그램으로 학습한 학생들이다.
26) [역주] Standard English Proficiency

적인 방언으로 표준 영어를 가르칠 뿐이지 학생들이 학교에 가져오는 가정 언어를 "고치지(fixing)" 않는다는 것이다.

캘리포니아의 오클랜드에서 SEP 프로그램으로 5학년 학생들을 가르치는 시크릿(Secret)에 따르면, 궁극적 목표는 학생들이 표준 영어를 학습하도록 돕는 것이며, 학생들의 가정 언어를 그러한 일에 사용되도록 하는 것이다(Miner(1998)의 보고서 참고). 시크릿은 학생들이 제1 언어 구조-시크릿의 학생의 경우에는 AAVE 구조-가 표준 문어 영어인 제2 언어로 전이되었음을 깨닫도록 돕기 위해 번역의 은유를 사용한다고 했다. 시크릿은 다음과 같이 말한다.

학생들이 글쓰기를 할 때, 그들은 완성된 글이 [표준] 영어이어야 함을 알고 있다. 흑인 영어 구조의 사용은 그들의 초고에서 많이 등장한다. 이런 상황이 발생할 때, 그냥 "너는 여기서 흑인 영어를 사용했구나. 나는 네가 이 사고를 [표준] 영어로 옮길 필요가 있다고 생각해."라고 말한다. 이런 식의 설명은 아동의 사고나 언어를 부정하지 않는다.

내가 [SEP 프로그램 접근법을 사용하여 가르치는 것을 시작하기] 전에는, 나의 접근법이 이러하지 않았다. 나는 '틀린 것을 고친다'는 식의 접근법을 사용했다. 나는 항상 학생들에게 정확한 것을 말하도록 했고, (잘못된 것은) 올바른 것으로 고치도록 했다. 지금 나는 학생들에게 좀 더 긍정적인 효과를 가져다 줄 수 있는 "다른" 관점으로 동일한 과업에 접근한다(Miner, 1998: 81).

대조 분석에 근거한 또 다른 프로그램은 시카고에 있는 말하기 표준 협회의[27] 버거(Berger)가 개발한 "학교 대화/친구 대화" 교육과정이다. 버거는 다양한 영어 방언과 다른 언어를 표준 영어의 특징과 대조한 95개의 대본을 읽는 일련의 수업을 설계했다. 학생들에게 자신의 방언을 포기하지 않도록 격려했으며, 학생들이 의사소통의 추가적인 형태로 표준

---

27) [역주] The Speak Standard Too Institute

영어를 취하도록 했다. 그녀는 학생들이 친구들과 적절한 대화를 사용
하도록 했으며, 학교나 직장에서도 적절한 대화로 전환할 것을 격려했
다(Nicklin, 1994). "학교 대화/친구 대화" 프로그램에 대한 간략한 기술은
보기 9.2.에서 볼 수 있다.

보기 9.2   교육과정에 대한 스포트라이트: 학교 대화/친구 대화

저자: 메리 버거[28]
저자 약력: 말하기 병리학자, 대학 교수, 교사 트레이너
발행: 오처드 출판사(Orchard Books, Inc)
Available: 2222 North Orchard Street Chicago, IL 60614-5244
        1-800-528-5244

교사의 매뉴얼인 교사 표준은[29] 학교 대화/친구 대화 코스와 학생 쓰기 저널인 쓰
기 표준을[30] 포함한다.

학교 대화/친구 대화

"학교 대화/친구 대화" 과정은 표준 영어(학교 대화)의 발음과 문법이 다양한 영어
방언(친구 대화)과 언제 어떻게 다른지를 강조하는 95개의 대본식 수업으로 구성되어
있다. 과정의 목적은 표준과 비표준 문체에서 동등한 자질들을 의식적으로 비교함으
로써 학생들이 학교 대화를 연습하기 위한 차이를 듣기 시작할 수 있고 또 상황의 요
구에 따라 하나에서 다른 하나로 전환하는 법을 배우기 시작할 수 있도록 하는 데 있
다. 일부 학생들이 그들의 가정 방언 때문에 직면하는 차별에 대항할 수 있도록 이 과
정은 그들의 방언이 단지 표준 영어와 다를 뿐이며 결핍된 버전이 아님을 가르친다.
각 수업은 교사를 위해 수행된 연구들에서 제시하는 차이를 언어학적으로 설명하
는 것에서 시작한다. 이는 또한 교사들이 학생들로부터 대조적인 문장을 이끌어 내
기 위해 읽을 수 있는 도입 이야기를 포함한다. 학생들이 자신의 문장에서 듣고 본
차이점(들)에 대해 논의한 후에 그들은 학교 대화와 친구 대화의 동등한 자질들을 연
습하고 각각을 확인하는 법을 배운다.
be 동사로 예를 들어 보면 다음과 같다:

---

28) [역주] Mary I. Berger
29) [역주] Teach Standard, Too
30) [역주] Write Standard, Too

친구 대화	학교 대화[31]
She pretty.	She is/'s pretty.
She nice.	Shi is/'s nice.
He funny.	He is/'s funny.

두 학생이 그들의 교사를 묘사하는 도입 이야기 후에 학생들은 학교 대화와 친구 대화를 표상하는 문장들에서 차이점(예를 들어 be-동사의 존재나 부재)과 둘 중 하나를 사용하는 것이 이로울 때가 언제인지에 대해 논의한다. 그러고 나서 학생들은 그들의 친구들을 묘사하는 문장을 만들 것을 요구받을 수 있다. 이들 문장들은 같은 방식으로 분석된다. 학생들은 하나의 "대화"에서 다른 대화로 문장을 "옮기는" 연습을 한다. 마지막으로 그들은 일부 문장들에 대한 교사의 발음을 듣는 반복 연습을 통해 그들이 친구 대화나 학교 대화를 사용하는지에 대해 확인한다. 질문-대답 그리고 다른 구두 반복 연습이 뒤따른다.

연습 문제는 본래 더 어린 아이를 위해 쓰인 것이지만 교사 매뉴얼의 부록은 청소년과 성인 학생을 위해 수업이 어떻게 각색될 수 있는지를 보여준다.

(오처드 출판사로부터 홍보 자료에 기반한 기술들이 허락 하에 사용되었음.)

버거와 시크릿이 사용한 비교 접근법은 문학 수업에서도 잘 작용한다. 예를 들어, 메이어(Meier, 1998)은 초등학교 학생들의 메타언어적 인식을 효과적으로 발달시키기 위해 맥키삭(McKissack)의 『플로시와 여우』라는[32] 동화가 어떻게 사용될 수 있는지를 설명한다. 대략 1900년대 초의 남부 시골을 배경으로 하는 이 책은, 그녀의 길을 가로막는 여우를 속이기 위해 언어를 활용하는 플로시라는 어린 소녀에 대한 이야기이다. 여우는 표준 영어를 사용하지만 플로시와 그녀의 할머니, 그리고 이야기 서술자는 남부 시골 방언을 사용한다. 메이어는 학생들이 이들 두 방언의 다른 관습을 보다 많이 알도록 격려하는 다수의 언어와 글쓰기 활동을 제공한다.

---

31) [역주] 그녀는 예뻐. / 그녀는 멋져. / 그는 유쾌해.
32) [역주] *Flossie and the Fox*

- *여우의 관점에서 이야기를 다시 쓰기.* 이 연습 문제는 학생들이 이야기 속의 사건을 다른 관점으로 다시 보도록 할 뿐만 아니라 그들에게 서술과 대화를 하나의 방언에서 또 다른 방언으로 "옮길" 것을 요구한다. 정확하게 옮기기 위해서 학생들은 표준 영어의 관습에 대해 알아야 한다.

- *플로시의 언어 사용에 대해 논평하기.* 그녀는 여우를 어떻게 속였나? 그녀가 자신의 목적을 달성하기 위해 사용한 문법적, 수사학적, 문체적 특징은 무엇인가? 이 연습 문제는 자신을 옹호하고, 논거를 반박하고, 설득하기 위해 사용할 전략뿐만 아니라 이들 전략이 언어에서 어떻게 부호화되는지에 대한 학생들의 주의를 이끈다.

- *단어의 어미에 주목하기.* 이 연습 문제는 학생들에게 두 방언의 발음에 대한 차이점을 더 잘 이해하기 위해서 단어의 끝 부분(예를 들어, 플로시의 *chile*이 여우에겐 *child*이며, 플로시의 *heap o'words*가 여우에겐 *top of the morning*이다)을 비교하도록 요구한다. 학생들은 번갈아 가면서 이야기 속의 다양한 역할을 맡으면서 두 방언 모두의 발음을 연습할 수 있게 된다.

이런 활동들은 학생들이 등장인물의 언어와 나아가 그들 자신의 언어에 주목하는 동시에 이야기의 내용을 보다 잘 이해하도록 돕는다.

메이어(1998)은 도심 지역의 아프리카계 미국 학생들과 함께했기 때문에, 그녀의 목표는 학생들이 AAVE뿐만 아니라 표준어 문법을 따르는 영어의 변이형인 표준 흑인 영어를 말하는 것에 편안함을 느끼도록 돕는 것이며, 또 화자들이 자신들의 민족적 정체성을 나타내는 것을 허용하도록 돕는 것이다. 메이어에 따르면, 표준 흑인 영어는 다음과 같은 민족적 표지들을 갖는다.

특유의 억양 패턴들; 은유적 언어; 설명하기 위한 구체적 예와 비유; 라임, 리듬, 두운, 그리고 말장난을 포함하는 반복의 다른 형태들,, 속담, 경구, 성경의 인용, 학술적인 인용의 사용; 색채 어휘와 비일상적인 어휘; (요점에서부터가 아닌) 요점으로 나아가는 주장하기; [그리고] 간접적으로 주장하기(p.99).

킹은[33] 그러한 화자였다.

비록 잘 알려지지 않았지만, 그 외 다른 표준 변이형들도 존재한다.

이 장은 학문 영어에서 숙달도를 성취하는 데 있어 언어적 소수 학생들을 지원하는 대조 분석과 다른 교수 전략들을 탐구한다.

9.4. 언어 경험 탐구하기

1. 읽기를 시작하기 전에, 5분 정도 다음 내용에 대해 당신의 생각을 적으라.

   카메론(Cameron, 1995)은 *언어적 위생*[34]이라는 제목의 언어 태도에 대한 그녀의 논의에서, 언어 태도가 언어를 판단하는 우리들의 자연스러운 능력으로부터 기원하기 때문에 필연적이라고 언급한다. 원어민 화자로서 우리는 언어가 문법적인지, 고급스러운지, 맥락에 적절한지 등을 판단하는 능력을 갖고 있다(그리고 필요로 한다). 이 능력은 우리가 다른 언어에 대해 판단할 때 매우 중요한 영향을 끼친다. 예를 들어, 우리는 학생들이 어떻게 말하는지에 따라 그들의 지능 또는 능숙도에 대해 추측한다. 당신이 가진 언어 태도는 어떤 종

---

33) [역주] Martin Luther King
34) [역주] *Verbal Hygiene*

류의 것인가? 당신의 것과 "다른 악센트"를 사용하는 누군가의 말을 들었을 때 당신은 어떻게 반응하는가? 그들이 말하는 방언을 신뢰하는가? 맥락은? 당신은 언어적으로 관용적인 사람이라고 말할 수 있는가? 왜 그런가? 아니라면 왜 그렇지 않나?

2. 볼프람 외(Wolfram et al.)(6장을 보라)를 다시 읽으라. 그들이 언어적 소수 학생들을 지원할 수 있도록 제공하는 교수 전략은 무엇인가?

◧ 가정과 학교의 다리: 노동자 계층 가정의 학생들이 학교 문식성을 획득하도록 돕기 35)

헤게만

이 논문은 『영어 저널』의 2001년 3월 "모두를 위한 언어"라는 주제 호(號)에 실린 것이다. 이 논문에서 헤게만은 언어적 소수 학생들이 누구인지 처음으로 정의했고 제2 방언을 학습하는 과정을 기술했다. 그녀는 언어적 소수 학생들이 학문 언어를 편안하게 느끼도록 하는 몇 가지 방법을 제시하였다.

─ ─ ─ ─ ─

이것은 기초 글쓰기 학급의 학기 중반에 해당하며, 나는 학생들과 그들의 글쓰기 능력에 대해 알아가고 있다. 나는 이 학급이 중서부 대학에서 내가 겪었던 많은 다른 학급과 유사하다는 것을 발견했다. 대부분의 학생들이 노동자 계층에 해당하며, 그들 중 다수가 언어적 소수 학생에

---

35) [역주] Julie Hagemann(2001), A Bridge from Home to School: Helping Working Class Students Aquire School Literacy, *English Journal* 90-4, 74-81.

해당한다. 그들은 대개 가정 언어가 표준 영어가 아니며 이로 인해 학교에서 어려움을 겪는 학생들이다. 그들 중 대부분은 영어의 방언적 변이형을 사용하는데 일부는 영어 글쓰기에 대한 연습을 거의 하지 못했던 이중 언어 화자이다. 그들은 대학 생활에 대한 준비와 표준 영어 숙달을 위한 추가적인 도움을 필요로 하기 때문에 나의 수업을 듣고 있다. 모든 노동자 계층의 학생들이 표준 영어를 사용하는 데 어려움을 겪는 것은 아니며, 모든 언어적 소수 학생들이 학교에 적응하는 데 어려움을 겪는 것도 아니다. 그러나 나의 학생들은 어려움을 겪고 있다. 초·중등학교가 그들에게 쉽지 않았지만, 그래도 그들은 대학에 들어가기 위해 기꺼이 노력하고 있다. 새로운 학교는 새로운 시작을 의미한다. 그들은 이번만은 성공하기를 희망한다.

아담(Adam), 타메카(Tameka), 바비(Bobby)는 대학 기초 글쓰기 과정에 등록한 영어 방언 화자들을 대표한다. 아담은 건장한 학생으로, 인디애나의 남부 시골에서 온 학생이다. 그는 많은 사람들이 남부 악센트를 연상하는 방식으로 말한다. 그는 고등학교에서 풋볼 영웅이었고, 구장에서 느끼는 편안함은 그를 교실의 불편함에서 잠시 벗어나게 해 주었다. 그는 본 캠퍼스에서의 풋볼 경기를 꿈꿨지만, SAT 점수 결과가 나오면서 그 꿈은 산산조각 났다. 장학금을 받을 만큼의 높은 성적을 얻지 못했기 때문이다. 현재 그는 대학의 분교 캠퍼스를 다니고 있으며, 몇 년 내에 옮기기를 희망한다. 아담은 가족들의 풋볼에 대한 사랑을 이야기할 때를 제외하고는 이 도시와 대학 수업을 불편해 하는 듯 보인다. 그는 자랑스럽게 말했다. "나와 나의 형제는 모두 게임을 했으며, 나의 아빠는 모든 게임을 보러오셨어. 아빠는 한 게임도 놓치는 일이 없었어." 아담은 특히 대학 수준의 문식성에 대해 어려움을 드러냈다. "나는 교과서 공부를 못해."라고 그가 말해서 비평적 읽기 학급 토론이 잠시 중단되었다. 글쓰기도 그에게 어렵기는 마찬가지였다.

아담의 맞은편에 있는 타메카는 그 주(州)의 산업 단지인 도시 출신이다. 그녀는 시간이 충분히 주어진다면 표준 영어를 사용하여 정교한 에세이를 쓸 수 있다. 그녀는 친숙한 언어로 먼저 자신의 생각을 쓸 필요가 있으며, 자신의 생각을 표준 영어로 번역해야 한다. 그녀가 사용하는 발화는 AAVE의 리듬과 억양과 특징들을 갖고 있으며, 그녀는 "we speak at home, you know, in our community."라고 말한다. 그녀는 아마도 내가 가르쳤던 학생 중에서 사회언어학적으로 가장 요령 있는 학생이다. 그녀는 AAVE가 표준 영어만큼 정당한 방언이라는 것을 알고 있다. 그녀는 학교에서 다른 종류의 영어를 기대한다는 것 역시 알고 있다.

타메카 뒤에는 바비가 앉아 있다. 그녀는 히스패닉계 이웃들이 대부분인 곳에서 자라면서 배운 멕시코계 영어로 말할 수 있다. 바비의 부모님 두 분은 모두 10대 때 멕시코에서 이민 왔다. 지금은 가족 모두가 주로 영어를 말하고 있지만, 그들은 멕시코에 있는 친척과 의사소통함으로써 그들의 스페인어를 유지한다. 아담과 타메카처럼, 바비의 발화는 그의 문화적 유산에 속하는 리듬과 억양을 지닌다. 그의 악센트는 영어를 학습한 스페인 화자의 악센트와 동일한 특징의 일부를 공유할 테지만 바비는 영어의 원어민 화자이며, 그의 가정 언어에서 문법적인 것에 대한 원어민 화자의 직관적인 감각을 지니고 있다. 아담처럼 그는 영어에서든 스페인어에서든 훌륭한 독자나 필자가 아니다. 결과적으로 그가 격식적인 영어를 쓸 때 그의 에세이는 매우 구어적이며, 그는 발음에 거의 주의를 기울이지 않는다. 바비는 교과서 읽기를 싫어하는 탓에 교실에서뿐만 아니라 다른 곳에서도 어려움을 겪고 있다. 그는 수업 자료가 포함되는 시험에서는 좋은 성적을 받지만, 읽기 자료가 수업 자료와 다른 교실에서는 실패한다. 그는 각 수업에 대한 스터디 그룹을 만들었기 때문에 그룹 동료들이 수업 자료에 대해 이야기하는 것을 들을 수 있으며, 그것을 구두로 배울 수 있다. 그러나 그의 전략은 그가 학업적인 바벨(babel)을[36] 통과하기에는 충분하지 않다. 그는 시험 중이며, 학기 말에 그 대학을 떠나야 할 수도 있다.

아담, 타메카, 바비는 학교생활에서 성공하기를 원하며, 그렇게 하기 위해서 그들은 격식적인 학업적 글쓰기를 특징짓는 구체적 관습뿐 아니라 표준 영어를 배워야만 한다. 모든 학생들은 문어로 된 학문 영어 관습을 숙달하기 위해서 노력해야 하지만, 몇몇 학생들은 다른 학생들보다 이를 좀 더 쉽게 배울 수 있다. 페레스(Pérez)는 학교가 "주로 영어로 글을 읽고 쓸 줄 아는 중산층 가정의 아동들을 위해 설계된" 기관이라고 말한다(21). 이 아동들에게, 학문 영어로의 전환은 비교적 쉽다. 그들의 가정 언어는 표준 영어에 가까우며, 학문 영어와 많은 부분 일치한다. 그러나 전형적으로 비표준적이라 여겨지는 다양한 영어를 사용하는 노동자 계층의 언어적 소수 학생들에게 전환은 훨씬 더 어렵다. 학생들의 가정 담화의 규칙들은 학업 세계의 것들과는 크게 겹치지 않는다. 그 결과 많은 언어적 소수 학생들은 "학교 대화"를 말하고 쓰는 것의 규칙과 관습에 대해 어려움을 겪는다.

아담, 타메카, 바비가 필요로 하는 것은 모든 초보 필자들이 필요로 하는 것이다. 즉 그들에게 학업 문식 능력을 준비시키는 교육과정 말이다. 예를 들어, 학생들은 비판적인 독자와 필자가 되도록 학습하고, 설득력 있게 뒷받침할 수 있도록 주장을 진술하고, 텍스트에서 관점의 모순되는 지점을 다루고, 그들 자신의 목적 달성을 위해 텍스트에 그들의 사고를 표상할 필요가 있다. 그들은 또한 중산층 학생들이 이미 가지고

---

36) [역주] 고대 바빌론에서 하늘까지 닿는 바벨탑을 쌓으려다 신의 노여움을 사서 언어의 혼란이 일어났다는 데에서 유래하여 언어적인 어려움을 빗대어 표현한 것이다.

있는 것이 필요하다. 이는 그들의 가정 담화를 보충하기 위한 격식적이고 문어로 된 표준 미국 영어에 대한 접근이다. 그들은 그들의 가정 담화가 표준 미국 영어와 어떻게 유사하고 또 다른지에 대한 상세한 인식과 그들이 원하거나 필요하다면 언제라도 가정 담화를 학문 영어로 부드럽게 전환할 수 있는 능력이 필요하다.

우리는 우리가 사회언어학에 대해 그리고 추가적 언어를 학습하는 청소년에 대해 알고 있는 것을 바탕으로 이 새로운 담화를 학습하는 언어적 소수 학생들의 수업을 도울 수 있다. 제2 언어 학습에 대한 연구는 "학교 대화"와 "가정 대화" 사이의 유사점과 차이점을 구분하도록 학생들을 돕는 방식으로 학업적 글쓰기와 표준 영어의 관습을 분명하게 제시할 수 있다면, 그것이 학습을 용이하게 할 것임을 제안한다. 가정 담화와 학교 담화를 명백히 비교하는 것은 학생들이 그들이 이미 알고 있는 것과 여전히 학습할 필요가 있는 것에 대해 주의 초점을 맞출 수 있도록 돕는다. 이는 그들의 가정 언어를 가치 있게 여기고 이를 가정에서 학교를 연결하는 다리로 사용하는 것이다.

[1] 노동자 계층 학생들의 언어적 배경

노동자 계층인 언어적 소수 학생들 대부분은 방언 또는 비표준 영어 방언의 원어민 화자, 단일 언어 사용 화자에 해당한다. 이들 방언은 지역적이거나(애팔레치아 지역의 영어 같은), 민족적이거나(AAVE 같은), 또는 다른 언어가 서로 접촉해서 형성된 것들일 수도 있다(멕시코계 영어, 푸에르토리코 영어, 베트남식 영어, 또는 나바호식 영어 같은).37) 영어 방언들은 서로 이

---

37) [역주] 여기에서는 '서로 접촉' 하는 언어의 한 쪽이 반드시 영어이고, 그 결과로 생산된 언어도 영어인 예만을 들고 있다. 하지만 서로 접촉하는 영어와 다른 언어가 접촉한다고 해서 반드시 '~계 영어' 혹은 '~식 영어'가 되는 것은 아니다. 필요에 따라 두 언어에서 일부 어휘와 일부 통사적 특징이 조합되어 새로운 언어 체계가 만들어지기도 하는데 이를 피진어(pidgin language)라고

해할 수 있지만, 음운적, 어휘적, 문법적 특징에서 다르다. 훨씬 큰 차이는 소리-우리가 흔히 악센트로 생각하는 것-에서의 차이이다. 이에 비해 문법에서는 비교적 적은 차이가 있지만 이들 차이는 전형적으로 학생들 쓰기에 가장 큰 영향을 끼친다. 일반적으로 말하자면 아담, 타메카, 바비에 의해 말해진 것과 같은 영어 방언들은 사전, 안내서, 권위 있는 다른 자료에서 표준화된 것과는 다른 문법 규칙들에 의해 특징지어진다. 결과적으로 그것들은 사회적 "낙인"을 끌어냈다(Wolfram & Schilling-Estes). 일부 방언 특징들은 "사회적으로 뚜렷하"며 다중 부정(*I didn't do nothing*), 주어-동사 불일치(*Janie talk with her hands a lot*), 불규칙 동사의 규칙화(*I Knowed he could do it*)와 같이 좀처럼 중산층 화자들에 의해 사용되지 않는 변이형들에 해당한다. 동사의 ing 형태에서 마지막 g의 생략(*I went swimmin' today*)과 같은 다른 특징들은 중간 계층과 노동자 계층 화자 모두가 사용하는 대표적 항목이다. 그러나 후자(노동자 계층)는 이들을 더 많이 사용하기 때문에 낙인찍힌다. 이들 특징 중에서 많은 부분은 역사적 분기를 드러낸다. 즉 노동자 계층은 몇몇 특성들을 보존하며, 반면에 중간 계층은 새로운 특성들을 적용하고 또는 그 반대의 경우도 가능하다.

방언과 표준 영어의 또 다른 중요한 차이는 전자가 비격식적이며, 구어 방언에 해당하는 반면 후자는 격식적 글쓰기가 된다는 것이다. 이는 어느 정도 방언 화자의 글쓰기가 구어적이고 비격식적으로 들리며, 종종 학업에서는 부적절한 것으로 여겨지는 이유가 된다.

방언 중에서 가장 잘 알려진 것은 AAVE 또는 흑인 영어이다. AAVE 특징에 대한 전반적인 논의는 릭포드의 『아프리카계 미국인 방언 영어』에서[38] 찾아볼 수 있으며, 반면 일반적인 방언에 대한 전반적 논의는 볼

한다. 피진어는 때로 다음 세대에까지 전수되어 공동체의 제1 언어가 되기도 하는데 이를 크리올어(creole language)라고 한다.

프람과 실링-이스트의『미국 영어』에서[39] 찾아볼 수 있다.

[2] 제2 방언의 학습 과정

우리는 아담, 타메카, 바비와 같은 원어민 방언 화자가 제2 방언(예를 들어, 표준 영어)을 배우기 위해 사용하는 과정에 대해 아는 것보다 학생들이 제2 언어(예를 들어, 영어)를 배우기 위해 사용하는 과정에 대해 훨씬 더 많이 알고 있다. 그러나 시겔이 지적한 것처럼 심리언어학에 대한 최근 연구는 그 과정들이 핵심적인 면에서 겹친다는 것을 보여 준다. 학생들이 두 개의 언어를 습득하든 두 개의 방언을 습득하든, 그들의 성공은 각 체계에 대한 다른 심적 표상을 발달시키는 능력에 달려 있다. 제2 언어 습득을 연구하는 대부분의 심리언어학자들은 유창한 이중 언어 사용자들이 그들의 두 언어를 구별되는 언어적 하위 체계로 분류하고 적어도 그들 뇌의 다른 곳에 부분적으로 저장한다는 것에 동의한다. 이중 언어 사용자들은 구별되는 하위 체계를 지니면서 그들이 원할 때면 언제라도 둘 중 하나를 끌어올 수 있다.

유창한 이중 언어 사용 화자들이 그들의 뇌 속에 평행한 트랙에서 출발하기를 기다리는 기차들이 있는 기차역을 가지고 있다고 상상해 보라. 사고가 떠오르고, 한 기차(말하자면 영어 기차)가 그 역을 떠나게 된다. 기차는 목적지에 사고를 계획하고 형성하는 일이 그 사고를 표현해 낼 수 있도록 역들을 지나쳐 달린다. 그것은 역에 남아 있는 또 다른 기차(말하자면 스페인어 기차)가 될 수도 있다. 트랙은 평행하기 때문이다. 떠오른 사고의 맥락은 어떤 기차가 그 역을 떠나게 될 것인지를 결정해 준다. 그리고 마침내 그 사고가 해당 언어에서 분명히 표현될 것인지를 결

---

38) [역주] *African America Vernacular English*
39) [역주] *American English*

정한다.

반면 아직 유창하지 않은 이중 언어 사용자는 뇌 속에서 완전한 트랙(이미 알고 있는 그들의 제1 언어[말하자면 스페인어]) 하나와 부분적으로 깔린 트랙(학습 중인 그들의 제2 언어[말하자면 영어]) 하나를 가진 기차역을 가지고 있다. 그들은 생각이 떠오르게 되면 스페인어 기차를 역의 밖으로 밀어내 버리지만 이는 역을 계획하고 형성하는 시점에 멈춰야 할 것이고 그래서 승객들은 영어 기차로 갈아탈 수 있고 그들의 종착역을 향한다. 이러한 전환은 시간이 걸리며, 일부 승객들은 전환에서 길을 잃을 수도 있다. 영어 트랙은 틈을 갖고 있기 때문에 그 목적지에 도달하기 전에 기차를 탈선시키기도 한다. 시겔에 따르면, 이 언어 모형은 두 개의 다른 영어 변이형을 사용하는 화자에게도 적용할 수 있다. 예를 들면, 이는 타메카가 에세이를 쓸 때 여분의 시간을 더 필요로 하는 이유에 해당하는 것이다.

아이러니하게도 비원어민 화자가 원어민 화자보다 표준 영어를 배우기가 더 쉽다. 아담, 타메카, 바비에게 표준 영어를 학습하는 과제는 그들이 이미 원어민 화자라는 사실 때문에 더 어려워진다. 그들에겐 두 개의 방언을 정리하고 구분하는 과제가 훨씬 더 어려운데 왜냐하면 방언들은 문법적으로 매우 많은 부분을 공유하기 때문이다. 학생들은 아마 그들이 가정에서 사용하는 방언과 학교에서 사용할 것으로 예상되는 방언 사이에 차이가 있다는 일반적인 느낌을 가질 수도 있겠지만 어떤 구체적인 특징들이 다른지에 대해서는 알지 못할 수도 있다. 게다가 이미 영어 화자들이 그들을 잘 이해하고 있기 때문에 그들은 표준 영어를 배우고 사용하기 위한 노력을 덜 하게 될 수도 있다(노동자 계층의 학생들이 표준 영어를 습득하도록 돕는 것은 이해할 수 있냐의 문제가 아니라 이미지 관리의 문제에 해당하는 것이다; 우리는 학생들이 그들의 학업 청중에 대한 특정한 지위를 만드는 것을 돕는다). 따라서 그들은 방언 간섭의 경우를 대비하여 자신의 언어를 감시하기가 어려울 것이다.

[3] 명시적 비교 교수법

구분된 하위 체계를 발달시키는 것은 언어 학습의 필수적인 부분이기 때문에 성공적인 언어 교수법은 학생들이 자신의 목표 언어(예를 들어, 영어)를 가정 언어로부터 구분하도록 돕는다. 시겔이 말한 것처럼, 특정한 특징을 배우기 위해서 학생들은 먼저 그것에 *주목하거나 유의할* 필요가 있다. 학생들이 이전에 그것들을 맞닥뜨린 적이 없기 때문에 이는 학생들이 알지 못하는 특징들을 지적하는 것을 의미한다. 이 특징들은 few와 less나 like와 as 사이의 구별과 같이 덜 알려진 규칙, 혹은 세미콜론과 콜론처럼 정교한 구두법에 대한 경우일 수 있다. 때때로는 그들이 이미 알고 있는 특징에 대한 학생들의 인식 수준을 높이는 것을 의미하기도 한다. 그들은 표준 영어에서 주어와 동사가 반드시 일치해야 하는 것을 알 수도 있지만 자신의 글을 검토하면서 막상 그들의 실수를 단지 "보지" 못하는 것일 수도 있다.

둘째, 학생들은 이러한 특징을 영어에 대한 그들의 기존 지식과 *비교*할 필요가 있다. 그들은 자신의 선험적 지식과 새로운 정보가 어떻게 다른지 볼 때, 그 새로운 정보를 받아들이고 그들의 현재 생각을 조정할 것이다. 이 단계는 문제되는 특징에 대한 향상된 이해를 요구하며, 이러한 이해는 그 특징이 가정 언어와 표준 영어에서 각각 어떻게 작용하는지에 대해 명확히 비교함으로써 용이해질 수 있다. 예를 들어, 우리가 불규칙적인 표준 영어의 동사 패턴(예를 들어, *go, went, has/have/had gone*)을 그 자신의 보다 규칙화된 것과(예를 들어, *go, went, has/have/had went*) 비교할 때 아담은 그것이 유익함을 깨달을 것이다. 그는 심지어 영어가 동사의 시제를 형성하는 두 가지 방법(어간 모음 소리를 교체하거나 *ed*를 추가)을 가지는 것에 흥미를 갖게 된다. 일찍이 그것의 역사에서 어간 모음 변화가 흔한 과정이지만 현재 우리는 일반적으로 *ed*를 첨가하고 있다(예를 들어, *microwaved, faxed, e-mailed* 등).

마지막으로, 학생들이 연습과 사용을 통해 이러한 특징들을 성장 중인 표준 영어 하위 체계에 통합*시킬* 필요가 있다. 학생들이 새로운 특성들을 인지하고, 비교하고 그들의 언어적 체계로 통합시키도록 격려하는 교수적 접근법이 학생들의 언어 학습에 용이해 보인다.

표준 영어의 학습을 위해 많은 사람들이 "표준 이하의" 방언이라고 알고 있는 것을 사용하여 언어 교육과정을 개발하는 것은 직관에 어긋나는 것으로 보이기도 한다. 특히 오클랜드의 흑인 영어 결정에 대한 1996-97년의 소란에서 일반 대중들이 그러했다. 그들은 학생들의 비표준 가정 언어(들)을 공부하는 데 소비되는 시간은 공부와 동떨어져 있으며 표준 영어에 대한 것과 거리가 멀다고 논의했다. 게다가 많은 사람들은 그와 같은 언어(들)에 대한 공부가 실제적으로 학생들의 표준 언어 학습을 간섭한다고 믿었다. 그러나 미국과 세계 여러 나라에 대한 20여개의 심리언어학적, 교육적 연구들을 검토했던 시겔에 따르면, 이러한 두려움은 사실무근의 것이다. 각각의 연구는 교사들이 표준 방언만을 가르친 통제 집단의 학생들과 교사가 교육의 매체나 공부의 대상으로 학생들의 가정 방언을 활용하거나 그들에게 어떤 언어로든 그들 자신을 표현하는 것을 허용한 실험 집단 학생들을 비교했다. 시겔이 검토했던 모든 연구에서, 실험 집단은 표준어를 통제 집단만큼 유사하게 혹은 더 잘 숙달하게 되었다. 그는 다음과 같은 결론에 도달했다:

접근 가능한 모든 연구들과 보고서들은 교육에서 학생들 자신의 언어 변이형을 활용하는 것의 다양한 긍정적 결과를 입증했다: 참여자 대부분이 표준 영어로 읽고 쓰는 기술을 측정하는 테스트에서 높은 점수를 받았으며 전반적인 학업 성취가 증가했다(p.710).

시겔은 명시적 비교의 교수법을 매우 효과적으로 만드는 것은 학생들이 가정 방언과 표준의 차이점을 좀 더 알게 되고, 그것들을 머릿속에서 두 개의 구별된 언어 체계에 구분하기 시작하는 것임을 논의했다. 이는 정서적 이점 또한 가진다. 교실에서 가정 언어를 사용하는 것은 그 언어들을 정당화하는 것이며, 그 언어들을 사용하는 학생들의 자아 존중감을 높이는 것이기도 하다.

기초 글쓰기 수업의 이번 학기 과정 전반에 걸쳐 우리는 명시적 비교의 교수법을 사용한다. 이는 학생들이 학업적 글쓰기에 대한 더 포괄적인 특징과 표준 영어에 대한 좀 더 문장 차원의 특징을 배울 수 있게 하기 위한 것이다. 이들 수업의 일부가 아래에 기술된다.

[4] 표준 영어를 학습하도록 학생들에게 동기부여하기

몇 주에 걸쳐 나는 그럴싸해 보이며 대체로 똑같은-다섯 개의 단락이 대개 묘사인- 아담의 모든 보고서를 살펴볼 수 있었다. 그는 심지어 과제가 자료들의 결합을 요구할지라도 그것을 피했다. 그의 도입부는 심지어 동일해 보였다-그가 화제를 소개하는 두 개의 문장과 그러고 나서 "In this paper, I will…"을 말하는 문장. 그의 결론은 항상 "In conclusion…"으로 시작했다. 내가 그에게 그를 좀 더 분석적이게 할 새로운 구성 방식을 시도할 것과 교실에서 우리가 논의했던 읽기를 활용할 것을 제안하자 그는 불평했다. 그는 "내가 이야기를 말할 때 나는 나일 수 있어요. 그러나 내가 학업적 글쓰기를 할 때는 아니에요. 나는 다른 작가들을 인용할 수 없어요."라고 말했다. 그는 계속 이어 말했다. "그들은 과장된 말을 사용하고, 그것들은 나에게 맞지 않아요."

나는 아담의 저항을 인정할 수 있다. 그의 정체성과 사회적, 문화적 소속은 그의 언어에 직접적으로 묶여 있다(Wolfram, Adger, and Christian). 만약 그가 이야기를 계속 말하고 "everybody"라는 어휘를 사용한다면 즉, 그가 이미 잘 알고 있는 것을 반복하기를 계속한다면 그는 그가 학교에 가지고 온 정체성을 유지할 것이다. 그러나 분석적이게 되고 자료를 사용하는 일은 그를 보다 완전히 학업적일 수 있게끔 조정한다. 아담에게 있어 이는 그가 자신의 정체성에 대한 중요한 부분을 포기하거나 바꾸는 것을 의미한다. 나는 그가 본모습을 지우는 것이 아니라 그것의 레퍼토리와 느낌을 확장하기를 원하는 것이라고 그를 설득하고자 했다.

나는 만약 아담이 말할 때 자연스럽게 정체성을 전환하고 있음을 인식하도록 돕는다면 아담을 안심시킬 수 있을 것이라고 생각했다. 그래서 하루는 학급에서 우리가 다양한 상황에서 말하는 방식을 비교했다. 나는 수업의 일부로 내 학생들에게 교통사고를 묘사하는 역할 놀이를 제안했다. 그들은 세 가지 다른 청중에게 말한다.: 보험 담당자, 그들의 조부모, 그리고 친구. 이는 그들이 상당히 쉽게 할 수 있는 과제였다. 청중에 의존하여, 그들은 다른 단어를 선택하고 특정한 세부 사항을 더하거나/삭제하였으며, 다른 톤을 사용했다. 학생들은 그들이 다른 세 청중을 위해 같은 사건의 다른 버전을 만들어야 하는 것에 순조롭게 동의했다.

그 다음에 나는 일부러 반대 입장을 취하는 것으로 내 자신의 역할 놀이를 했다. 나는 "올바른" 것이 없기 때문에 이것이 단지 설정임을 알면서도 어떤 버전이 "올바른" 것인지를 물었다. 아담은 기탄없이 말했다: "보험 담당자의 것이요." "왜 그렇지?"라고 나는 물었다. "선생님이 보험 담당자에게 말하기 위해 사용하는 단어들은 사전에 있는 것이기 때문이죠" 나는 물었다. "음, 너는 네 친구에게는 다른 언어를 사용하고 있다고 나에게 말하는 것이구나. 그것이 네가 네 친구에게 말하는 방법이 '잘못된' 것임을 의미하니?" 처음에 아담은 그렇다고 대답했다; 그는 올바르거나 잘못된 언어에 대한 기준으로 사전에 의지하기를 원했다. 그러나 타메카가 동의하지 않았다. "만약 네가 너의 친구에게 보험 담당자에게 했던 것과 같은 방식으로 말한다면, 친구는 곤란할 거야. 그리고 만약 네가 보험 담당자에게 친구에게 했던 것과 같은 방식으로 말한다면 보험 담당자는 너를 진지하게 대하지 않을 거야."라고 그녀는 말했다.

그 다음에 내가 물었다. "이야기의 어떤 버전이 '진짜 너'가 나오도록 하니? 언어의 어떤 종류가 너의 본모습을 표현하니? 그것은 부가적인 것이니?" 다시 타메카가 말했다. "세 가지 모두가 '나'예요. 친구에게 말할 때 보다 편함을 느끼긴 하지만 보험 담당자에게 말할 때도 나는 단지 '타메카'예요. 나는 다른 사람이 되지 않아요."

마침내 우리는 언어와 정체성의 본질에 대한 두 가지 결론에 이르렀다. 첫째, 우리는 "좋다"거나 "올바른" 영어가 반드시 표준 언어이지는 않으며, 언어는 청중과 맥락에 따라 적절해짐을 발견했다. 때로는 격식적인 것이 적절하지만 때로는 그렇지 않다. 우리는 스스로 많은 다른 상황을 찾았기 때문에 우리의 지휘부에 많은 언어를 가질 필요가 있다. 우리는 말하는 와중에 매우 자연스럽게 전환하고 대개 이를 알아차리지 못한다. 나는 우리가 우리의 글쓰기에서 다소 유연할 필요가 있음을 지적했다. 글쓰기에 하나의 "공식"은 충분하지 않다. 둘째, 우리는 다른 시기에 다른 모습으로 많은 역할과 프로젝트를 다뤘다. 일부는 다른 것들보다 편했지만 그것들 모두가 우리의 "참" 모습이다. 학문 영어를 학습하는 것은 자신의 자아·정체성을 포기하는 것이 아니라 또 다른 역할과 정체성을 추가하는 것이다.

내가 아담이 말하기와 글쓰기의 비교에서 그 자신의 언어 사용에 대해 알기를 희망하는 것은 곧 그가 이미 다소 유연하며, 그의 언어를 요구되는 맥락에 따라 조정할 수 있다는 것이다. 나는 그가 이러한 인식과 함께 스스로 보다 학업적인 언어를 시험 삼아 다뤄 보기를 희망한다. 확실히 그의 다음 보고서에는 자료들이 있었으며 이것은 시작이었다.

[5] 학술적 글쓰기의 관습 정리하기

이번 학기의 마지막 글쓰기 프로젝트를 위해, 나의 학생들은 캠퍼스 내 주차 문제를 조사했다. 그들은 먼저 그들 스스로 주제가 무엇인지를 명확히 하기 위해 문제점에 대해 기술했다. 그 다음 그들의 과제는 시설 관리자에게 문제 해결을 위한 조치를 요구하는 내용의 편지를 쓰는 것이었다(우리는 우리의 아이디어를 직접 제안하기 위해 관리자를 교실로 초대하였지만 그는 참석하지 못했다). 그러나 아담과 타메카와 바비에게 이 편지는 도전이었다. 그들은 자신이 생각하기에 최고의 해결책이 무엇인지뿐만 아니라 관리자가 조치를 취하도록 설득하는 방법에 대해 이해해야만 한다. 이 편지의 독자가 실재하고 그 결과도 분명했기 때문에 그들은 열성적이면서도 걱정하기도 했다.

또 나는 그들이 설득에 대해 이미 알고 있는 것을 인식하길 원했기 때문에 우리는 실제 세계에서 그들이 사용하는 설득 전략들을 학술적 차원에서 어떻게 설득할지에 대해 말하는 것들과 비교했다. 우리는 그들의 어린 동생이 쓰레기를 치우거나 어항을 청소하도록 설득하는 것, 그들의 부모님이 돈을 빌려주거나 저녁 동안 차를 빌려주도록 설득하는 것, 경찰관이 그들에게 주의만 주고 교통 위반 딱지를 끊지 않도록 설득하는 것, 여자 친구가 그들과 결혼하게 설득하도록 하는 것에 대해 말하는 것부터 시작했다. 그리고 그들은 그들이 성공한 이유를 설명하고자

했다. 우리는 그들이 학술적 (영어)를 사용하는 것-적어도 고대 그리스인
들과 그들의 설득적 호소에 대한 이론들을 따르는 것-과 동일한 종류의
논증을 사용하고 있다는 것을 발견했다. 그들은 이미 에토스(*Do it because*
I'm the mom, and I say so!), 파토스(*Pleeeease! All my friends are going!*), 로고스(*You shouldn't*
drink so much diet cola; I saw on the Internet that it could cause seizures)에 대해 알고 있
다.[40] 즉 우리는 그들이 벌써 설득하는 방법에 대해 꽤 많이 알고 있다
는 것을 발견했다. 그들이 알지 못하거나 많이 연습하지 못한 것은 단지
문어 편지를 매개로 하는 형식적인 설득일 뿐이다. 나는 그들에게 격식
적이고 문어로 된 설득의 어휘와 통사를 가르칠 것과(*"We propose …" and*
"This is the most feasible solution because …") 그들이 청중을 이해하는 것을 도울 것
을 약속했다. 그러나 나는 여러모로 그들이 해왔던 것에 대한 그들의 직
감을 믿을 수 있을 것이라고 확신했다. 게다가 그들은 스스로가 어떻게
인정하고 부인하는지를 이미 알고 있음을 깨달았다. 담화에서 무척 흔
한 반응은 "그래, 하지만 -는 어때?"이다. 우리는 *"Granted … but nevertheless"*
와 같은 단어와 함께 이 구절들을 어떻게 "번역할" 것인지에 대해 이야
기했다.

이런 종류의 명백한 비교는 학생들이 현재 가진 지식의 언어적 자원
중 어떤 요소들이 학술적 글쓰기의 새로운 맥락으로 전이될 수 있고 어
떤 요소들이 학술적 독자를 설득하기 위한 그들의 성공을 방해하는지를

---

40) [역주] 아리스토텔레스가 제시한 수사학적 개념으로 설득의 수단을 에토스, 파토스, 로고스로 나
누어 구분하였다. 이 중 에토스와 파토스는 정의적(情意的)인 방식이고 로고스는 이성적인 방식이
다. 에토스는 청자의 관심과 신뢰를 획득하기 위한 화자 혹은 메시지의 신뢰성을 의미한다. 파토
스는 청자의 심리, 감정에 호소하는 공감을 의미한다. 로고스는 논거를 통한 설득이다. 위 예문에
비교해 보면 에토스의 예에서는 화자가 '엄마'라는 자신의 지위에 기대어 신뢰를 획득하고 있으
며, 파토스의 예에서는 'pleeeease'와 같은 표현과 더불어 화자의 친구들과 함께 하고 싶다는 식의
감정적 호소를 보이고 있다. 로고스의 예에서는 인터넷에 근거해 다이어트 콜라를 많이 마시지
말아야 한다는 이성적 주장을 하고 있다.

알게 해준다. 이는 그들이 이미 알고 있는 것을 활용한다 - 그리고 평가한다 -. 이것은 또한 학생들이 학술적 필자의 역할을 맡는 것이 그들이 생각했던 것처럼 이질적이지 않음을 알도록 돕는다. 그들은 - 최소한 일부 방법에서 - 그들이 이미 알고 있는 것과 유사하다는 것을 깨닫게 될 때 해당 언어를 보다 기꺼이 사용하고자 한다.

[6] 학생들이 자신의 오류를 알도록 가르치기

바비의 에세이는 비격식적이고 덜 발달된 반 친구들의 글과 유사했다. 그러나 그는 문법과 기제(mechanic)에[41] 있어 다른 학생들보다 더 많은 문제점을 갖고 있었다. 그는 철자법에 있어 자주 실수했다. 이는 부적절한 동음이의어처럼 모든 방언 화자가 저지르는 전형적인 종류의 실수이면서 동시에 *shoes* 대신에 *choose*를 쓰는 것처럼 멕시코계 방언 영어 화자가 저지르는 전형적인 실수 모두이다(Wolfram & Schilling-Estes). 그는 쉼표의 오용이나 불완전한 문장이 잦았다. 그는 문장을 써 내려가기 전에 머릿속에서 이것에 대해 계획했을 것이다. 그는 그가 들었던 것을 썼고, 마침표와 쉼표를 반드시 통사론이 나타내는 곳이 아니라 그가 듣기에 휴지가 있었던 곳에 놓았다. 바비는 들은 대로 배우고 쓰는 것을 더 선호했다. 그의 보고서는 즐거운 리듬과 소리를 갖고 있지만 그는 글쓰기에만 나타나는 형식적 특징들의 결핍이나 오류를 볼 수 없었다. 그가 그의 보고서를 검토할 때, 그것들은 그에게 훌륭하게 들렸겠지만 학업적 독자들에게는 비관습적으로 보였을 것이다. 바비가 주목하거나 특별히 주의를 기울이기 바라는 것은 의사소통하기 위한 아이디어로서의 말들이 아니라 종이에 표지되는 것으로서 그의 말들이다(이는 바비가 읽기를 피

---

41) [역주] 여기서 기제는 글을 쓸 때 필요한 여러 가지 기술적 측면을 뜻하며 구두법이나 대문자 사용, 철자법 등의 기술적 측면이 이에 해당한다.

할 수 없을 때였다). 우리는 바비가 그의 검토 기술을 발달시키도록 돕기 위한 수많은 방식 중에서 명시적 비교를 사용했다.

먼저 바비와 나는 검토하기를 비판적 읽기와 비교했다. 바비는 검토하기가 그가 전형적으로 촉구해 왔던 비판적 읽기와는 다른 종류의 읽기를 요구한다는 것을 알지 못했다-마드라소(Madraso)가 지적했듯 두 용어가 어원으로 *reading*을 공유하고 있다 하더라도. 비판적 읽기에서 우리는 각 단어 하나하나를 살펴보지 않는다. 대신 우리는 다음에 오게 될 내용을 예측하기 위해 화제와 영어 문법에 대한 지식을 사용한다. 사실 우리는 예측했던 것을 확인하기에 충분한 시간 동안만 텍스트를 훑어본다. 반면 검토할 때, 우리는 각각의 단어를 살펴야 하며 최선의 단어를 선택했는지, 아이디어를 명확하게 표현했는지, 정확하게 철자를 쓰고 구두법을 사용했는지, 정확한 문법을 사용했는지 등등을 판단해야 한다. 성공적인 비판적 독자들은 다소 빠르게 읽는 편이지만 검토할 때 그들은 각각의 단어에 초점을 두고 천천히 읽어나간다. 나는 바비가 그의 보고서를 연필로 따라가면서 소리 내어 읽을 것을 제안했다. 이는 그가 자신이 본 것에 좀 더 집중하고 그가 들은 것에 덜 집중하도록 해준다.

둘째, 우리는 글쓰기가 소리 내는 방식과 보이는 방식을 비교했다. 우리가 비판적으로 읽을 때, 우리는 소리를 단어에 투사한다. 이 소리는 우리가 문어로 된 단어를 이미 알고 있는 개념에 연결하도록 돕는다. 반대로 우리가 검토할 때, 우리는 구어 단어를 문어 단어로부터 구별해야만 한다. 예를 들면, 우리는 비격식적인 말하기에서 수용할 수 있는 것과 격식적인 글쓰기에서 수용할 수 있는 것을 구별해야만 한다. 우리는 사람들이 문장을 말하는 것을 줄곧 듣기 때문에 그 문장이 괜찮게 들릴 수 있지만 학업적 글쓰기에서 이것은 너무 비격식적인 것이기도 하다. 동음이의어나 'd'가 좀처럼 발음되지 않는 'used to'와 구처럼, 우리는 단어가 소리 나는 방법과 그것을 철자하는 방식을 구별해야 한다. 마지막으로 우리는 말할 때의 쉴 곳과 구두점을 찍을 곳을 구별해야 한다. 바비의 많은 불완전한 문장들은 종속 접속사 사용의 결과로 나타났다(예를 들어, *because, when, after*). 그는 스스로 절들의 끝 부분에서 휴지를 들었고, 그래서 마침표를 사용했다. 그러나 종속 접속사는 절을 의존적으로 만들고 그래서 그는 그 뒤에 쉼표와 함께 또 다른 문장을 붙여야 한다. 바비의 쉼표 오용은 그가 방금 제기했던 화제에 대해 뒤따르는 언급을 할 때 전형적으로 사례를 표지했다. 그는 대개 대명사로 화제를 다시 말할 것이며, 그 다음 두 번째 언급을 만든다(*We visit my grandparents every Christmas, they live in Mexico*). 그는 또 다른 아이디어를 첫 번째에 급히 붙이려 했기 때문에 쉼표를 사용했다. 그러나 바비는 두 개의 다른 언급을 가지기 때문에 두 개의 다른 문장을 가지며, 그들 사이에는 마침표를 사용할 필요가 있다.

셋째, 우리는 버거가 제안한 것처럼 바비의 방언적인 문법을 격식적인 표준 영어 문법과 비교했다. 예를 들어, 그의 가정 방언은 이중 부정을 허용하며 주어로 목적격 대명사를 허용했다(*Us little people don't get nothing*). 또한 간접 의문문에 의문문의 어순을 허용한다(*I asked her could I go with her?*). 표준 영어 문법은 단일 부정을 요구하며 동사 앞에는 주격 대명사를 사용해야 한다. 또한 표준 영어는 간접 의문문에서는 표준 어순을(그리고 마침표) 사용해야 한다.

바비는 이번 학기 동안 놀랄 만큼의 검토하기 능력의 향상을 보여주었다. 바비는 편집하기 회의, 검토하기, 문법에 대한 미니레슨을 통해, 그가 예전에 결코 해보지 못했던 방법으로 그의 글쓰기에 주목하는 것을 배웠다. 비판적 읽기와 검토하기를 비교하고, 말하기와 글쓰기를 비교하고, 방언 영어와 표준 영어를 비교하는 일은 바비를 많은 언어적 전략들을 알고 정리하게 하며, 그것을 그의 기존의 복잡한 언어 체계에 통합시킨다. 이는 바비의 메타언어적 인식을 고취시키고 그의 학습을 가속화한다.

나의 동료는 그녀가 명시적 비교의 교수법에 기반한 형식적 문법 프로그램을 사용하기 시작할 때 그녀의 위험한 9학년 학생들에 있어 메타언어적 인식의 동일한 고조된 느낌에 주목했다. 조세린 라일리(Jocelyn Riley)는 시카고의 말하기 표준 협회(The Speak Standard Too Institute)에 속한 언어 병리학자 메리 버거가 개발한 "학교 대화/친구 대화" 프로그램을 언어적 소수 학생인 자신의 신입생들에게 사용하였다. 그녀는 이 방법이 전통적인 문법 교과서로 작업한 것보다 좋았다고 말한다. 그들은 표준 영어의 특징들을 다양한 영어 방언과 다른 언어들에 대조한 버거의 95개의 레슨에 기반하여 정기적으로 미니레슨 반복 연습을 하였다.

라일리는 학생들이 전통적인 문법을 반복 연습했던 것보다 자신의 언어와 친구들의 언어를 더 잘 관찰한다는 것에 주목했다고 말한다. 그녀는 학생들이 서로 "야, 너는 지금 친구 대화를 사용하고 있어. 우리는 지금 학교에 있으니 너는 학교 대화를 사용해야 해."라고 말하는 것을 듣는다. 그녀는 학생들이 방언들이 어떻게 생겨나게 되었는지, 그들이 어떻게 지금의 지위-혹은 그것의 결핍-를 지니게 되었는지에 대해 진솔하게 논의하는 것의 가치를 인정한다고 말한다. 그들은 라일리가 그들이 가정에서 말하는 방법을 따라준다는 것에 감사해 한다. 이는 폄하되지 않는다: 이는 단지 그들이 말하는 방법이다. 결과적으로 그들은 "학교 대화"에 대한 논의를 들을 준비가 되었다. 그들은 또한 학문 영어와 그들이 가정에서 말하는 방식 사이의 명백한 대조에 반응하는 듯 보인다. 라일리는 이 프로그램과 그 결과에 꽤 만족한다.

심리언어학자들은 유창한 이중 언어 화자들이 그들의 언어들을 별개로 유지하지만, 충분히 발달된 하위 체계를 그들 뇌에 가지기 때문에 어떤 체계든 맥락에 적절한 것으로 쉽게 활용할 수 있으며, 혹은 그들이 원한다면 두 체계 사이를 쉽게 전환할 수 있다고 말한다. 명시적 비교의 교수법은 노동자 계급에 속하는 언어적 소수 학생들에게 이런 발달이 가능하도록 한다. 이것은 그들이 가정 언어-영어 방언-와 학교 언어-표준 영어-의 차이점을 알고 정리할 수 있도록 돕는다. 또한 그것은 학생들이 학업 문식성의 관습을 이해하고 그들의 언어적 레퍼토리에 통합하도록 해 주며 결국 아담, 타메카, 바비와 같은 학생들에게 학교와 가정을 연결하는 생산적 다리이다.

━━━ ━━━ ━━━ ━━━ ━━━

9.5. 참고 문헌

Baugh, John. "Linguistics, Education, and the Law: Educational Reform for African-American Language Minority Students." *African-American English: Structure, History and Use.* Eds. Salikoko S. Mufwene, John R. Rickford, Guy Bailey, and John Baugh. New York: Routledge, 1998. 282-301.

Berger, Mary I. *Teach Standard Too: Teach Oral and Written Standard English as a Scond Dialect to English-Speaking Students.* Chicago: Orchard, publication date unknown. Available by writing to The Speak Standard, Too Institute, 2222 North Orchard Street, Chicago, IL 60614-5244. 1-800-528-5244.

Madraso, Jan. "Proofreading: The Skill We've Neglected to Teach." *English Journal* 82.2 (1993): 32-41.

Perez, Bertha. "Language, literacy, and biliteracy." *Sociocultural contexts of language and literacy.* Ed. Bertha Perez. Mahwah, NJ: Lawrence Erlbaum, 1998. 21-48.

Rickford, John R. *African American vernacular English: Features, evolution, educational implications.* Malden, MA: Blackwell, 1999.

Siegel, Jeff. "Stigmatized and standardized varieties in the classroom: Interference or separation?." *Tesol Quarterly* 33.4(Winter 1999): 701-28.

Wolfram, Walt, and Natalie Schilling-Estes. *American English: dialects and variation*. Malden, MA: Blackwell, 1998.

Wolfram, Walt, Carolyn Temple Adger, and Donna Christian. *Dialects in schools and communities*. Mahwah, NJ: Lawrence Erlbaum, 1999.

9.6. 논의를 위한 질문

1. 헤게만에 따르면 왜 비원어민 화자보다 방언 영어의 화자가 표준 영어를 학습하는 것이 더 어려운가? 그와 같은 학생들이 학술 영어를 학습하는 것을 어떻게 도울 것인지에 대해 그녀가 제안하는 조언은 무엇인가? 그녀의 조언은 볼프람·에드거·크리스티안의 것과 어떻게 비교되는가?

2. 1996년 12월 터진 캘리포니아 오클랜드의 흑인 영어 논쟁을 조사하라(하나의 자료는 *샌프란시스코 연대기*이며 www.sfgate.com을 통해 볼 수 있다). "흑인 영어" 화제에 대한 미국 언어 사회의[42] 결의안에 따르면 "표준 영어를 가르치면서 아프리카계 미국인 학생들의 방언을 인정하도록 한 오클랜드 학교 이사회의 결정은 언어학적으로 교육학적으로 문제가 없다." 왜 그것이 논란거리가 아니고 건전한 방침인지를 설명하라.

3. 학교 대화/친구 대화 교육과정을 조사하라. 이 방법의 장점과 단점은 무엇인가? 저자가 어떤 자격을 가지는가? 그녀가 자기 방법이 확실함을 입증하기 위해 제안하는 증거는 어떤 것인가? 그 증거는 얼마나 믿을 만하며 왜 그런가?

---

42) [역주] Linguistic Society of America

4. 1999년 2월 13일 *시카고 트리뷴은*[43] 앤 랜더스(Ann Landers)의 칼럼을 발행했다. 여기서 50년을 고등학교 교육에 종사하는 동안 "흠잡을 데 없이 우수한" 영어를 쓰며 생활하다가 은퇴한 E.E.는 아래의 비문법적인 동사구들에 대해 불평했다. E.E.는 특히 TV 리포터, 변호사, 또 민간 정치 해설가들이 이런 표현들을 사용하는 것을 듣고 실망했다. E.E는 앤 랜더스가 독자들에게 이들 구 표현이 비문법적이라는 것을 알려 주라고 요구했다. E.E.가 불평한 구 표현은 아래와 같다.

- woulda came
- coulda went
- shoulda did
- woulda took
- had went
- hadn't came
- had threw
- I seen

앤은 익살스럽게 흔히 동사 연결체로 인식되는 또 다른 예로 응대했다. "Thanks for writing. I shoulda thunk to tell them off myself"(p.28) E.E.가 불평한 동사구들에 대해 깨달은 것은 무엇인가? TV 리포터와 변호사가 이들 구를 사용했다는 것이 놀라운가? 왜 그런가/아닌가? 만약 당신이 앤 랜더스의 스태프였다면 이 편지에 어떻게 대응하도록 조언했겠는가?

---

43) [역주] *Chicago Tribune* 잡지

5. 드류(Drew)가 아프리카계 미국 방언 영어의 원어민 화자임을 계속
   염두에 두면서 드류(457쪽)가 쓴 에세이를 다시 읽어 보라. 드류가
   복수 명사와 과거 시제 동사들을 표지하는 방식에 대해 깨달은 것
   은 무엇인가? 그것들은 그의 가정 언어(아프리카계 미국인 방언 영어)로
   부터 어느 정도 전이된 것으로 보이는가? 드류가 그의 에세이를 보
   다 나은 표준 영어로 "번역할" 수 있도록 돕기 위해 당신이 줄 수
   있는 조언은 무엇인가?

제10장 언어적 소수 학생에 관한 연구: 영어 학습자들

　제9장에서 언어적 소수 학생들의 대부분이 방언 영어를 사용하는 단일 언어 화자인 원어민이라고 기술하였지만 비모국어를 사용하는 다중 언어 사용자 역시 상당수 존재한다. (이 글을 쓰는 시점에서 이용 가능한 가장 최신의) 1990년대 인구 조사에 따르면, 미국 외에서 얼마나 많이 태어났는지 보고되지는 않았지만 미국에는 집에서 다른 언어를 말하는 학령 아동이 대략 6백만 명 있다. 이들 중, 5백만 명이 영어에 능숙하거나 매우 능숙하다고 한다. 그러나 나머지 백만 명은 여전히 이중 언어 사용자가 되는 것에 어려움을 겪는다.

10.1. 영어 학습자[1]

발데스(Valdés, 1992)는 두 종류의 비원어민인 이중 언어 사용 학생을 식별했다: 초기 이중 언어 사용자와 유창한 이중 언어 사용자. 초기 이중 언어 사용자들은 이중 언어 사용자가 되는 과정에 있다. 즉, 그들은 영어를 배우는 중이다. 그들의 쓰기는 단순한 구문과 많은 수의 문법적이고 기제적인 "오류", 그리고 그들의 제1 언어에서 전이된 것들로 얼룩져 있다. 그들은 제한된 화제들에 대해서만 글을 쓸 수 있을 것이며, 독자에 대해 거의 인식하지 못할 것이다(Valdés, 1999). 그들은 ESL 프로그램이나 이중 언어 사용 프로그램에서 제2 언어로서의 영어에 대한 공식적인 교육의 혜택을 입을 수 있다-사실은 그들이 필요로 한다-.

이중 언어 사용 화자들의 두 번째 범주는 유창한 이중 언어 사용자이다. 이 학생들은 영어를 배워 왔으나 여전히 그들의 말하기와 쓰기에는 "비원어민 같은" 특징들이 있다(Valdés, 1992). 이는 특히 그들이 청소년기나 성인이 되어서 영어를 배웠을 때 더욱 그러하다. 그들은 once를 one's로 쓰는 것처럼 악센트와 함께 그들이 발음하는 대로 단어를 철자할 것이다. 게다가 그들은 스스로의 쓰기를 미국 독자들이 예상하는 대로 조직하지 못하거나(Connor, 1996) 관용 표현을 혼동하는 바람에 독자들이 무

---

1) [역주] ESL 영역에서는 ESL 외에 다른 용어들도 사용하는데 English for Speakers of Other Language(ESOL, 영어가 모국어가 아닌 화자를 위한 영어), English as an Additional Language(EAL, 추가적 언어로서의 영어), English as a Foreign Language(EFL, 외국어로서의 영어) 등이 있다. 이들은 모두 모국어가 영어가 아닌 이들이 사용하는 영어를 일컫는다.
이때 영어를 학습하는 이들은 종종 English Language Learner(ELL, 영어 학습자)라고 불린다. 다른 모국어를 가진 화자에 의한 영어는 다시 영어권 국가 밖에서의 영어와 영어권 국가 안에서의 영어 두 가지로 나눌 수 있는데 ELL은 후자에서 쓰이는 용어이다. 미국 정부와 학교 체계에 의해 사용되었으며, 언어·교육 정책 협회(Institute for Language and Education Policy)의 제임스 크로포드(James Crawford)가 결핍을 학습자들 탓으로 돌리지 않고 그들에게 긍정적인 라벨을 붙이기 위해 만들었다. 최근에 일부 교육자들은 줄여서 English Learner(EL)라고 하기도 한다(위키피디아 참조 <https://en.wikipedia.org/wiki/English_as_a_second_or_foreign_language>).

언가 "바르게 들리지" 않는다는 느낌을 갖도록 한다(Yorio, 1989). 이런 특징들은 유창한 이중 언어 사용자가 흔히 그들 영어의 많은 부분을 구어로 배우고-조이 리드(Joy Reid, 1998a)는 이들을 "청각 학습자"라 부른다- 이로 인해 영어 철자법과 구두법에 대해 많은 연습을 하지 못했기 때문일 것이다. 아마 영어를 배우는 데에 가장 어려운-그리고 사람들이 "비원어민적인 글쓰기"로 가장 많이 지적하는 특징은 관사와 전치사일 것이다. 이들 특징에 대한 오용은 학생이 영어를 모른다는 것을 뜻한다기보다는 그들이 비원어민이라는 것을 나타낼 뿐이다. 만일 유창한 이중 언어 사용자가 ESL 프로그램에는 맞지 않게 나이를 먹었고 주류의 정규 수업으로 들어가야 한다 하더라도 그들은 여전히 전반적인 편집 기술에서 그리고 그들이 유지하고 있는 비원어민적 특징을 구체적으로 확인하고 숙달하는 데에서 도움을 필요로 한다.

10.2. 제2 언어 학습하기

특히 또 하나의 언어를 학업의 수단으로 충분히 잘 사용할 정도로 학습하는 것이 목표라면 그 언어를 학습하는 과정이 길고 복잡하다는 사실을 미국에서의 이중 언어 사용 학생들은 경험해 봤을 것이고 또 그래야만 한다. 미국과 캐나다에서의 연구는 비원어민인 아이들이 영어에서 구어 능숙도를 발달시키는 데에 3년에서 5년, 그리고 학문 영어 능숙도를 발달시키는 데에 4년에서 7년이 소요됨을 보여 왔다(Hakuta, Butler, & Witt, 2000; 영어 외의 모국어 사용자들을 위한 영어 교사 협회(TESOL[2]), 1997).[3]

---

2) [역주] Teachers of English to Speakers of Other Languages
3) [역주] Herrera · Murry(2005)에서는 Cummins(1981)의 연구를 통해 문화적·언어적으로 다양한

학습자들이 또 다른 언어 학습에 성공할 것인지를 결정하는 많은 요
소들이 있다(Walqui, 2000).

- 목표 언어를 향한 그들의 태도
- 목표 언어를 학습하는 그들의 목표
- 그들의 가족이나 동료로부터 받는 지원의 수준
- 긍정적인 롤 모델의 존재
- 제1 언어에 있어 그들의 학교 교육과 문식성 수준
- 그들의 나이, 성별, 그리고 계층

이들 요소들은 학생의 성공에 영향을 미치는 언어 학습 전략과 결합
된다. 제2 언어 학습자들은-제2 방언 학습자들이 그러하듯- 그들 뇌에서
두 번째이며 분리된 언어적 체계를 발달시키기 위한 수많은 전략을 사
용한다. 처음에 그들은 모국어를 제2 언어의 언어적 규칙들을 학습하는
데에 대한 안내로 사용한다(Lightbown et al., 1999). 본질적으로 그들은 제2
언어에 대해 잘 알지 못하기 때문에 그들 사고를 전달하기 위해 대부분
그들의 제1 언어에 의존해야 한다. 초기 언어 학습자들은 때때로 의식
적으로 하지만 보다 빈번히는 무의식적으로 그들의 모국어에서 규칙들
과 단어를 "차용한다(borrow)". 예를 들어, 그들은 스페인어의 발음 규칙을
사용해서 영어 단어들을 발음한다. 두 언어의 측면이 동일할 때, 이 중
간언어적 연결은 대개 학습에 긍정적 효과를 가진다. 그러나 두 측면이

(CLD) 학습자들이 기초 의사소통 기술(BICS)을 갖추기 위해서는 1년에서 3년 정도의 기간이 소요
되며, 인지적 학문 영어 능력(CALP)을 갖추기 위해서는 5년에서 7년 이상이 소요됨을 밝히고 있
다. 따라서 학교는 BICS와 CALP를 함께 교수·학습해야 한다고 주장하였다. 또 Ovando·Combs
·Collier(2006)에서는 많은 연구들이 제1 언어에서 인지적이고 학업적인 발달이 학업적 목적을 위
한 제2 언어 발달에 강하고 긍정적인 영향을 미친다고 보여 왔음을 제시하였다.

다를 때나 유사하지만 같지 않을 때, 이 연결은 부정적인 효과를 가질 것이다. 예를 들어, 스페인어 화자들은 만다린 중국어 화자들에 비해 보다 수월하게 영어의 3인칭 성 대명사(예를 들어, *he/him/his*와 *she/her/her*)를 배운다. 왜냐하면 스페인어는 영어가 쓰는 것과 많이 유사한 대명사들을 사용하는 반면 중국어 방언들은 대명사에서 성이나 격 구별을 만들지 않기 때문이다. 스페인어 화자들은 3인칭 대명사들에 대한 그들의 이해를 성공적으로 영어로 전이할 수 있지만, 중국어 화자들은 대명사에 대해 적은 경험을 가지기 때문에 그럴 수 없다. 다른 경우에 언어는 아마 "충분히 가까울" 수 있고-하지만 동일하지는 않고- 따라서 학생들은 *the tempo of the music* 대신 *the tiempo of the music*이라고 쓰는 스페인어 화자의 경우처럼 그들이 제1 언어로 영어를 대체해 왔음을 깨달을 수 없다.

이런 어려움의 결과로 일부 학생들은 특정 구조들이 그들의 모국어와 상이한 탓에 그 구조들을 더 두려워할 수도 있다. 혹은 일부 학생들은 그들의 모국어와 가장 비슷한 발달 단계에서 다른 이들보다 오래 머무르기도 할 것이다. 예를 들어, 영어에서 부정문을 형성하는 발달 단계의 하나는 *I no speak English*에서처럼 단순히 동사 앞에 *no*를 삽입하는 것이다. 그들의 제1 언어에서 이 전략을 사용하는 학생들은 제1 언어에서 다른 부정 전략을 사용하는 학생들보다 이 발달 단계에 더 오래 머무르는 경향이 있다(Lightbown et al., 1999). 혹은 그들은 아마 규칙들을 배우지만 원어민이 사용할 것 같은 맥락에서 그것들을 사용하지는 않을 것이다. 중국어 화자들은 그들이 나타내는 사람의 성에 상관없이 *he*를 사용할 것이다. 혹은 스페인어 화자들은 스페인어의 모든 명사가 성을 가지는 탓에 영어에서도 성이 무생물의 물체에 속하는 것으로 생각할 수 있다.

학생들이 제2 언어에서 숙달도가 높아지면서 그들은 더 이상 그들의 제1 언어로부터 많은 것을 빌릴 필요가 없어진다. 그들은 대신 제2 언어

에 대한 그들의 지식에 의존한다. 보다 상급의 학습자는 새 언어에 대해
일부 특징들이 유사할 것이라는 가설을 만들고 검증하는 적극적인 노력
을 기울인다(Lightbown et al., 1999). 그들이 원리를 적절한 특징에 정확히 적
용시킬 때 그들의 추론은 학습에 긍정적인 영향을 미친다. 그러나 만약
그들이 특정한 예외가 존재함을 깨닫지 못하면 그들은 아마 유사점을
부적절한 맥락으로 확장할 것이고 오류를 만들어 낼 것이다. 예를 들어,
학생들이 영어의 과거 시제는 전형적으로 동사에 -*ed*를 더함으로써 표지
됨을 배웠을 때, 그들은 이 규칙을 새롭게 배우는 동사에 적용한다. *cook*
이나 *bake*와 같은 규칙적 동사들에서 이 적용은 성공적이다. 그러나 *eat*
이나 *drink*와 같은 불규칙 동사들에서 이 규칙은 표준적인 다양성에 적
용되지 않고 그들은 실수를 범한다.

10.3. 쓰기의 발달

지금까지 이 논의의 초점은 문법을 학습하는 데에 있어 왔다. 하지만
같은 논의가 수사학적 층위의 언어 학습에도 잘 적용될 수 있다. 연구자
들은 다양한 언어로부터 쓰기의 수사학적 관습을 대조해 왔고 조직적인
패턴에서, 논쟁을 분명하게 만드는 필자의 의무에서, 그리고 속담에서
나오는 지혜의 사용 가치에서 중대한 차이를 주목해 왔다(Connor, 1996).
예를 들어, 인도에서의 영어 화자들은 미국에서의 영어 화자들보다 격
식적이며, 라틴어에서 온 어휘를 더 많이 쓰는 경향이 있다. 이는 영어
가 인도에서 최초로 널리 사용되었을 때 주로 학교나 관청과 같은 공식
적인 영역에서 주로 쓰였기 때문일 것이다. 어휘 선택, 문체, 그리고 구
조에서의 차이는 문법적 지식의 전이에 영향을 미치는 차이들과 같은

방식으로 쓰기 기술의 전이에 영향을 미친다.

그러나 대조적 수사학의 대부분 연구는 대학교(종종 대학원) 수준의 국제적 학생들을 대상으로 행해졌다. 이들 학생들은 그들의 모국에서 오래도록 학교를 다녔으며 이로 미루어 보건대, 그들 모국어의 수사학적이고 학문적인 전통에 깊이 젖어 있을 것이다. 이들 연구 결과가 미국에서 중학교와 고등학교를 다녔고, 자신의 계승어로[4] 글을 잘 읽고 쓰지 못하는 이중 언어 사용자에 적용될 수 있는지는 분명하지 않다.[5]

사실, 연구자들이 특히 중학교나 고등학교에 있는 이주민 영어 학습자들(ELLs)이 어떻게 이중 언어 사용자와 이중 언어 문식자가 되는지에 대해 주의를 돌린 것은 지극히 최근의 일이다. 제2 언어 학습에 대한 이전의 연구들은 대부분 성인이나 초등학생 아이들에 의해 사용되는 과정들을 검토했으나 갈수록 중등 영어 학습자들을 더 많이 검토했다(Faltis et al., 1999; Harklau, 1999a, 1999b; Peregoy et al., 1997; Valdés, 1992, 1999, 2001). 이 영역에서 가장 잘 알려진 연구자는 아마도 미국 학교 라틴계 학생들의 영어 발달을 계속해서 다루어 온 과달루페 발데스(1992, 1999, 2001)일 것이다. 보기 10.1은 어떻게 쓰기 능력-수사적이고 문법적인 양자 모두-이 발달하는지에 대한 그녀의 관찰을 요약한 것이다.

---

4) [역주] 계승어(heritage language)는 지역에서 통용되는 공식적인 언어와는 다른, 특정 개인이나 가족, 공동체를 연결하는 데 사용하는 언어를 말한다. 비슷한 의미를 지닌 용어는 다양하다. '언어적 소수(minority language)'라는 용어가 있으나 '소수'의 의미가 다소 부정적인 탓에 사용을 지양하고 있다. 'heritage'가 과거나 전통을 의미하므로 현대적인 관점에서 '공동체 언어(community language)'라는 용어가 제안되기도 했고 '가정 언어(home language)'라는 용어도 있다(김대희, 2012: 36 참고).

5) [역주] 외국어로서의 한국어교육 연구 역시 초·중등학교의 학습자와 대학교(혹은 대학원)에서의 학습자에 대한 연구가 별도로 이루어지고 있다. 전자의 경우 다시 '국제결혼가정 자녀, 중도 입국 학생, 외국인 가정 자녀, 탈북 학생, 귀국자 자녀' 등 다양한 학습자들로 나누어진다.

보기 10.1   이론적 기반: 중등 영어 학습에서 쓰기 능력 발달시키기

발데스(1999)는 그녀의 연구에서 스페인어-화자 학생들이 그들의 영어 쓰기 능력을 어떻게 발달시키는지를 기술했다. 이 발달은 처음에 학생들의 제1 언어로부터의 번역과 형식적이거나 수사적인 요소들에 집중하지 못하는 무능으로 특징지어진다. 점차 학생들은 어휘와 문장 구조에 대한 통제를 습득하고 따라서 독자들의 필요를 충족시키는 인지적 주의에 집중할 수 있게 된다. 이들이 스페인어 화자임을 인정하는 것이 중요한데 이는 학생들의 제1 언어가 그들의 학습 과정에 중요한 영향을 미치기 때문이다. 우리는 이 과정을 모든 언어를 배경으로 하는 중등 영어 학습자들에게 추정하는 것에는 신중해야 한다.

레벨	의사소통적 과업 수행	조직	기제
레벨 1	영어 단어들과의 친숙함을 나타낸다.	친숙한 영어 단어들의 목록을 쓴다.	일부 단어들을 정확하게 철자한다.
레벨 2	정보를 나타내려 한다.	• 그들이 구두로 생산할 수 있는 단순하고 연결되지 않은 문장을 쓴다. • 또한 아마 스페인어로부터의 번역을 통해 쓰려고 할 것이다.	• 문장이 스페인어에서의 전이를 반영한다. • 철자법 오류들이 빈번하다. • 영어 단어들을 철자하는 데 스페인어 철자법 습관을 사용한다.
레벨 3	개인적 정보를 제공한다.	그들이 연결된 구어 담화로 생산할 수 있는 아주 짧은 연결된 담화(두세 문장)를 쓸 수 있다(예를 들어 가족, 자신, 학교).	• 스페인어에서의 전이를 반영한 문장들이 계속된다. • 대문자와 구두점 사용에 신경쓰지 않는다. • 철자법 오류들이 빈번하다. • 아직까지 영어 단어들을 철자하는 데 스페인어 철자법 관습을 사용할 것이다. • 쓰기는 철자법 오류와 비원어민적 자질을 야기하는 구어 발음을 반영할 것이다.
레벨 4	• 제한된 양의 정보를 나타낸다.	그들이 연결된 구어 담화로 생산할 수 있는 제한된 수	• 스페인어에서의 전이를 반영한 문장들이 계속된다.

레벨	의사소통적 과업 수행	조직	기제
	• 아주 기초적 수준에서 설명한다.	의 학업 화제들에 대해 아주 짧은 연결된 담화(단락)를 쓸 수 있다.	• 대문자와/나 구두점에 대한 시도가 시작된다. • 철자법 오류들이 빈번하다. • 쓰기는 여전히 철자법 오류와 비원어민적 자질을 야기하는 구어 발음을 반영할 것이다.
레벨 5	많은 양의 정보를 나타낸다.	• 연결된 담화의 긴 조각을 쓸 수 있다. • 단일한 매우 긴 단락들을 쓴다. • 같은 단락에서 많은 관계 없는 사고들을 포함한다.	• 스페인어에서의 전이를 반영한 문장들이 계속된다. • 일부 기초적인 통사적 패턴들이 여전히 숙달되지 않는다. • 중문을 쓰기 시작한다. • 대문자와 구두점이 여전히 숙달되지 않는다. • 구어 문체를 배타적으로 사용한다.
레벨 6	• 그들이 읽고 이해할 수 있는 것들을 보여주기 위해 정보를 나타낸다. • 설명한다. • 개인적 의견을 표현한다. • 의견을 정당화한다. • 쓰기에서의 경험을 자세히 이야기한다.	• 독자 인식이 거의 없음을 보인다. • 텍스트 조직에 대해 거의 알지 못하지만 몇 "단락들"을 사용하기 시작한다. • 같은 단락에서 많은 관계없는 사고들을 포함하는 것이 계속된다. • 세부 사항을 뒷받침하는 것의 선택을 위해 특유하고 비관습적인 규준을 사용한다.	• 스페인어에서의 전이를 반영한 문장들이 계속되지만 기초 통사적 패턴들이 숙달된다. • 구두점은 여전히 숙달되지 않는다. • 구어 문체를 배타적으로 사용한다.
레벨 7	• 그들이 읽고 이해할 수 있는 것들을 보여주기 위해 정보를 나타낸다. • 보다 완전히 설명한다. • 개인적 의견을 표현한다.	• 독자에 대한 감각이 발달하기 시작한다. • 텍스트 조직에 대한 감각의 성장이 드러난다.	• 정확한 의미들을 위해 언어를 선택하는 능력의 성장이 드러나기 시작한다. • 문체의 다양성에 대한 인

레벨	의사소통적 과업 수행	조직	기제
	• 의견을 정당화한다. • 쓰기에서의 경험을 자세히 이야기한다. • 쓰기에서의 느낌을 표현한다. • 이야기를 들려준다.		식이 다른 목적을 위한 쓰기에서 드러난다.

Valdés, G.(1999). Incipient bilingualism and the development of English language writing abilities in the secondary school. In C. J. Faltis & P. Wolfe (eds.), *So much to say: Adolecents, bilingualism and ESL in the secondary school*(pp.138-175). New York: Columbia University Teachers College Press. 허락 하에 사용함.

발데스(1999)는 그녀가 어떻게 초기 이중 언어 사용자와 유창한 이중 언어 사용자를 구별했는지 이 차트에서 내보이고 있지 않다. 하지만 다양한 수준의 기술어들은 레벨 7의 필자가 문어체 영어에서의 문법과 수사적 관습을 상당히 숙달했음을 암시한다. 그녀는 유창한 이중 언어 사용자가 주류 학생으로 대우받기를 권장하지만 동시에 그들의 쓰기에서 "비원어민 같은" 특징을 확인하고 바로잡는 교육을 지속적으로 받기를 권한다. 게다가 만약 이중 언어 사용자가 다양한 영어 화자들을 접한다면 그들은 비표준적인 특징들을 고치기 위해 방언 영어와 표준 영어를 비교하는 가르침을 받아야 할 것이다.

발데스(1992, 1999, 2001)은 스페인어 청소년 화자에 대한 자신의 연구 결과를 바탕으로 권고사항을 만들었다. 그러나 학생의 제1 언어가 그들의 학습 과정에 일부 영향을 미친다 하더라도 주류 교사들이 그들의 영어 학습자 필자의 교육에 적용할 수 있는 몇몇 보편적 원리가 있는 듯하다. 발데스의 권고는 동남 아시아계 미국 학생들이 어떻게 대학 쓰기에 잘 대비할 수 있는지를 연구하던 하트만 외(Hartman et al., 1999)에 의해 공명되었다. 이 세 교사/학자 모두는 이중 언어 필자의 교사가 다음과 같이 하기를 권했다.

- **형식보다 내용에 초점을 맞춰라.** 발데스(1992, 1999, 2001)과 하트만 외 (1999)는 교사들이 문법보다 조직과 발달에 교육적 시간을 소모하기 를 격려한다. 그들은 영어 학습자(ELL) 필자의 주된 독자들은 주류 교 사들이며, 이들 교사들은 학생들이 말하는 것이 무엇인지에 가장 관 심을 가진다고 주장했다. 발데스(1992, 1999, 2001)과 하트만 외(1999)는 또한 교사들이 학생들에게 다양한 장르의 경험, 특히 학업적인 것을 제공해서 그들이 학교에서의 보편적인 장르들에 익숙해지고 편안해 지게 하도록 조언했다. 그리고 마지막으로 그들은 학생들이 문어체 영어에 대해 보다 많이 배우기 위해 많은 실제적 모델들-인쇄된 것 이나 학생들이 쓴 것 모두-을 읽을 것을 권했다.

- **새로운 기술 학습을 지원하기 위해 학생들이 가져온 언어 기술들을 활용 하라.** 만약 학생들이 그들의 제1 언어에서 문식성이 있다면 그들은 이미 쓰기와 텍스트에 대해 알고 있는 것들 일부를 영어에서의 쓰 기로 전이할 수 있다. 발데스는 영어 학습자들이(ELLs) 어떻게 "그들 의 제1 언어를 영어 쓰기 학습에 전략적으로 사용할 것인지를 배우 는 데 대해" 학교가 "매우 적은 주의"를 기울이고 있음을 안타까워 했다(1999, p.173). 게다가 교사들은 학생들의 영어 구어 기술을 활용 할 수 있는데 이는 전형적으로 문어 기술보다 강하다. 발데스가 지 적한 것처럼 "[학생들이] 구어로 정보를 내보일 수 있을 때 그들은 문어에서도 이 정보를 잘 전달할 수 있다"(1999, p.173).

- **학생들의 문법적이고 기제적인 실수들에 관대해져라.** 왜냐하면 시간이 지 남에 따라 이 오류들은 대부분 사라질 것이기 때문이다.

10.4. 주류 교실에서 유창한 이중 언어 사용자 돕기

주류가 된 유창한 이중 언어 사용자들의 교사들은 종종 학생들이 그들의 쓰기에서 "비원어민 같은" 수사적이고 문법적인 특징들을 처리하도록 돕는 것에 준비가 부족함을 느낀다. 그러나 발데스(1992, 1999, 20001)와 하트만 외(1999)에서 권고하였듯이, 그들은 적어도 얼마간 그들의 단일 언어 사용 필자들에게 접근하는 것과 대체로 동일하게 그들의 이중 언어 사용 필자에게 접근할 수 있다. 단지 그들의 원어민 학생들에게 했던 것처럼 교사들은 다음과 같이 해야 한다:

● *학생들이 영어의 수사학적 판단에 대한 감각을 발달시키도록 도와주어라.* 학생들이 장르와 영어 독자들이 기대하는 수사적/화용적 관습을 배울 수 있도록 돕기 위해 영어 쓰기의 모형들을 사용하라. 발달 중인 여느 다른 필자처럼 영어 학습자들(ELLs)은 반드시 독자들의 요구를 예상하는 것을 배워야 한다. 그러나 그들은 독자들과 같은 문화적 관습을 덜 공유하고 있기 때문에 더 어려움을 느끼게 될 것이다. 그들은 아마 수사적 관습들에 있어 보다 분명한 교육이 필요할 것이다. 케이티 우드 레이(Katie Wood Ray)의 '필자처럼 읽기'[6] 접근이 유용하다. (표 4.1)을 보라.

● *문법과 용법 같은 낮은 순위 관심사보다 조직과 발달 같은 높은 순위 관심사에 초점을 맞춰라.* 무엇보다도 유창한 이중 언어 사용자는 필자이고, 여느 다른 학생들과 같다. 그들은 어떻게 효과적으로 그들의 메시지를 전달하고 독자들의 요구를 충족시킬 수 있는지에 대한 피드백을 가장 원할 것이다. 사실 페리스(Ferris, 1999b)에 따르면 영어 학

---

6) [역주] reading-like-a-writer

습자들은 교사들의 지적에 고마워하고 그것들을 진지하게 취하며 그것들이 고쳐쓰기에 도움이 된다고 말한다. 그러나 영어 학습자들은 문장 구조와 에세이의 의미에 영향을 미치는 단어 선택에서 보다 많은 실수를 만들어 낼 것으로 보이기 때문에 교사들은 초고에 대해 원어민 필자에게 하는 것보다 더 많은 편집의 지적을 해야 할 것이다.

- *긍정적인 면을 강조하라.* 기초 필자들에게 하는 것과 마찬가지로 교사들은 유창한 이중 언어 사용자가 흠이 있는 것보다는 잘 형성된 문장을 더 많이 가지고 있을 것임을 반드시 기억해야 한다(Noguchi, 1991). 교사/독자들처럼 우리는 대개 이 지점을 깨닫지 못하는데 이는 우리가 부드러운 의사소통을 대수롭지 않게 여기기 때문이다. 하지만 스트라우브(Straub)가 (4장을 보라.) 지적했듯 우리는 학생들의 글에서 좋은 점을 칭찬해야 한다.

- *오류를 분석하라. 이에 따라 학생들이 오류를 통제하는 데에 있어 어떻게 하면 보다 생산적으로 도움을 줄 수 있는지를 이해할 수 있다.* 교사들이 그들의 주류 레퍼토리들로부터 빌려 올 수 있다는 하나의 접근법은 오류 분석이다. 로젠(Rosen)은 (5장을 보라) 교사들이 학생들의 오류들에서 패턴을 찾아보고 그들이 사용하는 근본적인 "규칙들"을 이해하려고 시도할 것을 제안했다. 그렇게 하고 나면 그들은 학생들과 오류에 대해 어떻게 논의할 것인지를 더 잘 알게 될 것이다. 그러나 오류 분석은 ESL 필자에게서 보다 복잡한데 이중 언어 사용자는 두 가지 언어를 가지는 탓에 보다 많은 언어적 오류들이 있을 것이기 때문이다. 리드(1998b)는 영어 학습자들이 전형적으로 만들어 내는 오류 네 가지를 확인했다. a) 수행 오류, b) 영어에서 (학업적) 글쓰기에 대한 학생들의 가설이 부정확했거나 불완전해서 생기는 능숙도

오류, c) 학생들이 하나의 상황에 대해 그들이 아는 것을 또 다른 상황으로 부적절하게 전이시켜서 생기는 간섭 오류, d) 영어의 일부 특징들이 학습하기 어려워서 생기는 오류. 이들은 보기 10.2에서 보다 자세히 논의된다.

보기 10.2   이론적 기반: 영어 학습 오류 확인하기

조이 리드(1998b)에 따르면, ESL 필자들은 언어적 요소들로부터 오는 네 가지 기초적 이유 때문에 오류들을 만든다.

1. **제1 언어 간섭의 결과로 보이는 오류들.** 이 종류의 오류는 언어 중심적인데 이는 모국어를 공유하는 학생들끼리는 같은 오류를 만드는 것으로 보이기 때문이다. 대조 분석에 따르면, 학생들은 모국어가 영어와 다른 지점에서 오류를 만들 것이다. 이들 차이의 일부는 보기 10.3.에 목록화되어 있다.
2. **영어의 어려운 특징 때문으로 보이는 오류들.** 이 종류의 오류 또한 언어 중심적이지만 문제가 있는 언어는 영어이다. 학습하는 모든 언어의 학생들에게 어려운 일부 특징들이 있다. 그들은 절대 이들 특징을 완전히 숙달하지는 못할 것이다. 이와 같은 특징들은 관사, 전치사, 동명사, 부정사를 포함한다.
3. **영어 규칙들의 과잉일반화의 결과로 보이는 오류들.** 이 종류의 오류는 각 학생들의 가설이 다르기 때문에 보다 학습자 중심적이다. 오류 분석에 따르면 학습자들은 그들이 발달시켜 온 영어에 대한 가설을 부적절한 상황에 적용시킨다. 예를 들어, 영어 학습자들(ELLs)은 영어가 -ed를 더함으로써 과거 시제를 형성한다는 것을 이해할 때, 불규칙적 동사를 포함한 모든 동사에 -ed를 더할 것이다. 그들은 예외 went를 배울 때까지 goed를 말할 것이다.
4. **수행 오류.** 이 종류의 오류는 학습자 중심적이다. 변형-생성 문법에 따르면 학습자들은 서두름, 산만함, 선택적 주의7) 등 때문에 실수를 만든다. 그들은 일반적으로 규칙들을 알지만 특정한 예에서 실수를 만든다.

페리스(1995)는 이들 오류가 커다란 교실 환경에서보다는 개별적으로 다루어질 때, 학생들이 보다 잘 숙달할 것임을 지적했다.

---

7) [역주] 선택적 주의(selective attention)는 인지심리학의 용어로 사람이 여러 정보를 접하게 될 때 자신에게 필요한 정보만을 특정하여 취하는 것을 의미한다.

● *학생들이 오류들을 "보"고 모국어의 특징과 비교할 만한 영어에서의 특징을 분명하게 비교함으로써 두 언어 체계에서의 차이를 정리할 수 있도록 도와주어라.* 방언 화자들이 반드시 그들의 두 방언을 정리하는 것처럼 이중 언어 사용자들은 반드시 그들의 두 언어를 정리해야 한다. 학생들이 이들 차이를 볼 수 있도록 돕기 위해 교사들은 헤게만이 기술한 대조 분석 접근을 사용해서 두 언어를 비교하는 (미니)레슨을 발달시킬 수 있다(9장을 보라). 다른 언어들에 대해 아는 것은 학생들이 어디서 그들의 제1 언어 간섭으로 인한 학습 문제를 가지는지를 이해하는 데에 유용하다. 일부 공통어들의 특징이 영어와 어떻게 다른지에 대한 간략한 표는 보기 10.3에서 찾아볼 수 있다.

보기 10.3 이론적 기반: 영어와 몇몇 다른 언어들 사이의 문법적 차이에 대한 간이 목록

리드(1998a)는 영어 학습자들(ELLs)이 영어 쓰기에서 네 가지 오류를 저지른다고 주장하였다. 1. 제1 언어 간섭 오류, 2. 영어의 일부 어려운 특징으로 인한 오류, 3. 학생들이 규칙이 작용하지 않는 맥락에 그것을 적용한 탓에 생기는 오류, 4. 산출 혹은 수행 오류. 이 도표는 교사들이 처음 두 종류의 오류를 알아보는 데에 도움을 준다. 이는 영어와 몇몇 다른 언어들 사이의 차이를 간략하게 확인하고 초기 영어 학습자가 그들의 제1 언어로부터 부정확하게 전이할 것 같은-그러나 보장되지는 않는-규칙에 대해 전반적인 예측을 만든다. 마지막 세로 단은 또한 영어의 규칙이 어려운 지점을 보일 것이다. 마지막 세로 단은 많은 타 언어 화자들에게 어려운 여러 자질들을 거듭 말하고 이는 이들 특징이 본질적으로 어려운 것임을 암시한다. 이 도표는 커핀(Coffin)과 홀(Hall)의 『쓰기 워크숍』[8])에서 엮은 것이다. 그리고 이는 맥그로-힐 (McGraw-Hill) 회사의 승인 아래 재생산된다. 이는 또한 라이메스 외(Raimes et al., 1996) 그리고 고든(Gordon, 1998, 개인 담화)에서 다시 제시된다.

---

8) [역주] *Writing Workshop: A Manual for College ESL Writers* (ⓒ 1998 by McGraw-Hill Primis Custom Publishing, pp.vii-ix)

언어	어순	동사 체계	명사/관사	기타	예상되는 오류들
영어	SVO; 오른쪽 어순; 부사 가동; 명사 앞 형용사; 명사 뒤 관계 절	조동사와 법조동사를 가진 광범위한 시제와 상 체계; 수동태의 넓은 사용	가산/불가산 명사, -s로 표지되는 복수 명사; 일부 지시 형용사-명사 일치; 복잡한 부정관사/정관사 체계	알파벳; 다른 언어들의 개입으로 일관성 없는 철자법	
아랍어	VSO(형식적); SVO와 VO(비형식적); 부사 가동; 명사 뒤 형용사; 관계절에 포함된 목적어 대명사	과거, 현재, 미래와 일부 완료 시제; 현재 시제에서 be가 없음; 주어를 포함하는 동사; 법조동사 없음	정관사는 있지만 부정관사는 없음; 명사가 성(性)을 가짐; 복수 명사 표지; 일치 규칙이 다름	아랍 알파벳 사용; 오른쪽에서 왼쪽으로 씀; 철자법은 표음적임; 구두점 규칙이 고정되지 않았음	철자법; 구두점; 동사 시제; 동사 형태; 일치; 수; 부정관사
중국어 (만다린)	SVO; 명사 앞 형용사와 관계 절; 동사와 형용사 앞 부사	시제를 나타내기 위한 부사 사용; be가 드묾; 조동사 없음; 법조동사가 다름; 시간의 다른 개념	관사가 없음; 가산/불가산 명사가 다름; 복수 명사가 표지되지 않음	알파벳 글자를 사용하지 않음; 쓰기는 왼쪽에서 오른쪽으로 가거나 위에서 아래/오른쪽에서 왼쪽으로 감; 4성조	어순; 동사 시제; 동사 형태; 일치; 수; 관사; 병치구조; 명사 뒤 수식어
일본어	SOV; 관계 대명사 없는 명사 앞 관계 절; 전치사 대신 후치사	동사는 주어와 목적어를 포함; be 없음; 수동태가 다름; 법조동사가 동사를 뒤따름	가산/불가산 명사 사이의 구별이 없음; 복수 명사가 표지되지 않음; 관사가 없음	중국 글자와 일본 알파벳을 사용함; 많은 영어 단어들이 어휘부에 있음	어순; 동사 시제; 동사 형태; 일치; 수; 관사; 전치사; 병치구조
러시아어, 세르비아어	SVO와 OVS; 명사 앞 형용사와 관계절; there is/are, it is는 없고 암시적임.	be는 생략 가능; 완료와 진행 시제가 없음; 조동사 없음; 수동태가 다름	일부 가산/불가산 명사가 다름; 관사가 없음	키릴 알파벳을 사용함	어순; 동사 시제; 동사 형태; 일치; 관사
스페인어	SVO, VSO, V; 부사 가동; 명사 뒤 형용사; 이중 부정	시제의 다양성과 합성 형태들; 동사가 어미들을 가짐; 수동태; 동사가 주어를 포함	관사, 형용사, 명사는 복수와 성으로 표지됨; 정관사는 넓게 사용됨; 동명사가 없음	철자법이 매우 표음적임; 영어와 어원이 같은 말이 많음	철자법; 어순; 주어 누락; 동명사/부정사
베트남어	SVO; 명사 뒤 형용사와 관계 절; it is, there is/are의 없음	시제를 나타내기 위한 부사의 사용; be가 드묾; 수동태가 드묾	수량 형용사에 의해 나타나는 복수 명사; 관사가 다름	알파벳; 6성조	동사 시제; 동사 형태; 일치; 수; 관사; 병치구조

약어

S = 주어	N = 명사/명사의	ART = 관사	CL = 절
V = 동사	ADJ = 형용사/형용사의	PRO = =대명사	REL CL = 관계 절
O = 목적어	ADV = 부사/부사의	PREP = 전치사	PL = 복수의

• *학생들이 다루길 원하는 오류의 우선순위를 정하라.* 이 장을 위한 독서에서 페리스는 교사들이 학생들이 계속 저지를 수 있는 오류의 패턴을 확인해야 한다고 조언했다. 그녀는 전반적이고(의미를 방해하는), 빈번하며, 오명을 씌우는(필자로부터 사회세를 받아 내는[5장을 보라]) 실수들로 시작할 것을 제안했다. 그녀는 학기말까지 그녀의 학생들이 숙달했으면 하는 제한된 수의 오류들을 확인해 왔다. 오류들은 모두 "처치 가능한"-즉, 학생들이 그것들을 편집하도록 도와줄 안내서를 참고할 수 있는 것이다. 다른 오류들은 "처치 불가능한" 오류 낮은 우선권을 가지는데 그들이 덜 규칙-지배적이며, 교사들의 도움을 더 많이 필요로 하기 때문이다. 관사와 전치사는 후자의 범주로 나누어진다.

학생들이 단일 언어 사용 필자이든 이중 언어 사용 필자이든 주류 교사들은 그들 오류의 최소한 일부를 수정하는 책임을 지도록 요구해야 하며, 또 교사들은 그들에게 어떻게 자신의 쓰기에 보다 나은 편집자가 될 수 있는지를 가르쳐야 한다. 페리스는 원어민 학생에게도 그러하듯 영어 학습자들이 독립적인 자기-편집자가 되도록 하는 것이 중요함을 주장했다. 그러나 편집하기는 그들의 학교 역사와 어떻게 그들이 주로 영어를 학습해 왔는지에 의존하는 ESL 필자들이 학습하기에 보다 어려운 기술이다. 영어를 원어민과의 접촉을 통해 구어로 배우는 학생들은 리드(1998a)의 "청각 학습자"- 원어민들이 그러하듯 "맞게" 들리는 것에 의존한다. 만약 그들의 영어가 방언 변이형이라면, 그들은 특히 구두법에서 학업적 쓰기 관습과 충돌할 것이다. 이들 학생들은 아마 교사들이 그들이 검토하면서 "볼" 수 없는 오류를 최소한도로 표시해 주길 원할 것이다. 교실 교육을 통해 영어를 학습하는 학생들-Reid의 "시각 학습자"-은 그들의 분명한 문법적 지식에 의존한다. 이 지식은 그들이 규칙 지배적이고 처치 가능한 오류를 다룰 때 잘 작동하지만 의존할 규칙이 적을 때, 문장 구조와 같은 "처치 불가능한" 오류들에서는 덜 성공적이다. 이들 학생들은 보다 직접적인 수정 전략을 요구할 것이다. 보기 10.4는 처치 가능한 오류들과 처치 불가능한 오류들을 보다 자세히 다룬다.

보기 10.4　　가르치기 조언: 영어 학습자 쓰기에서 "처치 가능한" 그리고 "처치 불가능한" 오류들

　　페리스(1999a)는 그녀가 *처치 가능한* 오류와 *처치 불가능한* 오류로 부르는 두 가지 사이에 구별을 두었다. 처치 가능한 오류들은 학생들이 자기-편집하기를 배울 수 있는 오류인데 이는 그 오류들이 안내서에서 찾을 수 있는 쉽게 설명된 규칙을 위반한 것이기 때문이다(예를 들어, 주어-동사 일치나 동사 형태). 학생들은 이들 오류를 찾고 수정하기 위해 그들의 문법에 대한 직관적 지식(하트웰(Hartwell)의 문법1)이나 분명하게 학습된 문법의 규칙(하트웰의 문법3과 4)을 사용할 수 있다.

　　반면에, 처치할 수 없는 오류들은 두 가지 분류로 나눌 수 있다:

- 필자가 어려운 영어의 문법적 요소를 오용한 경우; 이에 대한 우리의 규칙들은 임의적이어서 단지 암기되어야 한다. 예를 들어, 동사 *like*가 부정사를 취하는 것과 달리 동사 *enjoy*는 왜 동명사를 취하는가?(I enjoy reading(나는 읽는 것을 즐겨한다). vs. I like to read(나는 읽는 것을 좋아한다).) 다른 예들로 관사의 사용, 전치사의 사용, 숙어(idiom)의 사용이 있다.
- 필자는 원어민이 하지 않는 방법으로 사고를 표현한다. 그들의 사고는 쉽게 이해되지만 토박이의 귀에 "외국의" 것으로 들린다. 예를 들어, 이것은 체스를 어떻게 두는가에 관한 John의 에세이의(465쪽) 첫 문장이다:

There are several indoor games that we cherish to spend our pastimes.
(우리가 여가시간을 보내기 위해 하는 몇 가지 실내 게임이 있다.)

우리는 그의 문장의 요지를 이해하며 거기에는 매력적인 부분이 있지만, 원어민들은 아마 다른 방식으로 표현할 것이다.

There are several indoor games we enjoy playing to pass the time.
(우리는 시간을 보내기 위해서 하는 실내 게임 몇 가지를 즐겨한다.)

이 오류에 대한 규칙들은 쉽게 설명되어 있거나 안내서에서 간단하게 찾아지지 않는다. 학생들은 반드시 문법에 대한 그들의 직관적 지식을 사용하거나 원어민인 동료나 교사들의 지원에 의존해야 한다. 처치 가능한 오류들은 최소의 표시 기법으로 간접적으로 수정될 수 있는 반면 처치 불가능한 오류들은 일반적으로 교사들이 같은 사고를 보다 모국어처럼 들리는 방식으로 표현해 줌으로써 문장을 직접적으로 수정해 줄 것을 요구한다. 이들 오류에 대해, 나는 결국 대개 "영어에서는 원래 그래."라고 말한다.

처치 가능한 오류들과 처치 불가능한 오류들의 일부 예들은 다음 도표에서 알 수 있다. 이는 페리스(1999a)와 반 외(Vann et al., 1984)의 원어민들(특히 대학 교수들)을 가장 산만하게 하는 오류들의 종류에 대한 연구에 기반한다.

기저의 규칙이 얼마나 쉽게 설명될 수 있느냐에 따른 영어학습자 오류 분류

←──→

처치 가능한 규칙이 쉽게 설명된다. 학생이 편집할 때 규칙을 참고할 수 있다. 학생에게 책임이 있다. 교사가 최소한도로 표지한다.	처치 불가능한 규칙이 설명되기 어렵다. 학생이 직감적으로 알아야 한다. 교사가 지원한다. 교사가 원어민처럼 들리는 버전을 제공한다.
• 표지되지 않은 복수형 • 잘못된 대명사 사례 • 대명사 불일치 • 주어-동사 불일치 • 동사 시제 형성 • 주어 누락(Is cold today.) • 쉼표 오용	• 동명사/부정사 혼용(enjoy to read 대 enjoy reading) • 과거/현재 분사 혼용(boring 대 bored) • 철자법
	• 누락된/불필요한/잘못된 관사들 • 전치사의 비원어민적 선택 • 구 동사 혼용(get up 대 get on 대 get ou 등) • 단어 선택 • 어순

원어민 또한 처치 가능한 오류들의 많은 부분에서 문제를 겪음을 깨닫는 것은 흥미롭다; 몇몇 오류들은 또한 원어민들을 위한 우선 목록에 나타난다(보기 5.2.를 보라). 처치 가능한 오류들은 필연적으로 쉽게 숙달되지 않는다. 하지만 이 오류들은 구체적이고 규칙-지배적이기 때문에 다른 오류들에 비해 학생들이 자기-편집을 학습

하기에 좋다.

처치 가능한 오류와 처치 불가능한 오류 사이의 이 구별은 또한 내가 나의 유창한 이중 언어 사용자의 글을 읽을 때 안내가 된다. 예를 들어, 대니(Danny)라는 나의 학생 중 하나는 어린 폴란드 인으로 몇 년 전 10살에 미국으로 이민을 왔는데 에세이를 다음 문장으로 시작하였다:

Sands I was little boy, I alway dream to be good in karate.
(내가 어린 소년이었을 때 항상 가라테를 잘하는 게 꿈이었다.)

쓰기 과정에서 그가 작품을 편집하는 것을 돕는 시간이 왔을 때, 나는 *sands*와 *alway*에 최소한의 표시를 했지만 그들에 대해 언급하지는 않았다(보기 5.5를 보라). 나는 그가 위반한 관습을 생각해 내고 스스로 수정하길 바랐다. 하지만 위의 구절 중 *dream to be*는 내가 *have dreamed of being*으로 썼는데 왜냐하면 나는 대니가 수정할 수 없을 처치 불가능한 오류 두 가지가 있음을 알았기 때문이다: 숙어 *dream of*를 모국어에서 어떻게 사용하는지와 *dream of*가 동명사를 취하는지 부정사를 취하는지. (왜 우리가 우리의 포부에 대해 이야기할 때 *of*와 *dream*을 함께 쓰는지 혹은 왜 *dream*이 -*ing* 단어를 취하고 *to*+*verb*를 취하지 않는지를 설명하려는 시도를 상상해 보라. 나는 모르겠다-우리는 그냥 그럴 뿐이다!) 숙어와 연쇄 동사(chained verb) 양자는 심지어 유창한 이중 언어 사용자에게도 어렵다. 일반적으로 나는 동사 시제-이는 처치 가능한 오류이다-를 수정하지 않지만 여기에 정확한 시제를 썼는데 이는 그것이 숙어의 일부였기 때문이다. 대니가 그의 다음 원고를 다룰 때, 그는 *sands*를 그대로 뒀지만(*since*를 발음하는 그의 방법은 이 철자를 그에게 타당하도록 만들었고 그래서 그는 이것이 잘못된 단어인지 알 수 없었다), 그러나 그는 *always*를 고쳤고 스스로 이것을 *have*와 *dreamed* 사이에 삽입했다. 그리고 그는 내가 제안한 구절을 베꼈다. 이 구절을 복사한 행위가 대니가 어떻게 *dream of being*을 사용하는가에 대한 모형이 될 수 있으며, 따라서 그는 다음번에 이것을 정확하게 쓸 것이다.

이 장에서는 주류 언어 교과 교사들이 유창한 이중 언어 사용자와 영어 학습자들의 쓰기 발달을 지원하기 위해 사용할 수 있는 전략들에 대해 탐구한다.

10.5. 언어 경험 탐구하기

1. 읽기를 시작하기 전에 5분가량 다음에 대한 당신의 저널을 써 보라. 당신은 외국어를 공부해 본 적이 있는가? 새로운 언어로 의사소통하는 것을 격려하는 활동에 얼마나 많은 강조가 주어졌는가? 예를 들어, 소그룹 논의, 역할 놀이, 저널 쓰기 등을 했는가? 당신이 다음 언어를 학습하는 데에 도움이 되도록 교사가 사용한 기법은 무엇인가?

2. 어떻게 언어가 학습되는지에 대한 대니얼스(1장)과 헤게만(9장)에 대해 다시 읽어 보라.

↘ *학생들에게 자가-편집 가르치기*

페리스

이 글은 본래 주로 ESL 교수 주제에 초점을 맞추는 계간지인 TESOL 저널에 실렸던 것으로 이는 ESL 교사들을 위한 전문가 조직인 영어 외의 모국어 사용자들을 위한 영어 교사 협회(TESOL)에 의해 발행된 것이다. 이 글에서, 페리스(Ferris)는 ESL 학생들이 보다 독립적인 자가편집자가 될 수 있도록 하기 위해 그녀가 사용한 과정을 설명하고 있다. 그녀는 ESL 쓰기에 오류 이상의 것이 있음을 알았다. 하지만 이는 주류 독자들이 주목하려는 경향이 있는 것이다. 그래서 그녀는 학생들이 그들 오류의 최소한 일부를 숙달할 수 있도록 돕기 위한 전략을 제안했다.

지난 20년간, 쓰기 교수에 대한 과정 중심 접근법[9]은 제1 언어와 제2 언어 작문 교육학 양자에 커다란 발전을 가져 왔다. 하지만 학생들이 창의력, 조직, 수정에서 이전보다 나아졌을지라도 많은 쓰기 결과물들은 여전히 문법적이고 어휘적인 부정확함으로 가득하다. 학생들의 사고가 얼마나 흥미로운가 혹은 독창적인 것인가는 별로 중요하지 않다. 문장이나 담화 수준 오류의 과잉은 교사와 다른 독자들을 산만하게 하고 방해할 것이다. 이는 아마 학생의 전반적 쓰기 능력에 가혹한 평가를 이끌 것이기 때문에 ESL 쓰기 교사들은 학생들의 사고에 집중하는 것에 더하여 학생들이 그들의 편집 기술을 발달시키고 개선할 수 있도록 도와야 한다.

최근의 과정 중심 접근법을 사용하는 작문 교실에서 편집하기란 최종 쓰기 결과물을 제출하기 전에(혹은 발표하기 전에) 문법적, 어휘적, 기제적 오류들을 찾고 수정하는 것을 나타낸다. 최근 연구들은 ESL 학생들의 쓰기에서 문법적 정확성의 부족은 대학 전반에서 학생들의 진전을 지연시킬 것이라고 주장한다(Janopolous, 1992; Santos, 1988; Vann, Lorenz et al., 1991; Vann et al., 1984.) 대학 수준 ESL 쓰기 교사로서 나는 공동체가 학생들의 학업적 담화 쓰기에 요구하는 정확성의 높은 기준을 알고 있다. 내 학생들은 오류를 제거하는 것을 배우지 않는 한 보호받는 ESL 교실을 벗어난 세상 밖에서 성공하지 못할 것이다. 왜냐하면 내가 언제까지나 그들을 도울 수는 없기 때문이며, 그렇기에 그들이 자신의 작품을 성공적으로 편집하는 것은 중요하다.

몇몇 최근 ESL 편집 교과서(Ascher, 1993; Fox, 1992; Lane et al., 1993; Raimes, 1992a)와 ESL 쓰기 대응에 대한 교사들의 참조물(Bates et al., 1993)에서 보이

---

9) [역주] 과정 중심 접근법(process approach)은 80년대 이전까지 성행하였던 결과 중심 접근법 (product approach)에 대한 반동으로 출현하였다. 결과물이나 형식을 중시하는 결과 중심 접근법과는 달리 쓰기를 일련의 과정으로 전제하고 그 과정 자체를 중시하였다. 이에 따라 학습자의 쓰기 과정에 더 주목하였으며 형식보다는 내용에 무게를 두었다.

듯, 연구자들과 ESL 쓰기의 교사들은 학생들이 그들의 쓰기를 자기 편집
할 수 있도록 돕는 것의 필요를 점차 알아가고 있다(Lane et al., 1993, p.xix).
이 필요에 응하여 나는 상급의 ESL 쓰기 학생들이 편집자로서 보다 자
급할 수 있도록 돕는 편집하기 과정 중심 접근법을 학기 내내 발달시키
고 사용해 왔다. 이 접근법의 상세는 다음과 같다.

[1] 철학적 가정

나는 내 편집하기 과정 중심 접근법의 기초를 다음 원리들에 두었다.

- 학생들과 교사들은 매번의 단일 오류를 수정하려고 하기보다 주요
  패턴에 집중해야 한다(Bates et al., 1993).
- 모든 학생들이 같은 오류를 만들지 않으므로 가능한 한 편집하기
  교육을 개인화하는 것이 필요하며 바람직하다.
- 가장 빈번하고 전반적이며(텍스트의 이해를 방해하는), 오명을 씌우는(모
  국어 화자들로부터 부정적인 평가를 유발하는) 오류들에 초점을 맞춰야 한
  다(Bates et al., 1993; Hendrickson, 1980).

[2] 편집하기 과정

베이츠 외(Bates et al., 1993)과 헨드릭슨(Hendrickson, 1980)은 학생들에게 그
들을 독립적인 자기-편집자가 되도록 할 발견적 접근법(discovery approach)
을 가르쳐야 한다고 주장한다. 나는 나의 상급 ESL 학생들을 3단계 발견
접근법(three-phase discovery approach)을 통해 자족적 편집자가 될 수 있도록
가르친다.

[1단계: 형식에 주목하기]

일부 교사들은 모든 ESL 학생들이 집요할 정도로 문법에 관심을 가져서 결국 그들의 사고를 발달시키고 표현하는 것을 해친다고 추정한다. 하지만 나는 많은 학생들이 그들의 작품을 편집하는 데에 적은 흥미를 가지며, 별 주의를 기울이지 않고 있음을 발견해 왔다. 그들은 편집하기를 지루하거나 중요하지 않은 것으로 생각하거나 혹은 그들의 글을 수정하는 데 있어 교사들이나 강사들에게 너무 의존해 왔다. 학생들이 좋은 편집자가 되도록 가르치는 것의 중요한 단계는 그렇게 하는 것의 중요성을 확인시켜주는 것이다.

편집하기의 중요성에 대한 인식을 고양시키기 위해 나는 학생들이 다양한 편집하기 문제를 가진 문장이나 짧은 학생 에세이를 보는 교실 내 활동을 사용했다. 단순하게 오류를 찾고 수정하기보다 학생들은 아래의 세 가지 예 안에서 어떻게 이 오류들이 텍스트에 대한 그들의 이해를 방해하는지를 논의한다.

1. *My parent* always gave me a lot of love.
2. School is the place where I *learn* things such as reading and writing.
3. I like coffee: *on the other hand,* I also like tea.[10]

이 세 문장들에서 이탤릭체로 쓰인 부분은 흔한 ESL 쓰기 오류들을 포함하고 있다: 각각 복수 표지 생략, 동사 시제 오류, 그리고 연결구의 오용. 그러나 문장들 중 아무것도 즉각적으로 비문법적이게 되지는 않는다—*parent*는 단수가 될 수 있으며, 2번 예에서 두 동사들은 모두 현재 시제가 될 수 있고 따라서 일관되어 보일 수 있으며, 또 *on the other hand*

---

10) [역주] 1. 나의 부모님은 항상 많은 사랑을 나에게 주었다. / 2. 학교는 내가 읽기와 쓰기 같은 것을 배우는 곳이다. / 3. 나는 커피를 좋아하지만 다른 쪽으로 차도 좋아한다.

는 앞에 있는 것과 다른 관점을 표현하는 절의 신호가 된다. 그러나 학생들은 텍스트를 자세히 보자마자 *parent*의 사용이 혼란스러우며, 관용적이지 않은 것을 볼 수 있을 것이고(만약 당신이 정말로 오직 한 명의 부모를 가졌다면 당신은 그/그녀를 아버지나 어머니라고 밝힐 것이다), 그들이 아주 오래전 학교에서 읽고 쓰는 것을 배웠음을 볼 수 있을 것이며, 커피를 좋아하는 것은 *on the other hand*의 사용에 나타나는 것처럼 차를 좋아하는 것의 정반대가 아님을 볼 수 있다. 꽤 작은 오류들도 텍스트 처리와 이해에 문제가 될 수 있다.

내가 학생들에게 편집하기 기술을 발달시키는 것의 중요성을 납득시키기 위해 사용한 또 다른 전략은 그들에게 진단 에세이 과제를 주고 그들의 사고에 대한 피드백과 편집하기 문제에 대한 상세한 정보, 그리고 학기말에도 쓰기가 이 수준에서 여전하다면 그녀가 어떤 성적을 받게 될 것인지에 대한 암시를 제공하는 것이다. 학생들에게 그들의 최종 성적에 대한 즉각적인 느낌을 주는 것은 동기부여가 될 수 있지만 만약 내가 이 최초의 성적이 그들의 정보를 위한 것일 뿐이며, 그들의 최종 강의 평가에서 집계되지 않을 것임을 명확히 한다면 이는 위협적이지 않을 것이다.

[2단계: 주요 오류 유형 알아보기]

연구는 개별적 오류보다 오류의 패턴에 초점을 맞추는 것이 교사나 학생들에게 모두 가장 효율적임을 보여 준다. 따라서 이 단계에서 나는 학생들이 다양한 오류의 유형들을 알아보도록 훈련시킨다. 범주들은 학생들의 필요에 따라 다양할 것이지만, 그것들은 빈번하고, 전반적이며, 오명을 씌우는 오류 유형으로부터 선택되어야 한다. 나는 목표가 된 범주들을 점검하고, 학생들의 에세이 샘플에서 그것들을 확인하도록 연습

시키고, 동료 편집하기 연습문제에서 이들 오류를 찾도록 함으로써 학생들이 이들 오류 패턴들에 신경 쓰도록 만든다(활동1과 2를 보라). 자신의 작품보다 다른 사람의 작품에서 실수를 찾는 것이 더 쉬운 듯하다. 다른 필자의 작품에서 오류 패턴을 알아보는 연습문제는 학생들이 그들의 쓰기에서 유사한 문제를 잘 인식하도록 해 준다. 그들은 또한 학생들이 주어진 에세이 원고에서 모든 개별 오류들을 수정할 수 있다거나 해야 한다는 좌절감을 주고 심지어 역효과를 낳는 생각에서 벗어나도록 도와준다.

편집하기 과정의 이 단계 동안, 만약 학생들이 가장 하기 쉬운 특정 오류가 있다면 나는 오류의 주요 패턴에 대한 짧고 집중된 교육을 제공한다. 예를 들어, 학생들은 단순 과거 시제와 현재 완료를 사용할 때에 대해 혼란을 겪을 것이다. 교실 내 교육은 영어 동사 시제 체계나 심지어 현재 완료의 다양한 사용의 완벽한 개관을 제공하려고 시도하는 대신에 이 어려움을 직접적으로 다뤄야 한다(명사 오류 문제들의 개관의 예를 제공하는 활동3을 보라; 이 활동은 15-20분이 소요된다).

교실-전체 교육에 대한 또 다른 대안은 편집하기 안내서와 함께 편집하기 교육을 개별화하는 것이다(예를 들어, Ascher, 1993; Fox, 1992; Lne & Lange, 1993; Raimes, 1992a). 안내서는 문법적 개념을 총망라하여 제공하려는 ESL 텍스트와 구별되어 반대로 학생들이 가질 수 있는 특정 쓰기 문제들에 초점을 맞춘다("최근 네 가지의 편집하기 텍스트에 대한 개관"을 보라, 420쪽). 게다가 많은 ESL 쓰기 교과서는 편집하기 부분을 포함한다. 편집하기 안내서를 사용할 때, 나는 학생들에게 그들의 에세이 원고에서 보인 필요의 특정 영역에 상응하는 숙제를 부여한다.

마지막 단계에서 나는 학생들이 그들의 에세이 원고에서 오류들을 찾고 수정할 것을 요구한다(활동2를 보라). 또한 학기를 통해 학생들은 다른 범주에서 그들의 오류 빈도들을 계속해서 일지에 기록하고, 그들은 이를 통해 진전을 관찰할 수 있다. 학기가 진행되고 학생들이 점차 편집하기 연습을 하면서 나는 점진적으로 내가 제공하던 편집하기 피드백의 양을 줄이고, 편집하기 과업을 처음에는 동료 편집자에서 나중에는 필자 자신에게로 넘겼다.

[3] 이 편집하기 접근법은 효과적인가?

나는 지난 몇 년간 이 접근법의 다양한 부분을 발달시켜 왔다. 이것의 유효성을 가늠하기 위해, 나는 두 가지 소규모 연구 프로젝트에 착수했다(Ferris, 1994). 처음은 분석된 거의 모든 학생들(30명 중 28명)이 학기의 강좌를 지나면서 다섯 오류 범주들에서 오류의 비율을 제거하는 데에 중요한 진전을 만들었다.

그러나 그들의 개선 정도는 오류 유형, 에세이 화제, 쓰기 맥락(교실 내이거나 교실 외이거나)에 따라 다양했다. 결과적으로 나는 학생 편집하기 문제들의 개별화된 처치를 보다 감안하기 위해 다음 학기 동안 편집하기에 대한 나의 교육적 접근법을 수정했다. 특별히 나는 학생들에게 각자의 에세이 원고가 돌아갈 때 교실 내 문법 집중식으로 제공하기보다는 텍스트로부터 개별적인 편집하기 과제를 주었다(Fox, 1992). 이 변화의 효과에 대한 연구는 계속 진행 중이지만, 예비 결과들은 학생 개선이 이전 접근법보다 더 커졌음을 나타낸다.

편집하기는 최근까지 ESL 쓰기 교사들과 연구자들에게 다소 도외시되어 왔던 쓰기 과정의 측면이다. (편집하기 안내서와 같은) 학생들이 더 잘 편집할 수 있도록 돕기 위한 새로운 기법 및 도구들의 도입과 (그리고 이들 효과를 지원할 책들에 대한 연구자와 교사의 연마도) 함께 학생들의 문장-수준 요구에 공을 들이는 것은 과거에 비해 보다 성공적이고 만족스러운 과업이 되어갔다. 비록 우리는 (학생 필자가 만드는 모든 개별 오류들을 표시하고 채점하려고 시도하는) 이전 세대들의 과잉을 되돌려서는 안 되지만 우리의 목적은 우리의 학생들이 ESL 쓰기 교실을 넘어서 제대로 기능하는 숙련되고 독립적인 편집자가 되도록 해야 하는 것이다.

활동 1

편집하기: 주요 오류 범주들

유형 1: 명사[11]

● 명사 어미: I need to buy some *book*

                I gained a lot of *knowledges* in high school

● 관사: I need to buy ^ *book*.

                A good *jobs* is hard to find.

유형 2: 동사[12]

● 주어-동사 일치: The boys *was* hungry.

                That TV show *come* on at 8:00.

                Many students in the class *is* failing.

● 동사 시제: Last year I *come* to Sac State.

                I've never been to Disney World, but I *had been* to Disneyland before.

● 동사 형태: My car *was stole*.

                My mother *is miss* her children.

---

11) [역주] 나는 몇 권의 책을 사야 한다. / 나는 고등학교에서 많은 지식을 얻었다. / 나는 책을 사야 한다. / 좋은 직업은 찾기 힘들다.

12) [역주] 그 소년들은 배가 고팠다. / 그 텔레비전 쇼는 8시에 시작한다. / 이 수업의 많은 학생들은 낙제 중이다. / 작년에 새크라멘토 주에 왔다. / 나는 디즈니 월드에 가본적은 없지만 디즈니랜드에는 가본 적이 있다. / 내 차는 도둑맞았다. / 우리 엄마는 그녀의 자녀들을 그리워한다.

🔲 *유형 3: 구두점과 문장 구조*[13)

- 조각문: Wrong *After I got hme.* I washed the dishes.

　　　　　　　　 Right: After I got home, I washed the dishes.

- 쉼표 오류: When I got home $^\wedge$ I discovered my house was on fire.

　　　　　　　　 I studied hard for the test $^\wedge$ but I still got a bad grade.

　　　　　　　　 I studied hard for the test, I still got a bad grade.

- 무휴지문: I studied hard for the test I still got a bad grade.

- 세미콜론 오류: Although I studied hard for the test; I still got a bad

　　　　　　　　 grade.

　　　　　　　　 I studied hard for the test $^\wedge$ I still got a bad grade.

　　　　　　　　 (주의: 이 활동을 위한 범주들은 Fox(1992)로부터 가져온 것

　　　　　　　　 이다)

🔲 *유형 4: 단어 형태 오류*[14)

　예: My father is very *generosity.*

　　Intelligent is *importance* for academic success.

🔲 *유형 5: 전치사 오류*[15)

　예: I do a lot of work *on* volunteer organizations.

　　For an American, I like baseball and hot dogs.

---

13) [역주] 나는 집에 도착하고 나서. 나는 설거지를 했다. / 나는 집에 도착하고 나서 설거지를 했다.
/ 집에 도착했을 때 집이 불이 난 걸 알아냈다. / 나는 시험을 위해 공부를 열심히 했다 하지만
여전히 나쁜 성적을 받았다. / 나는 시험을 위해 공부를 열심히 했지만, 여전히 나쁜 성적을 받았
다. / 나는 시험을 위해 공부를 열심히 했다 여전히 나쁜 성적을 받았다. / 시험을 위해 공부를
열심히 했지만 여전히 나쁜 성적을 받았다. / 나는 시험을 위해 공부를 열심히 했다∧ 여전히 나
쁜 성적을 받았다.

14) [역주] 나의 아버지는 매우 관대하시다. / 총명함은 학문적 성공을 위해 중요하다.

15) [역주] 나는 봉사 단체에서 많은 일을 한다. / 미국인으로서, 나는 야구와 핫도그를 좋아한다.

편집하기 연습 문제지

수업: 에세이 사례를 읽어라. 먼저 모든 명사들을 찾고 어떤 명사 오류라도 밑줄을 그어라. 그리고 같은 일을 동사, 구두점/문장 구조, 단어 형태, 전치사에도 행하라. 각 유형의 오류를 셈하고 연습 문제지 아래에 채워 넣어라. 연습 문제지와 표시한 에세이를 돌려주라.

■ *유형 1: 명사 오류*

에세이에서 명사 오류의 합계:

에세이에서 하나의 예를 적어라. 오류에 밑줄을 쳐라.

■ *유형 2: 동사 오류*

에세이에서 동사 오류의 합계:

에세이에서 하나의 예를 적어라. 오류에 밑줄을 쳐라.

■ *유형 3: 구두점과 문장 구조*

에세이에서 구두점 오류의 합계:

에세이에서 하나의 예를 적어라. 오류에 밑줄을 쳐라.

■ *유형 4: 단어 형태*

에세이에서 단어 형태 오류의 합계:

에세이에서 하나의 예를 적어라. 오류에 밑줄을 쳐라.

■ *유형 5: 전치사*

에세이에서 전치사 오류의 합계:

에세이에서 하나의 예를 적어라. 오류에 밑줄을 쳐라.

활동 2

1. 동료-자기 편집하기 워크숍

성 명: _____

필 자: _____

수업: 문법, 철자법, 구두점에서 오류에 특히 주의하며 짝의 두 번째 에세이를 읽어라. 다음의 기호를 사용하여 표시하라.

- 만약 철자법 오류가 있다면 동그라미를 쳐라.
- 만약 문법 오류가 있다면 문제가 있는 단어나 구에 밑줄을 그어라.
- 만약 단어 누락이 있다면 무언가 빠졌다는 표시를 위해 ∧를 넣어라.

에세이를 읽고 표시하는 것이 끝났다면 아래 연습 문제지를 완성하라.

오류 유형

- *유형 1(명사 오류)* 에세이에서의 합계: __

  (에세이에서) 예: _____

- *유형 2(동사 오류)* 에세이에서의 합계: __

  (에세이에서) 예: _____

- *유형 3(구두점과 문장 구조 오류)* 에세이에서의 합계: __

  (에세이에서) 예: _____

▣ **유형 4(단어 형태 오류)** 에세이에서의 합계: __

(에세이에서) 예: _____

▣ **유형 5(전치사 오류)** 에세이에서의 합계: __

(에세이에서) 예: _____

활동 3

문법 초점: 명사

Ⅰ. 정의: 명사는 사람, 장소, 사물, 사고, 감정, 수량 등을 명명하는 단어이다.

구체적인 명사들은 아마: 물질적이고 만질 수 있으며 볼 수 있고 느낄 수 있다(책, 탁자, 가스).

추상적인 명사들은 아마: 비물질적이다(우정, 슬픔, 희망).

양자는 두 유형으로 분류될 수 있다.

● 가산 명사: 헤아려지는(사과, 학생, 의자)

● 불가산 명사: 헤아려지지 않는(돈, 커피, 행복)

Ⅱ. ESL 필자들에게서 나타나는 명사의 문제점.[16]

A. 복수 명사는 반드시 복수 표지를 가진다.

1. English teachers are good spellers.

---

16) [역주] A.1. 영어 교사들은 철자를 명확하게 쓰는 사람들이다. / 2. 너의 철자법을 발전시키는 방법 중 하나는 공부를 열심히 하는 것이다. / B.1. 내가 이곳에 온 이유 중 하나는 영어를 공부하기 위함이다. / 2. 미국으로 이민 가는 사람들은 보통 매우 행복하다. / 3.영어 교사들은 철자를 명확하게 쓰는 사람들이다. / C.1. 나는 친구가 있다. / 2. 내 친구는 자동차를 소유한다. / 3. 그 자동차는 오래되었다. / 4. 그녀는 자동차를 오래전에 샀다. / 5. 몇몇 사람들은 그녀가 새로운 차를 사야 한다고 생각한다. / 6. 그 사람들은 그녀보다 돈이 많다.

    2. one of the ways to improve your spelling is to study hard.

B. 주어 명사는 반드시 그 동사와 수 일치해야 한다.

    1. *one* of the reasons I came here *is* to study English.

    2. *People* who emigrate to the U.S. *are* usually very happy.

    3. English *teachers are* good spellers.

C. 단일 가산 명사는 반드시 한정사를 앞세워야 한다(a/an, the, some, my, this, that, one, 등).

    1. I have *a friend.*

    2. My friend owns *a car.*

    3. *The car* is old.

    4. She bought *her car a long time ago.*

    5. *Some people* think she shold get *a new car.*

    6. *These people* have more money than she does.

연습 문제: 명사 오류를 찾고 교정하라.17)

1. One of the way teacher helps her students is to talk to them outside of class.

2. Teacher in general are very hard-working

3. This is the reason that many people don't want to become teacher.

4. Each of the student is important to a good teacher.

---

17) [역주] 1. (그) 교사가 (그녀의) 학생들을 도와주는 방법 중 하나는 수업 밖에서 말하는 것이다. / 2. 교사(들)은 보통 매우 근면하다. / 3. 이것이 많은 사람들이 교사가 되고 싶지 않은 이유이다. / 4. 각 학생(들)은 좋은 선생에게 중요하다. / 5. 학생들은 수업에 매일 나와야하고 숙제를 항상 해야 한다. / 6. 학생들은 항상 그들의 교사(들)을 존중으로 대해야 한다. / 7. 미국으로 오는 학생(들)은 영어를 배워야 한다. / 8. 학생은 매우 긴장하고 있다. / 9. 높은 성적을 많이 주는 교사는 좋은 교사이다. /10. 학기 말에 모든 학생(들)은 그들의 교사에게 선물을 줘야 한다.

5. Student should come to class everyday and always do homework.

6. Students should treat their teacher with respect at all time.

7. Student who come to United States have to learn English.

8. Student is very nervous.

9. A teacher who gives a lot of high grade is good teacher.

10. All of student should give presents to their teacher at the end of the semester.

최근 네 가지의 편집하기 텍스트에 대한 개관

1. 아셀(1993), 『편집에 관한 사고』[18)]

기술: 10 단원; 아홉 가지 다른 편집하기 화제(동사 구, 문장, 일치, 동사 시제, 한정사, 단어 형태, 수동태, 접속사, 기제). 각 단원들은 다음과 같이 구성된다.: 사전테스트, 발견, 요약과 검토, 스스로의 쓰기 편집하기, 제안된 쓰기 화제, 해설.

논평: 사전 테스트와 발견 활동은 이 텍스트의 좋은 자질이다. 각 장의 구조는 다소 보편적이지 않다. 예를 들어 쉼표 오용과 무휴지문은 "문장" 장보다는 "접속사" 장에 해당한다.: 1장의 동사 구와 4장의 동사, 수동태에 대한 전체 장은 정말 필요한가(동사 장의 하나로 통합될 수 있을 것이다)?

2. 폭스(1992), 『편집하기』[19)]

기술: 6단원, 다섯 가지 편집하기 화제(관사, 명사, 명사 구; 동사 구; 구두점과 문장 구조; 단어 형태; 전치사). 각 장은 "무엇을 아는가?"란 활동

---

18) [역주] Ascher, A. (1993). *Think about editing.* Boston: Heinle & Heinle.

19) [역주] Fox, L. (1992). *Focus on editing.* White Plains, NY: Longman.

으로 시작해서 문법 검토, 연습 문제, 검토하기와 편집하기에 대한 조언, 편집하기 연습(절과 전체 에세이)이 뒤따른다.

논평: 편집하기 연습에 대한 전체 에세이의 포함은 도움이 된다. 다섯 가지 큰 화제에서 장의 구조는 학생들이 그들이 가진 주요 문제들(예를 들어 명사 구, 동사 구)에 대해 해당 영역에서 집중적으로 연습하도록 한다는 점에서 유익하다. 문장 구조에 대한 장은 학생 필자가 가지는 조각문, 쉼표 오용에 대한 문제가 다소 부족하다. 영어에서 전치사의 사용에 관한 일반화가 아주 적다는 점을 고려하면 전치사가 정말 전체 단원으로 적당한가?

3. 레인과 레인지(1993), 『확실히 글쓰기: 편집 길잡이』[20]

기술: 15 단원; 열다섯 가지 편집하기 화제(동사 시제, 동사 형태, 법조동사, 조건문, 문장 구조, 어순, 접속어, 수동태, 부정확(unclear), 주어-동사 일치, 관사, 수, 단어 선택, 단어 형태, 비관용적). 각 장들은 다음의 구조를 가진다. ~에서 오류에 대해 무엇을 알아야 하는가, 보편적 문제, 규칙, 그리고 자기-도움 전략; 연습 문제; 쓰기 활동, 다른 쓰기 과제에 배운 것을 적용하기.

논평: 이 책은 네 교재 중 유일하게 해설이 없다. 게다가 이 책은 자습에 적절한 만큼 쉽지도 않다(해설은 함께 실린 교사 매뉴얼에 포함된다). 넓은 범위의 편집하기 화제가 있어서 스스로의 교실에서 편집하기를 보이는 방식을 발달시키고 싶어 하는 교사들에게 자원을 제공할 수 있다. 편집하기 연습 문제는 문장과 단락 수준이다. 학생들의 연습을 위한 완성된 에세이는 없다. 교사들과 학생들은 길고 복잡한 텍스트에서 지지받는 표시 체계를 발견할 것이다.

---

20) [역주] Lane, J. & Lange, E. (1993). *Writing Clearly: An editing guide.* Boston: Heinle & Heinle.

4. 라임스(1992). 『문법 초점』[21]

기술: 21가지 편집하기 화제를 포함하는 21단원(기본 문장 구조, 등위 접속사와 이행, 종속 접속사, 구두점, 동사 시제: 시제와 시간, 동사 시제: 현재-미래 일치, 동사 시제: 과거, 능동과 수동, 법조동사, 동사 형태, 명사와 수량 단어, 관사, 대명사와 지시, 형용사와 부사, 부정사와 분사 전치사와 구동사, 관계절, 조건문, 인용과 인용문, 보고와 말 바꾸기).

논평: 다양한 편집하기 화제의 범위 안에서 매우 이해하기 쉽다. 문법적 설명은 간결하고 명료하다. 혼자 학습하기에 매우 적절하다. 연습 문제는 대개 문장 수준이며 학생들의 분석을 위해 일부 짧은 단락들이 있다. 화제를 21단원으로 쪼갠 것은 학생들에게 과할 수 있으며 그들이 일반화를 놓치게 할 수 있다(예를 들어 "수량 단어"와 관사 사이의 의미론적 유사성).

주의: 이 글을 쓸 시기에 아셀(Ascher)의 것과 폭스(Fox)의 것은 여전히 그들의 1판이었다. 레인 외(Lane et al.)의 텍스트 2판은 1999년에 발행되었다. 라이메스(Raimes)의 텍스트는 1998년에 캠브리지 대학교 출판사에서 재발행되었다.

교사의 편집하기 피드백: 점점 더 적게

학기 초: 에세이 원고에서 특정 오류 유형의 모든 예에 표시(예를 들어 밑줄)하고 마무리 답변이나 에세이 피드백 형식으로 학생들이 가진 특정 문제를 지적하라.("너의 원고 전체에서 내가 밑줄 친 모든 명사 오류들을 바르게 고치렴.")

학기 중: 오류의 적은 예에만 밑줄을 치고(아마 첫 쪽에만) 오류의 유형을 다시 언급한 후 동료 편집자에게 이 유형의 나머지 오류

---

21) [역주] Raimes, A. (1992). *Grammar troublespots* (2nd ed.). New York: St. Martin's Press.

에 밑줄을 치도록 하라.

학기 말: 아마 말로 된 언급을 원하겠지만("너는 여전히 너무 많은 명사 오류를 계속하고 있어!") 그것들 중 어디에도 표시하지 마라. 대신 학생 필자가 스스로 찾도록 하라.

—— —— —— —— ——

10.6. 참고 문헌

Ascher, A. (1993). *Think about editing.* Boston: Heinle & Heinle.

Bates, L., Lane, J., & Lange, E. (1993). *Writing clearly: Responding to ESL compositions.* Boston: Heinle & Heinle.

Hendrickson, J. (1980). Error Correction in foreign language teaching: Recent thory, research, and practice. In K. Crofd (Ed.), *Reading on English as a sceond language* (pp.153-173). Boston: Little, Brown.

Ferris, D. (1994). *Can advanced ESL students be taught to recognize and correct their most frequent and serious errors?* Unpublsished manuscript, California State University, Sacramento.

Fox, L. (1992). *Focus on editing.* Londn: Longman.

Janopoulos, M. (1992). University faculty tolerance of NS and NNS writing errors: A comparison. *Journal of Second Language Writing,* 1, 109-121.

Lane, J., & Lange, E. (1993). *Writing clearly: An editing guide.* Boston: Heinle & Heinle.

Raimes, A. (1992a). *Grammar troublespots.* New York: St. Martin's Press.

Raimes, A. (1992b). *Exploring through writing: A process approach to ESL composition* (2nd ed.). New York: St. Martin's Press.

Santos, T. (1988). Professors' Reactions to the Academic Writing of Nonnative-Speaking Students. *Tesol Quarterly,* 22, 69-90.

Spack, R. (1990). *Guidelines.* New York: St. Martin's Press.

Vann, R. J., Lorenz, F. O., & Meyer, D. M. (1991). Error gravity: Faculty response to errors in the written discourse of nonnative speakers of English. In L. Hamp-

Lyons (Ed.), (pp.181-195). Norwood, NJ: Ablex.

Vann, R. J., Meyer, D. E., & Lorenz, F. O. (1984). Error gravity: A study of faculty opinion of ESL errors. *TESOL Quarterly,* 18, 427-440.

10.7. 논의를 위한 질문

1. 영어 학습자가 영어를 배우기 위해 사용하는 전략은 무엇인가? 그들의 쓰기 능력을 발달시키는 데에는 어떤 전략을 사용하는가? 이것이 영어 학습자를 가르치는 데 함의하는 것은 무엇인가? 그들의 쓰기를 평가하는 데에는 어떤 함의가 있는가?

2. 로젠이 학생 쓰기에서 오류에 대해 언급한 것을 검토하라. 그 조언들은 페리스의 것과 비교해 어떠한가?

3. 2장에서 조사했던 주(州)교육과정 안내와 교과서로 돌아가라. 그들이 영어 학습자에 대해 논하면서 확장된 것은 무엇인가? 그들이 영어 학습자들에게 제공할 수 있는 지원은 무엇인가? 아마 교사의 편집을 조사할 필요가 있을 것이다. 왜냐하면 영어 학습자를 돕는다는 제안은 교사를 위한 재료에서만 보일 것이다. 만약 당신의 주가 교육적 진전을 측정할 평가 권한을 가졌다면 영어 학습자를 위한 특별한 정책이 있는가? 그렇다면 그것은 무엇인가?

4. 존(John)의 과정 에세이를 읽어라(465쪽). 존이 당신의 학생이라고 상상하라. 존에게 회담이나 쓰기 중 하나로 그가 에세이를 쓰는 방식을 고칠 수 있도록 어떤 조언을 줄 것인가? 그의 에세이의 내용, 조직, 어조에 대해 당신이 줄 조언은 무엇인가? 그의 텍스트가 그가 이중 언어적 필자임을 드러내고 있는가? 이것에 대해 언급할 것인가? 왜 그런가/그렇지 않은가?

5. 마리오(Mario)의 문학적 분석의 원고를 읽으라(471쪽).

   a. 당신이 마리오가 그의 글을 검토하는 것을 돕는 믿을 만한 쓰기 강사라고 상상하라. 마리오의 문학적 분석에 대해 어떤 조언을 할 것인가? 그가 당신에게 내용, 조직, 어조에 대해 도와줄 것을 요청하지 않을 때 당신은 이런 고차원적 관심에 대해 조언을 줄 것인가? 왜 그런가/그렇지 않은가?

   b. 마리오의 원고에서 본 표면적 오류를 최소한으로 표시하라. 오류에서 어떤 패턴을 깨달을 수 있는가? 그것들이 "처치 가능한" 것인가 "처치 불가능한" 것인가? 그가 보다 나은 자기-편집자가 되기 위해 당신이 줄 수 있는 조언은 무엇인가?

6. 언어 소수자 학생들에게 문법을 가르치는 것에 대해 배워온 것은 무엇인가? 주류 학생들에게는? 이전의 반응에 대한 자문 없이 1장에서 문법과 문법을 가르치는 것에 대한 태도를 조사해 보라. 당신의 응답을 당신의 이전의 응답과 당신의 동료의 응답 그리고 일반 대중들의 응답을 비교해 보라. 당신의 응답은 어떻게 변했는가? 왜 그런가?

학생 글* V

　제5부의 16개 작품은 학생들이 쓴 것이다. 각 작품에는 글이 쓰인 맥락과 학생들이 해야 할 과제에 대해서 간략한 설명이 곁들여진다. 이 작품들이 맥락에서 벗어났고 어떤 칭찬 혹은 조언을 해줘야 하는지 알려면, 각 글쓴이를 사람, 저자, 학생으로 더욱 잘 알아야 할 것이다. 그러나 내가 학생 글을 평가할 때 해당 맥락을 제공해 주기도 어렵고 반대로 학생들을 나의 교실로 오게 하기도 어렵다.

　나는 개별 저자와 작품을 매우 존중한다. 모두 잠재력이 있다고 믿지만 학생들과 작품은 친구나 선생님의 의견 없이 그 특성을 알 수 없다. 물론 학생의 글 소유권을 위해 교사로서 내가 그들에게 무엇을 써줘야 하고 그러지 말아야 한다는 말은 피해야 한다고 할지 모른다. 내가 하는 조언은 나의 목표가 아니라 그들의 목표를 이루는 걸 도와준다. 하지만 비고츠키(Vygotsky, 1962)처럼 나 역시 교사와 학생이 협력해야 학습이 일어난다고 믿는다. 오랫동안 중학교 교사이면서 문학 연구자인 아트웰(Atwell, 1998)도 이에 공감한다. 그녀가 말하길, "어린 저자들은 다른 사람이 자기 말을 들어주기를 원한다. 또한 어른들이 솔직히 말해 주길 원한다. 자기들이 알고 할 수 있는 것을 어떻게 발전시킬지 이끌어주고 그들이 모르는 것을 이끌어 줄 수 있는 교사를 필요로 한다."(p.218) 나는 청소년과 성인 저자들도 마찬가지라고 생각한다.

　여기 있는 16개 글은 다음 질문을 탐구하는 데 도움을 줄 것이다.

- 이 학생들이 독자들에게 전달하고 싶은 것은 무엇인가?
- 성장하는 글쓴이들은 교과서 글과 학문적인 글이 어떤 특성 차이가 있다고 인식하는가?

11.1. 재스민(Jasmine)

이 글은 초등학교 4학년 재스민이 쓴 것으로 채점이 되지 않은 마지막 글쓰기 과제였다. 재스민이 자기 글을 글쓰기 워크숍에서 학우들에게 들려주었을 때 많은 학생이 좋아했고 자기들 이야기의 모범으로 삼았다.

글쓰기 과제1): 가족의 전통을 글로 써보라. 그 전통이 어디서 시작됐고 어떻게 내려왔는가? 얼마나 유지되어 온 전통인가? 일 년 중 언제, 어디에서 이 전통이 실행되고 있는가? 구체적이고 세부적으로 작성하고 반드시 글의 시작, 중간, 끝이 드러나게 하라.

---

1) [역주] '글쓰기 과제'는 'writing prompt'의 번역 표현이다. 학생이 글을 즉흥적으로 쓸 수 있게 과제를 낸다든가 지시하는 것을 뜻한다.

1

Something Tasty

¶1 "Hello, is anyone there? Okay, I see there is. Do you want something tasty? Just pull up a chair and listen. Oh since you want something tasty, I will tell you what it is and its history.

¶2 I really don't know when it started bat²⁾ my mom said it was back in the 1980s. My great great Aunt this tradition.³⁾ She passed a speacial⁴⁾ recipe to my Aunt and then to her daughter than to her daughter's son and now to my mom. My great great Aunt said "it would make us remember out family. We make this speacial thing at every family get together I will learn how to make it on my eleventh birthday like everybody else.

¶3 Can you guess what it is.⁵⁾ Well I give you some hints. It can melt not being in the freezer, it can come in many different flavers⁶⁾ and you can buy it Dairy Queen.⁷⁾ If you haven't figured it out its homemade icecream.⁸⁾ It's really tasty. So do you think it will be tasty. I guess you have to try it to know.

¶4 Well, I got to go now I hope you enjoyed my tradition. Are you still there will⁹⁾ if your¹⁰⁾ not you just don't know how good it is.

The End

---

2) [역주] 'but'을 'bat'으로 잘못 표기했다.
3) [역주] '시작하다'를 뜻 하는 'start'와 같은 동사를 쓰지 않았다.
4) [역주] 'special'을 'speacial'로 잘못 표기했다.
5) [역주] '?'와 같은 적절한 구두점을 표기하지 않았다.
6) [역주] 'flavors'를 'flavers'로 잘못 표기했다.
7) [역주] 아이스크림을 패스트 푸드 체인점을 가리키키는 'Dairy Queen'에서 사다는 것을 뜻하므로 전치사 'at'이 필요하다.
8) [역주] 자연스러운 문장을 만들기 위해서는 "If you haven't figured it out"과 그 뒤 문장을 쉼표로 이어줘야 한다.
9) [역주] 'well'을 'will'로 잘못 표기했다.
10) [역주] 'your' 또한 '당신의 소유격'을 뜻하기 때문에 'you're (you are)'로 표기해서 '당신은 ~이다'와 같은 완벽한 문장으로 만들어 줘야한다.

'맛있는 무언가'

¶1 "여기요! 누구 없나요? 저기 있는 게 보이네요. 혹시 맛있는 거 먹고 싶으세요? 그냥 의자에 앉아 들으세요. 아, 당신이 맛있는 걸 원하니까 내가 그것의 정체와 역사를 알려줄 게요.

¶2 그게 언제부터 시작된 것인지 나는 정말 모르지만 엄마는 1980년부터 시작되었다고 하셨어요. 큰 고모 할머니가 이 전통을 시작했대요. 할머니는 특별한 조리법을 고모에게 알려주고, 그것이 고모의 딸에게, 그 후에 그 딸의 아들, 이제는 나의 엄마에게 전달되었어요. 큰 고모 할머니는 "이건 우리 가족을 기억할 수 있게 해줄 것이야."라고 말씀하셨어요. 우리는 이 특별한 것을 가족모임 때마다 만들어요. 나는 모두가 그랬던 것처럼 나의 열한 번째 생일에 만드는 방법을 배울 거예요.

¶3 그럼 이게 뭔지 맞춰볼 수 있나요? 힌트를 줄게요. 냉동실에 없으면 녹을 수 있고 다양한 맛으로도 많이 있고 데리 퀸에서 살 수도 있어요. 혹시 아직도 못 맞췄다면, 이건 집에서 만든 아이스크림이에요. 정말 맛있어요. 그래서 이게 맛있을 것 같나요? 당신이 알려면 직접 맛을 봐야겠네요.

¶4 그럼, 저는 이만 가야 해요. 나의 전통을 즐기셨으면 해요. 당신 아직도 거기에 있나요? 만약 아니라면 당신은 그저 그것이 얼마나 맛있는지 모르기 때문일 거예요.

끝

11.2. 부엌을 묘사하는 글들[11]

여기 제시된 부엌 묘사 글들은 최종 글이다. 초등학교 4학년 학생들은 묘사 글쓰기를 배운 후에 최종 글을 작성하였다. 학생들은 자신의 모든 감각을 이용해서 묘사하는 글을 쓰라고 지시받았었다.

글쓰기 과제: 부엌을 묘사하라.

████████ 2 알렉산드라(Alexsandra)

In My Kitchen

¶1 In my kitchen there is a clock it is black and white. I hate it because it goes tic, toc, tic, tac,[12] really loud.

¶2 In my kitchen there are dishes, cups, silver wear, food and all kinds of other things like that. The floor is wooden and the walls are white. The wall mix in with[13] everything else.

¶3 In my kitchen ther[14] is cabinets they are wooden and thene ther is a refregerator[15] whiene opens the door opens the at leades to heaven.[16] That is why I love my nice clean[17] kitchen.

---

11) [역주] *The Kitchen Descriptions*
12) [역주] 'toc'을 'tac'으로 잘못 표기했다.
13) [역주] 'mix in with'은 '~와 섞여 있다'라는 뜻을 정확하게 표현하지 못했다. 'is mixed with'가 더 적절하다.
14) [역주] 'there'을 'ther'로, 'are'을 'is'로 잘못 표기했다.
15) [역주] 'and then there is a refrigerator'을 'and thene ther is a refregerator'로 잘못 표기했다.
16) [역주] 'when the door opens, it leads to heaven'이 맞는 문장 표현이다.
17) [역주] 'nice'와 'clean'을 연결해줄 접속부사 'and'를 안 썼다.

나의 부엌에는

¶1 나의 부엌에는 시계가 있다 그것은 검고 하얗다. 틱-톡-틱-톡 소리를 매우 크게 내기 때문에 나는 그것을 싫어한다.

¶2 나의 부엌에는 그릇, 컵, 은색 옷, 음식 그리고 그것들과 비슷한 많은 다른 물건이 있다. 바닥은 목재이고 벽은 하얗다. 그 벽은 많은 다른 색과 섞여 있다.

¶3 나의 부엌에는 목재로 된 캐비닛과 문이 열리면 하늘로 이어지는 냉장고가 있다. 그것이 내가 좋아하면서도 깨끗한 부엌을 사랑하는 이유이다.

3 에드거(Edgar)

My Family Kitchen

¶1 Come take a look at. My Family Kitchen. When you walk in the brown door you will see a table. And it is brown it has four chares[18] and we have parts to make it big. The color of the shairs[19] are brown.

¶2 When you walk in the brown door you will see a regular stove and the color of the stove is green and black. It is on you right side. My mom wouldn't let me tuke[20] it.

¶3 When you walk in the brown door you will see a refrigator[21] and it is big. We can fit a lot of stuff in there and a lot of meat. There is a cavinit[22] it has two doors.

---

18) [역주] 'chairs'를 'chares'로 잘못 표기했다.
19) [역주] 'chairs'를 'shairs'로 잘못 표기했다.
20) [역주] 'look at'을 'tuke'로 잘못 표기했다.
21) [역주] 'refrigerator'을 'refrigator'로 잘못 표기했다.
22) [역주] 'cabinet'을 'cabinits'로 잘못 표기했다.

¶4 When you walk in the brown door you will see the floor and the cloer23) of the floor is hounted24) green. They are siqeres25) and when you put the chair it will live a mark on the floor.

¶5 When you walk in the brown door you will see three cavinits and they are small cavinits. One is on the bottom two are one the top.

우리 가족의 부엌

¶1 와서 한 번 보라. 우리 가족의 부엌. 갈색 문으로 들어가면 탁자를 볼 것이다. 그것은 갈색이다. 그건 4개 의자가 있고 우리는 그것을 크게 만들었다. 그 의자들의 색은 갈색이다.

¶2 갈색 문으로 들어가면 당신은 평범한 스토브를 볼 것이다. 그 스토브의 색깔은 초록과 검정이 섞여 있다. 그건 당신의 오른쪽에 있다. 우리 엄마는 내가 그걸 못 보게 한다.

¶3 갈색 문으로 들어가면 당신은 커다란 냉장고를 볼 것이다. 우리는 많은 물건과 고기를 그 안에 넣을 수 있다. 캐비닛이 있고 그것은 문이 두 개이다.

¶4 갈색 문으로 들어가면 당신은 바닥을 볼 것이고 그 바닥의 색은 흉한 초록이다. 네모진 것들이 있고 당신이 의자를 놓으면 바닥에 자국이 생길 것이다.

¶5 갈색 문으로 들어가면 세 개의 캐비닛을 볼 것이고 그것들은 작은 캐비닛이다. 하나는 아래에 있고 두 개는 위에 있다.

---

23) [역주] 'color'을 'cloer'로 잘못 표기했다.
24) [역주] 'haunted'를 'hounted'로 잘못 표기했다.
25) [역주] 'squares'를 'siqeres'로 잘못 표기했다.

11.3. 중요한 날 이야기[26)]

이 글들은 다중 교실[27)]에서 수업하는 5학년 학생들이 쓴 것이다. 학생들은 작가 바이츠(Weitz)가 가족 추억과 유대인 대학살을 생생히 기억하면서 쓴 『역사와 우리 자신을 보며: 나는 말할 것을 약속한다』에서 발췌한 글을 학년말에 읽었다. 후속적으로 학생들은 자기 삶에서 중요한 몇몇 사건을 발표했다.

글쓰기 과제: [『역사와 우리 자신을 보며: 나는 말하기를 약속한다』에서 한 발췌문]에서 작가 바이츠는 일기를 사용하여 그녀의 삶에서 일어난 중요한 일들을 말한다. 만약 당신의 인생에서 정말로 중요한 3일을 설명할 수 있다면, 그것은 무엇인가?

4 알렉스(Alex)

이 제목 없는 원고는 다중 교실에 있던 5학년인 알렉스가 쓴 글이다.

April 28, 1998. My father and I went to a sporting clay shoot for my birthday. It was one of the best times of my life because we actually got to spend quality time together. After the shoot was over, they[28)] had a lamb and pig roast.[29)] The food was delicious. The only bad thing that happened was that it started to rain about an hour after we got done with the shoot, so we had to leave right away. My father is taking me to another one this year, and I can't wait.

---

26) [역주] *The Important Day Stories*
27) '다중 교실'은 'multigrade class'를 번역한 것으로, 여러 학년 학생들이 함께 공부하는 교실을 뜻한다.
28) [역주] 저자와 아버지가 식사한 것을 나타내기 때문에 'they'가 아닌 'we'가 맞는 주어다.
29) [역주] 'roasted pig'를 'pig roast'로 잘못 표기했다.

1998년 4월 28일. 아버지와 나는 내 생일을 맞이하여 원반 총 쏘기를 하러 갔다. 아버지와 나는 함께 좋은 시간을 보냈기에 그 날은 내 생애에서 가장 좋은 날 중 하루였다. 총 쏘기가 끝난 후, 우리는 양고기와 구워진 돼지고기를 먹었다. 그 음식은 맛있었다. 안 좋았던 것이 있다면 우리가 총 쏘기를 끝내자 한 시간 동안 비가 내리기 시작해서 바로 떠났어야 했다는 것이다. 아버지가 올해에 나를 한 번 더 데리고 가신다고 했는데 난 기다릴 수가 없다.

5 닉 (Nick)

이 개인 이야기는 다중 교실에 있던 5학년 닉이 쓴 글이다.

The Blizzard

¶1 The blizzard of March 19 was a scary day. When I woke up, all the power was out. My dad went to work, but when he got there all the power was out there too.

¶2 When I got up, my mom made me walk to the store and get some battery. When I got there the store was closed, but I saw that the roads were blowed, so I could go to my friends. When I got back home I got my mom to drive me over to my friends. We played board game for about three hours, we played Straptgo[30], Scrabble[31], and card games. It was so boring I wasn't having any fun until we went outside.

¶3 We a snowball fight, and we played football with a little kid down the street. My friend's graham made us shovel the snow. When we were done the power was back on at my house, my friend and I went back to my house and watch

---

30) [역주] 'Straptgo'는 'Stratego'를 잘못 표기한 것이다. 'Stratego'는 체스와 비슷한 보드게임이고 깃발을 이용하는 게임이다.
31) [역주] 'Scrabble'은 철자가 적힌 플르스틱 조각들로 글자 만들기를 하는 보드 게임의 하나이다.

television and then went to sleep.

¶4 The blizzard was sort of boring, but when the power came back on it was fun. My friend and I played video games. I felt bad for all of the people that got suck in the snow. Some people I didn't feel bad for.[32] This one gut got suck in the snow so my dad helped him out. Then he said "I'm going home and staying in". Then my dad saw him ten minutes later getting suck in front of my house.

폭설

¶1 폭설이 내린 3월 19일은 무서운 날이었다. 내가 일어났을 때, 전기가 모두 나갔다. 아버지는 일을 하러 나가셨는데, 그곳에 도착하니 거기 있는 전구 또한 모두 나가 있었다.

¶2 내가 일어났을 때, 엄마는 나한테 가게까지 걸어가서 배터리를 사오게 하셨다. 내가 도착했을 때 그 가게는 닫혀 있었다. 도로에는 눈이 치워져 있어서 내가 친구네는 갈 수 있는 상황이었다. 집에 돌아와서 엄마는 나를 친구네로 데려다 주셨다. 우리는 3시간 동안 보드게임을 했는데, 스트라티고, 스크래블 게임과 카드 게임을 했다. 너무 지루했다. 우리가 밖으로 나가기 전까지 재미가 없었다.

¶3 우리는 눈싸움도 하고 거리에서 어떤 애와 축구도 했다. 친구 할머니는 우리에게 눈을 삽으로 치우라고 하셨다. 다 하니까 우리 집에 전기가 들어왔고 친구와 나는 집으로 돌아가서 텔레비전을 보고 잠을 잤다.

¶4 폭설은 좀 지루했지만 전기가 들어오니까 좋았다. 친구와 나는 비디오 게임을 했다. 눈 속에 빠진 사람들이 불쌍했다. 하지만 몇몇 사람들은 불쌍하지 않았다. 어떤 사람은 눈 속에 빠져서 우리 아빠가 나오도록 도와줘

---

32) [역주] 완전한 문장이 아니므로 문맥에 가장 잘 맞고 자연스러운 문장은 'But, I didn't feel bad for some people'이다.

야 했다. 그러고는 그가 말하길 "난 집에 가서 집 안에 있을 거야." 그러고 아빠는 그가 10분 후에 우리 집 앞에서 (눈에) 빠진 것을 보았다.

11.4. 수업 시간에 쓴 수필들³³⁾

이 수필들은 10학년 학생들이 영어수업 시간에 썼다. 학기 말에 학생들은 115분 동안 3개 주제 중 하나를 선택하여 여러 생각을 하고 초안을 쓴 후에 수정했다. 몇몇 학생들은 제출하기 전에 주제 문장에 밑줄을 쳤다.

한 주제는 저자가 100만 달러를 갖고 무엇을 할지 설명하는 것이었다.

글쓰기 과제: 100만 달러를 갖고 무엇을 할 건가?

████████ 6 매트(Matt)

What I'd do with One Million Dollars

¶1 *One million dollars, what can I do?* Lets³⁴⁾ pretend I just recieved³⁵⁾ one million dollars. May be by winning a game or just luck. Well now I have this money but don't know what to do with it. There are tons of choices, I just want to make the right one.

¶2 I was thinking of putting it in the bank. This would be a good thing because I would not lose it, and I could make intrest³⁶⁾ off of it! I just don't think that

---

33) [역주] *The In-Class Essays*
34) [역주] 'let's'를 'lets'로 잘못 표기했다.
35) [역주] 'received'를 'recieved'로 잘못 표기했다.
36) [역주] 'interests'를 'intrest'로 잘못 표기했다.

is really what I was thinking of. So now I'm still tring[37]) to decide.

¶3 Wait I know, I could have my dream truck. Now that is a good idea. Something I have always wanted. It doesn't cost that much so I will have some more left over. That I could put in the bank.

¶4 No, I could buy a nice big house. On the perfect location. Just waiting for me when I'm ready. I could have it all paid off. Then with my nice new truck go live in it.

¶5 If I have any extra I think the smart thing would be to put it in the bank for a rainy day. You thought I would share with you.[38])

100만 달러를 갖고 내가 할 것은

¶1 *100만 달러, 내가 뭘 할 수 있나?* 그냥 내가 100달러를 받았다고 가정해 보자. 게임을 이기거나 운 때문일 수도. 아무튼 나는 지금 이 돈이 있지 만 이걸로 무엇을 할지는 모른다. 여러 선택지가 있지만, 나는 그저 이 선택을 하고 싶을 뿐이다.

¶2 그 돈을 은행에 넣어버릴 생각이었다. 내가 잃어버리지 않을 것이고 이자 를 붙일 수 있으니 좋을 것이다. 근데 내가 생각한 것이 아닌 것 같다. 그러니 난 아직도 결정하는 중이다.

¶3 잠깐, 난 알아, 내가 꿈에 그리던 트럭을 갖는 것이다. 이제야 좋은 생각 이 났네. 내가 항상 원하던 것. 엄청 비싸진 않을 테니 돈이 더 남을 것 이다. 그건 은행에 넣을 수 있다.

¶4 아니야, 큰 집을 살 수 있을 것이다. 완벽한 위치에. 내가 준비가 될 때까 지 기다리는 것이다. 난 모든 걸 지불할 수 있을 거야. 그러고는 멋진 나

---

37) [역주] 'trying'을 'tring'으로 잘못 표기했다.
38) [역주] 수필의 마지막 문장은 저자가 질문하려는 의도를 담고 있지만, 영문 구성은 정확하지 않 다. 그래서 'Did you think Id share it with you?'이 더 적절하다.

의 새 트럭과 같이 사는 것이다.

¶5 만약 돈이 남는다면 비가 오는 날을 대비해서 은행에 넣는 게 현명할 것 같다. 내가 당신한테 나눠줄 거라고 생각했나?

다른 주제는 이상적인 여름날을 상상하는 것이다.

글쓰기 과제: *나의 이상적인 여름날은 어떨 것인가?*

 야스민(Yasmin)

My Ideal Summer Day

¶1 My ideal summer day would be one worth remembering. At the crack of dawn I would get out of bed and run to the window to see the sun rise for the firs day of summer. After enjoying the sensational view I will get ready and enjoy a well prepared breakfast. Then after devouring my meal I decide to burn it off by taking a stroll around my neighborhood.39)

¶2 Coming back from my stroll I figure I should take advantage of this beautiful weather and go swimming. I rush in the house put my bathing suit and took a relaxing dip in the pool. As I was swimming around I can feel the tremendous heat from sun shining on me. I took this time to get out of the pool to get dry.

¶3 Still having time to enjoy his beautiful day I decide to visit my godsister40) who conveniently lives down the street. I come to her door and asks if she would like to do driving around. And she said yes, so we drive everywhere and we notice that its starting to get a bit dark. And that means that the day is ending into

---

39) [역주] 첫 번째 문단은 대체로 동사의 과거시제가 일치하지 않는다.
40) [역주] 'godsister'는 같은 종교를 믿는 친한 친구 혹은 자매를 뜻한다.

night. My godsister drops me off and I got to my house.

¶4 Before I enter my house I look up to the sky and I say good bye for now, but I shall see you tomorrow. The reason why I say this is because when I look to the sky I feel that I could see my grandmother. And I swear I could see her smiling down on me. That is the reason why I love summer. And that is my ideal summer day.

나의 이상적인 여름날

¶1 나의 이상적인 여름날은 기억할 만할 가치가 있다. 새벽이 끝날 때 나는 침대에서 일어나고 창가로 달려가서 첫 여름 날의 일출을 본다. 놀라운 풍경을 즐긴 후에 준비를 하고 잘 차려진 아침밥을 먹을 것이다. 그리고 음식을 게걸스럽게 먹은 후에 소화시키기 위해 동네를 산책한다.

¶2 산책에서 돌아와서 이 아름다운 날씨를 이용해 수영하러 가야 한다고 생각한다. 나는 서둘러 집에 가서 수영복을 입고 수영장에 몸을 편하게 담갔다. 내가 수영을 하고 있을 때 나에게 비춰지는 햇살의 강렬한 열기를 느낄 수 있다. 바로 이때 몸을 말리려고 수영장에서 나왔다.

¶3 이 아름다운 날을 즐기기 위해 편리하게도 길 아래편에 살고 있는 친한 언니한테[41] 가기로 생각한다. 그녀의 문 앞에 가서 드라이브를 하고 싶은지 물어본다. 그녀가 그러자고 말해서 우리는 여기저기 운전하며 싸돌아다니고 이내 어두워지고 있다는 걸 알게 된다. 그것은 그날 밤이 끝나가고 있다는 것을 뜻한다. 친한 언니는 나를 집에 데려다 주고 나는 집으로 들어간다.

¶4 내 집에 들어가기 전에 하늘을 보고 일단 잘 지내라고 말하고 내일도 보자고 말한다. 내가 이걸 말하는 이유는 내가 하늘을 볼 때 내 할머니를 볼 수 있기 때문이다. 그리고 그녀가 날 내려다보며 웃는다는 걸 분명

---

41) [역주] 'godsister'은 같은 종교를 믿는 친한 친구 혹은 자매를 뜻한다.

말할 수 있다. 이것이 내가 여름을 사랑하는 이유이다. 그리고 그것이 나의 이상적인 여름날이다.

_____8 핑클베리(N. Finklberry)

My Summer Day

¶1 <u>My ideal summer Day would be like living in heaven.</u> I love the summer. The summer brings warm and happy feelings. It brings back memories never forgotten. My ideal summer day would like nothing in the words you can imagine.

¶2 Waking up with sun shinning bright in my face.[42] While at a campground, I hear birds singing to me. The temperature is very warm and I'll prepare for a long wonderful day.

¶3 Leaving the campground off to ride on my boyfriend's boat. Jet skies on the back of his truck, and I'm all ready for fun. We get to the beach and we take the boat and jet skies out to the middle of the lake. While I'm having so much fun I'm getting a wonderful tan. Laughing and giggling the whole time, I couldn't have more fun.

¶4 Leaving back to the campground to eat a wonder dinner Mom has cooked. Sitting around the campfire while everyone tells how there day was. When I tell about my day to the family it was nothing compared to what they had done. As happy as I was things jut got better.

---

42) [역주] 원문은 문장이 아닌 구 뒤에 마침표(.)를 찍었는데, 본래는 뒤에 주술 구조가 갖추어진 문장이 나와야 할 것이다.

¶5 Sun starts to fall and my boyfriend and I decide to take a walk on the beach. Going to the beach while sun set was the most romantic thing ever. My footprints in the sand right next to his, and while we were passing the water washes then away. This day feels so good its like a wonderful dream.

¶6 In conclusion this wonderful day I lived. If all my day could be so warm this world wouldn't be such a cold dream.

나의 여름날

¶1 <u>나의 이상적인 여름날은 마치 천국에 사는 것과 같을 것이다.</u> 나는 여름을 좋아한다. 여름은 따뜻하고 행복한 감정을 가져다준다. 그것은 잊을 수 없는 추억을 갖다 준다. 나의 이상적인 여름날은 당신이 상상할 수 없을 것이다.

¶2 햇살이 얼굴을 밝게 비출 때 나는 일어난다. 야영지에 있을 때, 새들이 나에게 불러주는 노래를 듣는다. 온도는 매우 따뜻하고 난 길고 아름다운 날을 위해 준비를 할 것이다.

¶3 야영지를 더나 남자친구의 보트를 타는 것. 그의 트럭 뒤에 있는 제트 스키. 나는 즐길 준비가 되어 있다. 우리는 호숫가에 도착하고 보트와 제트 스키를 호수의 중간으로 가져간다. 재미있게 놀면서 태닝도 많이 한다. 내내 재밌어 하며 웃으니 더한 즐거움은 없을 것 없다.

¶4 엄마가 만든 환상적인 요리를 먹기 위해 야영지로 떠나는 것. 모두의 하루를 이야기하며 모닥불에 둘러앉아서. 가족에게 나의 하루를 말해 줄 때는 그들이 한 일과는 비교도 안 됐다. 내가 행복한 만큼 모든 것은 좋아졌다.

¶5 해가 떨어지기 시작하고 남자친구와 나는 해안가에서 걷기로 한다. 해가 지는 동안 해안가를 가는 건 가장 로맨틱했다. 모래에 내 발자국이 그의 것 바로 옆에 나 있고, 우리가 옆으로 지나가고 나면 물은 흘러 내려갔

다. 환상적인 꿈처럼 이 날은 느낌이 정말 좋다.

¶6 요컨대 나는 멋진 하루를 보냈다. 만약 나의 하루가 정말 따뜻하다면 이 세계가 그리 차지만은 않을 것이다.

▬▬▬ 9-1 앤지(Angie)

Outline

  Ⅰ. Intro

    a. tell about essay

  Ⅱ. 1st para.

    a. tell everything step by step.

    b. times and what your doing.

  Ⅲ. 2nd para.

    a. repeat

  Ⅳ. 3rd para.

    a. repeat

  Ⅴ. 4th para.

    a. repeat

  Ⅵ. 5th para.

    a. repeat all main pts.

개요

  1. 도입

    a. 수필에 대해 말하기

  2. 첫 번째 문단

    a. 모든 것을 순서대로 말하기

    b. 시간과 한 일

3. 두 번째 문단

  a. 반복

4. 세 번째 문단

  a. 반복

5. 네 번째 문단

  a. 반복

6. 다섯 번째 문단

  a. 모든 요점 반복하기

9-2 Final draft

My Ideal Summer

¶1 *During the summer of 1999, I will have meny[43] things to do, and a lot of time to do it all.*

¶2 First, starting the summer right when I get out of school I will sleep in till 7:30. Then, I will take shower and go on the lake to ride my jet skis, and go boating in my boat. I will stay out there till 7:30 at night, go out to dinner, work out, and go to bed. While on the lake I will also get a tan.

¶3 Secondly, towards the almost middle of the summer I will wake up at 6:30, go running, go home and shower, and go on the lake till 7:30, go out to dinner, go home, work out, maybe watch a movie at theater, and go home and go to bed. I will work out up to two times a day and go higher as my awesome summer is on.

¶4 Next, in the middle summer I will wake up at 6:30, go running, shower, go on

---

43) [역주] 'many'를 'meny'로 잘못 표기했다.

the lake till 7:30, and while on the lake, I will run and do aerobics in the water, then go home, eat dinner, workout, and go to bed.

¶5 Lastly, toward the end of summer I will wake up at 6:30, go running, shower, go on lake till 7:30, eat dinner, work out for 2 hrs.,[44] go to sleep. While on the lake I'll swim and do different exercises.

¶6 So, during my summer, I will work out a lot, go on the lake everyday, because that is my life, but during some days I'll rollerblade instead of running, I'll also tan a lot. I will also be going to Florida for 2 wks. in the middle of summer, so I'll get a nice tan. I'll come back to school with a great tan, and lots of stories to tell about my great summer.

[최종 글]

나의 이상적인 여름

¶1 <u>1999년도의 여름, 나는 할 일도 많고 그것을 할 시간도 많아야 할 거다.</u>

¶2 먼저, 학교가 방학하는 여름이 오면 나는 7:30분까지 잘 것이다. 그리고 샤워를 하고 제트 스키를 타기 위해 호수로 가고 보트도 탈 것이다. 오후 7:30분까지 있을 것이고, 저녁 먹으러 나가고, 운동도 하고, 그리고 잠을 잘 것이다. 호수에 있을 때 태닝 또한 할 것이다.

¶3 둘째로, 여름 중간이 될 즈음 나는 6:30분에 일어나 달리기를 하고 집으로 가서 샤워를 하고 7:30분까지 호수에 있다가 저녁은 외식하고 집에 가서 운동하고, 영화를 볼 수도 있고, 집에 가서 잘 것이다. 나는 하루에 운동을 두 번 할 것이고 나의 멋진 여름이 계속될수록 더 많이 할 것이다.

¶4 그 다음, 여름의 중간에 나는 6:30분에 일어나서 달리기를 하고 샤워를 하고 7:30분까지 호수에 있다가 호수에 있는 동안 물속에서 뛰고 에어로빅을 할 것이고, 그리고 집에 가서 밥을 먹고 운동하고 잠을 잘 것이다.

---

44) [역주] 글을 쓸 때는 'hours'를 뜻하는 'hrs.'와 같은 줄임말을 쓰는 건 적절하지 않다.

¶5 마지막으로, 여름이 끝나갈 때는 6:30분에 기상해서 달리기를 하고 샤워를 하고 7:30분까지 호수에 있다가 저녁을 먹고 2시간 동안 운동을 하고 잠을 잘 것이다. 호수에 있는 동안에 나는 수영도 하고 다른 운동도 할 것이다.

¶6 그래서 나는 여름 동안 운동을 많이 하고, 호수에 매일 갈 것이다 왜냐하면 그건 내 인생이기 때문이지만 며칠간은 달리기 대신 롤러스케이트를 탈 것이고 태닝도 많이 할 것이다. 또한 나는 여름 중간에 플로리다에 3주간 가 있을 것이라서 태닝을 잘할 것이다. 나의 굉장한 여름 이야기를 갖고 멋지게 태닝을 하고서 학교에 돌아올 것이다.

10-1 제니퍼(Jennifer)

Pre-Writing

¶1 My ideal summer day is going to be lots of fun.

¶2 First, when I wake up, I'm going to tan for a little bit. Then when the time get[45]) around noon.[46]) I'm going to call my friends, and were[47]) all going to go somewhere and hang out. When I get hungry I'll eat, and when I'm tired I'll sleep.

¶3 Then somedays I'll have to work. Bat[48]) that should only be 2 days out of the week, for only 4 hours.

¶4 I'm also going to stay out really late. And spend the night over my friends house with about 10 other people. Its[49]) going to be great.

---

45) [역주] 'gets'을 'get'으로 잘못 표기했다.
46) [역주] 구와 다음 문장을 잊기 위해서 마침표(.)가 아닌 쉼표(,)가 필요하다.
47) [역주] 'we're'을 'were'로 잘못 표기했다.
48) [역주] 'But'을 'Bat'로 잘못 표기했다.
49) [역주] 'it's'를 'its'로 잘못 표기했다.

연습 글

¶1 나의 이상적인 여름은 정말 재미있을 것이다.

¶2 먼저, 내가 일어나면 태닝을 조금 하러 갈 것이다. 그리고 점심시간이 되면. 내 친구들에게 전화해서 우리 모두 어딘가로 놀러갈 것이다. 배고플 때 난 먹을 것이고 피곤할 때 난 잘 것이다.

¶3 그리고 며칠은 일을 해야 할 것이다. 하지만 그 일도 한 주에 두 번, 4시간씩만 해야 한다.

¶4 또한 나는 늦게까지 밖에 있을 것이다. 그리고 10명 정도의 아이들과 친구 집에서 잘 것이다. 그건 정말 최고일 것이다. 난 기다릴 수가 없다.

10-2 Final Draft

My Summer

¶1 My ideal summer day is going to be lots of fun.

First, when I wake up, I'm going to tan for a little bit. Then when the time gets around noon, I'm going to call my friends, and were all going to go somewhere, and hang out. When I get hungry I'll eat, and when I'm tired I'll sleep.

¶2 Then somedays, I'll have to work. Bat[50] that should only be for 2 days out of the week, for only 4 hours.

¶3 I'm also going to stay out really late. And spend the night over my friends house with about 10 other people. Its going to be great. And I can't wait.

---

50) [역주] 'But'을 'Bat'로 잘못 표기했다.

[최종 글]

나의 여름

¶1 나의 이상적인 여름은 정말 재미있을 것이다.

¶2 먼저, 내가 일어나면 태닝을 조금 하러 갈 것이다. 그리고 점심시간이 되면, 내 친구들에게 전화해서 우리 모두가 어딘가로 놀러갈 것이다. 배고플 때 먹을 것이고 피곤할 때 난 잘 것이다.

¶3 그리고 며칠은 일을 해야 할 것이다. 하지만 그 일도 한 주에 두 번, 4시간씩만 해야 한다.

¶4 또한 나는 늦게까지 밖에 있을 것이다. 그리고 10명 정도의 아이들과 친구 집에서 잘 것이다. 그건[51] 정말 최고일 것이다. 난 기다릴 수가 없다.

11.5. 루이(Louray)

루이는 도시화된 지방 대학에서 '기초 글쓰기' 과정을 듣는 학생이다. 아래에 그 학기에 쓴 첫 번째 수필의 두 개 임시 글이 제시되어 있다. 첫 번째는 손으로 쓴 것이고, 친구한테 검토를 받은 것이다. 두 번째는 타자로 친 것이다. 이것은 루이가 지도 교사와 친구들과 글쓰기 센터 선생님한테 피드백을 받았다.

글쓰기 과제: '용기' 혹은 '우정'과 같은 추상적인 개념을 생각해 보고 이야기하면서 그 개념을 설명하라.

---

51) [역주] 'it's'를 'its'로 잘못 표기했다.

━━11-1 First draft

Friedship52)

¶1 Friedshop53) mean more than just saying your someone friend. but you have to
show that person by giveing them adivce54) when they need it or just by being.
there for them.55) when they have a problem. Or someone to talk to when they
can't go anywhere else, someone, that would lift them up when there feeling sad
should be able and all alone. Which you to always count on each other when
you need help. Which you should always trust in one another. And your friend
should never lead you in the wrong way or always trust in one another. And
your friend should never lead you in the wrong way or Never56) let you down.
friendship should last forever. you should never Give up on your friend. If you
have one. Because am the kind of person that would listen to anyones problems
you don't Have to be my friend. to ask me for help. Im57) there for anyone you
don't have to know me to talk to Me. Kindness is always In my heart. Because
Im that kind of person you can always call on when your in need of anything
I. would never let you down. I'm also not the kind of person. Here for you one
minute And not there for. you the next minute. I know some people Are like
that.

---

52) [역주] 'friendship'을 'friedship'으로 잘못 표기했다.
53) [역주] 'friendship'을 'friedshop'으로 잘못 표기했다.
54) [역주] 'advice'를 'adivce'로 잘못 표기했다.
55) [역주] 'by being. there for them. When they have a problem'에 불필요한 마침표(.)들이 있다.
56) [역주] 'Never'은 'never'인 소문자로 표기해야 한다.
57) [역주] 'I'm'을 'Im'으로 잘못 표기했다.

[첫 번째 글]

우정

¶1 우정은 그저 누군가를 당신의 친구라고 부르는 것보다 큰 의미가 있다. 하지만 그 사람에게 필요할 때 조언을 해 주거나 문제가 있을 때 함께 있어 준다는 것을 보여 줘야 한다. 아니면 그들이 어디론가 갈 수 없을 때 있어 주는 사람, 슬퍼할 때나 외로워할 때 기운을 북돋아 줄 수 있는 사람 말이다. 당신이 도움이 필요할 때 서로에게 의지할 수 있는. 다른 사람을 꼭 신용해야 하는. 그리고 친구는 당신을 나쁜 길로 인도하거나 실망시켜서는 안 된다. 우정은 평생 가야 한다. 만약 그런 사람이 있다면, 당신은 친구를 포기해서는 안 된다. 왜냐하면 나는 친구가 아니라도 도움을 청하는 누군가의 문제를 들어주는 사람이기 때문이다. 나는 나를 모르더라도 누군가를 위해 대화를 하기 위해 있다. 친절함은 항상 내 가슴 안에 있다. 왜냐하면 내가 어떤 것이 필요할 때 당신은 항상 전화할 수 있는 사람이기 때문이다. 나는 당신을 절대 실망시키지 않을 것이다. 또한 나는 그런 종류의 사람도 아니다. 한 순간에만 있고 다른 때에는 없는 그런 사람. 나는 그런 몇몇 사람을 알고 있다.

11-2 Later Draft

Friendship

¶1 Friendship means more than just saying your someone friend but you have to show that person by giving them adivce[58] when they need it or just by being there for them when they have a problem. A friend is someone to talk to when you cant go anywhere else, someone that would lift you up when you are feeling

---

58) [역주] 'advice'를 'adivce'로 잘못 표기했다.

sad and all alone. You can always count on each other when you need help. You should always trust in one another. Your friend should never lead you the wrong way or never iet[59] you down. Friedship[60] should last forever. You should never give up on your fried if you have one I am the kihd[61] of person that would listen to anyone problem. You dont have to know me to talk to me. Kindness is always in my heart. You can always call on me when your in need of anything. I would never let you down. Im also not thekind[62] of person here for you one minute and not there for you the next. Iknow some people are like that. I am a good friend to my sister because when she needs help with her baby, I will always be there fore her. She has a handicapped baby; she needs a lot of help with him. I also babysit him. I feed him and I also chance his clothes. My sister is also my best friend. we goshopping[63] and we can talk about anything. she also listen to me when I have a promblem[64] with my home work. she also helps me a lot. we lives in the same house and we do things together. she is a beautiful person.

[두 번째 글]

우정

¶1 우정이란 누군가를 단지 친구라고 부르는 것보다 그들이 문제가 있을 때 조언을 해주고 함께 있어 주는 것이 의미가 있다. 친구란 당신이 어딘가 에 갈 수 없을 때 대화를 해주고 슬프거나 외롭다고 생각할 때 북돋아 주는 존재이다. 당신이 도움을 필요로 할 때 서로 의지할 수 있어야 한

---

59) [역주] 'let'을 'iet'으로 잘못 표기했다.
60) [역주] 'friendship'을 'friedship'으로 잘못 표기했다.
61) [역주] 'kind'를 'kihd'로 잘못 표기했다.
62) [역주] 'thekind'에 띄어쓰기 오류가 있다.
63) [역주] 'goshopping'에 띄어쓰기 오류가 있다.
64) [역주] 'problem'을 'promblem'으로 잘못 표기했다.

다. 당신은 서로에게 항상 믿음을 줘야 한다. 당신의 친구는 당신을 잘못된 길로 인도하거나 실망시키게 하면 안 된다. 우정은 평생 남아야 한다. 그런 친구가 있다면 그 친구를 절대 포기해서는 안 된다. 나는 누군가의 문제에 귀 기울이는 사람이다. 나에게 말을 걸기 위해 날 알지 않아도 된다. 친절함은 항상 내 가슴 속에 있다. 무언가 필요하면 언제나 나에게 전화해도 된다. 나는 당신을 실망시키지 않을 것이다. 또한 나는 당신을 위해 한 순간에만 있는 사람이 아니다. 나는 그런 몇몇 사람을 알고 있다. 내가 언니에게 좋은 친구인 이유는 언니 아기를 도와줘야 할 때 난 항상 그곳에 있다는 점이다. 언니는 장애가 있는 아기가 있다; 언니는 그 아기를 많이 도와줘야 한다. 또한 나는 아기를 대신 봐주기도 한다. 그에게 밥을 먹여주고 그의 옷도 갈아 입혀준다. 언니는 나의 가장 친한 친구이기도 하다. 우리는 함께 쇼핑도 하고 어떤 일에 대해서 대화를 한다. 언니는 내가 숙제[65]에 어려움이 있을 때 잘 살펴준다. 언니는 나를 많이 도와준다. 우리는 같은 집에서 살고 어떤 것이든 함께 한다. 언니는 아름다운 사람이다.

11.6. 창의성 글

아래 두 글은 도시화된 어느 지방대학의 기초 글쓰기 수업 시간에 쓴 초안이다. 먼저, 학생들은 창의적이라고 여기는 특성을 자유롭게 생각해 봤다. 숙제로, 그들은 자신이나 아는 사람들이 창의적이라고 생각할 때 그 상황에 대해 글을 썼다. 그리고 학생들은 골맨 외(Goleman et al.)의[66] '창의적 영혼'(Dutton, 1992)에서 발췌한 장을 읽고, 저자들이 말한 '큰 B 창의성'과

---

65) [역주] 'problem'을 'promblem'로 잘못 표기했다.
66) [역주] Daniel Goleman, Paul Kaufman, Michael Ray

'작은 C 창의성'을 구분 지었다. 전자는 모짜르트나 아이슈타인과 같이 세계를 바꾼 사람들의 업적을 말하고, 후자는 보통 사람들이 이루어낸 평범하면서도 창의적인 경우를 뜻한다. 그 저자들이 말하길, "일상적 창의성은 종종 익숙한 문제를 새롭게 접근해 해결하는 데서 나온다."(25쪽). 학생들은 글을 수정하여 창의성 정의를 포함하게 되었다.

글쓰기 과제: 분석 과제. 여러분이나 지인이 창의적으로 행동한 것에 대해 말해 보라. 골맨 외 책에서의 창의성에 대한 정의를 이용해서, 여러분의 행동이 창의적이라고 할 수 있는지 분석하고 설명해 보라. 출처의 자료를 이용해 그 정의를 뒷받침하고 그 상황을 잘 모르는 독자들을 위해 세부 사항을 충분히 제시해 보라.

_____12 아담(Adam)

아담은 일기 숙제로 이 수필을 초안으로 작성하였고 반 아이들이 내용을 중심으로 하여 검토하였다. 수업에서 도입 부분과 결론 부분에 대해 논의하고, 아담이 수정하여 제출했다. 글을 제출하는 당일에 학급에서 교정 전략을 상의했고 아담은 수필을 교정했다.

"Creative Person"

¶1 The assignment is to write about a person that has been creative. The person I have chose[67] to write about is creative everyday of his life. His name is Trent; he is a tattoo artist in Michigan City. Trent has done five tattoos on my brother an two on me, as a matter of fact he will be giving me my third tattoo this

---

67) [역주] 'chose'를 'have chose'로 잘못 표기했다.

coming Friday.

¶2 First of all, Trent has been a tattoo artist for about two and a half years. When Trent draws a tattoo for someone it is his own design, most tattoo artists take other people's work and then gives the tattoo, but not Trent he wants people to know that his art is unique and original. When he gets behind the needle (or the tattoo gun) he makes a drawing, a work of art on a persons body. A person could ask Trent to draw a cross, and the person would expect just a normal cross, but not when he draws it. Trent would put designs and crazy colors in the drawing that would catch the eye of people. I have seen many tattoo artists perform their work. Every artist that I have witnessed is very normal and does not use any form of imagination in their work. With Trent everything is different from color to combination of designs. When Trent performs his tattoos he tries to make the tattoo as lifelike as possible. Trent can take a drawing and make it look like a work of art that has ever seen before.

¶3 Trent is so creative that he even performs tattoos on him self. For example, on the inside of his lip he tattooed a dragon. What Trent did is he stood in front of a mirror held his lip down with his left hand and with the right hand he did the tattoo. To be honest the tattoo cam out really good and it was even showed in a tattoo magazine. If the reader does not think that is creative then I do not know what creative is.

¶4 So basically I am saying that the way Trent draws and tattoos is just unique and crazy, because his imagination is so diverse when he gets behind a pencil or the tattoo gun.

"창의적인 사람"

¶1 이 과제는 창의적인 사람에 대해 쓰는 글이다. 내가 글을 쓰려고 선택한 사람은 매일 창의적인 삶을 사는 사람이다. 그의 이름은 트렌트(Trent)인데 미시간 도시에서 타투 아티스트를 한다. 트렌트는 내 형제에게 타투를 다섯 개, 나에게 두 개를 해주었고 이번 금요일에 나에게 세 번째 타투를 해주기로 했다.

¶2 먼저, 트렌트는 약 2년 반 동안 타투 아티스트로 활동해왔다. 트렌트가 타투를 그릴 때는 그만의 디자인을 그린다. 대부분 타투 아티스트들은 다른 사람의 그림을 이용해서 타투를 한다, 하지만 트렌트는 다르다. 그는 사람들에게 그의 예술은 특별하고 독창적이라는 것을 알리고 싶어 한다. 그가 바늘 (혹은 타투 총)을 이용할 때 사람의 몸 위에 작품을 그린다. 사람들은 트렌트에게 십자가를 그려달라고 말하면서 평범한 십자가를 기대하겠지만 그가 그릴 때는 달라진다. 트렌트는 사람의 눈과 맞는 화려한 색상과 디자인을 선택할 것이다. 나는 많은 타투 아티스트들이 예술하는 걸 본 적이 있다. 내가 본 모든 화가들은 평범하고 그들만의 상상력을 이용하지 않았다. 트렌트는 색부터 합동된 디자인까지 모든 것이 다르다. 트렌트가 타투를 할 때 그는 최대한 실물과 같게 만들려고 노력한다. 트렌트는 예전에 본 것 같은 작품을 그릴 수 있다.

¶3 트렌트는 매우 창의적이라서 그의 몸 위에 직접 타투를 할 수 있다. 예를 들어, 그는 그의 입술 안에 드래곤을 직접 타투했다. 트렌트는 거울 앞에 서서 왼손으로 입술을 잡아 내리고 오른손으로 타투를 했다. 타투는 정말 잘 나왔고 타투 잡지에까지 소개되었다. 만약 독자들이 그것을 창의적이지 않다고 생각하면 난 '창의적'의 뜻을 모르는 것일 것이다.

¶4 그래서 기본적으로 내가 말하는 것은 트렌트가 연필이나 타투 총을 들었을 때 그의 상상력은 너무나도 다양하기 때문에 그가 그림을 그리고 타투하는 것은 그저 특별하고 훌륭하다.

━━━ 13 드류 (Drew)

이번 것은 드류의 두 번째 글이다. 그는 이 글을 제출하기 전에 반 친구 들과 글쓰기 센터 선생님에게서 피드백을 받았고 글쓰기 교사한테 여러 상 세한 지도를 받았다. 첫 번째 글에 대한 대부분 의견은 글 내용과 구조에 관한 것이었다.

Becoming A good Black Jack Dealer

¶1 Black Jack is something that I enjoy doing. It takes a lot of practice to become good. Let's go on a journey of how I learn how to deal this fun and great game that we call black jack. So sit back relaxes and get ready to take this journey into B.J. dealing through Drew's eye take off.

¶2 In the first week for two hour a day all we did was play with the chips so that we could get use to them. We did things like getting the feel of twenty chips in both hands. Than we learn[68] how to size into the customer's bets (pushing one stack of chip into the bet and sliding your finger across the bet and leaving the same amount as the bet) and cutting the chips in stacks of five.

¶3 The second week we had to learn the way that the casino wanted their cards shuffled. The deferent between the way you shuffle cards at home and the way the casino wants the cards shuffled.[69] We are not allowed to bend the cards at the casino because they got to last the all day. When at home we tend to bend the cards. It took me a little while to learn how to do the casino shuffle I had to break my bad habit of shuffling like I was at home. This meant that I had

---

68) [역주] 과거 시제 표기의 일관성을 위해 'learned'라고 써야 한다.
69) [역주] 'the deferent~'로 시작되는 문장은 동사가 포함되어 있지 않고 '다르다'라는 뜻을 올바르 게 설명하지 않아서 'it was different~'가 더 적절하다.

to change the way I shuffle where I shuffle cards and it work well.

¶4 After the second week I felt like I knew the game good enough to win some money so, I went gambling. That was not true knowing the game from top to bottom do not mean a thing because when I went to the casino I lost five hundred dollar with[70] one hour.

¶5 Back to class now we are in our third week of class it was time to speed up. When I say speed I mean how many hands per hour can you deal. They want about 350 hands per hr. we took all the ten and face cards out of the decks of cards and started to deal the game of black jack to each other we where[71] in groups of five. This will help us see add the deferent ways to make twenty-one. Most of us got our hands up to about 280 hand this week. In the next two week everybody was close to the goal that the casino wanted us to reach put out there. After finishing with class we were ready to go to work.

¶6 What we did not know was there was more to dealing then knowing how to deal the cards. In order to make some tips the most important part of the job was for you to focus on your customers and make them feel special and give great service. This was the hardest part me because before I got the job I was pretty much shy and too myself. In order to get over this problem I just imagine I was someone else it was easy when I act like a clown.

¶7 Since I do not deal BJ that much any more I got a little slow most of the dealer who only deal BJ can deal up to 440 on average per hr. but I deal around 360 hands on average per hr. We are evaluated twice a year on speed, neatness of cards placements and how we focus on our customer. If you do good both of your evaluation you get a very small raise of $.25. We make most of our money

---

70) [역주] 'within'을 'with'로 잘못 표기했다.
71) [역주] 'where we were'을 'we where'로 잘못 표기했다.

from tips they average about $13.00 per hr.- $5.00 per hr. base pay.72)

¶8 I had this doctor and lawyer at my table I know that they were because they played at my table many times. One night while playing together they said they had lost about 30,000 but most lie about what they lost. So they don't feel bad when they don't tip. When the doctor and lawyer left my table they where up about 27,600 so my boss told me after they left. Because I did not change my shuffle is the reason that's I don't get to deal BJ that much any more. Instead I deal this game call mini baccarat73) this is another card game. Matter of fact it is one of the best game in any casino. I like this game but the people smoke to74) much.

¶9 The value of chips we had on our boat is $1, $2.5, $5, $25, $100, $500, and $1000. There is a $5000 chop but we never had to bring them out so I do not know if this is true.

¶10 The classroom definition of creative was to create something that was not there. The reason that I feel that this was creative time in my life is that without creating this job skill, I would still be doing the things I use to do. I would have never been able to go back to school or got over some of my shyness.

¶11 To sum it up it takes skill and a lot of personality to be a good dealer.

좋은 블랙잭 딜러 되기

¶1 나는 블랙잭을 즐겨한다. 잘하기 위해서는 많은 연습이 필요하다. 우리가 블랙잭이라고 부르는 재미있는 게임을 내가 어떻게 배우게 되었는지 알아 보자. 그러니까 편하게 앉아서 드류가 하는 블랙잭을 탐험해 보면 된다.

---

72) [역주] '$5.00 per hr. base pay'는 '시간 당 $5.00. 기본 급료'로 해석이 되는데 자연스러운 문장으로 연결시키면 'the base pay is $5.00 per hour'이다.
73) [역주] mini baccarat: 카드 게임의 일종
74) [역주] 'too'를 'to'로 잘못 표기했다.

¶2 첫 주에는 하루 중 2시간 동안 칩에 익숙해지도록 칩만 갖고 놀았다. 두 손 안에 20개 칩 느낌이 익숙해졌다. 그리고 우리는 고객의 내기를 크기에 따라 분류하는 방법(칩 덩어리를 내기한 것에 미뤄 놓고 내기 위에 손가락을 놓은 다음 내기한 양만큼 남겨 놓는 것)과 칩 덩어리들을 다섯 개로 나누는 방법을 배웠다.

¶3 둘째 주에는 카지노가 원하는 대로 카드를 섞는 방법을 배워야 했다. 집에서 카드 섞는 방법과 카지노에서 하는 방법은 달랐다. 카지노에서 카드는 하루 종일 견뎌야 하기에 그것들을 구부리면 안 된다. 카지노 셔플을 배우는 데 오래 걸렸다. 나는 집에서 카드 섞는 안 좋은 습관을 없애야 했다. 그 말은 내가 카드 섞는 방법을 고쳐야 한다는 것이고 그건 잘 되었다.

¶4 둘째 주 후에 게임을 충분히 알게 된 나는 돈을 딸 수 있을 거란 생각에 도박을 하러 갔다. 게임을 처음부터 끝까지 안다고 무언가가 되는 것이 아니다. 나는 카지노에서 한 시간 만에 500달러를 잃었다.

¶5 교실로 다시 돌아가서 수업의 3주가 되어 가니 나는 속도를 높여야 했다. 내가 말하는 속도는 한 시간에 할 수 있는 경기 수를 말하는 것이다. 그들은 한 시간에 350판 정도를 원한다. 카드 판에 10숫자의 모든 카드들을 올려놓았고 다섯 그룹을 모아서 블랙잭 게임을 하기 시작했다. 이렇게 해야 숫자 21을 만드는 걸 보는데 우리에게 도움이 된다. 이번 주에 대부분 우리는 280판정도 하였다. 2주 후에는 모두가 카지노가 원했던 목표를 이루는 데 가까워지고 있었다. 수업이 끝나고 우리는 실전에 들어갈 준비가 되어 있었다.

¶6 우리가 몰랐던 점은 카드를 나눠주는 것만이 아닌 다른 딜링(dealing)이 있었다. 팁(tip)을 얻기 위해서는 그 직업에서 제일 중요한 고객들에게 집중하는 것이고 훌륭한 서비스를 제공하면서 그들이 특별하다고 느끼게 하는 것이다. 나는 이 직업을 얻기 전에 너무 부끄러워했는데 그 부분이 제일 힘들었다. 나는 이 문제를 이겨내기 위해서 내가 다른 사람이었다

고 상상했다. 내가 광대가 되고 나니 쉬워졌다.

¶7 내가 더 이상 블랙잭을 안 하니 속도가 좀 느려졌다 블랙잭을 할 수 있는 대부분의 딜러들은 평균 한 시간당 440판을 할 수 있다. 하지만 나는 평균 한 시간당 360판밖에 할 수 없었다. 우리는 1년에 두 번씩 속도와 카드가 잘 정돈되어 있는지 그리고 고객에게 집중하는지 평가를 받는다. 만약 좋은 평가를 받으면 기본 급료에다가 $0.25정도의 보너스를 받는다. 우리는 돈을 팁으로 버는데 평균적으로 시간당 $13.00을 벌고 기본 급료는 $5.00씩 받는다.

¶8 내 테이블에 많이 왔던 의사와 변호사가 있었다. 어느 날 그들이 함께 게임을 하고 있었을 때 30,000정도 잃었다고 했지만 대부분은 손실액에 거짓말을 한다. 그래서 팁을 안줄 때 기분이 상하지 않기 위해 거짓말을 한다. 의사와 변호사가 내 테이블을 떠났을 때 27,600정도가 있었는데 지배인이 그들이 떠난 후에 말씀해 주었다. 내가 내 셔플을 바꾸지 않아서 블랙잭을 자주 보지 못한다는 것이었다. 그 대신 미니 바카라라는 게임을 보게 되었다. 그건 다른 카드 게임이다. 실은 카지노에서 최고의 게임 중 하나이다. 나는 이 게임을 좋아하지만 사람들이 담배를 너무 많이 펴대는 게 흠이다.

¶9 우리가 갖고 있던 칩의 가격은 $1, $2.5, $5, $25, $100, $500 그리고 $1000 이었다. $5000가치 칩이 있었다고 했지만 우리는 꺼내본 적이 없어서 사실인지는 모르겠다.

¶10 수업시간에 배우는 '창의성'의 뜻은 존재하지 않는 어떤 것을 만드는 것이다. 내 생애에 지금이 창의적인 때라고 느끼는 이유는, 이 일을 그렇게 하지 않았다면 난 결국 늘 하던 일을 했을 것이기 때문이다. 아마도 내가 학교로 돌아가지도 못했을 것이고 혹은 부끄러움을 극복하지도 못했을 것이다.

¶11 요컨대, 좋은 딜러가 되기 위해서는 기술과 인품을 필요로 한다.

11.7. 에이미(Amy)

이것은 도시화된 지방 대학에서 기초 글쓰기 수업을 듣고 있는 학생인 에이미가 학점 받은 글이다. 그녀는 데이트 강간에 관한 많은 기사를 읽고 종합하여 글을 썼다. P/F 성적만 있는 과목인데 에이미는 이 글로 P를 받았다. 그녀는 이 글이 나오기까지의 예전 두 글에서 아주 많은 논평을 받은 바 있다.

글쓰기 과제: **통합하기.** 여러분은 수업시간에 분석할 사회적 문제를 선택해서 최소 한 개 이상 관련 자료를 꼼꼼히 읽었다. 그 문제를 스스로 정의할 수 있는 글을 쓰고 자신의 경험과 관련 자료를 적어 보라.

█████14

Date Rape

¶1 Date rape is a very serious problem in society today. Date rape has many different causes that are always followed by some kind of solution.

¶2 Rape is when a man forces himself upon a women[75] sexually after a woman says no. In the article "Sex on Campus," Sarah Glazer states that one in every four women will be victims of rape or attempted rape (963). There are many things that cause a man to rape a woman. One is the consumption of alcohol. "In one study 75 percent of acknowledgd[76] date rapists said they sometimes got a woman drunk to include the likelihood of having sex with them" (How to Protect

---

75) [역주] 단수 형태인 'a woman'을 복수 형태인 'a women'으로 잘못 표기했다.
76) [역주] 'acknowledged'를 'acknowledgd'로 잘못 표기했다.

Yourself From Rape, 41). This quite shocking to women. More startling is that when a man drinks alcohol in his system he interprets things differntly[77]. A woman may be acting friends towards the man, but the man will think the opposite, SEX (··· Rape, 41). Another cause of date rape is that of a drug. This drug is called rohypnol or "ruffies." This is a drug that is commonly used. It is put into drinks that the woman will drink. The drug will make the woman lose all control of what happens to her. She will not be able to speak, and she will not remember what has happened to her (Van Buren, 7).

¶3 There are some solutions to the problems of date rape. This one for example is one: In a court scene the victim of a date rape has said she was also drinking the night that she was raped. When saying this she can now be held accountable for a lead on to the rape (···Rape, 41). This example helps the woman to remember to keep her mind clear, and not too drink more than one drink when on a date. There are many types of solutions to the drug rophynol. These are: 1.) "Do not exchange or share drinks with any one. 2.) Do not take a drink from a punch bowl. 3.) Do not drink from a bottle being passed around. And 4.) If a man offers a woman a drink from the bar, the woman should go with the man"[78] (Van Buren, 7).

¶4 With all of the causes and solutions this should help solve the serious problem of date rape.

Works Cited

데이트 강간

¶1 데이트 강간은 오늘날 매우 심각한 문제이다. 데이트 강간의 다양한 원인

---

77) [역주] 'differently'를 'differntly'로 잘못 표기했다.

78) [역주] 문맥상 'the woman should go with the man(그 여성은 남성과 함께 가야 한다)'는 맞지 않으므로 'should not go(가면 안 된다)'가 더 적절하다.

에는 항상 해결책이 있다.

¶2 강간은 여성이 싫다고 말해도 남성이 성적으로 폭행하는 것이다. "캠퍼스 내 섹스"에 관한 기사에 글레이저(Glazer)는 여성 1/4은 강간이나 강간 시도의 피해자가 된다고 말한다(963쪽). 남성이 여성을 강간하는 데 많은 원인이 있다. 하나는 술을 먹었을 때이다. "한 연구는 75%의 데이트 강간범들은 가끔 여성을 취하게 해서 그들과 성관계를 맺을 수 있게 한다고 했다."(「강간으로부터 자신을 보호하는 방법」, 41쪽). 이 사실은 여성들에게 충격적인 것이다. 더욱 더 놀라운 사실은 남성이 술을 마셨을 때 그는 그의 신체를 다르게 해석한다. 여성은 남자에게 친구처럼 대하겠지만, 남성은 그 반대인 섹스를 생각한다(41쪽). 데이트 강간의 다른 원인은 약이다. 그 약은 로힙놀(rohypnol), 혹은 "루피스(ruffies)"라고 불린다. 이 약은 흔하게 쓰인다. 그것을 여성이 마시려는 음료에 탄다. 이 약은 여자에게 일어날 일을 통제할 수 없게 만든다. 그녀는 말을 할 수 없을 것이고, 자신에게 무슨 일이 있었는지 기억도 하지 못할 것이다(Van Buren, 7쪽).

¶3 데이트 강간 문제에 해결책이 있다. 한 예시가 있다. 법정에서 데이트 강간의 피해자인 여성이 본인이 강간당한 밤에 술을 마시고 있었다. 이걸 말했을 때는 그녀가 강간에 당하도록 이끈 것에 책임이 있다고 했다(41쪽). 이 예시는 그 여성이 데이트할 때 한 잔 이상 마시면 안 된다는 것을 기억하게 해준다. 로힙놀 약에는 다른 종류의 해결책이 많다. 1) "다른 사람과 음료를 바꾸거나 나눠 마시지 마라. 2) 펀치용 사발에서 음료를 마시지 마라. 3) 건네받은 병에 담은 술은 마시지 마라. 4) 한 남성이 바에서 여성에서 술을 사겠다고 하면, 그 여성은 그 남성과 함께 가면 안 된다."(Van Buren, 7).

¶4 이 원인들과 해결책들이 데이트 강간 문제를 해결하도록 도와준다.

인용 문헌(Works Cited)

11.8. 존(John)

*존은 기술학교에 다니는 하급생이다. 존은 인도에서 자랐고 계속 영어학
교에 다녔다. 그는 대학에 가기 전에 미국에서 2년 동안 고등학교를 다녔
다. 영어에 대해 덧붙이면 존은 힌디어(북부 인도 언어 두 개)를 읽고 쓰고
말한다. 또한 그는 말라얄람어(남부 인도 언어)를 읽고 쓰기까진 아니지만
말할 수는 있다. 그는 부모님과 말라얄람어로, 여동생과는 영어로 대화한
다. 이 중간 단계 수필은 그의 첫 영작문 과정의 글이다. 원고를 끝내기 전
에 선생님에게 그 동안 쓴 글을 보여주었고 그는 문단을 고치라는 조언을
들었다.*

글쓰기 과제: 보편적인 독자들을 대상으로 중간 단계 수필을 쓰라.

 Final Draft

How to Play Chess?

¶1 There are several indoor games that we cherish to spend our pastimes. On[79] is
Chess which needs a lot of practice to know the choices to make. Chess was
originally a game played by kings and noblemen in India during their leisure
time; now it is played almost in every country. In Chess we account the
probability of every move made and yet to make. The player has to have a visual
pattern already set in his or her mind before making any kind of move on the
chessboard.

¶2 In the past several years Chess has gained world popularity. It is now considered

---

79) [역주] 'One'을 'On'으로 잘못 표기했다.

as a game which helps to increase an individual's IQ level. Players have to austerely adhere to the set rules and also have a mind map or perception of the different patterns. Gary Kasparov, a well-known grandmasters in chess, who had been playing chess since his childhood had to admit defeat to the super computer Deep Blue by the third round. Thus we see that not only practice but also visual perception leads to victory or winning a game.

Chessboard and its components

¶3 A typical chessboard comprises of the boara[80] itself and different kinds of chessmen, which function differently. Of the chessmen, the *king* is the sole important figure; it's the job of the other chessmen to defend the *king* from the brutal pinions of the enemy team. The front row is comprised of the *pawns* or soldiers who confront their foes valiantly by even risking their lives. They can only move straightforward, but they can only kill their adversaries diagonally on the chessboard. The back row is comprised of the *King, Queen, Bishops, Knights, and the Rooks*.

¶4 The *king* can move forward, backward, or sideways but[81] by one step on each move. The *Queen,* on the other hand, can move forward, backward, and sideways, but also diagonally. She can take as many steps at one time on each move if none of her soldiers are guarding her path, and she can kill her foes any way she wants. She is the ultimate lethal weapon that the *King* uses to suppress his invincible foes.

¶5 At the extreme corners of the back row are the *Rooks;* they move forward and sideways only, and they can take as may steps they want if none of the team

---

80) [역주] 'board'를 'boara'로 잘못 표기했다.
81) [역주] 체스가 움직이는 방향을 잇 따라 설명하는 내용이니 'but'대신 'and'를 써야 한다.

members are guarding them. They are one of the predominant figures comprising of the *King* and *Queens'* strength. Next in line are the Bishops; they are the *King* and *Queens'* personal bodyguard; they move only back and forth diagonally and they too can take as many steps at one time if not guarded. On either side of the *Bishops* are the *Knights,* the most ferocious of warriors who attack their puny enemy like a giant mammoth. They move and kill following an "L" pattern.[82]

Strategies to follow while playing Chess

¶6 Always have a visual pattern made in mind before commencing the game. Judge the pros and cons of each move. Be alert and vigilant, aware of the deceiving pattern set by the enemy.[83] Time is not a priority in most cases and there are no second chances for each move.

¶7 I would go with the *pawns* first to strike the opposition. The *pawns* are of less significance compared to other chessmen. Never move your *King* forward till the last move because it is more prone to unpredicted attacks than to victory. The two Rooks and the *queen* are the ultimate strength of the *king,* so never try to lose them early in the game. When things look a little out of hand, move the *knights;* they attack the opposing team even without its knowledge. Thus they are the secrets to quick victory.

¶8 The *bishops* also contribute a lot of strength the *kings'* powers. They are almost invincible against any chessmen except the *queen.* So I would rather lose one or two of my *pawns* in the process of defending the *king* than any of my *bishops* because they are always a threat to the opposition ; their[84] taking as many steps

---

82) [역주] 'They move following an "L" pattern to kill it'을 'They move and kill following an "L" pattern'로 잘못 표기했다.
83) [역주] 이 문단의 대부분 문장들이 주어나 목적어를 뺀 구들이다.
84) [역주] 'they are을 'their'로 잘못 표기했다.

at one time diagonally if they are unguarded enhances their usefulness. Next if I wasn't able to save my *bishops*, I would go for my knights; they can behead the enemy without leaving it any trace to escape. Their taking as many steps at one time if they are not guarded enhances their motive.

¶9 The *rooks* and the *queen* protect the *king* from further attacks. If my *king* is helpeless[85] at this point, I can use my queen to do a little stunt. By placing her by the *king* and having one of the *rooks* guard the *king* in front I would be able to kill any of my adversary trying to kill my *king* either from front of back or diagonally after it gets rid of my *rook*[86] Thus it kills the opposing chessmen before it are[87] about to make the *king* its prey. If the *king* is left solely by itself then it has to make its own decision on how to defend itself from vindictive grips of its enemy.

Conclusion

¶10 Thus we see that Chess is not just another game but rather a circle of reality which revolves around choices to make out of innumerable options which yield to ultimate victory or defeat. Playing Chess has been helpful to various people I have known. I t moulds the mind into practicality and makes it shrewder.

체스를 하는 방법은 무엇인가?

¶1 우리는 여가시간을 보내기 위해 하는 몇 가지 실내 게임이 있다. 하나는 무언가 선택을 하기 위해서 많은 연습이 필요한 체스이다. 체스는 과거 에 인도의 왕과 귀족이 여가시간에 즐겨하던 게임이었지만 지금은 거의

---

85) [역주] 'helpless'를 'helpeless'로 잘못 표기했다.
86) [역주] 'my rook' 다음에 마침표(.)를 찍어야 한다.
87) [역주] 'before they are'을 'before it are'로 잘못 표기됐다.

모든 나라에서 체스를 한다. 체스는 움직임과 움직여질 가능성을 모두 고려한다. 선수는 체스보드에서 움직이기 전에 마음속에서 눈에 보이는 패턴이 있어야 한다.

¶2 지난 몇 년간 체스는 세계적으로 인기가 있었다. 현재 체스는 사람의 지능 수준을 높여주는 게임이라고 여겨진다. 선수는 검소하게 정해진 규칙에 따르고 다른 패턴에 대해 마인드맵이나 인지력을 지니고 있어야 한다. 체스의 유명한 그랜드 마스터(체스의 최고급 선수)인 카스파로브(Kasparov)는 어렸을 때부터 체스를 해왔지만 슈퍼컴퓨터인 딥 블루(Deep Blue)에게 3라운드에서 패배를 인정해야 했다. 그래서 우리는 연습만이 아닌 시지각적 인식 또한 게임을 승리로 이끈다는 것을 알 수 있다.

체스보드와 부품들

¶3 전형적인 체스보드는 보드와 서로 다른 기능을 하는 여러 종류의 체스맨으로 이루어져 있다. 체스맨 중 王은 하나의 중요한 도형이다; 다른 체스맨들의 임무는 적 팀이 王을 잡는 것을 막는 것이다. 앞줄은 목숨을 걸면서 적들을 용감하게 맞서는 졸 혹은 군사가 있다. 그들은 전진만 할 수 있으며, 체스보드의 대각선에 있는 적수만 죽일 수 있다. 뒷줄은 王, 여왕, 주교, 기사, 그리고 루크가 있다.

¶4 왕은 앞, 뒤, 옆으로 움직일 수 있지만 한 번에 일 보만 갈 수 있다. 반대로 여왕은 앞, 뒤, 옆으로 움직일 수 있고 대각선으로도 움직일 수 있다. 그녀는 군사들이 막지 않는다면 한 번에 멀리 갈 수도 있고, 적들을 죽일 수도 있다. 그녀는 치명적인 무기를 가지고 있다. 그건 왕이 천하무적의 적을 제압할 때 쓰는 무기이다.

¶5 다음 줄은 루크이다; 그들은 왕과 여왕의 개인 보디가드이다; 그들은 앞, 뒤, 대각선으로 움직일 수 있고 길이 막혀 있지 않으면 한 번에 멀리 갈 수도 있다. 주교의 양옆에는 아주 잔인한 병사들이 있다. 그들은 박약한

적을 큰 매머드처럼 공격한다. 그들은 "L"패턴으로 움직이며 죽인다.

체스 게임을 하면서 따라야 할 전략들

¶6 게임을 시작하기 전에 항상 마음속에 시각적 패턴을 그려야 한다. 모든 움직임의 장, 단점을 판단한다. 경계하고 조심하면서 적이 쳐 놓은 패턴을 알아야 한다. 대부분 시간이 넉넉지 않고 한 번 움직이고 나면 기회가 더 있진 않다.

¶7 나라면 상대편을 잡기 위해 졸을 먼저 쓰겠다. 졸은 다른 체스맨에 비해 덜 중요하다. 절대로 왕을 마지막까지 움직이면 안 되는데 왜냐하면 그건 승리보다는 예상하지 못한 공격으로 이어질 수 있기 때문이다. 루크 두 개와 여왕은 왕의 결정적인 힘이다. 그러니 게임의 처음부터 결코 잃어버리면 안 된다. 건드릴 수 없는 상황이 오면, 기사를 움직여라; 그들은 상대팀이 알기도 전에 공격할 수 있다. 그래서 그들은 빠른 승리의 비밀 병기라 할 수 있다.

¶8 주교는 왕의 능력에 많은 힘을 더해준다. 그들은 여왕을 제외한 모든 체스맨에게 거의 무적이다. 그래서 왕을 지킬 때 한 개나 두 개의 졸을 잃는 것이 상대에게 위협을 주는 주교를 잃는 것보다 낫다. 그들은 무방비 상태일 때 유효성을 강화시켜 주고 한 번에 대각선으로 움직이고 싶을 정도로 움직인다. 다음, 만약 내가 주교를 살리지 못했다면, 내 기사들을 이용하겠다. 그들은 도망칠 곳을 안 주면서 적들을 죽일 수 있다. 무방비 상태일 때 한 번에 많이 움직일 수 있다는 것은 그들의 큰 무기이다.

¶9 주교와 여왕은 왕을 더 심한 공격에서 지켜낸다. 만약 왕이 이때에 공격할 수 없다면, 여왕을 이용해서 살짝 피할 수 있다. 여왕을 왕과 자리를 바꾸고 루크를 왕의 앞에 세운다. 루크를 죽인 후에 왕을 앞, 뒤, 대각선에서부터 죽이려는 적을 나는 죽일 수 있다. 그래서 상대편 체스맨들이 왕을 사냥감으로 삼기 전에 여왕은 그들을 먼저 죽여야 한다. 만약 왕이

혼자 남게 되면 복수심을 품은 적들에게서 어떻게 자신을 보호해야 할지 혼자 결정해야 한다.

결론

¶10 그래서 우리는 체스가 그저 게임이 아닌 현실을 반영한다고 느낀다. 즉 갈림길에서 수많은 선택에 직면해서 궁극적으로 승리를 하거나 실패를 하거나 한다. 체스 게임을 하는 것은 내가 아는 많은 사람들에게 도움을 주었다. 이건 마음을 실용적이고 빈틈없게 만든다.

11.9. 마리오(Mario)

마리오는 기술학교에 다니는 상급생이다. 그는 미국에서 태어났지만 18 개월부터 10살까지 멕시코에서 자랐다. 그는 거기서 유치원생 때부터 5학년까지 다녔고 6학년부터 미국학교를 다녔다. 그는 스페인어와 영어를 읽고 쓰고 말할 수 있다. 그는 가족과 스페인어와 영어를 섞어서 쓴다. 이 수필은 셰익스피어를 공부하는 문학 시간에 마지막 프로젝트로 썼고 그는 여러 토픽에 선택권이 있었다: 그가 선택한 건 아래에 있다. 이 원고는 마리오가 신뢰하는 쓰기 교사에게 보여준 글이다. 그는 그의 생각을 정리하고 발달시키는 데 자신 있지만 구두점이나 문법에 약해서 오류 부분을 고쳐달라고 요청했다.

글쓰기 과제: 셰익스피어의 여러 연극의 주인공들을 비교하라.

＿＿＿16 Final Draft

Overview of Shakespeare Characters

¶1 It is believed by many scholars that good characterizations is what brings Plays to life. One writer that followed this belief was William Shakespeare. Even thought most of his characters are generated by his artistic imagination, they unfold the meaning of the action. To show how Shakespeare manages to steal you away through the use of his characters. I will summeraize[88] some of the major and most memorable characters used by William. I will mainly focus on Hamlet, Henry Prince of Hail[89], Richard Ⅱ and Richard Ⅲ.

¶2 Prince Hamlet is probably the hardest character to understand and foresee. If I was to describe Hamlet to anyone who has never neither watched or read the play. I would say that Hamlet is a 35-year-old kid, who wines and cries a lot. He is also full of vengeance and waiting for the right time to kill Claudious. He is rude to his all that people around him; his own mother, his love Ophlia, Polonious and his friends Rosecrantz and Guildenstern. You might me asking you self[90], how can anyone be so focus on such a person. Well this is where Shakespeare comes in; he does an excellent job of presenting Hamlet to his audience. Hamlet is a very open-ended character it is very hard to interpret and predict him since his is unable to interpret himself (McLeish 108). Which always leaves the audience wondering what Hamlet would do next. Hamlet the son, when the play starts he arrives to a very uncomfortable situation. He's father has just died, he later finds out that he was murder by Claudious[91] and his mother

---

88) [역주] 'summarize'를 'summeraize'로 잘못 표기했다.
89) [역주] 'Prince of Hail'는 'Prince of Hal'의 오류이다.
90) [역주] 'you might be asking yourself'를 'you might me asking you self'로 잘못 표기했다.

has just remarried. Hamlet the lover, due the devastating death of his father; he is unable to devote his love and affections towards Ophelia. Hamlet the friend, other then Horatio he doesn't have any friends. The above examples are the reason why Hamlet is a mad man looking for revenge. But Shakespeare would not send Hamlet straight for the kill, instead he has the Prince plot a plan and deliver several soliloquies to help build his character. By the middle of the play you realized that Hamlet has every right to do what he does and you will be on his side for the rest of the play.

¶3 Many Shakespearean characters make appearances in more than one play, but none of those characters show as much consistent line of development as Henry Price of Hal (McLeish 113). At a first glance you can classify Henry as a dishonest rascal, who enjoys making a mockery of the English Language. You can also classify him as a cherry party animal that follows Falstaftf around. However, through the use of a soliloquy Henry lets us know that this is not the case. The speech marks the beginning of his devleopment cycle. In *Henry IV Part Two*, Henry establishes the play's climax with the reconciliation with his father. This is a clue that Henry is growing up even more, he is longer an arrogant juvenile[92] but becoming a worthy candidate of his father's crown. Finally in *Henry V,* the young Prince has fully mature and has obtained the role of King (McLeish 114). There were many speculations about having such a young and inexperienced King; many believed that Henry would escalade the differences with bis father's enemies. As a result of Henry's motivation speech; his army was able to win *The Battle of Agincourt.* This was an example that King Henry deserved the throne.

91) [역주] 문장 내에 햄릿 혹은 햄릿의 아버지를 뜻하는 'he'가 동시에 불규칙적으로 쓰였다. 문맥상 이해한다면 'he was murder by Claudious'는 'his(Hamlet's) father was murdered by Claudious'가 맞다.
92) [역주] 헨리가 성장했다는 것을 설명하는 문맥상, 'he is longer an arrogant juvenile~'이 아닌 'he is no longer~'이 맞다.

Every hero and majesty should have a significant other to share his victory with. Henry did not just win the war against France, but also the love of Katharine. This is another character that Shakespeare successfully imposes upon you, to admired and cherished.93)

¶4 *In Richard Ⅱ*, Shakespeare uses a slightly different approach to capture the attention of the readers and viewers. In his particular play he converts King Richard from a self-centered, arrogant villain to a dramatic hero. Richard is introduced with great physical glamour and elegancy; this is a method of illusion used by Shakespeare to make the audience overlook the bad deed performed by the King. Another great aspect of Richard is the dramatic reactions towards his followers. "When he abdicates it is like an archbishop dispensing the Host at some glittering State Eucharist" (McLeish 212). This charm is what wins him our sympathy every time he speaks, but it also foreshadows the fall of his kingdom. Yet another victory for Shakespeare, he has capture94) our attention and made us turn a villain into a hero.

¶5 King Richard 3 the villain of all villains. Richard has got to be Shakespeare's most cruel characters, he is cruel, manipulative, insensitive and a murderer. The obsession of becoming King makes Richard commit some of the most despicable acts imagine. His lists of victims include his brother Clarence, who he sent to the tower and later order his death. Richard's two nephews were also victims; the children were a threat to Richard's crown. Therefore he has then imprisoned and murder. Richard knew exactly how to manipulate people to achieve his dream of becoming king. And any who dare to oppose his requests or question his authority would not live to talk about it. Lady Ann is a prime example of how

---

93) [역주] 'to admire and cherish'가 맞는 문법이다.
94) [역주] 'he has capture'는 'he has captured'로 해야 한다.

manipulative Richard could be. Thanks to[95] Richard she had recently lost her husband. Some how the evil King was able to sweet-talk her into becoming his Queen. Although Richard is a wicked character, Shakespeare still manages to catch the attention of his audience. Shakespeare does something very impressive he shows the readers that Richard has a conscious and tries to portrait him as a good person. The night before the battle against Richmond and his troops, richard has a dream. It's more like a nightmare where all of the people that he has hurt one way or the other come back to hunt him. When Richard wakes up he pauses for a brief moment and recaps what he has done. Another instance of showing Richard's feelings happens towards the end of the play. In the battle Richard looses his horse and becomes scare for his life. He says "thy horse, thy horse, I'll give thy kingdom for thy horse", this shows that Richard is actually afraid of death.

¶6 In conclusion I think that Shakespeare does a great job in his characterizations. He is able to take many different types of characters and still catch to readers attention. Weather[96] the characters are childish, cry babies, young, immature, manipulative, glamorous, or villains. You will focus all of you attention on these people because they make the play some to life.

셰익스피어의 등장인물 개요

¶1 많은 학자들은 성격 묘사를 잘하면 연극이 생기를 얻는다고 믿는다. 이런 생각을 하는 작가가 윌리엄 셰익스피어이다. 비록 대부분의 등장인물은 예술적인 상상으로 만들어졌지만, 그들의 작용은 분명해졌다. 셰익스피어가 그의 등장인물을 이용해 당신의 마음을 훔치는 걸 보여준다. 나는

---

95) [역주] 'Thanks to'는 'Because of'로 고쳐야 한다. 전자는 '덕분에' 의미이고 후자는 '때문에' 의미이다.

96) [역주] 'Weather'는 'Whether'로 고쳐야 한다.

세익스피어가 사용한 기억에 남고 주요한 등장인물을 요약하겠다. 햄릿, 헨리 왕자, 리차드 2세, 리차드 3세에 초점을 맞추겠다.

¶2 햄릿 왕자는 아마 이해하고 예측하기 가장 어려운 캐릭터이다. 만약 햄릿을 그 연극을 한 번도 읽거나 보지 않는 사람에게 설명한다면, 햄릿은 35세인 많이 우는 어린 아이이다. 또한 그는 복수심에 꽉 차있고 클라우디어스를 죽일 때만을 기다린다. 그는 주변사람인 어머니, 사랑하는 오필리아, 포리니어스 그리고 친구들인 로젠크란츠와 길덴스틴에게 무례하다. 그런 사람에게 집중하는 이유가 궁금할 수도 있다. 하지만 여기서 세익스피어는 햄릿을 관객들에게 보여주는 데 훌륭한 일을 한다. 햄릿은 본인조차도 이해할 수가 없어서 해석하고 예측하기 어려운 인물이기 때문에 오픈 엔드(넓은 해석을 인정할 수 있는)인 인물이다(McLeish 108). 관객들은 햄릿이 다음에 할 행동을 궁금해 하도록 한다. 그 아들 햄릿, 연극이 시작되면 그는 매우 불편한 상황에 놓인다. 그의 아버지는 죽었고, 나중에 그는 아버지가 클라우디어스에게 살해당했다는 것을 알게 된다. 그는 그의 사랑과 애정을 오필리아에게 보여줄 수 없다. 그 친구 햄릿은 호레이시오를 제외하면 진실한 친구가 없다. 위 예시들이 햄릿이 복수를 꿈꾸는 화가 난 사람인 이유이다. 하지만 세익스피어는 햄릿이 바로 죽일 수 있게 하지 않고 그 왕자가 계획을 세워서 몇 가지 독백을 통해 그의 성격을 만들어낼 수 있게 한다. 연극의 중간부터는 햄릿이 하는 행동이 맞다고 인정하게 되고 연극이 진행되는 동안 계속 그의 편에 서있을 것이다.

¶3 세익스피어의 많은 등장인물은 한 연극에서보다 더 많이 등장하지만, <헨리 왕자>의 헨리처럼 등장인물들은 지속적인 발전을 보여주지 않는다(McLeish 113). 처음에는 헨리를 영어 언어를 조롱하는 정직하지 못한 악당이라고 구분 지을 수 있다. 또한 헨리가 폴스타프를 따라다니는 체리 파티광 이라고 분류할 수 있다. 하지만, 헨리의 독백을 통해 그것이 맞는

사실이 아니라는 것을 알 수 있다. 그 독백은 그가 성장하는 주기가 시작하면서 표시된다. <헨리 4세-두 번째>에는 헨리가 그의 아버지와 화해하며 그 연극의 절정을 보여준다. 이것은 헨리가 더 성장할 것이라는 단서이고 그는 더 이상 오만한 청소년이 아닌 아버지의 왕 자리를 물려받을 후보자가 되어 간다는 것을 보여준다. 마지막으로 <헨리 5세>에는 그 어린 왕자가 완전히 성숙해지고 왕의 직위를 얻는다(McLeish 114). 어리고 경험이 없는 왕에 대한 많은 추측이 있었다. 많은 이들은 헨리가 아버지의 적들과의 차이를 확대할 것이라고 생각했다. 그 결과는, 헨리의 자극되는 말들은 그의 군대를 아쟁쿠르의 전투에서 승리를 이끌게 하였다. 이것이 왕 헨리가 왕좌를 얻는다는 것의 응당한 예시이다. 모든 영웅과 폐하는 승리를 이끌었다는 것을 공유할 수 있어야 한다. 헨리는 프랑스와의 전쟁에서만 이기지 않고 캐서린의 사랑에서도 이겼다. 당신이 존경하고 아끼도록 셰익스피어가 성공적으로 도입시킨 인물이다.

¶4 <리차드 2세>는 셰익스피어가 독자들의 관심을 얻기 위해 조금 다른 방법을 쓴다. 이 특정한 연극은 왕 리차드를 자기중심적이고 오만한 악당을 인상적인 영웅으로 만든다. 리차드는 신체적 매력과 우아함으로 소개된다. 이 묘사 방법은 셰익스피어가 관객들이 왕의 나쁜 행동들을 간과하게 만들기 위해 쓰인 것이다. 리차드의 또 다른 면은 그의 추종자들에게 극적인 반응을 보이는 것이다. "그가 퇴위한다면 마치 대주교가 어떤 반짝이는 성사에서 성체를 면제하는 것 같다"(McLeish 212). 이것이 매번 그가 말할 때마다 우리의 동정을 이기는 매력이지만, 그의 왕국이 멸망하는 것을 예시하기도 한다. 그런데도 우리의 관심을 집중시켜 악당을 영웅으로 만든 셰익스피어의 승리이다.

¶5 왕 리차드 3세는 악당 중의 악당이다. 리차드는 셰익스피어의 아주 잔인한 인물이 되었는데, 잔인하고, 영악하고, 감정이 없는 살인자이다. 왕이 되겠다는 집착 때문에 그는 가장 비열한 행동을 취한다. 그의 피해자 목

록에는 탑으로 보내져서 그의 명령으로 죽음을 당한 형제 클라렌스가 있다. 리차드의 두 조카들 또한 피해자이다; 그 아이들은 리차드의 왕관을 위협하는 존재였다. 그래서 감옥에 처넣었고 살해했다. 리차드는 사람들을 이용해서 그가 왕이 되는 꿈을 이루는 방법을 정확하게 알았다. 그리고 누구나 그의 명령에 반대를 하고 그의 권력에 질문을 하는 사람들은 말을 할 수 없게 죽여 버린다. 앤(Ann)은 리차드가 얼마나 교묘한 사람인지 보여주는 으뜸 예시이다. 리차드 때문에 그녀는 남편을 잃었다. 그 나쁜 왕은 그녀가 여왕이 되게 해주겠다는 달콤한 말을 할 수 있었다. 리차드가 악의가 있는 인물이지만, 셰익스피어는 여전히 관객의 주의를 끌도록 한다. 셰익스피어는 매우 인상적인 일을 하는데 그는 독자들에게 리차드가 의식이 있으면서 좋은 사람인 것처럼 묘사했다. 리치몬드와 그의 군사들과의 전쟁이 있기 하룻밤 전에 리차드는 꿈을 꾼다. 그것은 악몽에 가까운데, 그가 과거에 공격했던 사람들이 돌아와 그를 사냥하는 꿈이었다. 리차드가 일어났을 때 잠시 동안 멈춰 있다가 그가 한 행동들을 다시 생각해 보았다. 리차드의 감정이 보이는 다른 장면은 연극의 마지막에 있다. 전쟁 중에 리차드는 그의 말을 잃어버리고 두려움을 느낀다. 그는, "나의 말아, 나의 말아, 나의 말을 위해 내 왕국을 주겠다."라고 말하는데, 이건 그가 실제로 죽음에 대해 두려워한다는 것을 보여준다.

¶6 결론은, 나는 셰익스피어가 그의 등장인물들을 만드는 데 잘 했다고 생각한다. 그는 다른 유형의 많은 인물을 이용해 독자들의 관심을 끌 수 있었다. 그 인물들이 유치하거나, 우는 아기들이거나, 어리거나, 철이 없거나, 교묘하거나, 매력이 넘치거나, 악당일지라도 당신은 이 사람들에게 집중을 하게 될 것이다 왜냐하면 그들이 그 연극에 생기를 불어넣기 때문이다.

참고 문헌

Andrews, L. (1995). Language awareness: The whole elephant. *English Journal*, 84(1), 29-34.

Andrews, L. (1998). *Language exploration and awareness: A resource book for teachers* (2nd ed.). Mahwah, NJ: Lawrence Erlbaum Associates.

Atwell, N. (1998). *In the middle: New understandings about writing, reading, and learning.* Portsmouth, NH: Heinemann Boynton/Cook.

Bartlett, M. (2001). Good e-mail communication requires hard work-study. *Newsbytes*, July 31, 2001. Retrieved August 23, 2001 from Http://www. newsbytes.com

Baugh, J. (1998). Linguistics, education, and the law: Educational reform for African-American language minority students. In S.S.Mufwene, J. R. Rickford, G. Bailey, & J. Bough (Eds.), *African-American English: Structure, history and use* (pp.282-301). New York: Routledge.

Beason, L. (2001). Ethos and error: How business people react to errors. *College Composition and Communication,* 53, 33-64.

Berger, M. I. (n.d.) *Teach standard too: Teach oral and written Standard English as a second dialect to English-speaking students.* Chicago: Orchard Press.

Braddock, R., Lloyd-Jones, R., & Schoer, L. (1963), *Research in written composition.* Urbana, IL: National Council of Teachers of English.

Calkins, L. (1980). When Children want to punctuate: Basic skills belong in context. *Language Arts,* 57, 567-573.

Carmeron, D. (1995). Verbal hygiene. London: Routledge.

Christensen, F. (1967). *Notes toward a new rhetoric.* New York: Harper & Row.

Coffin, S., & Hall, B. (1998). *Writing workshop: A manual for college ESL writers.* New York: McGraw-Hill Primis Custom Publishing.

Collins, J. L. (1988). *Strategies for struggling writers.* New York: The Guilford Press.

Conference on College Composition and Communication. (1974). Students' right to their own language [Resolution passed by the assembly at its annual business meeting]. Urbana, IL: NCTE. Retrieved September 7, 2001 from http://www.ncte.org/ccc/12/sub/state1.html

Conference on College Composition and Communication [CCCC]. (1998). CCCC statement on Ebonics [Resolution adopted by the CCCC Executive Committee]. Urbana, IL: NCTE. Retrieved September 7, 2001 from http://www.ncte.org/ccc/12/sub/state7.html

Connor, U. (1996). *Contrastive rhetoric: Cross-cultural aspects of second-language writing.* New York: Cambridge University Press.

Connors, R. J., & Lunsford, A. A. (1988). Frequency of formal errors in current college writing, or Ma and Pa Kettle do research. *College Composition and Communication, 39,* 395-409.

Cooper, C. R., & Odell, L.(1999), Introduction. In C. R. Cooper & L. Odell (eds), *Evaluating writing: The role of teachers' knowledge about text, learning, and culture* (pp.vi-xii). Urbana, IL: National Council of Teachers English.

Cordeiro, P. (1998). Dora learns to write and in the process encounters punctuation. In C. Weaver(Ed.), *Lessons to share on teaching grammar in context* (pp.39-66). Portsmouth, NH: Boynton/Cook.

Crystal, D. (1995). *The Cambridge encyclopedia of the English language.* New YorkL Cambridge University Press.

Daiker, D. A., Kerek, A., & Morenberg, M. (1978).Sentence-combining and syntactic maturity in Freshman English. *College Composition and Communication, 29,* 36-41.

Danesi, M. (1993). Whither contrasitive analysis? *The Canadian Modern Language Review,*

50(10), 37-46.

Danesi,M., & Di Pietro, R. J. (1991). *Contrastive analysis for the contemporary second language classroom.* Toronto: The Ontario Institute for Studies in Education.

Danielewicz, J., & Chafe, W. (1985). How "normal" speaking leads to "errorneous" punctuating. In S. W. Freedman (Ed.), *The acquisition of written language: Response and revision* (pp.213-225). Norwood, NJ: Ablex Publishing.

Daniels, H. A. (1983). *Famous last words: The American Language crisis reconsidered.* Canbondale: Southern Illinois University Press.

Donnelly, C. (1994). *Linguistics for writers.* Albany, NY: State University of New York Press.

Ellis, R., Basturkmen, H., & Loewen, S. (2001). Preemptive focus on form in the ESL classroom. *TESOL Quarterly*, 35, 407-432.

Faltis, C. J., & Wolfe, P. (Ed.) (1999). *So much to say: Adolescents, Bilingualism, and ESL in the secondary school.* New York: Teachers College Press.

Ferreiro, E., & Teberosky, A. (1984). *Literacy before schooling.* London: Heinemann Educational Books.

Ferris, D. (1999a). The case for grammar correction in L2 writing classes: A response to Trucscott (1996). *Journal of Second Langage Writing,* 8(1), 1-11.

Ferris, D. (1999b). One size does not fit all: Response and revision issues for immigrant student writers. In L. Harklau, K. M. Losey, & M. Siegal (Eds.), *Generation 1.5 meets college composition* (pp.99-118). Mahwah, NJ: Lawrence Erlbaum Associates.

Ferris, D., & Roberts, B. (2001). Error feedback in L2 writing classes: How explicit does it need to be? *Journal of Second Language Writings,* 10, 161-184.

Finegan, E. (1992). Style and standardization in England: 1700-1900. In T. W. Machan & C. T. Scott (Eds.), *English in its social contexts: Essays in historical sociolinguistics* (pp.47-68). New York: Oxford University Press.

Flower, L. (1979). Writer-based prose: A cognitive based for problems in writing.

College English, 41, 19-37.

Freedman, S. W. (1985), Introduction: Acquiring written language. In S. W. Freedman (Ed.), *The acquisition of written language: Response and revision* (pp.x-xv). Norwood, NJ: Ablex Publishing Corp.

Glencoe/McGraw-Hill. (2001). *Glencoe Writer's choice: Grammar and composition: Grade 6.* Columbus OH: Glencoe/McGraw-Hill.

Goleman, D., Kaufman, P., & Ray, M. (1992). *The creative spirit.* New York: Dutton.

Graddol, D., Leith, D., & Swann, J. (1996). *English: History, diversity and language.* New York: Routledge.

Great Source Educational Group. (n.d.). *Daily oral language* [Promotional Information Packet]. Wilmington, MA: Great Source.

Hegemann, J. (2001). A bridge from home to school: Helping working class students acquire school literacy. *English Journal,* 90(4), 74-81.

Hairston, M. (1981). Not all errors are created equal: Nonacademic readers in the professions respond to lapses in usage. *College English,* 43, 794-806.

Hakuta, K., Butler, Y. G., Witt, D. (2000). *How long does it take English learners to attain proficiency?* Retrieved September 14, 2001, from University of California Santa Babara, Linguistic Minority Research Institute Website: Http://www.lmrient.ucsb.edu.

Hall, N. (1996). Learning about punctuation: An introduction and overview. In N. Hall & A. Robinson (Ed.), *Learning about punctuation* (pp.5-36). Portsmouth, NH: Heinemann.

Harklau, L. (1999). The ESL learning environment in secondary school. In C. J. Faltis & P. Wolfe (Eds.), *So much to say: Adolescents, bilingualism and ESL in the secondary school* (pp.42-60). New York: Columbia university Teachers College Press.

Harklau, L., Losey, K. m., & Siegal, M. (Eds.). (1999). *Generation 1.5 meets college composition.* Mahwah, NJ: Lawrence Erlbaum Associates.

Hartman, B., & Tarone, E. (1999). Preparation for college writing: Teachers talk about writing instruction for Southeast Asian American students in secondary school. In L. Harklau, K. M. Losey, & M. Siegal (Eds.), *Generation 1.5 meets college composition* (pp.99-118). Mahwah, NJ: Lawrence Erlbaum Associates.

Hartwell, P. (1985). Grammar, grammar and the teaching of grammar. *College English,* 47, 105-127.

Haswell, R. H. (1983). Minimal marking. *College English, US,* 600-604.

Hollie, S. (2001). Acknowledging the language of African American student: Instructional strategies. *English Journal,* 90(4), 54-59.

Hull, G. (1987). Constructing taxonomies for error (or can stray dogs bo mermaids?). In Theresa Enos (Ed.), *A sourcebook for basic writing teachers* (pp.231-255). New York: Random House.

Hunt, K. W. (1965). *Grammatical Structures written at three grade levels* (NCTE Research Report No. 3). Urbana, IL: National Council of Teachers of English.

Hunt, K. W. (1977). Early blooming and late blooming syntactic structures. In E. White (Ed.), *Evaluating writing: Describing, measuring, judging* (pp.91-104). Urbana: IL: National Council of Teachers of English.

Hunt, K. W., & O'Donnell, R. (1970). An elementary school curriculum to develop better writing skills. (Report No. OEG-4-9-08-0042-010). Washington, DC: Office of Education. (ERIC Document Reproduction Service No. ED050108).

Ivanic, R. (1996). Linguistics and the logic of nonstandard punctuation. In N. Hall & A. Robinson (Ed.), *Learning about punctuation* (pp.148-169). Portsmouth, NH: Heinemann.

Joos, M. (1961). *The five clocks: A linguistics excursion into the five styles of English usage.* New York: Harcourt, Brace and World.

Kerek, A., Daiker, D. A., & Morenberg. M. (1980). Sentence combining and college composition. *Perceptual and Motor Skills,* 51, 1059-1157.

Killgallon, D. (1998). Sentence composing: Notes on a new rethoric. In C. Weaver (Ed.). *Lessons to share on teaching grammar in context* (pp.169- 183). Portsmouth, NH: Heinemann.

Kolln, M.(1996). *Rhetorical grammar: Grammatical choices, rhetorical effects* (3rd ed.). Boston: Allyn & Bacon/Longman.

Kolln. M., Funk, R. (2002). *Understanding English grammar* (6th ed.). New York: Longman.

Kress, G. (1982). *Learning to writhe.* London: Routledge and Kegan Paul.

Kroll, B. M., & Schafer, J. C. (1978). Error-analysis and the teaching of composition. *College Composition and Communication,* 29, 242-248.

Landers, Ann. (1999, February 13). Who'da thunk we'd sink this low? *Chicago Tribune,* p.28.

Lane, B. (1993). *After "the end": Teaching and learning creative revision.* Portmouth, NH: Heinemann.

Lester, M. (1990). *Grammar in the classroom* (1st ed.). Boston: Macmillan.

Lester, M. (2001a). *Grammar and usage in the classroom* (2nd ed.). Boston: Allyn & Bacon.

Lester, Mark (2001b). Teaching grammar and usage. In Glencoe/McGraw-Hill. *Glancoe writer's choice: Grammar and composition: Grade 6.* Columbus, OH: Glencoe/ McGraw-Hill.

Lightbown, P. M., & Spada, N. (1999). *How languages are learned* (Rev. Ed.). Oxford University Press.

Linguistic Society of America. (1997). LSA resolution on the Oakland "Ebonics" issue. Retrieved September, 2001 from http://www.Isadc.org/web1/resolutionsfr.htm

Long, M. H., & Robinson, P. (1998). Focus on form: Theory, research, and practice. In C. Doughty & J. Williams (Eds.), *Focus on from in classroom second language acquisition* (pp.15-41). New York: Cambridge University Press.

Madaraso, J. (1993). Proofreading: The skill we've neglected to teach. *English Journal,*

82(2), 32-41.

Meier, T. (1998). Kitchen poets and classroom books: Literature from children's books. In T. Perry & L. Delpit (Eds.), *The real Ebonics debate: Power, language, and the education of African-American children* (pp.94-104). Boston: Beacon Press.

Miner, B. (1998). Embracing Ebonics and teaching Standard English: An interview with Oakland teacher Carrie Secret. In T. Perry & L. Delpit (Eds.), *The real Ebonics debate: Power, language, and the education of African-American children* (pp.-79-88). Boston: Beacon Press.

Mufwene, S. S., Richford, J. R., Bailey, G., & Baugh, J. (1998). *African-American English: Structure, history and use.* New York: Routledge.

National Council of Teacher of English [NCTE]. (1986). *Expanding opportunities: Academic success for culturally and linguistically diverse students.* [Statement prepared by the 1986 Task Force on Racism and Bias in the Teaching of English]. Unbana, IL: NCTE. Retrieved Septemver 7, 2001 from http://ncte.org?/positions/exp-opp.html

National Council of Teacher of English [NCTE]. (1996a). *Guidelines for the preparation of teachers of English language arts.* Urbana, IL: Author.

National Council of Teacher of English [NCTE]. (1996b). *Standards for the English language arts.* Urbana, IL: Author.

Neman, B. S. (1995). *Teaching students to write* (2nd ed.). New York: Oxford University Press.

Nicklin, J. L. (1994, April 20). 'Switching' between Black and Standard English [Electronic version]. *The Chronicle of Higher Education.* Retrieved December 30, 2001 from http://chronicle.com/

Noden, H. R. (1999). *Image grammar: Using grammatical structure to teach writing.* Portsmouth, NH: Heinemann Boynton/Cook.

Noden, H. (2001). Image grammar: Painting images with grammatical structures, *Voices from the middle,* 8(3), 7-16.

Noguchi, R. R. (1991). *Grammar and the teaching of writing: Limits and possibilities.* Urbana, IL: National Council of Teachers of English.

Oakland, California, Board of Education. (1996/1998). Resolution of Board of Education adopting the report and recommendations of African-American Task Force [resolution adopted December 18, 1996]. Reprinted in T. Perry & L. Delpit (Eds.), *The real Ebonics debate: Power, language, and the education of African-American Children* (pp.143-145). Boston: Beacon Press.

Odel, L., Vacca, R., Hobbs, R., & Irvin, J. L. (2001). *Elements of language: Introductory course.* Austin, TX: Holt, Rinehart and Winston.

O'Hare, F. (1979-1980). In praise of sentence-combining, chunks, and messiness: Interview with Frank O'Hare. *English Quaterly, 12(4),* 9-19.

Olszewski, L. (1996, December 19). Oakland schools OK Black English: Ebonics to be regarded as different, not wrong. *San Francisco Chronicle.* Retrieved December 30, 2001 from http://www.sfgate.com/cbi-bin/article.cgi?file=/chronicle/archive/1996/12/19/MNI1848.DTL.

Patterson, N. G. (2001). Just the facts: Research and theory about grammar instruction. *Voices from the Middle, 8(3),* 50-55.

Peregoy, S. F., & Boyle, O. F. (1997). *Reading, Writing,& learning in ESL: A resource book for K-12 teachers (2nd ed.).* New York: Longman.

Raimes, A., & Sofer, N. Z. (1996). *Instructor's support package for keys or writers.* Boston: Houghton Mifflin.

Ray, K. W. (1999). *Wondrous words: Writers and writing in the elementary classroom.* Urbana, IL: National Council of Teachers of English.

Reid, J. M. (1998a). "Eye" learners and "ear" learners: Identifying the language needs of international students and U.S. resident writers. In P.Byrd & J. M. Reid (Eds.), *Grammar in the composition classroom: Essays on teaching ESL for college-bound students* (pp.3-17). New York: Heinle & Heinle Publisher.

Reid, J. M (1998b). Responding to ESL student language problems: Eroor analysis and revision plans. In P. Byrd & J. M. Reid (Eds.), *Grammar in the composition classroom: essays on teaching ESL in the composition classroom: essays on teaching ESL for college-bound students* (pp.118-137). New York: Heinle & Heinle.

Rickford, J. R. (1999). *African American Vernacular English: Reatures, evolution, educational implications.* Malden, MA:Blackwell Publishers.

Rosen, L. M. (1998). Developing correctness in student writing. In C. Weaver (Ed.), *Lessons to share on teaching grammar on context* (pp.137-154). Portmouth, NH: Heinemann.

Rueda, R., Saldivar, T., Shapiro, L., Templeton, S., Terry, C. A., Valentino, C., et al. (2001). *English.* Boston: Houghton Mifflin.

Schafer, J. (1996). Peer response that works. *Journal of Teaching Writing, 15(1),* 81-90.

Siegel, J. (1999). Stigmatized and standardized varieties in the classroom: Interference of separation? *TESOL Quarterly, 22,* 701-728.

Shaughnessy, M. P. (1977). *Errors and expectations: A guide for the teacher of basic writing.* New York: Oxford University Press.

Shurley, B., & Wetsell, R. K. (n. d.). *The Shurley method: English made easy* [Promotional Information Packet]. Cabot, AR: Shurley Instructional Materials.

Sommers. N. (1982). Responding to student writing. *College Composition Communication, 33,* 148-196.

Smith, F. (1988). *Joining the literacy club: Further essay into education.* Portsmouth, NH:Heinemann.

Smith, J. J. (1992). The use of English: Langage contact, dialect variation, and writing standardisation during the Middle English period. Un T. W. Machan & C. T. Scott (Eds.), *English in its social contexts: Essays in historical sociolinguistics* (pp.47-68). New York: Oxford University Press.

Spolsky, B. (1998). *Sociolinguistics.* Oxford: Oxford University Press.

Straub, R. (2000). *The practice of response: Strategies for commenting on student writing.* Cresskill, NJ: Hampton Press.

Task Force on Educating African-American Students. (1996/1998). Recommendation of Task Force on Education African-American Students [recommendations adopted January 21, 1997]. Reprinted in T. Perry & L. Delpit (Eds.), *The real Ebonics debate: Power, language, and the education of African-American children* (pp.151-153). Boston: Beacon P.

Teachers of English to Speakers of Other Languages [TESOL]. (1997). ESL Standards for Pre-k-12 Students. Alexandria, VA: Author.

Town, C. H. (1996, October). An overview of traditional, cognitive, and social perspectives on error, Paper presented at 1st Thomas R. Watson Conference on Rhetoric, Louisville, KY.

U.S. Bureau of the Census, (1990). *Language use and English ability. Persons 5 to 17 years, by state: 1990 census.* Retrieved September 13, 2001 from http://www.census.gov/population/socdemo/language/talble2.txt.

Vail, N. J., & PapenFuss, J. F. (1989). *Daily oral language.* Wilmington, MA: Great Source Education Group.

Valdés, G. (1999). Incipient bilingualism and the development of English Language writing abilities in the secondary school. In C. J. Faltis & P. Wolfe (Eds.), *So much to say: Adolescents, Bilingualism and ESL in the secondary school* (pp.138-175). New York: Columbia University Teachers College Press.

Valdés, G. (2001). *Learning and not learning English: Latino students in American schools,* New York: Teachers College Press.

Vann, R., Mayer, D., & Lorenz, F. (1984). Error gravity: A study of faculty opinion of ESL errors. *TESOL Quarterly, 18,* 427-440.

Vygotsky, L. (1962). *Thought and language.* Cambridge, MA: MIT Press.

Walqui, A. (2000, September). *Contextual factors in second language acquisition..* Retrieved September 14, 2001 from http://wwww.cal.org/ericcll/digest/0005contextual.html.

Warner, A. L. (Sept. 1993). If the shoe no longer fits, wear it anyway? *English Journal, 82(5),* 76-80.

Weaver, C. (1996). *Teaching grammar in context*. Portsmouth, NH: Heinemann Boynron/Cook.

Weaver, C., McMally, C., & Moerman, S. (2001). To Grammar or Not to Grammar: That is *Not the Question! Voices from the Middle, 8(3),* 17-33.

Weitz, S. S. (1993). *Facing history and ourselves: I promised I would tell.* Brookline, MA: Facing History & Ourselves National Foundation,

Widdowson, H. G. (1996). *Linguistics.* Oxford; Oxford University Press.

Williams, J. (1995, Summer). Focus on form in communicative language teaching: Research findings and the classroom teacher, *TESOL Journal, 4(4),* 12-16.

Williams, J. M. (1981). The phenomenology of error. *College Composition and Communication, 32,* 152-168.

Wolfram, W. (1998). Linguistic and sociolinguistic requisites for teaching language In J. S. Simmons & L. Baines (Eds.), *Language study in middle school, high school, and beyond* (pp.79-109). Newark, DE: International Reading Association.

Volfram, W., Adger, C. T., & Christian, D. (1999). *Dialects in schools and communities.* Mahwah, NJ: Erlboum.

Wolfram, W., & Schilling-Estes, N. (1998). *American English: Dialect and variation.* Malden, MA: Blackwell Publishers.

Yorio, C. (1989). Idiomatically as an indicator of second language proficiency. In K. Hyltenstam & L. K. Obler (Eds.) *Bilingualism across a lifespan: Aspects of aquisition, maturity, and loss* (pp.55-72). New York: Cambridge University Press.

Yule, G. (1996). *Pragmatics.* New York: Oxford University Press.

감사의 글[*]

Larry Andrews. Language Exploration and Awareness exercises. From *Language exploration and awareness: A resource book for teachers,* 2nd ed. (pp.116, 230 and 252-253). Copyright ⓒ 1998 by Lawrence Erlbaum Associates Publishers. Reprinted by permission of Lawrence Erlbaum Associates Publishers.

Mary I. Berger. (1997). *Teach standard too: Teach oral and written Standard English as a second dialect to English-speaking students.* Text copyright by Orchard Press, Inc. Used with permission of the publisher.

Stephanie Coffin and Barbara Hall. *Writing workshop: A manual for college ESL writers* (pp.vii-ix). Copyright ⓒ 1998 by McGraw-Hill. Reproduced with permission of the McGraw-Hill Companies.

Harvey A. Daniels. "Nine ideas about language." From *Famous Last Words: The American Language Crisis Reconsidered.* Copyright ⓒ 1983 by the Board of Trustees, Southern Illinois University Press. Reproduced by permission.

Dana Ferris. "Teaching students to self-edit." From *TESOL Journal 4(4)* (1995). Copyright ⓒ 1995 by Teacher of English to Speakers of Other Languages. Reprinted with permission.

Julie Hagemann. "A bridge from home to school: helping working class students acquire school literacy." *English Journal 90(4)* (2001). Copyright ⓒ 2001 by the National Council of Teacher of English. Reprinted with permission

Don Killgallin and Jenny Killgallon. *Daily sentence composing.* Text Copyright ⓒ 1999 by Great Source Education Group, Inc. Reprinted by permission of Great

---

* 이 부분은 'Acknowledgements'로 저자가 저작권을 허락 받은 것에 감사하는 마음을 담아 별도로 서지 사항을 정리한 부분이다.

옮긴이 참고 문헌

김대행(1998), 「매체언어(媒體言語) 교육론(教育論) 서설(序設)」, 『국어교육』 97, 한
국어교육학회, 7-44쪽.

김대희(2012), 「언어 이데올로기와 계승어 교육에 대한 고찰」, 『국어교육학연구』
43, 국어교육학회 35-59쪽.

나은정·김태은(2014), 내용 쓰기(writing to learn)를 통한 영어 학습의 효과 및 이
에 대한 학생들의 인식, 『Foreign languages education』 21(3), 한국외국
어교육학회, 155~186.

남기심·고영근(1993), 『표준국어문법론』, 탑출판사.

이관규·신호철·오현진·백혜선·장봉기 옮김(2008), 『국어 수업을 위한 언어 탐구
와 인식』. 박이정.

서은아·남길임·서상규(2004), 구어 말뭉치에 나타난 조각문 유형 연구, 『한글』
264, 한글학회, 123-151쪽.

안희돈(2012), 『조각문 연구 -영어와 한국어를 중심으로-』, 한국문화사.

유재임(2005), 『문장합성연습이 영작문의 문장성숙도에 미치는 영향 : T-unit 분
석방법을 이용하여』, 단국대학교 박사학위논문.

원진숙·황정현 옮김(1998), 『글쓰기의 문제해결전략』, 동문선.

Jong-Duk Jang(2010), 「Changes of Korean EFL Learner's Attitudes toward Explicit
Error Correction」, 『영미어문학』 94, 한국영미어문학회, 233-255쪽.

이관규(2012), 『학교문법론』, 월인.

장태진(1988), 『국어사회언어학적 연구』, 삼영사.

차윤정(2009), 「지역어의 위상 정립을 위한 시론 : 1930년대 표준어 제정을 중심
으로」, 『우리말연구』 25, 우리말학회, 387-412쪽.

최미숙·원진숙·정혜승·김봉순·이경화·전은주·정현선·주세형(2016), 『국어
교육의 이해』, 사회평론.

허용 · 김선정(2013), 『대조언어학』, 소통.

Francis, W. N. (1954). Revolution in grammar. *Quarterly Journal of Speech*, 40(3), 299-312.

Hartwell, P. (1985). Grammar, grammars, and the teaching of grammar. *College English*, 47(2), 105-127.

Herrera, S. G., & Murry, K. G. (2005). *Mastering ESL and bilingual methods. Boston*, MA.

Ovando, C. J., Combs, M. C., & Collier, V. P. (2005). *Bilingual and ESL classrooms: Teaching in multicultural contexts.* McGraw-Hill Humanities Social.

Selinker, L. (1972). Interlanguage. *IRAL-International Review of Applied Linguistics in Language Teaching*, 10(1-4), pp.209-232.

Wolfram, W., & Schilling, N. (1998). *American English: dialects and variation.* Blackwell Publishers.

찾아보기

저자 소개

Hagemann, Julie Ann _ Devry university 교수

역자 소개

이관규 _ 고려대학교 사범대학 국어교육과 교수
　　　저서: 학교문법론, 학교문법교육론,
　　　　　　국어 교육을 위한 국어 문법론

김미미 _ 국립한글박물관 학예연구사
　　　논문: 한글 자음자 배열의 역사적 변천과 그 수정의 필요성,
　　　　　　어휘사 연구를 활용한 '표준 어휘-방언 어휘'에 대한 태도 교육

김부연 _ 고려대학교 대학원 박사과정 수료
　　　논문: 교수학적 변환론 관점에서 본 국어사 교육 내용에 대한 고찰,
　　　　　　'한글 제자 원리' 관련 교육 내용 기술 정립을 위한 제언

신희성 _ 고려대학교 사범대학 강사
　　　논문: 문법교육에서 실제성의 구인 분석과 측정 연구,
　　　　　　청소년 인터넷 언어의 문법교육적 수용에 대한 연구

이규범 _ 고려대학교 대학원 박사과정 수료
　　　논문: "언어의 역사성" 교육 내용 연구,
　　　　　　『삼강행실도』의 국어사 교육 자료로서의 가치 연구

이정현 _ College of Humanities and Social Sciences, George Mason University
　　　논문: 한국과 미국의 자국어 수업에서 평가 방법 비교 연구

정지현 _ 고려대학교 사범대학 강사
　　　논문: "국어 의식"과 "국어 인식"의 교육적 개념화를 위한 방향 탐색,
　　　　　　구어에서의 2인칭 대명사 '자기'의 사용과 문법 교육에서의 적용

한국문법교육학회【문법교육번역총서 ① 】

문법 가르치기 Teaching Grammar

초판 인쇄 2017년 8월 20일
초판 발행 2017년 8월 25일

저 자 Hagemann, Julie Ann(줄리 앤 헤게만)
역 자 이관규 · 김미미 · 김부연 · 신희성 · 이규범 · 이정현 · 정지현
펴낸이 이대현
편 집 박윤정
디자인 홍성권
펴낸곳 도서출판 역락
  서울 서초구 반포4동 577-25 문창빌딩 2층
  전화 02-3409-2058(영업부), 2060(편집부)
  팩시밀리 02-3409-2059
  이메일 youkrack@hanmail.net
  등록 1999년 4월 19일 제303-2002-000014호

ISBN 979-11-5686-810-1 94370
  979-11-5686-809-5 (세트)

* 책값은 표지에 있습니다.
* 파본은 구입처에서 교환해 드립니다.

* 이 도서의 국립중앙도서관 출판예정도서목록(CIP)은 서지정보유통지원시스템 홈페이지(http://seoji.nl.go.kr)와 국가
자료공동목록시스템(http://www.nl.go.kr/kolisnet)에서 이용하실 수 있습니다.(CIP제어번호: CIP2017020165)